The Profound History of Ming Dynasty 1

《大明风云》系列之 ①

乱世枭雄

马渭源 著
Ma Weiyuan

东南大学出版社
SOUTHEAST UNIVERSITY PRESS
·南京·

图书在版编目(CIP)数据

乱世枭雄/马渭源著. —南京：东南大学出版社，
2015.1
　(大明风云系列)
　ISBN 978-7-5641-5428-8

Ⅰ.①乱… Ⅱ.①马… Ⅲ.①中国历史-研究-明代
Ⅳ.①K248.07

中国版本图书馆CIP数据核字(2014)第310944号

乱世枭雄

出版发行	东南大学出版社
出 版 人	江建中
社　　址	南京市四牌楼2号
邮　　编	210096
印　　刷	南京玉河印刷厂
开　　本	700 mm×1000 mm　1/16
印　　张	16.25
字　　数	273千字
版　　次	2015年1月第1版
印　　次	2015年1月第1次印刷
书　　号	ISBN 978-7-5641-5428-8
定　　价	39.00元

* 本社图书若有印装质量问题，请直接与营销部联系，电话：025—83791830。

序

马渭源教授的17卷本《大明风云》就要出版了，这是继他2014年推出10卷本《大明帝国》后的又一大系列专著。数日前，他来我家，邀我写个序，我欣然答应了。因为他与日本关西学院校长、国际明史专家阪仓笃秀教授是老一辈著名明史专家黄云眉先生的第二代传人，这是2011年年底海内外眉师儿孙们云集一堂，经过反复研究、讨论，最后作出的慎重决定。作为眉师的第一代传人，我感到责无旁贷要做好这样的事情。

马教授在2012年就应邀去美国做讲座，北美三大华文报刊《世界日报》《星岛日报》和《侨报》对此都曾做了专门的报道，其中《世界日报》称誉马渭源教授为著名的明史专家；稍后中国大陆媒体称他为"第一位走上美国讲坛的明史专家"。

另据海外媒体所载，马渭源教授的《大明帝国》系列专著得到了美国匹兹堡大学名誉教授、海外著名国学大家许倬云先生的赞许与推介，并为哈佛大学、哥伦比亚大学、普林斯顿大学、斯坦福大学等世界一流的高等学府和美国国会图书馆、澳大利亚国家图书馆等西方诸国国家图书馆所收藏，真乃可喜可贺！

最近中央级大报《光明日报》刊载文章说："世界上SCI检索影响力较大的2000种期刊中，中国期刊只有5种；排在本学科前3位的世界顶级期刊中，没有一本中国期刊。"（《光明日报》2013年11月30日第7版"科教文新闻"）与此相类或者说更不尽如人意的是，中国虽是当今世界上头号出版大国，但中国出版的各类专著为西方国家收藏的却不到20%，社科类不到10%，历史类更是凤毛麟角。而马教授的著作能被这么多的西方著名高等学府所珍藏，并得到了大家许倬云先生的肯定与称许，实属不易！

其实这些年在国内马渭源教授早已是南京电视台、南京广电、江苏教育电视台、安徽电视台、中央电视台和福建网站等公共媒体上家喻户晓的历史文化讲座主讲人和电视节目的常任嘉宾，而他的著作则更是深受广大读者的喜爱。据说有一次在上海展览馆举办他的签名售书活动，原定活动时间为半小时，结果因为读者太多了，主办方不得不延长了一个小时，但还是未能满足广大读者的需求。而最近又传来好消息，国内外知名的网络运营商如亚马逊、中国移动、苏宁易购等都与马教授签订了电子书出版合同，广大读者尤其年轻的读者只要按按手机上的键钮就能轻松阅读他的电子版著作了。

马教授之所以能取得如此的成就和拥有这样的影响力,在我看来,最为根本的原因就在于他扎扎实实地深入研究,以渊博的知识来解释历史,并用通俗流畅的语言表述出来,但绝不戏说,由浅入深,做到既通俗易懂又让人回味无穷,这是十分难能可贵的啊!

就以本次出版的《大明风云》系列之①～⑤为例,该5卷本主要是讲述大明洪武朝的历史。有关洪武帝朱元璋的传记目前为止,有好几个版权,最早的可能要数吴晗先生的《由僧钵到皇权》,那是民国三十三年十月由在创出版社出版,当年我在书店里买到了就读。五六十年代吴晗先生对原书进行反复修改后出版了《朱元璋传》(三联版)。据说当时有好多政治人物都读过,但它毕竟是那个时代的产物,里边有不少阶级斗争的内容和特定意识形态的标签,今天年轻人读来可能有种隔世的感觉。后来陈梧桐教授和吕景林教授也分别写了有关朱元璋的传纪,如今书店里可能还能买到。

马渭源教授在2007年时就撰写了《奇特的开国皇帝朱元璋》上、下册,尽管该书在2008年1月出版后很受读者喜爱,发行量急剧攀升,且远销海内外,但马教授对自己的著作却很不满意,多次在我面前说,那是电视节目的讲稿,时间太仓促,很不成熟,遗憾多多。为此,这些年他不断地收集和整理史料,打算重写。2014年1月他的最新力作《大明帝国》系列之《洪武帝卷》终于问世,比原书整整多出了一倍,多达100多万字。不过随后他又感到意犹未尽,特别是洪武时期的许多事情都未能说个淋漓尽致,为此,在已经修订过的《大明帝国》系列之《洪武帝卷》基础上,他再作努力,分册详尽阐述,这就是现在人们见到的《大明风云》系列之①～⑤《乱世枭雄》《大明一统》《明基奠立》《洪武"运动"》《治隆唐宋》。

本书为《大明风云》系列一《乱世枭雄》,主要叙述了元末天下大乱之际朱元璋从一个淮北乡下牧童、游方僧人如何发展成为雄踞一方的军事领袖以及他统一南方之非常历程,这也就是人们常说的大明开国史。

说起朱元璋开国,由于历史与政治的原因,他在一般人心目中已被格式化或政治定性化了,距离真实的历史还有一大截。对此,马教授在考证了大量的史实依据基础上,重塑了一个真实可近的朱元璋:他做过和尚、当过叫花子,后来投军当了兵,娶了个"官二代",自此开始发迹,由"倒插门"变成了"掌门人",在自家"老总""走"后,又占了"老总"宝贝千金……"旱鸭子"渡江没船,他去"忽悠"人家"老总","老总"有想法,他就设宴招待喝酒,然后捆住了人家手脚,扔进长江里喂鱼……他占领虎踞龙盘之地,西伐东讨,南征北战,开创大明……

人们常说：非常之人往往有着非常之手段，在描述朱元璋胜利与成功光亮面的同时，马教授以平易与酣畅的笔调恰如其分地揭露与展示以往被人所忽视的非常之人的"非常"另一面。最为关键的是他能敏锐地观察到朱元璋与历代君临天下的权位高势能者获取成功的首要秘籍——掌握与利用好军事武装力量：自经略定远那刻起，朱元璋就为自己偷偷地留了一条后路，在扩充所谓的郭子兴起义军时也暗暗地为自己培植了势力，像冯国用兄弟、李善长、邵荣、徐达、常遇春、邓愈等人的投奔对后来朱元璋势力的稳固与壮大起到了举足轻重的作用。在叙述完经略定远后，马教授笔锋一转，论述起滁州、和州根据地的开辟，巧妙地结合朱元璋人生早期非同寻常的8年经历，凸显了他的老辣——乘着老丈人郭子兴与众大王内讧之际，拉大旗作虎皮，拼命发展自己势力。如此下来等到郭子兴病亡之时，他已经实际上控制了这支军队。与此同时，他还"忽悠"并掌控巢湖水师，且以此渡长江、攻太平、战集庆。面对这样的态势，首先感到不安的是郭氏旧部和郭家兄弟俩郭天叙、郭天爵，这才有了进攻集庆时张天祐和郭天叙舅甥俩合力争抢攻城头功的一幕。而从实际角度来看，当时形势明摆着，郭子兴时代已经过去，其结果不言而喻。

利用了老丈人的平台发展了自己，娶了人家的养女，又心安理得地占有恩人家的宝贝千金即后来的郭惠妃（《明太祖实录》卷之二），随后处死了"谋反"的小舅子郭天爵，加上治军治政中的某些失措和自身性格缺陷——偏执型，这一系列负面因素慢慢地累积起来，最终导致了挫败陈友谅进攻——应天大捷后的蒋英、刘震、贺仁德、李佑之、邵荣、谢再兴等一系列叛乱。好在那时的朱元璋知错就改，且及时全力补救，这才终未酿成大祸。

马教授准确地把握了历史的脉络，既阐发了前人所未发的——如三攻集庆的惊人内幕，但又十分谨慎地叙述历史、正说历史——他对张天祐和郭天叙舅甥进攻集庆城时的"巧死"是看透了的，可又不武断地下定论或戏说，这无疑与吾师黄先生著述《明史考证》之精神是一脉相承的。对于朱元璋成功史的这样撰写与叙述比起过去一味唱赞歌不仅显得水平高超，认识深刻，而且历史人物形象也变得更加丰满。还有朱元璋冒险援救小明王与攻打并无多大利害关系的庐州之失策，马教授通过对这一系列朱元璋开国过程中的失当举措的客观描述，使得朱元璋形象既不神圣化，也不妖魔化，而是更加真实，有血有肉。这样的例子在书中还有许许多多，可详见本书章节。

朱元璋之所以能取得成功还有几个十分重要的因素：军纪严明，法不分亲疏；早期军事战斗中常常能亲自带头去啃硬骨头，譬如收编驴牌寨、攻打宁国和浙东婺州、血战鄱阳湖、亲征大汉国等；利用小明王政权的反元大旗，高筑墙、缓称王，尽可

能减少受人攻击的目标;礼贤下士,广辟人才;建立稳固的江南地区起义政权,等等。不过在这过程中还有个十分重要的因素,那就是朱元璋从建立江南地方政权那刻起就极为重视经济恢复和经济制度重建,可详见本书中、下章。如此全方位的阐述使得大明开国史愈发丰实、可信。

总之,全书精彩迭现,观点新异又可靠,读之既如品尝陈年美酒,又似沐浴和煦春风。作为年过八旬的垂垂老者,我倍感欣慰,"黄学"后继有人啊!也愿马教授不断努力,推出更多的新作!

权作为序。

南京大学中国思想家研究中心常务副主任、教授

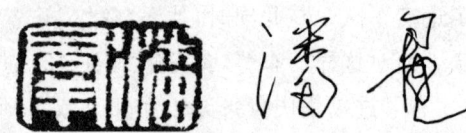

2014 年 11 月 11 日

目录

上章　地狱草根　绝处求生

- ● 泥皮草根艰难人生　隔代英雄心中永存 ……………………………… 1
  - ◉ 奇多的出生地——朱元璋到底是哪里人？ ………………………… 1
  - ◉ 奇特的出生——赤贫的钟离(凤阳)"大火球"朱重八 …………… 3
  - ◉ 奇特的长相——为何朱元璋留世御像奇特之多？ ………………… 6
  - ◉ 奇特之人、奇特长相和奇特性格之间有何关联？ ………………… 8
  - ◉ 乡间牧童、孩子王和"朝拜天子游戏" …………………………… 9
  - ◉ 少年朱重八心目中的英雄 …………………………………………… 10

- ● 亲人逝去撕心裂肺　流浪要饭内心鼎沸(17～25岁) ……………… 11
  - ◉ 一年左右,家里抬出了六七个死人,亲人的远逝,撕心裂肺的心痛 …… 11
  - ◉ "还愿"求生存,出家当和尚,可两个月不到又被迫"下岗" ……… 12
  - ◉ 走四方,路迢迢,野茫茫 …………………………………………… 14
  - ◉ 朱元璋究竟流浪、要饭了几年？ …………………………………… 16
  - ◉ 8年乞讨流浪生涯与朱元璋的性格特征 …………………………… 18

- ● "黄金家族"世界大国　"集团循环"绝对大祸 …………………… 20
  - ◉ "地火"的制造——自掘坟墓的元朝统治者 ……………………… 20
  - ◉ 军事大国光环下"黄金家族"子孙们自相残杀 …………………… 20
  - ◉ 经济大国耀眼下"黄金家族"子孙们的堕落 ……………………… 22
  - ◉ 蒙古"精英"集团内部小循环削弱了大元帝国立足根基,加深了民族鸿沟 …………………………………………………………… 24

- ◉ 大元帝国强控制与全方位腐败 …………………………………………… 26
- ● "脱脱更化"添薪导火　地狱草根遍地点火 ………………………………… 30
  - ◉ 大元帝国末代皇帝、末代宰相和"脱脱更化" ……………………………… 30
  - ◉ 饮鸩止渴的"变钞""开河"——大元帝国火药桶上的导火索 …………… 33
  - ◉ 白莲教、明教和弥勒教三教合一："明王出世""弥勒降生" ……………… 36
  - ◉ "石人一只眼，挑动黄河天下反"——白鹿庄密议、颍州起义与北方红巾军
    ……………………………………………………………………………… 38
  - ◉ 中国历史上成本最小的农民起义——徐州起义 ………………………… 39
  - ◉ 另外三支北系红军：北琐红军、南琐红军和濠州红军 …………………… 41
  - ◉ 袁州起义与南方红巾军 …………………………………………………… 42
  - ◉ 浙江温台地区的方国珍起义 ……………………………………………… 43
  - ◉ "黄军"与徐州之役 ………………………………………………………… 45
  - ◉ 起义烈火燃遍大江南北与朱元璋绝处求生 ……………………………… 47

中章　龙飞淮甸　发威应天

- ● 龙起淮甸投身军门　"倒插门"修成"掌舵人" ……………………………… 51
  - ◉ 走投无路才当兵，结果捞了个"准官二代"，南略定远挖得第一桶金 …… 51
  - ◉ 拨开云雾遥望帝都金陵　朱元璋开辟第一根据地——滁州 …………… 64
  - ◉ 反元大起义的转折与朱元璋开辟第二个根据地——和州 ……………… 77
- ● 步步靠近帝都金陵　三攻方占江南中心 …………………………………… 93
  - ◉ 打过长江去，开创江南第一个根据地 …………………………………… 93
  - ◉ 三攻集庆，占据江南政治、经济和文化中心 …………………………… 105
- ● 神州大地烽火连连　东抢南夺发威应天 …………………………………… 112
  - ◉ 建立江南省级农民起义政权——江南行省——明朝最早雏形 ……… 112
  - ◉ 稳固以应天为中心的江南地区政权，攻占东大门和南大门——镇江、广德
    ……………………………………………………………………………… 112
  - ◉ 元宫爱欲情海热火朝天　南北红巾军烽火漫天　张士诚速占江南 … 114
  - ◉ "叫花子"发威应天　朱元璋地盘迅速扩大 …………………………… 123

下章　先陈后张　统一南方

- ● 中国历史奇特风景　大明统一自南北进 …………………………………… 134
- ● 蚕食鲸吞统一浙东　朱刘问对恰似"隆中"（1358～1359）…………… 135

- 浙东战场开辟的"前兆之战"——昆山石牌偷袭战 …… 136
- 从徽州打开通往浙东的门户——攻取建德路 …… 137
- 杭州事变：赶走恶狼迎来一只饿虎——张士诚乘机控制杭嘉湖 …… 138
- 讨债的都一起来了：赵普胜攻占池州、郭天爵"谋反"、张士诚俘获廖永安 …… 139
- "高筑墙、广积粮、缓称王"九字方针与朱元璋亲征浙东轻松拿下婺州 …… 142
- "圣人"创立模范"特区"，稳固浙东统一前哨根据地 …… 145
- 凤阳"大忽悠"朱元璋居然被浙江"混混"方国珍给"忽悠"了 …… 149
- 朱元璋军攻占衢州与处州，统一浙东大部分地区 …… 152
- 刘基为首的浙东"四先生"出山与明代版的"隆中对" …… 155

● 醍醐灌顶调整方向　生死血战汉陈友谅(1360～1364) …… 161
- 朱元璋统一策略开始调整："先西后东"或言"先陈后张" …… 161
- 西线红巾军发展：外地和尚、布贩子和"刀枪不入"的"烧香军" …… 162
- 既要江山又要美人的陈友谅三次政变与西线红巾军再次东扩 …… 164
- 陈友谅与朱元璋第一轮大交锋：应天大捷、安庆争夺、江州大捷、龙兴府的得失(1360～1362) …… 175
- 平定内外五次叛乱与活用"功狗""母狗"理论 …… 184
- "防火墙"倒塌了朱元璋"暗送秋波"与元顺帝"怀春""怀孕" …… 196
- 陈友谅与朱元璋第二轮大交锋：洪都争夺战、鄱阳湖大战、武昌围城之战(1363～1364) …… 201
- "大一统"帝国再建之雏形——南京吴王政权 …… 219

● 先翦羽翼再取苏城　三部曲东灭张士诚(1365～1367) …… 222
- 无声的战争与不自信的张士诚改称吴王 …… 222
- 张士诚集团的腐化与英雄气短 …… 226
- 三部曲东灭张士诚　大体统一中国南方 …… 230
- 600年前谜案：苏州人为何不忘张士诚？朱元璋为何重赋江南？ …… 241

大明帝国皇帝世系表 …… 245

后记 …… 246

上章
地狱草根　绝处求生

中国历史上"草根"出身当上皇帝的，朱元璋绝不是第一个，也不是唯一的一个，但游走、徘徊于地狱边缘的"草根"，不仅奇迹般地生存了下来，而且还能迅速发迹、腾升；更令人惊叹与佩服的是，从乡村牧童到庙中小沙弥，从四处流浪的叫花子到叱咤风云的农民军领袖，再到大明开国之帝皇，朱元璋这一路走来，既是那么的悲悲切切，又是那么的轰轰烈烈，在中国历史上像他这样拥有如此奇特经历的帝王恐怕还绝无仅有。

泥皮草根艰难人生　隔代英雄心中永存

朱元璋的出生地奇多，这在中国历代帝王中不常见。沛县、句容、盱眙、凤阳等地各执一词，都说朱元璋出生在他们那里，那么史实到底如何呢？

● 奇多的出生地——朱元璋到底是哪里人？

关于朱元璋到底出生在哪里，民间的传说真可谓扑朔迷离，众说纷纭。第一个版本，如果你到了徐州，徐州人说我们这个地方有帝王之气，朱元璋就是出生在我们这里。奇怪的是，镇江句容人一样也很自豪地说："朱元璋是我们句容人。"并且拿出佐证，说句容如今还有个地方叫朱家巷，人们都信以为真了。这是第二个版本。但是如果我们相信了句容人的话，盱眙人又要不同意了，他们说："明祖陵就在我们盱眙啊，还是在洪泽湖底下发现的呢！"言之凿凿，好似毋庸置疑，这是民间的第三个版本。第四个版本就是凤阳说了，这是大家都知道的，因为朱元璋是凤阳人，于是"理所当然"出生在凤阳啊。

那么以上这么多的关于朱元璋出生地的民间版本中到底哪一种是真的呢？我们说都有一定的道理。之所以这么说，首先跟朱元璋祖上的经历密切相关。据史料记载，朱元璋远祖"世居沛国相县，其后有徙居句容者，世为大族人，号其里为朱家巷。高祖德祖，曾祖懿祖，祖熙祖，累世积善，隐约田里。宋季时，熙祖始徙家，渡淮居泗州。"（《明太祖实录》卷1）

这就是说，朱元璋祖上家庭贫困，为了生计，不得不加入了当时的"打工迁徙潮"，由徐州沛县即中国历史上第一个"草根"出身的大一统帝国皇帝刘邦故乡，迁徙到南方金陵边上的句容通德乡朱家巷。当时朱家还是当地的一个淘金户。按照当时元朝的规定，凡是淘金户每年就得要向官府缴纳一定数量的金子。可句容当地不产黄金，朱元璋祖上只好改种庄稼，用庄稼换钱、换金子，实际上是在做赔本买卖。没过多少时间，朱家就无法支撑下去了。在朱元璋父亲朱五四8岁那年，爷爷朱初一就带了家人，北渡长江，来到了淮北地区。刚好那时元朝攻灭南宋没多久，泗州地区（包括今天江苏盱眙、泗洪和安徽天长、五河、泗县等地）有不少荒地，朱初一就将家安在了泗州盱眙津律镇（又名津里镇），"开垦兵后荒田"。（【明】危素：《皇陵碑》；【明】郎瑛：《七修类稿·国事类·朱氏世德碑》卷7）

朱初一定居在盱眙的中心地带可能就是今天的明祖陵位置，当时地名叫杨家墩。笔者曾两度前往明祖陵考察，发现该处四周旷野，人丁稀少，庄稼矮小，若不是生活很窘迫的人是不太可能看中这地的。不过在明代人的眼里，那可有着另外一番说法了。相传朱元璋的爷爷朱初一当年在杨家墩干活，因为累了就在一个低洼地里睡着了。刚巧有道士师徒两人路过，师傅老道指着朱初一睡的那一块低洼地说："要是哪家人家有人葬在那里的话，那这家人家将来一定会出天子。"徒弟大惑不解，问了："师傅，你怎么这么说呢？"老道："这地与周围地相比有一股常人看不见的暖气。"说完，他摘了一根枯树枝插在朱初一睡的地方，并继续跟徒弟说："你看好，十天后这根枯枝会生出树叶来！"随后他又对躺在地上的朱初一说："老头，你听到我说的话吗？"朱老头早就被道士师徒的说话声给吵醒了，但一听说自己睡的这块地"贵不可言"时，他就动了心眼了，假装熟睡，你再怎么喊，他也只当没听见。

转眼10天过去了，留了心眼的朱初一一大早就来到地里，发现那枯树枝果然发芽吐出了嫩嫩的绿叶，为了独占天机，他马上将长出绿叶的树枝拔出来，插到别的地方去。再说那道士师徒那天也来了，徒弟顿时叫了起来："师傅您不是说枯树枝会长出叶子来的么？怎么这地里见不到长叶子的树枝呢？"师傅指着朱初一，说："一定是他拔的！"见到这般境况，朱初一只得承认，确实是自己干的。老道士说："其实也没多大关系，只是泄了气，不能长传下去。老头，你有福气啊，死后应该葬在这里,那以后你家一定会出天子!"据说后来朱初一死后真的葬在那里,这就是后世人们都知道的明祖陵。大概在朱初一下葬后的半年,朱元璋的母亲怀孕了,生下了一个小孩,即明朝开国皇帝朱元璋。(【明】王文禄:《龙兴慈记》)

其实杨家墩有没有这样神奇的地气,只有天知道了。但在杨家墩朱家确实过过一段温饱的日子,朱元璋的父亲朱五四逐渐长大,并在那里娶上了媳妇。这媳妇姓陈,那时候的人称她为陈氏。陈氏的父亲即朱元璋的外公,历史上称其为陈公,他可是有点"来头"的人。

宋末元初有三个很有名的抗元将领:张世杰、陆秀夫和文天祥。由于抗元斗争的失败,陆秀夫背负南宋小皇帝跳崖自杀;文天祥兵败被俘,元军将其押往元大都,多次劝降未果后,在北京将其杀害;而张世杰的抗元最终也有相似的命运。朱元璋的外公陈公就是张世杰手下的一员干将,曾为保卫宋朝的疆土而出生入死、驰骋沙场。抗元斗争失败后,他先回扬州老家,后举家避居到了盱眙津律镇,靠看风水、算命、合年庚八字、做巫师等为生。陈公无儿,育有2女,长女嫁给了季家,小女儿嫁给了朱家朱五四即朱元璋的父亲。(【明】宋濂:《赐扬王陈公神道碑》;【明】焦竑:《国朝献征录》卷3)

但自陈氏嫁过来没多久,朱家又开始走背运了。这时朱元璋大伯家相继生育了重一、重二、重三,可能张嘴的逐渐多了,日子开始变得紧巴巴。到老爷爷朱初一去世时,那真是"家道日替",全家人的生活愈发艰难(【明】郎瑛:《七修类稿·国事类·朱氏世德碑》卷7;【明】徐祯卿:《翦胜野闻》)。不过朱家祖上有个基因,生活无着了就跑人。眼看在盱眙混不下去了,朱元璋父亲朱五四就带了他的媳妇陈氏来个脚底下抹油。他们先来到五河(今安徽五河),在那里生下了朱元璋哥哥重六和重七等,后又迁往灵璧、虹县(安徽泗县),最终才迁至钟离的东乡。(【明】郎瑛:《七修类稿·国事类·朱氏世德碑》卷7;【明】危素:《皇陵碑》)

迁徙了一大圈,最终几乎又回到了"原点",此时的朱五四已经是中年人了,人生大好时光耗在了不断给人打工上,而自家除了增添人丁外,却日益窘迫。尽管朱五四那时已经育有3男2女了,但他与陈氏仍不断进行床上运动,其最终结果是,又一个小生命即将降生。

◉ 奇特的出生——赤贫的钟离(凤阳)"大火球"朱重八

那是元天历元年(公元1328年)九月十八日未时即下午1点到3点之间,收拾完家务活的村妇陈氏,急急忙忙地往地里赶,想帮丈夫朱五四播种麦子,没想到走到半路上,肚子突然开始隐隐作痛了,已经做了五六次母亲的陈氏立马意识到,自己又要临盆了,赶紧回头往家赶。走着走着,走了一段又实在走不动了,跌跌爬爬地进了附近山冈旁边的一座二郎庙里头,还没来得及喘上一口气,一个小生命就呱呱落地了……

这个急着要来到世上的小生命就是后来震惊中外的明朝开国皇帝朱元璋,不过那时他可没这么响当当的名字;相反,他的父亲朱五四沿用了当时平头百姓取名的规则,即将孩子父母的年龄合算成一个数目或用行辈来给孩子命名。因为这小生命前面已有4个堂房哥哥即重一、重二、重三、重五和3个同胞兄长即重四、重六、重七,都是"重"字辈的,孩子他爹就顺数命名小生命为"重八",一个土得掉渣的名字。孩子名字土还不要紧,最最要命的是当时这个朱家穷得一贫如洗,小生命出生了总得弄块合适的布包裹一下,嗨,那朱家穷得居然拿不出。孩子他爹听到儿子出生了,赶紧奔到破庙里,将母子俩弄回了家,然后上河边去取水,想给刚出生的儿子洗洗。就在取水的过程中,他发现有一块红绸布漂了过来,随即找来一根小木棍,将红绸布给捞了起来,以此用来包裹刚刚出生的婴儿。(【明】郎瑛:《七修类稿·国事类·红罗襈》卷7;【明】吕毖:《明朝小史》卷1)

穷苦本不是什么罪过,不过在笑贫不笑娼的中国传统社会里,后来当上皇帝的朱重八幼年曾经经历的这段苦难,却终究上不了什么台面,于是就被人演绎成了美妙的传说。他出生的那个村庄被人尊称为灵迹村或灵迹乡,二郎庙旁的山岗被人称为孕龙基或跃龙冈,朱重八后来也不叫朱重八了,改名为朱元璋(璋,在古代是指贵族用的高贵玉器),字国瑞。(【明】潘柽章:《国史考异》卷1)不过南京和中都凤阳等地的人们更喜欢用朱元璋当政时使用的洪武年号来称呼他,喊他为"朱洪武"。更令人不可思议的是,后来就连朱元璋原本是一对农民夫妇的休闲"作品",也被天神梦幻的仙道光环所笼罩着。

据说有一天晚上,朱元璋母亲陈氏做了一个梦,梦见一个头戴黄冠、身穿红色袍子的老道从西北方向款款走来,来到了她家屋子南边的打麦场上,随手从麦粒堆里头取出一粒白色的药丸,放到她的手中。陈氏十分好奇地看着,只见那白色药丸闪闪发光,且渐渐变大。看到一脸惊奇的陈氏,老道马上明白了意思,当即吩咐道:"这是好东西,你把它吃了!"陈氏吞下了药丸,随即梦醒了,她赶紧将刚刚的梦境讲给丈夫朱五四听。朱五四凑近听着,忽然闻到陈氏口中正透出阵阵幽香。第二天,她便在二郎庙产下了朱元璋。更为神奇的是,当朱元璋生下时,那屋子和附近的山岭全被红光照耀着。附近的人们赶紧过来,以为这里起火了,可走近时才发现,压根儿就不是。为了让世人记住这非同寻常的"灵异奇象",称帝后的朱元璋就命名那地方为"明光",那

山就叫做"明光山"。(《明太祖实录》卷1;【明】佚名:《天潢玉牒》)

美丽传说还不止这些,就连那块从河里漂流过来的红绸布也被神化戏说了。相传朱元璋出生时,红光烛天,不仅惊动了四周的乡邻,而且还有附近的出家人。本是六根清净的"彼岸之人"听说一个贵不可言的"伟人"降生了,为了表示祝贺,他们赶往朱家,送来了"红罗幛"。也有人说是皇觉寺里的和尚抱了朱元璋到河边去洗澡,捞到了一块红绸布,将他给裹了起来,随之"红罗幛"的故事就开始流传了。(【明】王文禄:《龙兴慈记》)

不仅如此,据明代流传下来的一些史料来看,朱元璋自出生起就与佛界结下了不解之缘了。相传朱重八生下来3天不吃奶,腹胀如鼓。父亲朱五四抱了他四处求医,但终无所果。俗话说:日有所思夜有所梦。那天夜里,朱五四突然梦见孩子快要不行了,赶紧抱着他到庙里去向佛神求救。可谁知庙里居然一个和尚也没有,无奈之下他只好将孩子抱回家。到家时忽然看见,在自家东房茅草屋屋檐下有一个和尚正面壁坐在小板凳上。朱五四喜出望外,一五一十地将自己的事情告诉了那和尚。和尚听后一边轻轻地摸着孩子的头,一边微微笑道:"不碍事,你也不用着急,到了半夜时分这孩子就会吃奶了。"朱五四连声致谢,随即进入家门,准备了茶水,想招待一下那和尚,可当他走到门口时,忽然发现那和尚不见了。(《明太祖实录》卷1;【明】佚名:《天潢玉牒》)

不久梦也醒了,看到奄奄一息的小生命,朱五四心如刀绞,对于一个社会底层的"草根"来说,除了等待奇迹的降临外,他还能做什么?!说来也巧了,大约到了半夜时分,小生命居然真的开始吃奶了。天亮时,他那腹胀如鼓的肚子也逐渐地瘪了下去。

孩子的病似乎是好了,但随后他经常闹病,一旦闹病,朱五四就要将他舍给庙里,让佛神来保佑他,可每一次都让孩子他妈给挡住了。陈氏不同意是因为看到孩子太小了,不过为了感谢佛神的保佑,陈氏与丈夫朱五四还是经常到庙里去烧香,向佛神许愿,等孩子长大一点,就把他送来当和尚,祈愿佛神保佑孩子健康平安!现实的残酷与生活的无奈,在美妙神话的演绎下,顿时变成了朱元璋日后出家为僧的宿命天定。(【明】佚名:《皇明本纪》;【明】高岱《鸿猷录·龙飞淮甸》卷1;【明】佚名:《天潢玉牒》)

孩子出生连包裹的布头都没有,孩子生病了只能去求佛神保佑,朱五四一家的生活之苦可见一斑。自古以来我们中国人就有着极强的生存能力,在没有太大的天灾人祸面前,人们都能忍着过日子、糊着生活。朱五四一家就是千千万万中国人的缩影。在小儿子朱重八10岁那年,由于田主夺佃,朱五四带了一家8口从生活了10年的东乡迁徙到了西乡。3年后又从西乡迁徙到了太平乡孤庄村,也就是今

天安徽凤阳中都明皇陵一带，租种田主刘德的农地。(《明太祖实录》卷1；【明】佚名：《天潢玉牒》)

● 奇特的长相——为何朱元璋留世御像奇特之多？

那时的朱重八是个13岁的少年，"姿貌雄杰，志意廓然，独居沉念，人莫能测"(《明太祖实录》卷1)。这段史料中首先有个问题值得我们注意，那就是朱元璋长相到底如何？明代国史说他"姿貌雄杰"，实际上是指长相十分奇特，甚至可以说是怪异。

说起这个问题，我们就不能不触及明清史上的一大谜案——朱元璋到底长成啥样子的？

在中国绘画史上，人物画发展到两宋时期已经是相当之成熟，达到了"形神合一"的境界。"形神合一"首先在于"形似"，但令人大惑不解的是，在中国人物画成熟之后的元末明初，那位叱咤风云的大明开国君主朱元璋的"肖像画"别说"形神合一"，就是"形似"也没做到，如今在明孝陵与南京民间保留了十五六幅风格迥异的朱元璋"御像"，这究竟是怎么一回事？难道朱元璋有着十五六张不同的脸？这似乎太离谱了……

其实只要你稍加留心的话就不难发现，在现今流传的十五六幅朱元璋画像中不外乎两大类：一类就是人们经常在教科书上可以见到的，即我们熟知的领袖标准相。画像上朱元璋身着黄色龙袍，一副威慑天下的天子模样，但不乏几分老者的慈祥。这张画像上的朱元璋虽然看上去已经有点老了，但我们不难想象，以这张像的模样再上溯几十年，画像上的这个人也必定是个帅小伙。

然而我们去了南京的明孝陵却发现还有风格迥然不同的另一种类型的洪武皇帝的像，也就是第二类画像，朱元璋身着紫色便服，类似于我们今天常说的休闲服。这张像上的这个人相，我们暂且不去探讨他的美丑，仅仅从相学的角度来看，他整个脸部凹陷，外部轮廓却很突出，长相算得上奇特。这种长相的朱元璋画像可以找到第三幅、第四幅乃至第五幅、第六幅……

为什么会有如此众多的朱元璋画像？这么多的画像中到底哪一种更贴近朱元璋本人呢？这样的长相与人的性格特征和事业成就有无直接的关联？

综观历史上留下来的史料，我们认为朱元璋的长相可以说不咋样，甚至可以说长得稀奇古怪。何以为凭？据明朝国史《明太祖实录》记载：当初朱元璋去投奔濠州红巾军时，郭子兴看"见上(指朱元璋)状貌奇伟异常人"，用今天话来说，就是郭子兴见到长相奇特的朱元璋时表现出极大的惊奇——世界上竟有长成这般模样的人!我们日常生活中偶尔也会碰到长相奇特的人,也会表现出无限的惊奇,这是常理。但有人认为,就《明实录》的记载还不足为凭,我们应该将视野更加的放宽。

明代文人笔记中也有相类的记载:"(朱元璋)日章天质,凤目龙姿,声如洪钟,奇骨贯顶"(【明】何乔远:《名山藏·典谟记一》卷1)。《明史》也说朱元璋"姿貌雄杰,奇骨贯顶。志意廓然,人莫能测"。(《明史·太祖本纪》卷1)

上述记载中都说到了"奇骨贯顶",这种"奇","奇"到了什么地步?我们来看看画家怎样画这个奇特的皇帝的。

《明画录》中记述了如下事情:明朝初年有位寓居苏州府的画家叫赵原,其"所画山水,……兼写竹,名为龙角凤尾金错刀,时争重之"。用今天话来说,擅长山水画的画家赵原是明初绘画界的一个明星,人们争先恐后地想要得到他的真迹墨宝。洪武初年,赵原应朱元璋征调到了南京,为大明帝国皇帝绘制中国古代圣贤之像。但这位绘画界的"明星"却因其绘画之作不合大明天子朱元璋的圣意而招来了杀身之祸。说白了,这是赵原的"文人画"审美情趣与朱元璋的审美情趣不相吻合造成的。

那么朱元璋的审美情趣是什么?明初被人誉为"娄东三凤"之一的陆容曾在他的著作中这样写道:"高皇尝集画工传写御容,多不称旨。有笔意逼真者,自以为必见赏。及进览,亦然。一工探知上意,稍于形似之外,加穆穆之容以进。上览之,甚喜,仍命传数本以赐诸王。盖上之意有在,它工不能知也。"(【明】陆容:《菽园杂记》卷14)

这是说,明朝初年,朱元璋曾经征调了一些有名的画工到南京,专门为他个人"写真",但绝大多数人都不合这位大明天子的"圣意"。有的画工绘画得相当之逼真,因而也自以为一定会得到大明天子的赏赐。但等到朱元璋御览后,却同样也遭到了严厉斥责和处罚。后来,有一个画工反复揣摩"圣意",在下笔绘画时只取基本的轮廓之相似,然后尽情"发挥"和修饰,在"图画"上对长相不雅的朱元璋精心地进行整容。这样朱皇帝的画像中包含了中国传统文化中理想的君主标准相——威严肃穆之神色。朱元璋看到了这样的画像后自然是喜出望外,龙颜大悦,并以此类为标准"复制"了好多,赐给了他的诸王儿孙。(【明】陆容:《菽园杂记》卷14)

一个人的长相是天生的,但为什么明初那么多的画工越画得逼真越不合朱元璋的"圣意"呢?能解释清楚的恐怕只有两种可能:第一,朱元璋长得不怎么样,否则他不会与画工们过不去;第二,画工们画得越逼真就越不合朱元璋的"圣意",也就是说这些画与朱元璋心目中的审美取向大相径庭。因为朱元璋来自草莽,没正式进过学校门,尽管自称为"天生圣人",但他骨子里最根本的还是中国民间社会中下层人们的审美价值取向与固定化"概念"领袖相——天庭饱满，地阁方圆，两耳垂肩……例如，中国历代史书中经常有某某帝王长得不咋样，就说他"不类圣君"。朱元璋长得真是"天庭饱满，地阁方圆，两耳垂肩"之类的，就是我们上面讲的第一类朱元璋"领袖标准相"，但他何必要将画得逼真的画工严厉斥责和处罚呢？所以，我们可以得出一个结论：朱元璋肯定长得不咋样，属于上述我们讲的第二类——难看相。为了掩盖这些天生的又说不出口的"缺陷"，所以他不断地"更换"画家或画工，这就给我们后人留下了这么多的"御像"。

● 奇特之人、奇特长相和奇特性格之间有何关联？

既然说朱元璋长相奇特，那么这么奇特的长相又与他的人格心理有何关系？

如果稍稍留意一下西方心理学文献和东南亚及日本等地区的相学资料，就不难发现，有人已将心理学同中国传统相学完美地结合起来，以此来判断一个人的脾性及心理。例如从相学上来讲，如果一个人的双眉之间的距离很窄，甚至完全联结在一条线上，那么他极可能是个急性子，做起事来不管三七二十一直往前冲。我们回过头来再看看朱元璋的奇特长相又蕴含着哪些性格特点呢？

朱元璋的长相，套用民间说法，是典型的猪腰子脸或言鞋拔子脸。其实他的猪腰子脸或言鞋拔子脸最显著的特点就是下巴凸出，相学上认为下巴凸出的人往往城府极深，平时沉默寡言，还可能是个好好先生，你不管跟他说什么事儿，他在表面上都会一一应允下来，交代他做什么事情，他就算忍辱负重也会尽力把事情做得漂亮，让人无可挑剔。然而这种人一旦得势，他会发疯似地报复，其偏执心理往往是人们所意想不到的。

其实朱元璋的这种心理特征在青少年时代还是有所显现，这就是《明实录》中所说的："志意廓然，独居沉念，人莫能测。既就学，聪明过人，事亲至孝，侍奉左右，不违意。"(《明太祖实录》卷1)

再说开来，用今天的心理学来看待这段史料记载就不难明白，少年朱元璋心里挺郁闷的，有着对未来的无限憧憬，又不得不面对眼前穷困的无奈，所以经常独居沉思，没人能知道他心里想的是什么。看到同龄的小伙伴中不少人进了私塾"学堂"门，自己虽说已经错过了启蒙识字的最佳年龄了，但最终他还鼓足了勇气向父母亲提出了自己的想法。因为是家里最小的孩子，在中国社会中不少出现这样的情形，家中老幺往往被宠着。朱五四家也不例外，当听说小儿子想要念书时，他使尽了力气将朱重八送进了私塾。由于"聪明过人"，朱重八在学时识了些字，但最后

因交不起学费,数月后只好辍学回家,帮助父母打理一些农活与家务。(《明太祖实录》卷1)

● 乡间牧童、孩子王和"朝拜天子游戏"

从生活的常理来讲,最小的小儿子也逐渐长大,朱五四家的日子应该开始好过了。可他本身赤贫,靠租种别人土地过日子,加上生育又多,对于已经长大的孩子,家里即使再没钱,做父母的也得要想尽办法给他们成亲啊。在孤庄村4年的生活中,朱五四嫁了大女儿、二女儿,又给大儿子、二儿子娶了媳妇,三儿子到了成婚的年龄时,他实在无能为力了,只好将其出赘到刘家去当上门女婿。(【明】郎瑛:《七修类稿·国事类·朱氏世德碑》卷7;【明】徐祯卿:《翦胜野闻》)

对于这样的家庭困苦,少年时代的朱元璋一起承受。据说当时为了减轻家里负担,他曾为田主刘德家放牛,以此来换口饭吃。有一年夏天,朱元璋和几个小伙伴一起在山坡上放牛(后来大明开国将领汤和、周德兴等与朱元璋是同村的,但徐达是隔壁县的,不是与朱元璋一起玩大的——详见《明太祖实录》和《明史》)。人们常说:六月里的天娃娃的脸,说变就变。正当几个牧童放牛正出劲的时候,"轰隆隆"几声震天雷响过,顿时大雨倾盆,放牛娃们赶紧躲到树下或山石底下避起雨来。但这场雨下得时间太长了,一晃就过了吃午饭的时间。孩子们不仅被淋得如落汤鸡一般,而且还饥肠辘辘。此时,朱元璋就向小伙伴提议:"你看财主家的儿子不放牛都有好吃好喝的伺候着,咱们辛辛苦苦还整日挨饿受冻,可真不公平啊!今天啊,不如咱们大伙儿宰一头小牛吃吧?!"这些小伙伴被朱元璋这么一撺掇,个个都跃跃欲试又垂涎欲滴,想吃小牛肉。但就在这时,有个小伙伴不无担心地说道:"要是老财主发现小牛少了一头,那怎么办?"朱元璋眉头一皱,计上心头:"要是老财主问起的话,我们就说丢了么。"小伙伴们平日里都知道,朱元璋的主意多,于是大家就跟随他,欢天喜地杀了一头小牛犊,在山上架了篝火,烤起了牛肉,美美地吃上了一顿。这一顿对他们来说,可算是从娘胎里出世后吃到的第一顿盛宴。

吃饱了,喝足了,天色也暗起来了。傍晚,放牛娃们赶着牛群回去了。朱元璋的东家田主刘德在清点牛犊时,发现少了一头小牛,于是就问:怎么回事?朱元璋气定神闲地说:"老爷!下午我们放牛的时候,突然天降暴雨,又是打雷又是闪电,惊了小牛,四野里跑开了。那只小牛胆子特别小,钻到地缝里了,不料又被卡住,怎么都出不来。我们费了好大劲也没能把它弄出来。老爷您要是不信,就叫人去看看?"田主刘德带了人一起到朱元璋说过的田缝里去看个究竟,果然发现有一根牛尾巴被卡在那里,殊不知这正是朱元璋和几个小伙伴事先安排好的。刘德叫人使劲拉那牛尾巴,但牛尾拉断了,也没能拽出牛来。最终找来朱元璋,臭骂一通,这事也就作罢了。(【明】王文禄:《龙兴慈记》)

虽然这个传说在正史上不见记载,但可能是真的,因为朱元璋应变之机灵在以后的人生经历中随处可见。当然这种野趣未载于正史可能出于这样的考虑,再怎么说它也上不了什么台面。朱元璋孩提时代类似这样的乡村野趣还有不少,其中有一则广为流传:朱元璋与小伙伴们常常玩众臣朝拜天子的游戏。据说他用废弃的水车板当做头上的天平冠,手里拿了块小木板作朝笏,然后就往土堆上一坐,接受众伙伴的"朝拜",好似朱重八天生就是做皇帝的料。这样传说之所以能传下来,且越传越神,主要是因为朱元璋后来当了皇帝,或许有那么一些"影子"的事情,马屁精和狗奴才们出于政治上的考虑而对其进行极度的渲染。(【明】王文禄:《龙兴慈记》)

● 少年朱重八心目中的英雄

在朱元璋的童年时代,还有一件事值得人们留意,那就是母亲陈氏经常用外公陈公驰骋疆场、英勇杀敌的事迹来教育自己的儿子,无形之中在朱元璋幼小的心灵培育起了远大的志向和反抗民族压迫的斗争精神,甚至可以说外公陈公就是童年时期朱元璋心目中的伟大的英雄和顶礼膜拜的偶像。后来在南京城里称帝了,他马上就"追封皇外祖考为扬王,妣为扬王夫人,皇外舅为徐王,外姑为徐王夫人,并建庙于太庙之东,以时奉祀……上(指朱元璋)安奉扬王神主,皇后安奉徐王神主,各用牲醴致祭"。且在祭祀的祀词中十分谦虚地自述:"外孙皇帝元璋,谨以牲醴庶品致祭于外祖考陈公、外祖妣王氏曰,仰承外家之庇,为亿兆生民主,未伸崇报,每歉于怀,今考于《礼》,追封外祖考为扬王、外祖妣为扬王夫人。然自昔帝王之于外族,皆行封赠,而未有立庙奉祀者。惟我外祖考妣继承无祀,元璋以外孙亲连骨肉,故立庙以奉祀事,庶昭报本之诚。"(《明太祖实录》卷42;《明史·外戚传》卷300)

外公等在传统的宗法社会里属于外戚,居然能享受到几乎与皇家祖宗相似的待遇,登基称孤的皇帝外孙竟然亲自奉安祭奠外公,由此可见陈公对朱元璋之影响了。从洪武开国前后朱元璋确立的"驱逐胡虏,恢复中华"的宏伟目标和实施了北伐、"清沙漠"等一系列非常行动来看,谁能说就不是其外公反抗民族压迫之斗争精神的发扬与光大?!

亲人逝去撕心裂肺　流浪要饭内心鼎沸（17～25岁）

● **一年左右，家里抬出了六七个死人，亲人的远逝，撕心裂肺的心痛**

尽管十分贫寒但不乏野趣的早年生活使得朱元璋这个普普通通的乡村少年过得轻松又自在。然而天有不测风云，17岁那年突发的天灾人祸却彻底地毁灭了他的一切，也正是这场"飞来横祸"成了他颠沛流离、戎马一生的转折点。那么究竟是什么样的灾变呢？

朱元璋17岁那年，黄淮地区发生了严重的自然灾害。旱灾、蝗灾接踵而至，加上严重的瘟疫，所有的这一切把朱元璋早年的平静生活全部给搅乱了，毫不留情地把他卷到了社会的洪流当中，抛到了社会的角落里，甚至可以说是推到了地狱的边缘。在这场灾难当中，他家发生了巨大的变故。父亲、母亲、大哥、二嫂、2个侄儿都死于瘟疫。原来好端端的一大家子十来个人口，现在就只剩下朱元璋和二哥及大嫂、侄儿、侄女等还健在。这是何等的凄惨！这是一般人都无法承受之痛！但它已经来了，来得那样的匆忙，来得那样的突然，使得少年朱元璋和二哥等措手不及。朱家原本处于赤贫状态，种的地也是租种别人的，这一下子死了这么多人，连安葬的地方都没有。亲人的远逝带来的撕心裂肺的心痛，生活的无着带来的是对未来的绝望，大嫂带了两个孩子回了娘家，而此时的朱家就剩下了朱元璋和他的二哥了。小小年纪要承受成年人几乎都无法承受的悲痛与生活重担，眼前最为紧要的是下葬亲人，他们去求东家田主刘德，想让他发发善心，施舍一块小坟地。没想到坟地没求得，反遭刘德"呼叱昂昂"，一顿臭骂。（【明】朱元璋：《高皇帝御制文集·皇陵碑》卷14）

就在朱元璋兄弟遭受凌辱时，田主刘德哥哥刘大秀亦名刘继祖的儿子刘英目击了这一切，刘英平时跟朱元璋是好兄弟，看到自己叔叔太不仁义了，心理就很不舒服，回到家里就将此告诉了父母亲。刘继祖虽然是刘德的哥哥，可兄弟俩的为人却迥然不同，听说朱家遭此大难，顿时心生怜悯，他与妻子娄氏主动来到朱家，对身陷绝境的朱元璋兄弟说："你们父母在世时就和我们关系不错，你们有困难为什么不跟我们说，我家有的是地，随你们挑好了。"听到这里，朱元璋兄弟感激得泪如泉涌，几乎连"谢谢"都快忘了说了。（【明】朱元璋：《高皇帝御制文集·追赠义惠侯刘继祖诰》卷3；【清】光绪：《凤阳县志·刘继祖》卷9）

葬地的事情终于解决了，可寿衣一类东西到哪里去弄呢？朱元璋兄弟万般无奈,只好将几件破衣衫找出来,将父母亲给包裹起来,然后兄弟俩一面哭着,一面将亲人的遗体抬出了家门,往着刘继祖家的地里方向过去。走着走着,突然间抬尸体的绳子断了,二哥回家去想办法再弄一根来,朱元璋则留在那里看好尸体。就在这个当口,天公变脸,闪电大作,暴雨倾盆,朱元璋赶紧到树下去避雨,将父母亲扔在了地里。约有一顿饭的工夫,雷雨停了,可朱元璋父母的尸体也不见了,原地隆起了一个坟包,民间俗称之为"天葬"。(【明】吕毖:《明朝小史·洪武纪·神葬》卷1;【明】徐祯卿:《翦胜野闻》;【明】王文禄:《龙兴慈记》;【清】王鸿绪:《明史稿·太祖本纪》)

35年后的洪武十一年夏四月,当了皇帝的朱元璋"增土以倍其封",在那里修建了十分气派的明皇陵,并在皇陵前方建了一个亭子,里边立了一块大明皇陵之碑。碑文由朱元璋亲自撰写,回想起当年的凄凉与悲惨时,他十分激动地写道:"殡无棺椁,被体恶裳,浮掩三尺,奠何殽浆!"(【明】朱元璋:《大明皇陵碑》;《明太祖实录》卷39;《明太祖实录》卷118)

● "还愿"求生存,出家当和尚,可两个月不到又被迫"下岗"

其实下葬了父母仅仅是苦难日子的开启,由于旱灾肆虐,蝗害大作,淮河及其周边地区的人们深陷极度饥荒状态,"里人缺食,草木为粮"。朱元璋兄弟靠着吃草根和树皮果腹度日,这样勉强度过了半年左右,到了后来连草根和树皮都不易找到,眼看就要被活活饿死。生存本能的需要使得小兄弟俩不得不作出抉择:要是留在家里,那就等于坐着等死,与其这样,还不如出去谋个生路,能活一个是一个。朱元璋与二哥抱头痛哭,个个都哭得泪人似的,"兄为我伤,我为兄哭,皇天白日,泣断心肠"(【明】朱元璋:《大明皇陵碑》)!

哭声惊动了邻居汪大娘,汪大娘家也不好过,但比朱家稍稍要好些,听到朱家的哭声,她主动上了门,说出了当年朱五四为小儿子朱元璋生病在皇觉寺许愿的事情。刚说完那事,汪大娘就跟朱元璋讲:既然你的父亲已经在佛爷前面许过了愿,要让你舍身佛门,这可不能失信啊,否则要遭遇不测。再说,舍身佛门,这是天定的"缘分"啊!当时17岁的少年朱元璋,面对如此的绝境,也没了主意,只好听从汪大娘的话。"那好吧,既然这样,我就去当和尚吧!"再说二哥也觉得汪大娘的话很有道理,当即便同意小弟朱元璋出家出去。

然而,在那时当和尚,也并非是剃个头入了寺就得了,假如要进寺庙,你得带上见面礼,才可走进佛门。这个时候的朱元璋连生存都成问题,哪有什么银两来置办什么见面礼？汪大娘看他实在困顿不堪，虽然自己家的日子也不好过，可还是帮他准备了点香烛，并让自家儿子送他去了皇觉寺。(【明】朱元璋：《高皇帝御制文集·赐署令汪文、刘英敕》卷6；【明】朱元璋：《高皇帝御制文集·皇陵碑》卷14；【明】袁文新：《凤阳新书·二母传》卷2)

在宗教意识淡化的中国传统社会里，出家修道在世俗人们心目中的地位并不算高，有时还有几分贬义。朱元璋后来发迹当了皇帝，而在中国历史上的帝王中，像朱元璋这样贫贱到了只有当和尚混饭吃糊日子的地步，还真是绝无仅有的。为了对这段在普通人看来多少带有缺憾的人生经历有个美满的解释，明朝开始人们就流传着这么个说法：为了报答佛神的大恩大德，少年朱元璋日后必须有舍身佛门的这段经历。一段不愉快的经历甚至可以说是苦难就这样被演绎成如此美丽的命定说了。

进了寺庙，温饱问题是解决了。但乱世中的寺庙也并非想象中的一方净土。小小年纪刚刚踏入社会，朱元璋可不知世事的繁复和社会的深浅，为此他受足了别人的欺凌。

由于年纪小，又刚刚进入寺庙，庙里打扫佛堂、上香点烛、击鼓打钟、洗衣做饭等各种杂务活都由朱元璋一人来承担。据说当时朱元璋拜的师傅是高彬法师。元朝时期有地位的和尚居然拥有妻室，高彬法师就是这样一个"花和尚"，他的老婆孩子就住在佛堂的边上，所以少年朱元璋除了要干寺院里的活外，还得要上高彬法师家去做家务，甚至给师娘作使唤(【明】佚名：《皇明本纪》；【明】佚名：《天潢玉牒》)。一天忙到晚，总有干不完的活。不久之后，他发现寺庙这种地方可真不是那么的清净啊！

有一次，正在打扫卫生，突然一个老和尚走了过来，劈头盖脸就是一顿臭骂："你这个懒鬼！"朱元璋可真是丈二和尚摸不着头脑了："师傅，我犯了什么错儿？"老和尚指着大殿上的蜡烛说："你这个懒鬼，也不看着点儿老鼠，它们把大殿上的蜡烛都给偷吃了！"在那灾荒频仍的年代，这老鼠也给饿慌了，居然饥不择食，把寺庙里的蜡烛给吃了；而这老和尚也怪不讲理的，你说朱元璋一天到晚忙里忙外的，再怎么的也不可能一个人看住老鼠啊！因此说，这无论如何也不应怪到朱元璋头上啊！在受了莫名之冤后，朱元璋越想越恼火："老鼠偷吃了蜡烛也怪到我头上，真是太不讲道理了，我也不能一天到晚候在蜡烛旁等着老鼠出来呀！"他边扫地边琢磨，突然间被绊了一跤。谁绊他呢？正是佛堂里的伽蓝神。他顿时火冒三丈，抡起手里的扫帚就往伽蓝神身上打，可再怎么打也不解气，据说打了有五十棍后，刚好他的一个师兄拿了笔墨，正要去庙宇外给砖头瓦块涂色。朱元璋见状叫住了师兄，把师兄手里的笔墨抢了过来。师兄看到他气呼呼的样子,不知他要干吗,正欲阻拦问问,不曾想到,朱元璋提笔在伽蓝大佛的后背上写下赫然一行大字:"发配三千里!"(【明】王文禄:《龙兴慈记》)

● 走四方,路迢迢,野茫茫

遁入佛门,虽然受足了别人的欺凌,但温饱还是不成问题的。可是元末天下大乱,灾荒不断,社会上到处都是流浪的、要饭的,人们对寺庙的施舍越来越少,皇觉寺很快就难以为继了。在朱元璋进入皇觉寺后的第50天(【明】佚名:《皇明本纪》,但【明】佚名:《天潢玉牒》记载为2个月,笔者注),老方丈将寺院里所有和尚都召集起来,说:"如今天下大乱,到处都是灾荒,本寺院也无法维持了,你们还是各自回家或出去'化缘'吧!"

事已至此,还能说什么呢?朱元璋还没有来得及识读几句佛经就这样被迫"下岗",离开皇觉寺,开始了四处"化缘"生涯。(【明】佚名:《天潢玉牒》)

什么叫"化缘"?"化缘"是佛家语,用我们凡人的话来讲,就是募化,乞求施舍,俗话说就是叫花、要饭。有一个博物馆馆长跟笔者争论,说笔者在先前出版的《朱元璋卷》中写朱元璋当年出去化缘就是要饭是不对的,笔者反问她:那什么叫化缘?她无言以对。其实五六十年前明史专家吴晗先生早已考证过了,"化缘"就是要饭。(详见吴晗:《朱元璋传》,读书·生活·新知三联书店1965年2月第1版,P13)

我们平时能见到的"化缘"常常会出现这样的情况:身穿黄色衣衫的和尚合起双掌于胸前,口中不停地念起了佛语,生怕我们俗人听不懂。他免不了来几句俗语:"施主心善,将来必定大富大贵",然后又念上"阿弥陀佛"一类的佛语。可当年的朱元璋进入寺庙才50来天,天天又忙于那些干不完的杂务活,连"阿弥陀佛"会不会念都很难说,故而记"载明太祖历代世系及其自微时以至即位后事"的《天潢玉牒》是这样描述当年的朱家老祖宗外出化缘的:"未谙释典,乃勉而游食。"(【明】佚名:《天潢玉牒》)这是讲他当年连当和尚"化缘"的基本功都不具备,由此可想其乞讨生存有多艰难!

背上一个小包袱,头顶一顶破毡帽,一手拿着瓦钵,另一手拿着木鱼,见到有人的地方就开始不停地敲着木鱼,口中念念有词。至于到底他念了什么,只有天知道。可天苍苍,野茫茫,敢问路在何方?朱元璋从小就机灵聪明,他打听清楚了,西边与南方灾荒相对少一点,可能要得到饭,于是就往合肥方向前行。一路走,一路乞讨,见了人就不停地念吉祥语,能讨到一口是一口,否则就得饿死。也不知走了多少天,他来到了合肥的地界,在路上邂逅了两个身穿紫衣的人。他们很客气,约定一起西行。朱元璋十分高兴地答应了,三人有说有笑,结伴同行。走着走着,可能是没日没夜餐风饮露的缘故吧,朱元璋突然间病倒了。那两个紫衣人脱下了他们的衣服,裹在了朱元璋身上,然后再将他夹着中间一起睡觉休息,"调护甚至"。3天后,朱元璋身体有所康复,且能自己走走了,两个紫衣人便带了他又走了几天的路程,来到了一座佛塔下。随即跟他说:"你暂且就留在这里,等3天,我们去去就来。"朱元璋不停地点头称好,一步也不敢远离那个佛塔。整整等了3天,可就是见不到那两个紫衣人的回来。不过此时朱元璋的身体也已经完全恢复了健康,尽管心中对那两个紫衣人充满无比的困惑,但生存的本能驱使他不得不继续前行。(《明太祖实录》卷1)

也不知道走了多少天,他来到六安(今安徽六安),碰到了一个老先生,背了一箱子的书籍,艰辛地在路上走着。朱元璋顿时心生怜悯,快步走上前去,要帮老先生背书,可谁知那老先生死活都不让,不过两人倒是说上了话,且很快熟了起来,成了路友,结伴前行。也不知走了多少时间,来到了一个叫朱砂镇的地方,两人累了,一起坐在槐树底下休息了一阵。休息时老先生一边端详着朱元璋的脸,一边这样说道:"小老儿善于堪舆、看相之术,今天见到您贵人相貌非凡,能否说说贵人的生年月日和时辰,小老儿为贵人推算一番?"朱元璋听后极其爽快地告诉了他。老先生眯上双眼,扳着指头,口中轻轻地念起"子丑寅卯……"突然间睁大双眼,惊讶地说道:"小老儿算了无数个命,可从来没有碰到您这样大富大贵之命的人啊!贵人您当一路小心,现在您要去的方向应该是西北为吉,东南毋行。"然后又告诉朱元璋,以后应该注意什么,哪些属于禁忌,等等,说完他就起身告辞。朱元璋想问他姓氏名谁,家住何处,可老先生只当什么也没听到,头也不回地走了。(《明太祖实录》卷1)

以上两段史料来自明代官史,之所以流传这般神秘莫测又美妙无比的流浪乞讨故事,我想无非是明朝官方为了渲染祖宗朱元璋后来当皇帝是天命所定的。其实有没有这样的传奇,明眼人一看便知。再说这种游走于生死边缘的乞讨生活最为真切的,恐怕远非以上描述的那般美好吧,要不然的话,朱元璋后来大可不必结束化缘生涯,就当一辈子的乞丐好了。

历史真实的一面:当年朱元璋出了皇觉寺,一径南行,到了合肥地区,折向西行,到了河南固始、信阳,再往北上河南临汝(当时叫汝州)和淮阳(当时叫陈州),然后再东向,到了河南鹿邑、安徽亳州与阜阳(当时阜阳叫颍州),从地理角度来看就是淮西地区。(《明太祖实录》卷1;【明】郎瑛:《七修类稿·国事类·朱氏世德碑》

卷7:【明】危素:《皇陵碑》)

朱元璋乞讨生涯中所经历的苦难有多少？更多的是受冻挨饿,流离失所。有一天,朱元璋流浪到了可能是今天安徽当涂附近的一个破旧小村庄上。那年月兵荒马乱的,人们的日子过得都是紧巴巴的。朱元璋这一路上没有讨到什么,因为好几天没吃东西,饿得直发慌。到达这个村庄时,他实在走不动了,就想在村里讨口吃的,增加一下体力。可正逢战乱,整个村庄都荒无人烟,更没有可以行乞的人家。两眼昏花直冒金星的朱元璋心想:坏了,这一次我要饿死在这里啦。但求生的本能使他勉强撑立起骨瘦如柴的身体,突然间他发现眼前有个院子,于是使着全身剩余的微弱力气,蹒跚地走到那里。万万没想到,院子里居然有棵结满了柿子的柿子树。可惜由于战乱无人看管,这些柿子全快干瘪了。此时的朱元璋哪顾得上干瘪不干瘪,赶紧用竹竿打下柿子来,囫囵吞枣地将它们往嘴里塞。说来也奇怪,几个柿子下肚后,整个人迅速地缓过气来,逐渐地焕发起精神,走起路来也有劲了。他装了几个柿子在兜里,然后继续乞讨。

大概五六年之后,带着农民军在向采石、太平进发的途中,碰巧又路过那个小村庄,朱元璋赫然发现,曾经救了自己命的柿子树依然存活着。他立即下马,走了过去,抱着柿子树痛哭流涕,又感慨万分,当场立下誓言:"若有一日,我能当上皇帝,一定要封你一个侯爵！叫什么来着,凌霜侯,对,就叫凌霜侯。"(【清】富察敦崇:《燕京岁时记·柿子》)

● 朱元璋究竟流浪、要饭了几年？

经历了多少困苦,看尽多少人世百态、世间炎凉的朱元璋在经历了3年流浪乞讨生活后,曾经一度回到了皇觉寺。可是战乱与灾荒频仍的年代,皇觉寺这3年不仅没有根本的改观,反而是更加破败。所以朱元璋回到皇觉寺住了不久又可能外出流浪乞讨。从实际情况来讲,从17岁开始到25岁参加农民军总计8年的时间,朱元璋主要是以流浪乞讨为生计,至于几次回到家乡的皇觉寺只是暂时歇歇脚。好多书上说他3年后回到皇觉寺就开始过起清净的寺院生活。我可不这么看。

第一是史料证明,朱元璋后来又出去要过饭。明代官书《天潢玉牒》明确记载说:朱元璋在经历了3年乞讨生涯后"仍还于皇觉寺……岁丙戌,还旧里,修葺淳皇、太后坟墓,经理穴圹。潜居草野四载。往来濠城有一奇士,指太祖言:'此非凡人'。因避而弗敢入城。"(【明】佚名:《天潢玉牒》)

第二从逻辑上,过去老和尚常撺小和尚出去要饭,而元末这些年的社会经济形势不仅没有好转，反而更加恶化，不久就爆发了元末农民大起义。由此而言，朱元璋在外流浪3年回皇觉寺后岂能安安稳稳地读起佛经来了？

第三，从后来朱元璋望文生义地制造文字狱和在处理大明帝国的政务时所暴露出的低级文字错误来看（后面有专门的篇幅），朱元璋大体上是个半文盲。

而众所周知，佛经是很精深的，如果朱元璋在流浪3年后就能潜心攻读佛经的话，那么到他25岁参军时，至少有四到五年的时间在读佛经。四到五年的时间专门读佛经，一般人都能读得很好，或至少说完全可以摆脱文盲和半文盲的尴尬局面，除非是脑子进水了，或者是本身智商有问题。但从后来的事实来看，朱元璋是个十分勤勉、聪明甚至可以说是极其精明的人，那么后来的半文盲事实只能说明其早年经常处于动荡当中，并没有安心下来读过什么书。更何况大明帝国开国前后他对和尚与寺院也没过多地表露出个人情感。因此说朱元璋这8年基本上是在乞讨流浪与动荡生涯中度过的，记载明朝皇家之事的"专著"就说他3年乞讨后又"潜居草野四载"（【明】佚名：《天潢玉牒》），这就很能说明问题了。

8年的叫花子动荡生活让朱元璋尝尽了世态炎凉，那么，在当了皇帝之后，他又是如何回忆起这段不堪回首的乞讨流浪生活的？

由朱元璋口述，经元末明初著名儒臣危素润笔，《明御制皇陵碑》中记述了朱皇帝对流浪生活的真实回忆：

"突朝烟而急进，暮投古寺以趋跄，仰穹崖崔嵬而倚碧，听猿啼夜月而凄凉。魂悠悠而觅父母无有，志落魄而佯佯。西风鹤唳，俄渐沥以飞霜。身如蓬逐风而不止，心滚滚乎沸扬。"（【明】朱元璋：《高皇帝御制文集·陵碑》卷14）

换成现代话是这么说的：早晨起来一睁眼看到有炊烟袅袅升起的地方就匆匆地赶过去，傍晚日暮了来到古寺落脚，彼时已经累得跟跟跄跄，动弹不了啦。仰卧在高低不平的山岩上，山高崖陡，遥望苍穹一轮冷月，听着深夜里远处的猿啼声，这境地怎一个凄凉了得啊！这时幽魂悠悠，希望有所依靠。大家想想，现在我们这个时代的十六七岁少年，正是偎依在父母身边尽情享受快乐、被父母宠着爱着的时候，朱元璋却已经形影相吊地四处乞讨流浪了好多年了。每每想起父母，朱元璋就不免会失魂落魄。行乞路上，要是碰上大风大雨的天气，这风声吹过就像鹤的叫声，让人听了心里感到格外的凄凉。不一会儿，天上又下起了雨雪，这雪"淅淅沥沥"直往身上钻。单薄又破旧不堪的衣服遮蔽不了刺骨寒心的风雪，寒风中瘦弱的身体就像蓬一样，"随风飘荡"，他走一步退一步，心里恰似翻江倒海一般沸扬啊！（【明】朱元璋：《高皇帝御制文集·皇陵碑》卷14）

● 8年乞讨流浪生涯与朱元璋的性格特征

正是人生中的这段经历直接导致了朱元璋独特的个性性格的形成。那么朱元璋的个性性格有哪些特点？这些特点究竟又是如何形成的呢？

我们先来看第一个方面,朱元璋青少年时期的心理特点。大家知道朱元璋青少年时代,父母双亡,兄弟离散,各奔天涯,没有倚靠,四处流浪,可谓极度缺乏关爱。这些说明了什么？我们从心理学的角度来分析这个状况。传统的心理学研究认为:在孩子成长阶段,对于女孩子我们应该更加呵护,给她们更多的关爱,而男孩子则应该培养他独立自强的性格,不要太多的呵护。然而当代美国心理学家的最新一项研究发现,事实恰恰相反,比如在小孩子最初成长阶段,男婴如果得不到及时的关爱与呵护,就会哭闹得特别厉害,会强烈地表达出他的关爱需要;而女婴如果遇到类似的情况却是吮一下自己的手指头,噘一噘小嘴罢了。如此说来,男人在成长中更需要关爱,而女性需要的程度则相对缓和一点。从这样的研究进行推论,由于朱元璋在最需要父母亲情关爱的时候独自流浪,生活无着落,没有情感依靠。于是性格中就形成了这么一种孤僻型、暴力型,甚至带有攻击型和破坏型的倾向。这种性格的人如果生活在太平之世,很可能成为沉默寡言而脾气暴躁的施暴者;如果碰到天下大乱,他很可能就参加了暴动和起义,进而成为一方的领袖、战胜者;但同时可能留下了巨大的心理潜影。

第二方面,朱元璋的性格特征、心理潜影是与他的人生经历、社会生存环境密切相关的。

首先我们从经济地位来看,朱家几代人都是打工者,经济条件很不好。因此说朱元璋自幼就是在极度贫苦状态下长大的。这么一来,朱元璋的潜意识里就渴望在未来建立一个和谐有序的社会。所以他一旦掌握了政权,就会竭尽全力地建设自己所向往的那种社会秩序。反映在大明帝国的治国过程中,他不仅自身非常节俭,而且严格要求他的文武百官养成廉洁勤政的作风,他设立严刑酷法,坚决治贪,消除社会不和谐因素。同时朱元璋在制定治国政策时贯彻了抑强扶弱之精神。他认为,一个王朝之所以经济发展不平衡,贫富差异悬殊,关键就在于富民豪强剥削穷苦百姓。正因为有了这样的心理潜影,我们不难看到,在大明帝国建立前后朱元璋推行了"均工夫""均徭役"和迁徙豪民等一系列非常治国措施。(《明太祖实录》卷30;卷36;卷54;卷98)

其次,从社会地位来看,朱元璋出身于社会的底层,曾经被抛到了社会的角落,加上他长相奇特,没有什么优势可言,青少年时期又缺乏亲友的关爱,所以他的内心是极度的自卑、敏感、多疑甚至是冷漠。有读者可能不同意我的这种说法,为什么说朱元璋没有朋友呢?汤和不是他的朋友么?此言差矣。那些都是朱元璋儿时——也就是童年在凤阳时的朋友,17岁之后流浪的这些年,他无依无靠,到处漂泊,哪来什么亲友的关爱?而正是这个年龄是一个人人格形成的关键时刻。由此非常的经历和非常的社会地位造成了朱元璋孤僻、乖戾的心理潜影,外在的表现最为典型的就要数朱元璋创造出剥人皮等治贪方法。而极度低下的社会地位一定程度造就了朱元璋极度自卑的心理潜影,它的外在表现就是极度的自尊、极度的敏感,怕别人背后说他的不是,更怕别人看不起他。反映在明初的治国进程中,朱元璋往往望文生义,屡兴文字狱,等等。(【清】赵翼:《二十二史札记·明初文字之祸》卷32)

再次,如果从个人经历来看,朱元璋的个人经历可以用这样的词语来概括,那就是漂泊不定。生活长期动荡的人往往内心极度渴望安定。因此,当朱元璋登上权力巅峰宝座时,他时刻警觉着周边是否有不安定的因素,一旦发现就立即将它消灭在萌芽状态,所以我们不难看到,洪武年间几乎所有的开国功臣都成了潜在的不安定危险分子,因此大杀功臣也就在所难免了。除此之外,朱元璋还要致力于大明帝国的社会安定,消除社会中隐存的不安定因素。其中值得一提的是,开国后朱元璋下令在帝国各个村庄——类似于今天的街道社区和自然村,建起旌善亭制度和申明亭制度——有一点类似我们20个世纪六七十年代风靡全国的黑板报。他规定在旌善亭和申明亭里面常常更新公示栏内容,好人好事,坏人坏事,都要写在上面,让大明帝国的老百姓能够自觉地形成良好的社会风气和习惯,由此带来社会的安定祥和。可以说,洪武年间民风古朴,百姓安居乐业,是为人所称颂的。(《明太祖实录》卷72;卷147;卷172)

第四,思维定式。自小穷苦,再加上8年的乞讨流浪生涯,让朱元璋深知"民以食为天"的道理。可以说他的"执政理想"中有相当的成分——要建立人人有饭吃的大明帝国。比如,他积极倡导,招徕流民,实施屯田,修缮水利,推行粮长制,等等。但实际上朱元璋更多的是承继中国传统社会比较保守的思维与理论,以农为本,重本抑末。(《明太祖实录》卷68;卷73;卷102)

通过以上之分析,我们不难看出,所有这些方面不仅对朱元璋性格的形成产生了巨大的作用,而且也对大明帝国的兴衰产生了一定的影响。

正是这8年的峥嵘岁月,朱元璋从一个血气方刚的17岁少年,成长为一个25岁的性格特征基本定型的青年;正是这8年的流浪生涯,赋予了朱元璋不同于一般青年的成熟与透彻世事的睿智与狡黠,甚至还可以说是一笔宝贵的人生财富。

就在朱元璋流浪乞讨、"潜居草野"之际，中华大地正孕育着一股能量无比的地火，它就是后来历史上有名的元末红巾军大起义。好奇的朋友不禁要问了：大元帝国统一百年不到，为什么会那么快地积聚成这股能量无比的地火？徘徊于地狱边缘的朱元璋对此又有何反应？

"黄金家族"世界大国 "集团循环"绝对大祸

我们先来说说：为什么在统一后百年不到的时间里大元帝国会积聚成这股能量无比的地火？或言在中国历代大一统帝国之林中元朝为什么这么短寿？

● "地火"的制造——自掘坟墓的元朝统治者

读者朋友可能都知道蒙元帝国，它是中国历史上一个疆域最大的大一统帝国，这也是我们中国人常常引以为傲的一段历史。但大家可能不太注意这样的一个事实：元朝立国前后不到百年（实际仅有97年的时间），这在中国历代大一统帝国中算得上是短寿的了。那么元朝的寿命为什么这么短蹙？主要原因有以下几个方面：

● 军事大国光环下"黄金家族"子孙们自相残杀

13世纪时，成吉思汗和他的"黄金家族"子孙们犹如飓风一般，以绝对快速战术席卷欧亚大陆，通过军事武力手段建立起了东起太平洋、西抵多瑙河、横跨欧亚大陆的大蒙古国。根据蒙古习俗和传统规制，"太祖皇帝初起北方时节，哥哥弟兄每商量定，取天下了呵，各分地土，共享富贵"(《元典章》卷9《吏部三·投下·改正投下达鲁花赤》)。成吉思汗曾四次对其子弟、贵戚和勋臣进行了分封，以后逐渐演变成为钦察汗国（成吉思汗长子术赤后王封地，今俄罗斯与东欧部分地区）、窝阔台汗国（窝阔台后王封地，今蒙古草原、新疆东部与南部）、察合台汗国（察合台后王封地，今新疆中南部与西藏北部）、伊利汗国（忽必烈之弟旭烈兀的封地，今阿拉伯半岛）。

根据成吉思汗遗嘱，大蒙古汗之位由第三子窝阔台继承，但正式即位行使汗权要经过由宗亲、贵戚、勋臣和部族首领组成的忽里勒台大会正式确认。忽里勒台在蒙元早期历史上发挥着很重要的作用,除了汗位的继承外,整个部落的对外战争、迁徙和对付天灾等重大事件都要经过这种部落"民主大会"的讨论。就拿汗位的继承来说,原任大汗尽管拥有汗位继承人的提名权,但没有绝对的决定权,这样就造成了在忽里勒台大会上拥有较强军事力量的部族军事领袖有了很大的发言权。一旦遇到意见不合时,势力强大的军事首领可能会各自自奉一个大汗,这就造成了成吉思汗后大蒙古汗国事实上的分裂和军事内战的不堪局面。(【明】陈邦瞻:《元史纪事本末·北边诸王之乱》卷2;【清】赵翼:《二十二史札记·元代叛王》卷29)

1259年蒙哥大汗在进攻四川合州战斗中突然驾崩,担任漠北留守的蒙哥幼弟阿里不哥开始以监国的身份,行使职权,要求各地的部族首领与贵戚们,包括也在南宋前线作战的蒙哥另一个弟弟忽必烈赶赴和林参加忽里勒台大会,推举新的蒙古大汗。不料忽必烈在这过程中运动了塔察儿国王,塔察儿领衔诸王没上和林,1260年他们在开平举行了忽里勒台会议,推举忽必烈即蒙古大汗位(周良霄,顾菊英:《中国断代史系列·元史》,上海人民出版社2003年4月第1版,P254~260)。这就从事实上破坏了蒙古汗位的继承传统,而上台后的忽必烈又采用了汉人的嫡长子继承制,汗位与帝位争夺由此加剧了蒙古"黄金家族"的内部分化与上层贵族之间的矛盾深化,蒙古大汗国土崩瓦解,忽必烈及其子孙所直接掌控的就是中国这部分。1271年忽必烈建国号为大元,正式即位为皇帝,按照中国历代谥号规制方式,忽必烈后被称为元世祖。

从形式上来讲,虽然元世祖忽必烈夺得了蒙古大汗之位和皇帝之位,虽然从那时起忽里勒台还会时不时地召开——那也不过是例行公事、做做花样文章而已,而从实际角度来看,蒙元历史进程中的这场变故的潜在影响却实在不容忽视。元世祖破坏蒙古传统的忽里勒台制度,不仅给四大汗国找到了脱离中央汗国的借口,使他们纷纷脱离元帝国的统治,而且还为以后元朝列帝继承多依赖大臣拥立埋下了祸根,甚至还为100年后的子孙的不幸种下了苦果——元顺帝的孙子脱古思帖木儿就是被阿里不哥的子孙也速迭儿杀死的,死得很惨,当然这是后话了。(《明太祖实录》卷194;【明】陈邦瞻:《元史纪事本末》卷19~22;【清】赵翼:《二十二史札记·元诸帝多由大臣拥立》卷29)

事实上从公元1307年成宗死后起,元帝国的权力中心就开始了激烈的皇位争夺,皇帝像走马灯似地更换着。从1308年至1333年的25年中,元廷换了8个皇帝,平均3年换1个皇帝,尤其是从1328年到1333年6个年头中,居然换了6个皇帝,平均每年换1个新皇帝。"黄金家族"的子孙们自相残杀,政局动荡,皇权日益削弱,而地方势力却在肆意扩张,内轻外重,政令不畅,最终演变成军事混战的格局,一个强悍的蒙元帝国——绝对的世界一流军事强国就这样在转瞬之间迅速地衰败下来。

● 经济大国耀眼下"黄金家族"子孙们的堕落

与军事大国相匹配,蒙元时代的经济富有也可堪称世界一流。据13世纪波斯史学家志费尼记载:以前蒙古人"穿的是狗皮和鼠皮,吃的是这些动物的肉和其他死去的东西"。"他们当中富有的标志是:他的马镫是铁制的,从而人们可以想象他们的其他奢侈品是什么样了。他们过着这种贫穷、困苦、不幸的日子,直到成吉思汗的大旗高举,他们才从艰苦转为富强,从地狱入天堂,从不毛的沙漠进入欢乐的宫殿,变长期的苦恼为恬静的愉快。他们穿的是绫罗绸缎,吃的是'彼等喜爱之山珍海味,彼等选择之果品'。饮的是'麝香所封之(醇酒)'。所以情况成了这种:眼前的世界正是蒙古人的乐园。因为,西方运来的货物统统送交给他们,在遥远的东方包扎起来的物品一律在他们家中拆卸;行囊和钱袋从他们的库藏中装得满满的。而且他们的日常服饰都镶以宝石,刺以金镂;在他们居住地的市场上,宝石和织品如此之贱,以致把它们送回原产地或产矿,它们反倒能以两倍以上的价格出售,而携带织品到他们的居住地,则有似把香菜籽送至起儿漫作礼物,或似把水运到瓮蛮(Oman)作献纳。此外,他们人人都占有土地,处处都指派有耕夫;他们的粮食,同样的,丰足富余,他们的饮料犹如乌浒水般奔流。"(【波斯】志费尼:《世界征服史》,商务印书馆2004年10月版,上册,P23~24)

蒙元时代帝国的富庶在《马可·波罗游记》中也有所反映:那位举世闻名的意大利旅行家说东方国家富庶到了黄金铺满地的地步。虽然这样的记载有着很大的夸张成分,但迅速的军事扩张所带来的巨额财富的急剧积聚,那可是不争的史实。那么多掠夺来的财富掌握在以"黄金家族"子孙为首的蒙古贵族手中,在分配制度大有问题的情况下,转瞬之间成为肆意挥霍和任意支配的代名词。譬如,至大四年(1311)元仁宗即位后为报答诸王对他的支持,总共赏赐了金39 550两,银1 849 050两,钞为203 279锭,币帛为472 488匹。(《元史·仁宗本纪一》卷24;《新元史·食货志·赐下》卷78)

由于元帝国一直没有建立相对理性的分配制度,财富支配很大程度上靠的是赏赐,赏赐有定期赏赐(如岁赐)、额外赏赐或言特赐、忽里勒台会议后的赏赐以及朝会赏赐等,而每一种赏赐的数额都让人瞠目结舌。如岁赐元太祖弟哈赤温大王子济南王位,"银一百锭,绵六百二十五斤,小银色丝五千斤,段三百匹,羊皮一千张"；特赐更是动辄成千上万两银子，如中统四年秋七月癸未日，元世祖忽必烈一次赐"给公主拜忽银五万两，合剌合纳银千两"（《元史·世祖本纪二》卷5）。朝会赏赐以元成宗定制为例，元贞二年十二月"定诸王朝会赐与：太祖位，金千两、银七万五千两；世祖位，金各五百两、银二万五千两；余各有差"（《元史·元成宗本纪二》卷19）。若再以诸王个案来说事，如"太祖弟斡真那颜位：岁赐，银一百锭，绢五千九十八匹，绵五千九十八斤，段三百匹，诸物折中统钞一百二十锭，羊皮五百张，金一十六锭四十五两。五户丝，丙申年，分拨益都路等处六万二千一百五十六户。延祐六年，实有二万八千三百一户，计丝一万一千四百二十五斤。江南户钞，至元十八年，分拨建宁路七万一千三百七十七户，计钞二千八百五十五锭"。（《元史·食货三》卷95）

一个尚不显要的斡真那颜位就能得到如此丰厚的收入，那么遍布欧亚大陆的"黄金家族"子孙每年都要从元帝国那里享受到多少的财富？这是一笔从未有人算过但在历代大一统帝国王朝中绝对算得上是超级财政开支了。

其实自王朝前期起元帝国就开始背负沉重的经济包袱。元成宗曾问丞相完泽等："每岁天下金银钞币所入几何？诸王驸马赐与及一切营建所出几何？其会计以闻。"完泽回答说："岁入之数，金一万九千两，银六万两，钞三百六十万锭，然犹不足于用，又于至元钞本中借二十万锭矣。自今敢以节用为请。"元成宗听后大为赞赏。"世称元之治以至元、大德为首者，盖以此。自时厥后，国用浸广。除税粮、科差二者之外，凡课之入，日增月益。至于天历之际，视至元、大德之数，盖增二十倍矣，而朝廷未尝有一日之蓄，则以其不能量入为出故也。"（《元史·食货一》卷93）

一个国家的财富掌握在一小撮宗亲、贵戚、勋臣手里，即使在所谓的治世尚且还得寅吃卯粮，其最终结果可想而知。国家财政危机日益加剧，帝国政府变本加厉地搜刮百姓，普通人群日益贫穷，社会矛盾日益激化；而与此同时，以"黄金家族"子孙为核心的宗亲、贵戚、勋臣等社会特权阶层却日益腐化与堕落。

元成宗大德年间在元朝历史上号称治平之世，可元成宗本人却是个酒色之徒，当了几年皇帝了却连六部长官的贤愚都没能分清。有一次他跟六部长官说："你们这几个人中有人多误事，可朕不知道他是谁。"到了大德中期以后，这位"治世皇帝"又"连年寝疾，凡国家政事，内则决于宫壶，外则委之宰臣"。宰臣如伯颜等"固位日久，党与众盛，所任之人，徇情弄法，纲纪渐坏"（《元史·干奴传》卷134）。当年"大德之政，人称平允，皆后处决"，就是大德年间元朝政治相对安宁全赖皇后卜鲁罕居中用事。（《元史·后妃传》卷114）

至元武宗起情况就愈发糟糕了，武宗是通过政变而登上皇位的，按例他就得对诸王勋旧们大肆滥赏，和林大会之际大加行赏了一次他还嫌不够，到了上都后又对诸王勋贵们进行了一番滥赏，光给皇太后答己的赏金就有2 700两，赏银129 200两，钞10 000锭，币帛22 280匹；赐给皇太子爱育黎拔力八达之数亦如之。（周良霄，顾菊英：《元史》，P580）

"黄金家族"子孙占有了这么多钱财要干什么？据《元史》记载：元文宗天历年间，"皇后日用所需，钞十万锭，币五万匹，绵五千斤"（《元史·文宗本纪》卷33）。除了用于挥霍、淫乱外，还有的就是做佛事和供养僧侣。元廷有崇奉藏传佛教的传统，每个皇帝在正式即位前都要接受佛戒9次才能荣登大宝，陪同皇帝举行佛戒仪式的藏传佛教"国师""帝师"少则六七人，多则八九人，因为这些"国师""帝师"都是"番僧"，语言不通，所以又得用上一批翻译人员。这些人平时由元廷优渥地奉养着，在皇帝受戒、登基时还得要予以巨额的赏赐。而元廷中做佛事更是无日不有，最多的时候一年做佛事多达500多次，几乎要接近每日两次了。这样的佛事活动每年要耗费多少财物？元仁宗延祐四年（1317）有个这样的一个统计，要用面439 500斤，油79 000斤，酥油21 870斤，蜜27 300斤。（《元史·释老传》卷202）

巨额财富浪费所带来的直接后果，除了催化以"黄金家族"子孙为核心的，由宗亲、贵戚、勋臣等组成的社会特权阶层的腐化外，还有的就是加剧帝国财政的枯竭，将经济基础挖得千疮百孔。

在经济基础被挖空的同时，由于"黄金家族"子孙们推行反动的民族歧视和民族压迫政策，从而又使得大元帝国的社会统治根基变得愈发脆弱。

● 蒙古"精英"集团内部小循环削弱了大元帝国立足根基，加深了民族鸿沟

说起元朝的民族压迫，我们可以这么来形容：愚蠢苦笑，荒诞之至。

元朝把全国的臣民分成四等人：最高等是蒙古人，主要是指漠北各部落的人们，但后来征服的汪古部和乃蛮部却被划归了色目人等；第二等就是色目人，主要是指西夏人、畏兀儿人、回回人、康里人、哈剌鲁人、钦察人、阿尔浑人等大西域概念的各族人，甚至还包括发郎人或拂朗人即欧洲人；第三等是汉人，元朝的汉人不是一般意义上的汉族人，而是指淮河以北黄河流域、中原地区原金朝统治下的各族人，这也包括了东北地区的契丹人、女真人、高丽人和渤海人；第四等是南人，也就是最后投降蒙元的南宋臣民，蒙元帝国将南人的地位定得最低。蒙古人贱称汉人为"汉子"，贱称南人为"蛮子"，充满了极端的歧视。

这样的民族歧视与民族压迫不仅仅体现在官方主流形态方面，而且还通过法律形式予以固定和强化，如元朝法律规定，如果蒙古人打了汉人（包括南人），汉人或南人不得还手，只能收集好证据，到由蒙古人垄断的当地衙门里去告状；要是有人违反了，那么官府要将他"严行断罪"（《通制条格·蒙古人殴汉人》卷28），"诸蒙古人与汉人争，殴汉人，汉人勿还报，许诉于有司"（《元史·刑法四》卷105）。汉人与南人杀了蒙古人要被处死，但蒙古人杀汉人、南人则不用偿命，只"断罚出征，并全征烧埋银（相当于丧葬费，笔者注）"（《元史·刑法四》卷105）；汉人与南人犯有盗窃罪须在脸上刺字，而蒙古人与色目人犯之则免刺字（《元史·顺帝本纪》卷38）；更有规定汉人和南人不得私有马匹、不得打猎（微及一兔之获亦有罪）、不得聚众百人以上舞枪弄棒（汉人百人以上执弓矢猎者处极刑，百人以下流放远方）、不得搞迎神赛会，不得举办划龙舟比赛、不得立市买卖，如有违反就要被处以刑罚，甚至规定禁止江南地区人们夜间点灯，等等。（《元史·刑法四》卷105）

元朝的民族歧视和民族压迫反映在政治上，那就是元帝国从中央到地方所有重要的官职都只能由蒙古人来担任，"官有常职，位有常员，其长则蒙古人为之，而汉人、南人贰焉"（《元史·百官志序》卷85，志第35；【清】赵翼：《二十二史札记》卷30）。元朝中央朝廷以主掌行政事务的中书省、掌握监察大权的御史台和主管军事的枢密院为三大最为重要机构，其长官中书宰执自元朝建立起直至灭亡，都不曾有一个汉人得以染指。忽必烈时期相对比较开明，但也只有少数汉人担任过中书省的左右丞或参知政事。大约自此以后，汉人不得参与大元帝国军政成为定制（《元史·王克敬传》卷184）。监察系统规定，各道廉访司即监察官必须首先要选择蒙古人担任，或阙，由色目世臣子孙作补充，最后才考虑参以色目人、汉人，而南人就根本没有在台省居官任职的可能，也"不宜总兵"，这是忽必烈后的元朝明确规制（《元史·吴当传》卷187）；地方上的行中书省长官位置也都由蒙古人把持着，只有在官员极为欠缺的情况下才考虑任用色目人和汉人，南人就更别提了。省以下的路、府、州、县的官职中汉人只能做总管，最高长官达鲁花赤即断事官必须由蒙古人来担任。直至基层的社甲，其也限定由北人来充当社主或甲主。对此，元朝文人权衡曾这样说道："惜乎元朝之法，取士用人，惟论根脚。其余图大政为相者，皆根脚人也；居纠弹之首者，又根脚人也；莅百司之长者，亦根脚人也。而凡负大器、抱大才、蕴道艺者，俱不得与其政事。所谓根脚人者，徒能生长富贵，商膻拥蠹，素无学问。内无侍从台阁之贤，外无论思献纳之彦，是以四海之广，天下之大，万民之众，皆相率而听夫商膻拥蠹、饱食暖衣、腥膻之徒，使之坐廊庙，据枢轴，以进天下无籍之徒。呜呼！是安得而不败哉？"（【元】权衡：《庚申外史》卷下）

元朝的民族歧视也体现在选官制度方面。元朝选官大体有三种：第一种也是最为主要的一种，那就是怯薛制。怯薛是蒙元宫廷卫队的意思，由宫廷卫队出身的人在元朝很吃香，"转业"后就在政府衙门里当官，且升迁得很快。所以有人说元朝是武夫当国，我看差不多。

既然怯薛卫队里的人这么吃香，那么大家都去当兵去了！不行，蒙元政府规定：只有蒙古人、色目人才有权力去当怯薛卫士。这样一来，汉人与南人只好另谋出路。科举是汉族士大夫入仕的传统途径，也是确保统治阶层血液流畅、稳定社会统治基础的重要手段。可元朝建立后迟迟不开科举，好不容易熬到元仁宗始开科举士了，其中也充满了浓烈的民族歧视与民族压迫色彩：蒙古、色目为一榜，汉人、南人为另一榜；蒙古人、色目人参加科举考试的人数少，考试题目简单，但录用人数却要比汉人、南人多得多，且授得的官职也要高。第三种选官方式为学校入仕。"出身于学校者，有国子监学，有蒙古字学、回回国学，有医学，有阴阳学"。以国子监为例，元世祖忽必烈"至二十四年，立国子学，而定其制……其百人之内，蒙古半之，色目、汉人半之"（《元史·选举志一》卷81）。到了学校读书、考试，也是蒙古人、色目人从宽，汉人从严；最后出仕，"蒙古授官六品，色目正七品，汉人从七品"（《元史·选举志一》卷81）。因此天下士大夫大多郁郁不得志，对元朝政府怀有极度的冷漠甚至是敌视。

一个国家或政府大行民族歧视或民族压迫政策，而它的大权却又一直垄断在那些所谓的"高贵血统"的子孙手中，搞的是内部小循环；这不仅加大和培植了民族之间的仇恨，而且还造成了其自身的统治基础越来越脆弱，甚至可以说是自掘坟墓！

● 大元帝国强控制与全方位腐败

对于统治基础脆弱的补救办法，元朝的"黄金家族"子孙们首先想到了祖先起家的好本领——军事武力强控制。

元朝确立全国统治有一个客观又"无奈"的前提，那就是以绝对少数的蒙古人控制着人口绝对优势的汉人与南人。为了稳定住武力征服之格局，元朝在各地派有镇戍的驻防军，驻防军以蒙古军和探马赤军为主力，主要驻扎在山东、河洛地区——由此而言，元朝镇守重点还在中原及其以北地区；又以色目诸部族为主力组成的探马赤军、汉军和由南宋归降队伍组成的新附军则驻扎在自淮水以南直到南方海南岛的广大地区，由蒙古宗王担任大将——由少数人来看住多数人，在制造民族矛盾的前提下,或许能起到一时之功效,而就实际而言,相对于北方,淮水以南地区一直是元朝控制的薄弱地带。

为了弥补这种驻军格局带来的缺陷,元朝政府采取了与驻防军相结合的社甲制度。社原是中国民间一种自愿结合的组织形式,元世祖忽必烈在攻灭南宋之前就开始加以利用,下令给征服地区,规定其50户人家立为1社,推选德高望重、知晓农事的老农为社长,户数达到100家的,增设一个社长,不足50家的,与邻近村子合为一社(《元典章·户部九·劝农入社事理》卷23)。设立社长制的目的是要将统治的触角延伸到社会底层,督促农民勤勉农事,为大元帝国多生产"爱国粮",还有就是加强对基层百姓统治。说白了这样的社长制可谓"以汉治汉",但元朝统治者又怕汉人"作弊",所以接下来又命令驻扎在各地的探马赤军和蒙古军随处入社和编入当地的"社民"。但由于元朝政治上规定蒙古人为绝对的优等人群,蒙古人与色目人有随便居住各地的特权(【清】赵翼:《二十二史札记·色目人随便居住》卷30),拥有绝对优越感的蒙古人却不愿与汉人相合为社(《元典章·户部九·蒙古军人立社》卷23)。于是在攻灭南宋后,大元帝国改进了方法,在南方地区推行甲主制度。南方人每20家人家为1甲,由蒙古等北人充任甲主,并赋予其两大职责:第一,肆意搜刮百姓。据有关史料记载,元朝中叶以后,每年征收的田税赋役要比元初增加了20倍。(《元史·食货志一》卷93;《新元史·食货志序》卷68)第二,监视南人"异常"与任何反抗,元朝攻灭南宋后规定:"一更三点,钟声绝,禁人行。五更三点,钟声动,听人行。违者笞二十七,有官者听赎。其公务急速,及疾病死丧产育之类不禁。诸有司晓钟未动,寺观辄鸣钟者,禁之。诸江南之地,每夜禁钟以前,市井点灯买卖,晓钟之后,人家点灯读书工作者,并不禁。其集众祠祷者,禁之。诸犯夜拒捕,斲伤徼巡者,杖一百七。"(《元史·刑法四·禁令》卷105)更绝的是元朝统治者还规定了甲主对甲内的平头百姓拥有绝对的权力:"衣服饮食惟所欲,童男少女惟所命,自尽者又不知凡几。……鼎革后,城乡遍设甲主,奴人妻女,有志者皆自裁。"(【元】徐大焯:《烬余录》)

这就是人们争议不歇的元代汉族姑娘的初夜权问题,近来网络上有人对此作了考证,认为当时蒙古人与汉族人的比例为1∶3333333,其潜台词为一个蒙古男人若要给几百万汉族姑娘"破身",这是无论如何也不可能忙得过来的"累活",从而也就否定了蒙古等北人享有汉族姑娘初夜权之说。我们不做无谓的争论,但笔者自小就在南方长大,老辈们一直坚持讲:"我们南方小孩叫父亲,不像北方人那样喊'爸爸',而称'哒哒'、'阿哒',实际上就是讲述蒙古人霸占汉人女孩初夜权的一个客观反映,'哒哒'就是'鞑靼',即汉人对蒙古人的称呼。"我们更有当今社会的现实注释:某些地方干部欺男霸女,不是现代人讽刺其"村村都有丈母娘"么。"村村都有丈母娘"这话今人谁都懂,不可能每个村都有某些干部的"丈母娘",但他们强占或诱奸女人却是不争的史实,而蒙古等北人享有汉族姑娘初夜权也有一样的道理。连女孩子的初夜权都要献给北人,一来说明南人地位与人格已经给降到了没能再低的地步了;二来这样的性乱加速了元朝社会基层的腐败与混乱。

伴随着社会基层的腐败与混乱,元朝吏治更是腐烂不堪。官场上卖官鬻爵公行,"官以幸求,罪以贿免"(《元史·仁宗本纪三》卷26),官府卖官居然明目张胆到了明码标价的地步,就连从事监察的台宪官"皆谐价而得,往往至数千缗"(【元】叶子奇:《草木子·杂俎篇》卷4下)。由于当时官场几乎全由蒙古人控制与垄断,但当道的蒙古人他们大多不谙汉语,不通文墨,只能靠签署日期、盖印画押来处理公事,更有甚者到了"七字钩不从右七而从左十转,见者为笑"的程度。因此元朝官场重现了辽、金时代的历史"奇观"——"以吏代官"或言"以吏为官",它与唐宋时代科举下所产生的文官有着极大的区别,吏原本就是下级办事员,用今天话来说就是非正规的科班出身,文化素养差,没有什么道德操守,他们利用"职务便利"大搞"创收",讲究的就是"经济效益最大化"——怎样从百姓头上榨取更多的血汗,于是"官冗于上,吏肆于下,言事者屡疏论列,而朝廷讫莫正之,势固然也"。(《元史·百官志一》卷85)

元末时"蒙古色目人固然不知廉耻之为何物"(【元】叶子奇:《草木子·杂俎篇》卷4下)。据元朝文人记载,那时官场上通行敲诈勒索式的八种钱:下属拜见上官要孝敬"拜见钱",逢年过节要给"追节钱",长官过生日要给"生日钱",讨个具体差使做做要给"常例钱",迎来送往要给"人情钱",处理公事、断狱问案事关发送传票拘票的要给"赍发钱",打个官司要给"公事钱",甚至没什么事长官的也会向下属讨要"撒花钱",官吏"创收"多的,行话叫"得手"(活像一群土匪,笔者注),出任富有地方为官的,叫"好地分",补缺任要职的,叫"好窠窟"。(【元】叶子奇:《草木子·杂俎篇》卷4下)

从上述元朝官场潜规则之隐语看去,不了解历史的人还真以为是黑社会的"山规"呢!官场已经污浊不堪,大元"公务员"们除了搜刮民脂民膏外,还有的本领就是喝酒、玩女人。

与元朝官吏们这般腐朽形成极为鲜明对比的是,广大底层人民却挣扎在死亡线上,或言徘徊于地狱门口,一旦遇上天灾,更是命悬一线。从泰定元年(1324)起,有关天灾与饥民、流民记载不绝如缕,如元文宗天历二年(1329)大灾荒发生后,陕西饥民就达1 234 000余人,流民数十万人,河南饥民达27 400余人,饿死的有

1 950人,发生人相食惨祸的就有51起;江浙、江西、皖南等地饥民60余万户,核计饥民人数可达300万人以上;中原地区饥民达676 000余户。(《元史·文宗本纪二》卷33)

面对如此严峻的形势,为了稳定人心,元朝统治者命令掌管地方监察的肃正廉访司官员巡视州县灾情,发放赈济,蠲免赋税。可在社会全方位腐败的情势下,这些受命巡视的"奉使"们岂会"肃正廉访"?乘着这个难得的"创收"好机会,他们侵吞赈济粮款,优哉游哉地到地方上"潇洒走一回"。相当程度上主宰地方官仕途命运的"奉使"老爷一来,地方上再穷也要"慷慨大方"地迎来送往,所出的钱财都由小民百姓们来分摊,于是老百姓编了顺口溜来讽刺这些"奉使"大老爷:"九重丹诏颁恩至,万两黄金奉使回";"奉使来时惊天动地,奉使去时乌天黑地,官吏都欢天喜地,百姓却啼天哭地";"官吏黑漆皮灯笼,奉使来时添一重"(【元】陶宗仪:《南村辍耕录·阑驾上书》卷19)。"奉使宣抚,问民疾苦,来若雷霆,去若败鼓"。(《明太宗实录》卷60)

如此肃正廉访不仅没能抚恤小民百姓,反而加深了官民矛盾。多少年后亲历元朝官吏贪渎的明朝开国皇帝朱元璋曾这样回忆道:"昔在民间时,见州县官吏多不恤民,往往贪财好色、饮酒废事,凡民疾善,视之漠然,心实怒之。"(《明太祖实录》卷39)

其实当时的朱元璋还是名不见经传的"小杆子",而无数个怀有朱元璋一般心态的"大杆子"们早就忍无可忍地起来造反了,尤其是统治相对比较薄弱的江南地区人民的反抗斗争自元世祖征服起就一直也没停止过,"大或数万,少或千数,在在为群"(【元】姚燧:《牧庵文集·贾公神道碑》卷5),至元二十年(1283),大小起义有200多处,6年后的至元二十六(1289)迅速增加到了400多处(《元史·崔彧传》卷173;《元史·世祖本纪十二》卷15)。元朝历史上所谓的治平之世尚且如此,更不用说到了末世了。至正元年(1341)仅山东的"强盗"多达300余处,至正七年"盗贼"在元朝首都大都东部的通州蜂拥而起,甚至连大都中心地区也闹到"强贼四起"的地步。(《元史·顺帝本纪三》卷40;【元】叶子奇:《草木子·克谨篇》卷3上)

面对各地人民的反抗斗争,帝国统治者不断地调集军事力量予以镇压,可"元朝自平南宋之后,太平日久,民不知兵,将家之子,累世承袭,骄奢淫佚,自奉而已。至于武事,略不之讲"。原本所向披靡、不可一世的蒙元军队这时"但以飞觞为飞炮,酒令为军令,肉阵为军阵,讴歌为凯歌,兵政于是不修也久矣。及乎天下之变,孰能为国爪牙哉,此元之所以卒于不振也"。(【元】叶子奇:《草木子·克谨篇》卷3上)

"脱脱更化"添薪导火　地狱草根遍地点火

从军事强国、经济大国迅速沦为堕落之邦,元朝统治者只顾自己享乐腐化,不管百姓死活,巨额财富被挥霍一空,帝国政治被弄得乌烟瘴气,政府财库入不敷出,捉襟见肘。就在这内外交困之际,远在广西静江(今桂林)的元明宗长子妥懽帖睦尔被迎立为帝,这就是历史上有名的元顺帝。

● 大元帝国末代皇帝、末代宰相和"脱脱更化"

妥懽帖睦尔即后来的元顺帝北上走到河南开封时留宿了几天,因为他"心方不测朝廷权臣意"。这时河南行省左平章伯颜率领所有蒙古汉军,"主动"出来要求一路护送。由此,妥懽帖睦尔从心底里感激伯颜,登基即位后,立即升其为"太师、中书右丞相、上柱国、监修国史,兼奎章阁大学士,领学士院、太史院、回回、汉人司天监事"。(《元史·顺帝本纪一》卷38)

当时有个大臣叫阿鲁辉帖木儿的是元顺帝父亲元明宗的亲信,他私下里"关照"新皇帝:"天下之事实在繁重,陛下年富春秋,应该深居宫中好好享乐,诸事就托付给宰相去处理,您只要下下命令,何乐而不为呢?倘若陛下亲自决断,我们大元帝国这个烂摊子,弄不好您会声名狼藉的!"那时只有14岁的元顺帝听到大臣的这般"忠心"劝慰,也就乐得在宫中享起福来了。(《元史·顺帝本纪一》卷38)

少年元顺帝一享福,国家大事就全由宰相伯颜来操控了。伯颜一上来就将自己的弟弟、子侄全部弄成大官,他们把持朝政,结党营私,嗜贪成瘾,"时天下贡赋多入于伯颜家,省台官多出其门下。每罢朝,皆拥之而退,朝廷为之空矣"。伯颜之贪说来大家可能不信,据说后来他家被抄时官府处理了好几个月还没来得及处理完,就"米糠数房,烧饼至一房"(【元】权衡:《庚申外史》卷上)。一个堂堂朝廷宰相贪婪到了这种地步,其实施的国家政策就可想而知了。从理性角度来讲,虽然元朝是蒙古人的天下,但就文化发达程度而已,那是落后的游牧民族军事征服了先进的农耕民族;而在元朝近百年的统治中,蒙古人的"汉化"相当不成功;更为糟糕的是,元末执政者伯颜一伙人还是极端偏执的种族主义者,他们一方面在各地设立行枢密院等军事机构,制定和颁行严刑峻法,残酷镇压各种反抗,规定:"强盗皆死,盗牛马者刖,盗驴骡者黥额,再犯刖,盗羊豕者墨项,再犯黥,三犯刖;刖后再犯者死"。(《元史·顺帝本纪二》卷39)连偷盗猪、羊一类畜生的,都要处以墨刑、黥刑和劓刑等早已废止了近千年的酷刑,我们不能不说当时的统治者已经到了穷凶极恶地步了;另一方面他们进一步制造民族隔阂与民族仇恨,挑起是非,意图分化反抗力量。伯颜曾跟元顺帝说:"陛下您家太子以后长大了,就千万不要他读那些汉人们的什么书,汉人们读书好不欺负人!过去我手下有个遛马的,有一段时间没见着他,我十分好奇,他到了哪里去了?后来有一天我终于看到他了,就问:'你到哪里啦?'他说:'我去考科举了!'不曾想到,考科举的都是这等人!"元顺帝一听这事,当即下诏罢停当今二月的礼部科举。(【元】权衡:《庚申外史》卷上)

伯颜家里养了一个西番师婆名叫畀畀,每遇到什么吃不准的事情,伯颜都要去问问她吉凶。有一次问自己身后之事会如何?这个诡异的西番师婆早就吃准了伯颜的心理——平时最恨的就是南人,于是她就信口开河地说道:"当死于南人手!"由此伯颜对南人恨之入骨(【元】权衡:《庚申外史》卷上)。至元三年(1337)河南发生棒胡起义,福建漳州发生李智甫、罗天麟起义,广南惠州发生朱光卿起义,至元四年(1338)江西袁州发生彭莹玉、周子旺起义……虽然这些起义都被一一镇压了,但消息传到大都,伯颜等人更是对汉人、南人充满了仇恨:怎么造反的全是这些汉人与南人?为防患于未然,在他操纵下的元廷下令:"禁汉人、南人、高丽人不得执持军器,凡有马者拘入官";并规定"省、院、台、部、宣慰司、廉访司及部府幕官之长,并用蒙古、色目人。禁汉人、南人不得习学蒙古、色目文字"。(《元史·顺帝本纪二》卷39)不过事后他觉得还不保险,又让元顺帝以诏书的形式,命令在元廷省、台、院等机构担任非主要领导的汉人官员研究"诛捕之法",以此来表明他们的心迹;甚至他还提出要诛杀张、王、刘、李、赵五姓汉人和南人,可这回元顺帝没依他,因为这五姓人数最多,要是真开了杀戒,那天下人口又有几何?(《元史·顺帝本纪二》卷39)

宰相伯颜之所以这般猖狂,一来凭借自身在元顺帝迎立过程中的护送功劳,二来便是他在元廷宫中有个名义上比元顺帝权位还要高的女"贵人"在暗中一直护着。这个女贵人便是当时的太皇太后,说是太皇太后,其实是元顺帝的婶婶。因为年龄也不大,曾经的皇帝老公"走"了,她耐不住寂寞,与经常来宫中走动的权臣伯颜勾搭成奸,肆意淫乱,"伯颜数往太皇太后宫,或通宵不出"。历代为人们所尊敬的太皇太后如今却变成了淫妇荡妇,大元帝国第一号性丑闻成了当时的公开的秘密,大都城里的人讽刺伯颜:"上把君欺,下把民虐,全凭自己与太皇太后在功夫!"这样的风言风语终有一天也传到了伯颜家族成员的耳朵里。(【元】权衡:《庚申外史》卷上)

在伯颜家族中有个叫脱脱的,他可是个比较清直的蒙古贵族,看到自己的伯父毫无廉耻地胡作非为,觉得羞愧难当;更让他受不了的是,有人告诉他:伯颜与太皇太后正在密谋,要废掉在位的元顺帝,立燕帖古思为帝。这可怎么办?他偷偷地找父亲马扎儿台商议:"伯父任信邪佞,滥杀无辜,将诸卫精兵收为己用,府库钱帛皆听其出纳,骄纵之至,万一皇上要是发怒的话,我们一大家族还不全完蛋?现在灾难尚未降临,我们为什么不好好地谋划一番?"马扎儿台听后,觉得儿子讲得很有道理,但转而又想想,不能自家人动手!这样拖了一段时间,脱脱感到跟父亲没法做事,就去找自己的老师吴直方商议。吴直方一听这事,马上说:"古人云:大义灭亲!你所考虑的正是忠于我大元帝国,还有什么疑虑的!"(《元史·脱脱传》卷138)

脱脱心里有谱后来到宫廷里,将自己所知之事一五一十地告诉了元顺帝,并让元顺帝做好准备,防止伯颜等人的突然袭击。

至元六年(1340)十二月,伯颜上请元顺帝一起出外打猎。已经有了戒备之心的元顺帝委婉地拒绝了。而就在伯颜外出不一会儿,侄儿脱脱经由元顺帝批准同意发动政变,关闭大都城门,收回伯颜兵权,将其贬到外地安置。伯颜进退两难,最终只好自我了断。

伯颜倒台了,元顺帝任命脱脱父亲马扎儿台为太师、中书右丞相。可谁曾想到这个马扎儿台与他的哥哥伯颜一般贪婪,还特别有经济头脑,当政仅半年,却在通州开遍了榻坊、酒馆、糟坊等,据说当时他家一天的收入就达万石粮食,可他还嫌不够,又让手下人到长芦、淮南等地去从事可以获得高额利润的食盐买卖。对此,满腔热血要拯救岌岌可危的大元帝国的有为青年脱脱实在坐不住了。他找了一个叫佛喜问的参政,跟他说:"我家父亲平日里最喜欢你,你说的话,他没有一句不听的。以眼下的情势看来,他老人家再这样搞下去的话,灾难降临我家的日子就不远了。你为什么不去劝劝我老爸,让他赶紧解职享享清福!否则的话,要是再有人说我家赶走伯父,原来图的是他的相位,那岂不更难堪了!"佛喜问接受了脱脱的委托,说通了马扎儿台,马扎儿台果然辞职回家。元顺帝觉得就这样让马扎儿台走了,心里过意不去,封他为太师,而后又升脱脱为宰相。(【元】权衡:《庚申外史》卷上)

就这样,在大元帝国生死攸关之际,以脱脱为代表的改革派通过政变取得了朝廷的实权,并开始实行了一系列的改革。从这时看去,元帝国似乎出现了回光返照的一丝希望。但出人意料的是,脱脱的改革在一定程度上又加速了元朝的灭亡。这到底是为什么?

至正元年(1341),元顺帝"遂命脱脱为中书右丞相、录军国重事,诏天下。脱脱乃悉更伯颜旧政",史称"脱脱更化"。

脱脱出任中书省丞相后,积极开始推行他的改革方案:"复科举取士法,复行太庙四时祭,雪郯王彻彻秃之冤,召还宣让、威顺二王,使居旧藩,以阿鲁图正亲王之位,开马禁,减盐额,蠲负逋,又开经筵,遴选儒臣以劝讲,而脱脱实领经筵事。中外翕然称为贤相。"(《元史·脱脱传》卷138)

脱脱上台后还有一大可圈可点的功绩,那就是他出任都总裁官,组织汉族史学家欧阳玄、揭傒斯,畏兀儿族史学家廉惠山海牙、沙剌班,党项族史学家余阙,蒙古史学家泰不花等共同修史,开创了各族史学家合作修史的先河;编撰了《辽史》《金史》和《宋史》以及《至正条格》,颁行天下,为我们后世保留了相当珍贵的辽、宋、金、元史料和法制文化资料。

● 饮鸩止渴的"变钞""开河"——大元帝国火药桶上的导火索

坦率而言,元末宰相中脱脱算得上是个清直明白人,他志向远大,胆识过人,如果生于太平之世,说不准他就能成为一代名相。可惜的是他生不逢时,套用中国传统社会一句老掉牙的台词:大元王朝气数已尽了。自从第三个皇帝元武宗海山起,元朝的皇帝们一个比一个昏庸,元廷里你争我夺,个个斗得都像乌眼鸡似的,整个朝廷乌烟瘴气。元武宗一口气直接授予了880多个官职。元朝的皇帝们虽然治国无能,但他们个个几乎是花钱的祖宗,烧钱的高手。由于元帝信奉喇嘛教,广兴佛寺,大做佛事,国家财政总费用竟然有2/3都用在佛教上;还有专门要供养那些饭来张口衣来伸手的蒙古贵族与色目贵族而实行的赏赐制度。元帝对这些"生育机器"特别得大方,为此,元武宗海山在一年不到的时间内花去钞820万锭,而当时元帝国每年的国库收入也只有280万锭,也就是说仅仅一年元廷财政赤字是财政收入的2倍。到了元仁宗时更为严重,仁宗一年就用掉2 000万锭,寅吃卯粮,就是说皇帝一年就用掉了帝国未来近10年的财政收入。如此情势,就是父亲和爷爷将儿孙的钱财都花了。元朝的财政早就已经千疮百孔了。

为了解决与弥补巨额的财政亏空,解决好国家经济危机,元顺帝至正十年(1350),再度出任丞相不久的脱脱决定改革币制,更换钞法。当时吏部尚书偰哲笃向脱脱建议,印制新的"至正交钞"来取代通行已久的"中统宝钞"和"至元宝钞"。具体做法是"以楮币一贯文省权铜钱1 000文,楮币为母,铜钱为子"(吴晗:《读书札记·元代之钞法》,三联书店1956年2月第1版,P290)。"脱脱信之,诏集枢密院、御史台、翰林、集贤院诸臣议之,皆唯唯而已,独祭酒吕思诚言其不可,脱脱不悦"(《元史·脱脱传》卷138)。祭酒吕思诚反对是有道理的,元初发行中统交钞是以丝作母本的,中统元宝交钞是以银作母本,后来至元、至大钞也都是以银作母本。而偰哲笃的提议是以纸币作母本,以新旧纸币交换,因而使得至正交钞成为没有钞本和无法兑取现金的纸币,这就引发经济瘫痪。可"大改革家"脱脱不懂这些,也不管这些,他执意要变换币制,下令铸造至正通宝钱和印制至正交钞,以此来兑换旧钱,这就等于让老百姓用旧钞去换新钞,民间称之"钞买钞"。政府不断发行新纸币,纸币急剧贬值。据说当时在元大都,钞10锭(等于铜钱50 000文)都还买不到1斗米,新币等于一堆没有用的废纸,"物价腾踊,价逾十倍。又值海内大乱,军储供给,赏赐犒劳,每日印造,不可数计。舟车装运,轴轳相接,交料之散满人间者,无处无之。昏软者不复行用。京师料钞十锭,易斗粟不可得。既而所在郡县,皆以物货相贸易,公私所积之钞,遂俱不行,人视之若弊楮,而国用由是遂乏矣"。(《元史·食货五·钞法》卷97)老百姓生活水深火热,大元帝国经济濒临崩溃。因此说,脱脱的"变钞"改制实际上称得上是出于好心办了件坏事。

脱脱出于好心办的第二件"坏事"就是对黄河的整治。元顺帝至正四年(1344),黄河白茅堤决口,河水不仅淹没了两岸大片农田,还侵入了附近的会通河与大运河,并"延袤济南、河间"。当时,这一带是大一统帝国漕运的中间地带,元大都的粮食大多来自于南方,通过大运河漕运到大都北京。现在黄河决口了,等于毁了山东段的大运河的漕运系统,换句话来说,黄河决口给大运河漕运来了个拦腰"切断",进而使得京城官员与普通百姓的吃穿都成了大问题。这还不是最为关键的,中国有句古话:"屋漏偏逢连天雨。"大元帝国此时正值经济最为枯竭的时候,而山东及运河沿河地区拥有许许多多能够给大元帝国带来滚滚财源(盐税)的盐场,由于黄河决口从而导致其遭受巨大的损害,这就不仅影响了元帝国的漕运和沿河盐场的征税,而且还危及了元帝国的社会经济秩序和经济命脉,"妨国计甚重"。更有一大头疼问题所必须面对的,那就是黄河决口,灾民增多,大一统帝国的稳定大受影响。这一切,怎让元廷不急呢!"朝廷患之,遣使体量,仍督大臣访求治河方略。"(《元史·河渠志三·黄河》卷66)

说是访求治河方略,讲得直白一点就是要大臣们拿个治理黄河决口的方案来。可大元帝国从上到下已经彻底腐败了,这样救灾如救命的事情给拖了整整六年,直到脱脱复出丞相时,事情才算有了眉目。在这过程中,黄河又连年决口泛滥。至正十一年(1351),河南归德知府观音奴上奏朝廷,请求修治黄河,将河水导入故道。脱脱闻听此讯,"即言于帝,请躬任其事,帝嘉纳之"(《元史·河渠志三·黄河》卷66)。就是说元顺帝十分赞赏脱脱为国为民主动请缨的举动,并委任他总负责治河之事。脱脱领旨后，随即派了工部尚书成遵到河南等地走了一圈。成遵回来对脱脱说：治河工程不能搞！理由是：一来要想整治好黄河，工程量实在太大了；二来现在南阳、安丰一带"盗贼成群"，一旦开工了，要是"盗贼"与修治黄河的河工挑夫结合在了一起，弄不好这就成为天下大乱的决口。脱脱听后很不高兴，因为"变钞"改制失败了，他正憋了一股子劲想做个大工程，来换回自己的声誉呐。正是出于这样的考虑，他将成遵贬为长芦盐运使，另外去征求水利专家贾鲁的意见。（【元】权衡：《庚申外史》卷上）

贾鲁以前当过山东道奉使宣抚首领官，巡视过被黄河水淹的郡县，曾设计了治河之策。后来他又担任过行都水监，奉旨再次巡视黄河河道，研究当地地形，拟定了两套治河方案。第一套方案是，简单地加固北堤，暂时遏制黄河泛滥，其优点是省工省事又省力，缺点是治标不治本；第二套方案是彻底"大修治"，使黄河河水畅通东流，复归故道，其优点是基本上根治黄河水患，但其缺点也不小——费时费工费钱。（《元史·河渠志三·黄河》卷66；《元史·贾鲁传》卷187）

脱脱是个"大手笔"的改革家，当然要采纳"大修治"方案了。于是元廷任命水利专家贾鲁为工部尚书、总治河防使，于至正十一年四月在黄河决口附近区域征发了汴梁、大名十三路的民夫15万，外加从庐州（今安徽合肥）等地征调了2万多名的服役戍卒，共计17万人聚集到了今天河南省兰考县有个叫黄陵冈的地方，开始动工治河——将那里280里长的河道挖深疏通，让河水改回旧道。（《元史·河渠志三·黄河》卷66；【清】毕沅：《续资治通鉴》卷210）。"其费以亿万计，府库为空"（【元】权衡：《庚申外史》卷上）

更有，将17万人聚集在一起，殊不知无形之中却犯下大忌。这就叫做在不恰当的时间里办了件利国利民的大好事。如果说元顺帝时代的大元帝国是个随时都可能爆炸的火药桶的话，那么后面要讲到的白莲教领袖韩山童与刘福通就是这个火药桶的点火者，而那时力主大治黄河的脱脱则是这个爆炸火药桶的导火索安装者。

○ "一日三遍打，不反待如何"

正当元顺帝和宰相脱脱陶醉于将"治黄工程"做大做强的美景之中，可能他们做梦也没有想到，那个治黄工地反起来了。这些该死的愚民，太不理解我们帝国政府的"苦衷"和一片"爱民如子"之心，整治黄河本是件利国利民和功德无量的大好事，你们不好好地干活，反而造起反来，国家大事岂是你们这些愚民匹夫所能关心的？真实愚蠢透顶，无可救药。

在大都皇宫里的皇帝老爷当然是不理解民众为什么不修治黄河反而造起反来了。天高皇帝远,他们哪儿知道:治黄工地上的近 20 万草民本来就饱受官府的欺压,很不情愿地被官府强制征发来修治黄河,所以史书描述当时的情景是"驱夫如驱囚",即说将近 20 万民工赶到治黄工地上就如同驱赶囚徒一般。到了工地干的都是极其繁重的体力活,"手足血流肌肉裂"(【元】萨都剌:《雁门集·早发黄河即事》卷 2;【元】廼贤:《金台集·新堤谣》卷 1),可他们连肚子都吃不饱,因为元朝官场太黑,贪污成风,应该发放到工地上的民工粮饷被一层层地克扣了,好多民工或因饥饿而死,或病死,"死者枕藉于道,哀苦声闻于天"。但督官监军可不管民工的死活,催着、赶着甚至用皮鞭和武器打着民工去"开河",民怨沸腾。(【元】叶子奇:《草木子·克谨篇》卷 3 上)

当时有首民谣是这么唱:"天高皇帝远,民少相公多,一日三遍打,不反待如何"(【明】黄溥:《闲中今古录摘抄》)。还有一首从京师到江南人人会唱的《醉太平小令》这般描述道:"堂堂大元,奸佞专权,开河变钞祸根源,惹红巾万千。官法滥,刑法重,黎民怨。人吃人,钞买钞,何曾见?贼做官,官做贼,混贤愚,哀哉可怜!"(【元】陶宗仪:《南村辍耕录·醉太平小令》卷 23)

就在这一点就能炸的火药桶一般的治黄工地上,有人正在秘密地点起了导火索——那就是白莲教主及其信徒。

● 白莲教、明教和弥勒教三教合一:"明王出世""弥勒降生"

白莲教本于白莲社之说,出自佛教净土宗。其教义是说,西方极乐世界里的白莲社供养着阿弥陀佛(梵名 amita,又称无量清净佛、无量光佛和无量寿佛等),谁要是念了一声阿弥陀佛,便可免除几十亿劫生死重罪;如果平日里还能经常念佛持戒、好好修行、多做善事的话,那么死后就可被"净土三圣"即阿弥陀佛、观音和势至菩萨迎往到西方极乐世界净土白莲池去,过上幸福快乐的生活。因而其也被人称为"往生净土"。(杨讷:《元代的白莲教》,《元史论丛》第 2 辑)

白莲教创于公元 5 世纪初,到 12 世纪时糅入了天台宗的格言,不饮酒,不杀生,忌葱乳,等等,渐渐发展成了后来人们所熟悉的白莲教。因其与明教教义十分接近,两者后来就混在一起。(【宋】志磐:《佛祖统纪》卷 47;【日本】重松俊章:《初期之白莲教》)

明教又名摩尼教,也名末尼教、牟尼教、二尊教和明尊教等,公元 3 世纪由古代波斯人摩尼(Mani)糅合了琐罗亚斯德教、基督教和佛教等教义而创立。

摩尼教，看过金庸武侠名著《屠龙倚天记》的朋友可否记得其中的这样几句话："焚我残躯，熊熊圣火。生亦何欢，死亦何苦？为善除恶，惟光明故。喜乐悲愁，皆归尘土。怜我世人，忧患实多！怜我世人，忧患实多！"这里边就浓缩了摩尼教教义的精华，崇尚光明神，其具体形在就是日、月，光明神的使者就是摩尼光佛或称具智法王。

摩尼教教义的核心为"二宗三际论"。"二宗"指的是光明与黑暗，也就是善与恶、理与欲；"三际"为初际、中际和后际，用现代英语的表达即为过去时、现在时和将来时。初际时没有天地，只有明暗，明性知慧，暗性痴愚，明暗两宗处于对立状态；中际是指现在时，暗的力量不断地扩大，大大地压迫着明的力量，纵情肆意，形成大患。就在这个时候，明王出世了，将暗的势力、暗的力量赶走；后际是指将来时，经过斗争后，明暗二宗各复本位，明既归于大明，暗亦复归于积暗。由于摩尼教崇奉的神为明王（也叫做明使、明尊），向往光明，故又被人称为明教。（《摩尼教残经·出家仪》第6）

从摩尼教的教义核心不难看出，这是一个充满反抗性和向往美好未来的宗教，因此它在传播过程中很受社会底层百姓的欢迎。

明教传入中国大致在唐朝武则天时代，当时的明教教规是，不设立偶像崇拜，也不拜鬼神，吃斋念佛，严禁杀生，教徒们穿戴白衣白帽，天黑了才吃饭（【宋】志磐：《佛祖统纪》卷41；《册府元龟》卷99）。因为当时崇信明教的以回鹘人为多，而回鹘人又帮助唐朝打仗有功，故而明教在那时受到了保护。但到了唐武宗"会昌灭佛"时，明教也随同被禁止，由此开始，它就成了秘密宗教。

明教否定现世，主张通过斗争，开创清明新世，其最为响亮和激动人心的口号为"明王出世"；故而宋元之际明教在秘密传播与发展过程中吸引了大批的底层穷苦百姓，他们不断地组织发动起义，但先后都一一遭到了镇压。

明教后来又与弥勒教和白莲教混合在一起。

弥勒教也是出于佛教净土宗，根据佛教的传说，弥勒曾经是个好国王，对老百姓十分慈仁。佛祖释迦牟尼在世说法时，弥勒经常在旁认真听法，是佛祖忠实的好学生。但自佛祖灭度（死）后，世界变坏了，各种各样的坏事都出现了。不过佛祖灭度前曾经说过，大约要过五十六亿七千万年后，弥勒会下降人世而成佛；弥勒降生后，人世间又开始逐渐变好了。由此憧憬弥勒降世和好日子的来临成为弥勒教的最大亮点，历史上只要人们一听到哪个地方有弥勒佛出世，大家就抢着去参加起义。而信仰弥勒教的人也穿着白衣服，戴着白帽子，烧着香；更有意思的是，他们也相信世界上有明暗、好坏两种力量在不断地斗争着，这样的宗教主张与明教或摩尼教的教义几乎混同了。（参见吴晗：《读书札记·明教与大明帝国》，三联书店1956

年第1版，P225～270）

无论是弥勒教的"弥勒降生"，还是明教或摩尼教的"明王出世"，都是以现实为黑的和暗的为前提，而要想改变黑的和暗的现实，走向美好的明的未来，就必须要起来斗争，赶走黑暗。因此宋元之际明教或言白莲教一类的宗教起义此起彼伏，绵延不断，而"明王出世"和"弥勒降生"成为当时吸引人们参加起义斗争的最为通俗和最为响亮的号召。

● "石人一只眼，挑动黄河天下反"——白鹿庄密议、颍州起义与北方红巾军

就在大元帝国因"变钞"与"开河"弄得民怨沸腾之际，南方白莲教首领彭莹玉和北方白莲教首领韩山童及其门徒刘福通、杜遵道、罗素文等抓住时机，组织准备发动大规模的反元武装起义。

韩山童，河北栾城人，祖上信奉、传播白莲教。在韩山童爷爷时，因为组织白莲教徒烧香敬神，韩家被官府谪徙广平永年县，由此白莲教就在河北永年一带秘密传播开来。经过几代人的努力，到元末时，教主韩山童"倡言天下大乱，弥勒佛下生"，河北、河南以及江淮一带的平民百姓"皆翕然信之"。（【明】钱谦益：《国初群雄事略·宋小明王》卷1）

元廷将要开挖黄河故道的消息传出后，韩山童与门徒编了一首童谣："石人一只眼，挑动黄河天下反"，秘密派遣教徒上河南、河北一带去传唱；并在暗中凿了一个只有一只眼睛的石人，背上刻有这样几个字："莫道石人一只眼，此物一出天下反"，然后令人偷偷地埋在黄陵冈附近的黄河故道上。接着又派遣几百个教徒到修治黄河工地上，宣传"弥勒降生""明王出世"，号召人们起来反抗元帝国统治。

再说河工们本来就一肚子的不满与怨气，开挖黄河故道工程开启没多久，果然挖到了一个只有一只眼睛的石人，且背面还刻了字，由此整个工地一下子沸腾起来，随之整个中原大地人心浮动。（【明】钱谦益：《国初群雄事略·宋小明王》卷1；【元】叶子奇：《草木子·克谨篇》卷3上；《元史·顺帝本纪五》卷42）

这时，韩山童和刘福通、杜遵道等人正聚集在颍州（今安徽阜阳）境内等候消息。听到黄陵冈工地"炸开锅"了，他们迅速在白鹿庄召集教徒3 000人，头裹红巾，竖起红旗，斩杀白马、黑牛，誓告天地。韩山童自称是宋徽宗八世孙，现在应该出来当皇帝了；刘福通自称是宋朝大将刘光世的后代子孙，现在应该出来辅佐韩山童恢复宋朝江山，他们甚至还在旗帜上书写这样的对联："虎贲三千，直抵幽燕之

地;龙飞九五,重开大宋之天。"大家推奉韩山童为明王,准备择日正式起义,推翻元朝的黑暗统治。(【明】钱谦益:《国初群雄事略·宋小明王》卷1;【元】陶宗仪:《南村辍耕录·旗联》卷27,P379;【明】何乔远:《名山藏·天因记·韩林儿》卷43)

○ 刘福通颍州起义——1351年

正当大家组织起义之际,不料走漏了消息,当地地方官府立即进行搜捕,韩山童脱身不及,被捕牺牲,他的妻子杨氏带了儿子韩林儿乘乱逃出,躲入武安山中。刘福通率领众教徒苦战突围,于至正十一年(1351)五月初三日攻占颍州,元末农民大起义正式爆发。因为当时刘福通的起义军将士全都头裹红巾,身穿红袄,打着红色旗帜,故被人称为红巾军或红军;又因为起义军绝大多数将士信奉白莲教,烧香拜神,故又被人称为香军。(《明史·韩林儿传》卷122;【元】权衡:《庚申外史》卷上)

元廷听到刘福通攻占颍州的消息后,当即命令枢密院同知赫厮、秃赤领阿速军6 000人马和各路汉军一起南下。阿速是绿眼睛回回人,来源于今天的高加索北部地区,当时人称其为阿速人,他们善于骑射,向来以精悍著称。所以当时元朝统治者以为,只要阿速军动动手,红巾军根本就不是他们的对手。不过为了防止万一,元廷还下令:阿速军南下时,河南行省徐左丞率领省内军队,配合阿速军一起去讨伐红巾军。可元朝统治者根本没想到的是,昔日不可一世的大元军队早已腐败不堪了,三个领兵讨逆的将军一路走着,一路喝着美酒,再弄些漂亮的妹妹一路玩着;将领在开心地忙着,士兵们可也没闲着,一路走,一路打家劫舍,乱哄哄地来到了淮北地区,还没有缓过神来,远远望见颍州城内外一个个如猛虎下山的红巾军战士。主将枢密院同知赫厮顿时吓破了胆,赶紧调转马头,扬鞭高喊:"阿卜!阿卜!"阿卜是少数民族语,意思是赶紧逃。主将一逃,其他的人还怎么肯作战,也跟着一起逃啊。(【元】权衡:《庚申外史》卷上)这时刘福通率领颍州红巾军乘胜追击,相继攻占了亳州、项城(河南沈丘)、朱皋(河南固始北)、罗山、上蔡、真阳(河南正阳)、确山、叶县、舞阳、汝宁(河南汝南)、光州(河南潢川)、息州(河南息县)等地,一下子将起义军发展到了10多万人。(《明史·韩林儿传》卷122)

● 中国历史上成本最小的农民起义——徐州起义

由于元末白莲教在黄淮地区、长江流域的广泛传播,所以当至正十一年(1351)五月,刘福通最先在颍州发动红巾军大起义后不久,黄河流域、大江南北蛰伏着的白莲教组织领袖迅速响应,遥相声援。八月初十日,芝麻李、赵均用和彭大在徐州发动红巾军起义;同年八月彭莹玉、徐寿辉和邹普胜等在蕲州发动红巾军起义,等等。在这一系列红巾军起义当中,要说起义最早的就是刘福通那支红巾军,要说起义最为轻松的、甚至可以说是中国历史上成本最小的就要数徐州起义军。

说到徐州起义,我们不能不说一下其首创者芝麻李。芝麻李是一个人的外号,他原名叫李二,江苏邳州人。有一年发生了饥荒,到处都有人饿死,当时李二家里有一仓的芝麻,看到奄奄一息的饥民,他就将家里的那仓芝麻全部赈济给了快要饿死的灾民,赢得了众人对他的尊敬,大家亲切地叫他"芝麻李"。

芝麻李不仅为人慷慨大方,而且对时势还有着深邃的洞察力。有一天,他跟邻居人称赵社长的赵均用这么说道:"当今朝廷大搞工程,上了工程就要做大做强,可老百姓遭罪了,又没有地方去诉苦。最近我听说颍州一带已经爆发了红巾军起义,元朝军队对付不了,拿他们没辙。依我看,当今的局势,正是我们男子汉大丈夫成就一番事业、谋求荣华富贵的大好时候!"赵均用听后,想了想,便说:"如果我们想做造反起义这样的大事,就你我两人那可不行。依我看,城南的彭大勇敢又有胆略,应该将他找来,或许有什么更好的办法。"芝麻李听了,觉得这个主意不错,于是就让赵均用去找彭大商议。

赵均用来到城南彭大家时,彭大正在家里磨刀。赵均用觉得十分好奇,随口便问:"你磨刀干什么?"彭大说:"天下大荒,州县老爷说要体恤我们,关爱弱势群体。我们天天等着救济,可人都快要饿死了,他们连个鬼影子也见不着。家里实在也没什么东西可吃了,我想磨好刀,到山上去砍些柴火,然后入城去换些米吃,这样也就不被饿死了。哎,天下什么人的话都可以信,你可千万别信官府里人说的话啊!"赵均用听到这里,觉得有戏,随即继续"开导":"彭大,我看你膂力过人,哪个地方不能吃饱饭?"看到彭大吃惊地看自己,赵均用更来精神了,继续说道:"你要是能跟我们一起谋事,岂止衣食无忧,荣华富贵你不想要都不行啊!"彭大听懂了,马上反问:"你说的我们当中有芝麻李吗?"赵均用说:"当然有啊!"彭大听后哈哈大笑,当即说道:"有芝麻李,我就参加一起干!"赵均用马上将彭大引见给了芝麻李。彭大又引荐了其他一些铁哥儿们,一共8个人,他们对天发誓,歃血为盟,共举义旗,并约定八月十日举行起义。(【元】权衡:《庚申外史》卷上;【明】钱谦益:《国初群雄事略·宋小明王》卷1)

到了约定的那一天,芝麻李、赵均用等8人扮作挑河夫,三三两两地向徐州城走去。走到城门口,城门守卫一看,8个人穿得破破烂烂、脏兮兮的,就拼命吆喝他们赶紧滚开。芝麻李、赵均用等装作可怜相,哀求道:"我们是挑河夫,路过这里,借宿一夜也不行?"城门守卫被问得哑口无言,只好让他们一一入城。到了夜里,按约定8人中的4人乘着夜间黑灯瞎火的有利条件溜出了徐州城,另外4人则留在城内。半夜过后的四更天时分,留在徐州城里的那4人首先点起了四堆火,城外的4人见到城内的信号发出了,他们马上在城外也点起了四堆火作回应。随后城内城外8人大声高喊,"着火了!着火了!"这下可好了,原本一片寂静的徐州城顿时乱作了一团,"什么?着火了,快跑,快……"人们乱了,驻守在徐州的元军也乱了。留在城内准备起义的4人乘着混乱之际夺取了守城元军的武器,乱杀乱砍,并打开了城门。早就等候在城门外的另外的4人迅速冲进城里,他们一起拼杀。因为徐州城里元军一点准备都没有,还没有弄清楚怎么一回事,却早已乱成了一锅粥,8个起义者越杀越勇,到天亮时他们已基本上控制住了徐州城。这可能是中国历史上成本最小的农民起义了。第二天起义者也树起"红巾"大旗,徐州城里城外正在死亡线上挣扎的老百姓纷纷参加徐州红巾军,据说,当时一下子就云集了百来万人。随后徐州起义军搭起了浮桥,"四出掠地,亦奄有徐州近县,及宿州、五河、虹县、丰、沛、灵璧,西并安丰、濠、泗",声势十分浩大。(【元】权衡:《庚申外史》卷上;【明】钱谦益:《国初群雄事略·宋小明王》卷1)

● 另外三支北系红军:北琐红军、南琐红军和濠州红军

徐州位于刘福通首义地颍州的东边,处于黄淮流域的核心地带。芝麻李等发动徐州起义,等于给元帝国这个已经着了火的火药桶上浇上了一大盆油,北方红巾军起义烈火越烧越旺。至正十一年十二月,河南邓州布贩子王权又名王三联合张椿等在邓州、南阳一带发动起义,相继攻占唐州、邓州、南阳、嵩山、汝州等地以及河南府即洛阳,人称其为"北琐红军"。与"北琐红军"名字相对称的叫"南琐红军"。至正十二年(1352)正月,有个叫孟海马的在湖北发动起义,攻占均、房、襄阳、荆门、归、峡等州,人称其为"南琐红军"。(【元】权衡:《庚申外史》卷上)

至正十二年二月,郭子兴、孙德崖、俞某、曹某、潘某5人在安徽定远起兵,随即攻克濠州城。

无论是徐州起义军,还是北琐红军、南琐红军和濠州起义军,他们都有一个共同的特征,那就是崇奉韩山童的那个白莲教派,头裹红巾,烧香拜佛,因此也被人们称为红巾军、红军或香军;他们在一定程度上接受刘福通的节制,故这些起义军通常又被人称为北方红巾军或言东线红巾军。

● 袁州起义与南方红巾军

与北方红巾军遥相呼应,那时活跃于长江流域中下游地区的农民起义军,则是崇奉彭莹玉的白莲教派,史称其为南方红巾军或言南系红巾军或言西线红巾军。

南方红巾军之所以能组织起来、发动起义,首先要归功于其精神领袖彭莹玉。彭莹玉,江西袁州(今宜春)人,出生于一个普通的农民家里。据说他出生时还特别异样,那一天深夜二更左右,天上正下着大雪,忽然间天空中闪现出红光,红透半边天,将南泉山山民与附近的慈化寺里的和尚都给惊呆了,大家不知道这是怎么一回事。第二天天亮后,慈化寺有个60多岁的彭姓老和尚因为善于观察天象,就将附近村民召来问问:"昨夜天象不一般,你们村子里有没有哪家失火啊?抑或有其他什么事?"其中有个村民回答道:"村上倒没什么事,昨夜我家媳妇给我生了个儿子。"彭姓和尚听后大喜,问道:"你是否舍得将令郎送入佛寺来,做我的徒弟?"那村民没加思索就答应了。

大约到了10岁时,那孩子被送入寺庙,跟着彭姓和尚学佛,改名为彭莹玉。据说彭莹玉从小就聪明,与小伙伴玩耍时,常常能预言未来之祸福,且一一都应验。15岁那年,南泉山下忽现一股清冽的泉水,那时刚好发生了疫病,彭莹玉就以泉水为人治病,好多病人都给治好了,因此袁州当地的百姓都将彭莹玉当做活神仙。但实际上彭莹玉却在暗中信奉起了白莲教,并将"弥勒降生,明王出世"的思想灌输给他的信众。据说在寅年寅月寅日寅时(一说至正四年),彭莹玉与他的徒弟周子旺组织了5 000名门徒在袁州发动了反元武装起义,起义者每人背上都写上一个大大的"佛"字,以为就此就有了佛神的保护,可以刀枪不入了。哪知起义刚发动,就被元朝官兵给镇压了下去。周子旺及其妻子、儿子等都一一遭到了杀戮,彭莹玉在百姓们的掩护下迅速地逃离袁州,潜往淮西,并在那里潜居下来。当地官府耳闻之,派人前去搜捕,但淮西人争相出来掩护他,终使官府一无所获。彭莹玉就利用这种有利的条件,不断地在淮西和鄂东、湘、赣等地的底层百姓中传播白莲教,积蓄力量,准备再发动起义。(【元】权衡:《庚申外史》卷上)

至正十一年(1351)五月,刘福通在颍州率先发动起义的消息传开后,一直潜伏在淮西等地区进行传教的彭莹玉于当年夏天也组织教徒发动武装起义,并将其势力很快地扩展到了巢湖附近的无为等地(【明】陶安:《陶学士文集·繁昌县监邑铁仲宾功绩纪》卷17)。八月也就是那年徐州起义的同一个月,彭莹玉徒弟、铁匠麻城人邹普胜、布贩子罗田人徐寿辉(又名徐贞一、徐真逸、徐真一)在蕲州(湖北蕲春)发动起义,相继攻占蕲州城、蕲水县(湖北浠水)和黄州(湖北黄冈)等地,并在蕲水建立政权,取佛教中西方净土莲台之意,设立莲台省,定国号为宋(【明】宋濂:《宋文宪公全集》卷5;《明玉珍玄宫之碑》,载《重庆日报》1982年5月30日第3版,参见陈梧桐:《洪武皇帝》,河南人民出版社1993年6月第1版,P38),后改名为天完,年号治平,徐寿辉称皇帝,邹普胜为太师。(【元】叶子奇:《草木子·克谨篇》卷3上;【明】钱谦益:《国初群雄事略·天完徐寿辉》卷3)

当时南方红巾军祖师爷彭莹玉正在江淮进行反元斗争,闻听蕲水农民政权建立,他也来到蕲水。由此南方红巾军开始兵分两路,一路由太师邹普胜率领,进攻武昌、江陵等地;另一路则由彭莹玉、项奴儿带领,从长江中游出发,顺江东向,一路势如破竹,相继攻取了湖北、江西、安徽、福建和浙江等地,大约在至正十二年(1352)夏秋之际,占领江南重地杭州。他们"不杀不淫,招民投附者,署姓名于簿籍",而对于官"府库金帛,悉辇以去",沉重地扫荡了元朝在江南地区统治的反动势力。(【元】陶宗仪:《南村辍耕录·刑赏失宜》卷28)

正因为南方红巾军有着相当好的纪律,所以当时成千上万挣扎在死亡线上的贫苦百姓争相积极参军,"众辄数万,皆短衣草屦,齿木为杷,削竹为枪,截绯帛为巾襦,弥野皆赤"。这就是说当时数万个穿了短衣粗布的平头百姓,用牙齿将木头咬一咬就当做作战用的杷子,将竹子削一削就制作成枪戟,扯一块红布往头上一裹就成了红巾军战士,因而漫山遍野到处都是红巾军(《元史·忠义三·魏中立传》卷195)。由于这一支队伍最早是由彭莹玉在南方地区培育、发展起来的,他们也崇奉白莲教,烧香拜佛,相信"弥勒佛下生,当为世主"(《明太祖实录》卷8;【明】钱谦益:《国初群雄事略·天完徐寿辉》卷3),因而也被人们称为红巾军、红军或香军。但他们又不受北方刘福通红巾军节制,为了区别起见,人们往往称他们为南方红巾军。

◉ 浙江温台地区的方国珍起义

除了红巾军系统外,当时还有一些没有任何宗教外衣为掩护的元末起义军,其中以浙江温台地区的方国珍起义最为出名。

在元末大起义中要说后来稍成气候的最早起义者就数方国珍了。方国珍,浙江黄岩人,身材高大,体白脸黑,力大无比,疾走如飞,能追赶飞奔的野马。方家世代以海上贩盐为主业,但在父亲当家时方家似乎不如以前了,靠租佃别人的田地为补充生计。(《明史·方国珍传》卷123;【明】黄溥:《闲中今古录摘抄》)

由于元朝统治者不仅实行极端的种族歧视与种族压迫,而且还推行了反动的等级压迫政策。譬如规定佃户对田主有着十分强烈的人身依附关系,田主可以私设刑堂,任意凌辱捶打佃户。要是一不小心把人给打死了,怎么办?也没什么要紧的,元朝法律规定:田主打死佃户,只处于杖刑一百七,赔付烧埋银即丧葬费五十两银子即可,不需要偿命(《元史·刑法志》卷105)。正因为有着这样的法律规定,江南一些地方出现了佃户生儿给田主当役使、生女充作奴婢或妻妾的不堪境况,甚至还有的佃户被田主当做财物一般,要么用以典当、要么用以买卖,与当时元朝通行的奴隶——"驱口"一般(《元典章·禁主户典卖佃户老小》卷57)。更不用说平时的日常相互之间的礼数讲究了,佃户就得谦卑得不能再谦卑了,而浙江温台地区在这方面的讲究就是一个很好的例证。

有一次小方国珍与他的父亲一起在大路上走着,忽然间迎面来了他们的田主。方父赶紧退避大路,连作揖也不敢,而是低着头,偷偷地看着田主走过了,他才回到大路上继续前行。这事在方国珍心里留下了很深的烙印,长大后他问父亲:"田主是人,我们也是人,你何必要那么低三下四?"方父说:"我养活你们兄弟几个靠的是什么?不就是从田主那里租来的田地么,所以说我们佃农不能不对他恭恭敬敬!"方国珍听后很不高兴,但他没说出口。方父死后,方国珍兄弟四人齐心合力共同创业,原本贫寒的方家渐渐地摘掉了贫苦户的帽子了。但方国珍兄弟却始终记得田主当年那副不可一世的样子,一直想着法子要出出那口恶气。

他们先在家里做了一些美酒,用来专门"招待"前来索债的田主。有一天,田主带了一个仆人来到方家,方氏兄弟笑脸相迎,美酒相待。先是集中目标,将仆人灌倒,然后再将他扔到酒缸里。接着,他们对田主也如法炮制。主仆两人就此在酒缸里躺着,再也没有起来。过了几天,田主家人发现不对劲,怎么老不见讨债的回家,于是就赶往方家来问问。方家人说:"早就走了,好像说到别的什么地方去讨债了。"可方家的邻居却说:"他们见到主仆二人进去,可没见着他俩出来。"田主家人回家又等了几天,还是杳无音信,最后没办法只好报官。官府派出人马前来方家缉拿嫌疑犯,方氏兄弟三下五除二地将官差给杀了。官府老爷见官差有去无回,不知发生了什么,只好自己前来看看,没想到一到方家,也被杀了。方氏兄弟见到事情"做大做强"了,势态也变得越来越严峻,干脆来个两脚开溜,亡命海上。(【明】黄溥:《闲中今古录摘抄》)

元顺帝至正八年(1348),有个叫蔡乱头的海盗横行于浙江、福建一带海域,当时官府发兵前去清剿。这时方国珍家过去的冤家出来告官,说:"方家私通海盗蔡乱头!"私通海盗按照当时的法律来讲,是一项十分严重的犯罪。方国珍闻讯后怒火中烧,当即找到冤家并将其杀了个精光;而后又与哥哥方国璋、弟弟方国瑛、方国珉一起聚集了数千号人,正式公开打出反元旗号,发动武装起义,"劫运艘,梗海道",数败前来征讨官军,立足于温州、台州、明州(即今天的宁波)一带,成为东南地区的一大海上枭雄。(《明史·方国珍传》卷123)

● "黄军"与徐州之役

各地农民起义风起云涌,元朝各地官员的紧急奏报如雪片般地飞进了中书省。宰相脱脱看到来自各地的"警报",也急了,但他不敢说啊。为什么?因为就是他力主上马"治黄大工程"汇集了十几万人而最先惹的祸,他怎么能说得出口?所以当糊涂皇帝元顺帝听到什么红巾军造反的传言时,他就问宰相脱脱有没有这个事?脱脱说:"自从陛下君临天下以来,国泰民安,陛下放心,不用劳这个神,您就留心您的圣学好了。"但还是不断有红巾军起义的传闻传到元廷里来,于是元顺帝再去问脱脱:"我大元天下是不是到处有人在造反?"脱脱还想隐瞒,但这次被他的政敌戳穿。大元天子终于发火了,责问脱脱:"你曾经对我说天下太平无事,现在天下一半地盘被起义的红巾军给占了。作为宰相,你对这样的局面有何高招?"脱脱听到这里,顿时汗流浃背。没过多久,他向元顺帝主动请缨,要统帅元军南下,围剿红巾军。(【元】权衡:《庚申外史》卷上)

因为在起义的这些红巾军中,当时徐州起义军处于最北的一支,所以脱脱南下的第一战就是徐州了。据有关资料上讲,当时脱脱统帅的元军有几十万,有的书上说百万人。但即使这样规模的队伍能不能打胜仗?主帅脱脱心里没底。说来也巧,刚好有个叫逯善之的淮东元帅向脱脱献计说:"前番我大元官军吃了败仗,主要原因是我们的将士从北方来到江淮一带,水土不服,丞相应该到沿海一带的盐场去招募盐丁,将他们组织起来,作为进攻的主力,或许就能打胜仗。"可淮东有个大款叫王宣的不同意这种观点,他说:"盐丁本来就是一介野夫,丞相你不如到城乡各处去招募那些身强力壮者,将他们武装起来,肯定能打胜仗!"脱脱听后觉得两人讲得都有道理,于是下令各招募30 000人,为了在战场上能与红巾军相区别,脱脱规定:招募来的人头戴黄帽子,身穿黄衣服——人称"黄军",随即对他们进行适当的训练。经过一段时间,觉得时机差不多了,脱脱下令由"黄军"领头,对已被百万元军包围了的徐州城发起了猛烈的攻击。当时战斗双方在徐州打得异常惨烈,但因为元朝军队实在太多了,15天后,徐州城失陷,芝麻李、彭大、赵均用等各自逃出。(【元】权衡:《庚申外史》卷上)

元军入城后进行了屠城,好多无辜的百姓惨遭杀害,弄得整个徐州城一片萧瑟,以至于以后花了几十年的时间都还没恢复过来。明英宗正统年间有个文人经过徐州时,发现那里还是一片萧条,乱坟遍地,野草丛生。

徐州之战取胜后,元廷顿时来劲了,马上调阿吉剌太尉率领兵马进逼徐州西边的汝宁。汝宁红巾军力战不敌,被迫撤出汝宁城。这时元廷派出的由巩卜班平章率领的数万元军也迅速跟进,驻屯汝宁的沙河岸边。此时的元军经历了徐州之战、汝宁之战的两次胜利,正处于志得意满的兴奋期,"日夜沉溺酒色,醉卧不醒",哪知道距离不远的红巾军首领刘福通早就侦查到了这一切,乘其不备,夜间突然发起了袭击。元军顿时大败,死伤无数,就连主将巩卜班也丢命于战乱中。由此元军撤退数百里,屯扎于项县。

元廷闻讯后,命宰相脱脱弟弟、御史大夫也先帖木儿为代理总兵,率领30多万精兵,"银物帛,车数千辆,河南北供亿万计",以绝对优势的兵力与装备南下征讨,进驻到汝宁沙河,梦想夺回被刘福通占领的城池。但也先帖木儿是个毫无军事本领和政治才干的家伙,全凭自己"红彤彤"的家族和他那个做宰相的哥哥脱脱一手扶着才当上军政大官的,现在突然间皇上要他领兵来前线,与不要命的底层草根作战,他的心里七上八下。他好不容易来到沙河前线,军队驻扎了快两个月,但他就是不敢下令与红巾军开战。

有一天夜里,军中有人大喊了一声,也先帖木儿误以为红巾军来偷营了,立即慌乱了起来,带领亲兵10 000来号人仓皇逃窜,军资器械和粮运车辆以及那30万兵士全给扔下。一路狂奔,一直奔到还在元朝人手中的汴梁城下,也先帖木儿这才稍稍歇了口气。这时,守卫汴梁的文济王已经听到了也先帖木儿的消息,他来到城头,对着犹如丧家之犬的也先帖木儿说:"你身为朝廷大将,却见敌不杀,反而丢盔弃甲,自我溃退,这到底是哪门子的事?本王将上奏朝廷,弹劾你。至于汴梁城,也不是你们这些溃败之师想进就能进的!"(【元】权衡:《庚申外史》卷上)

也先帖木儿吃了闭门羹,只好带了他的逃军来到了离汴梁40里路的朱仙镇,在那里暂时驻扎了下来。元廷接到也先帖木儿不战自溃的消息后,改派蛮子平章南下,接替总兵官之职,让也先帖木儿回朝。回到大都北京的第二天,也先帖木儿好像什么事也没发生似地继续到御史台去当他的御史大夫。(【元】权衡:《庚申外史》卷上)

一个重量级的中央正部级领导干部丧师失地、糟蹋国家巨额财富后居然如没事似地继续当他的高官或挪个地方、换个坑,美哉美哉地依然享他的清福,这个国家或政府离灭亡也就一步之遥了。

● 起义烈火燃遍大江南北与朱元璋绝处求生

而与此形成极为鲜明对比的是反元武装起义烈火却燃遍了中原大地和大江南北,择其主要列表如下:

元末全国各地主要农民大起义简表

起义领袖	起义地	政权名称	起义时间	义军归属	最终结果
刘福通、韩林儿	颍州	宋(龙凤)	1351年	北系红巾军	被元、朱元璋兼并
彭莹玉、徐寿辉	蕲水	天完、大汉	1351年	南系红巾军	被陈友谅所灭
明玉珍	重庆	大夏	1362年	南系红巾军	被朱元璋兼并
郭子兴、孙德崖	濠州	后来被称西吴	1352年	北系红巾军	为朱元璋发展
芝麻李、赵均用	徐州		1351年	北系红巾军	合并到濠州义军
张士诚	泰州	大周、东吴	1353年	非红巾军	被朱元璋所灭
陈友定	汀州		1362	非红巾军	被朱元璋兼并
方国珍	台州		1348年	非红巾军	被朱元璋兼并

细心的朋友可能会发现,元末农民大起义与历代的农民大起义有所不同。这次农民大起义整体上以底层民众为主体,它不像秦末、汉末、隋末、唐末等农民大起义那样都有旧贵族或军事贵族来"参入"领导;而元末无论是红巾军系统还是非红巾军系统,起义的领导和主要骨干基本上都是以底层民众为主。如非红巾军系统的方国珍可以说是元朝后期举起了反元大旗的第一人,他是盐贩出身,张士诚是穷困的盐工出身;而红巾军系统则更不必多说了,彭莹玉是和尚出身、徐寿辉是布贩子出身、陈友谅是渔民出身……还有朱元璋是叫花子出身。

说到朱元璋,我们来看看,正当这场以红巾军为主干的元末农民大起义的烈火席卷中华大地之时,朱元璋在哪里?他对红巾军大起义作出怎样的反应呢?

○ 精神王国里的国王,心理大战的常胜将军

就在中原地区和江淮流域秘密组织的白莲教徒纷纷发动武装起义的时候,在外漂泊多年的朱元璋已经回到了家乡的皇觉寺。与8年前刚入寺院时相比,此时25岁的朱元璋尽管从表面来看依然一无所有,但多年的叫花子生涯和无数的磨难与挫折却赋予了他更多的精神财富。

要饭是个什么样的活?我们绝大多数人都没有经历过,但谁都见过叫花子。他们要么边走边要,要么弄个破碗放在地上,见了路人不断地说好话、磕头,"行行

好,可怜可怜我吧,我已经好几天没吃饭了"。这叫能说会道。除此之外,还有一个关键的本事,那就是要善于察言观色,这个人心善,我向他(她)多缠几下,说不定能多讨点;那个人心底不怎样,我知趣点,他(她)能给就给,不给我可千万不能纠缠,否则弄不好什么事都会发生。所以说叫花子最大的特长是"会说"又"会看",洞察别人的心理,琢磨别人的心思。这种人很少有真实的心理表露。

南京前两年有个记者通过暗访,发现在新街口天桥底下有一群乞丐,每到夜市收摊时,他们就在天桥底下"盘点"一天的收获,口中念叨:"这是孙子给的,这是女儿给的,这是外孙给的……"施舍的人一旦听到了这些话,我想肯定会气晕过去。如果将之与他们在白天乞讨相联系起来,我们真的会很迷茫:这些人内心到底想的是什么?我们不得而知。但有一点可以肯定,他们是精神王国里的国王,心理大战的常胜将军。所以我们不难理解,为什么一些老乞丐被民政部门收容,可他们不愿意;被公安部门遣送回原籍,他们又会马上溜了出来。毋庸置疑,多年的乞讨给予叫花子们不仅仅是本能生存所需的基本技巧,而且更多的是社会的阅历经验和人性的洞悉本领。这个我们从朱元璋后来的人生事业与大明帝国建立前后的一系列政策举措中可以窥见一斑。

○ 想做良民、顺民都不让做!

我们再回过头来看看重回皇觉寺的朱元璋,史料没有留下那些年他到底干了什么事,有人说他是在读经念佛。但从事实来看,朱元璋似乎没有多少佛学修养。而在他的"回忆录"——如《高皇帝御制文集·纪梦》和《御制皇陵碑记》中对这段经历也是一笔带过。因此说,此时的朱元璋可能内心很迷茫,乞讨、流浪了那么多年,走过那么多的地方,原来天下乌鸦一般黑,东山老虎要吃人,西山的老虎也要吃人,彼此彼此。就这么个天下,你朱元璋不就是一棵任何人都可践踏的野草、甚至可是说是草根,算了,还是在家乡这个破庙里头混口饭吃,这就不错了。但元朝实在是气数已尽了,就像朱元璋这种处于社会极度底层、濒临生死一线之间的人,连这点微乎其微的愿望和美梦都不能存久。

此时,距离朱元璋"修炼"较近的濠州城发生了郭子兴起义。"起义"是现代汉语中的褒义词,但在历代统治者看来,那可是"十恶"大罪之首啊!一旦起义爆发,帝国王朝定会雷厉风行和不遗余力地予以镇压,定会搞得起义地及其周围鸡犬不宁。可长期以来令人不解的是,离濠州城很近的皇觉寺里的朱元璋却没有对起义有着很强烈的反应,而是平平静静地继续当他的和尚。但大元帝国却偏偏不让他安宁,为了扑灭农民起义烈火,官方调兵遣将,围攻红巾军,捕杀与红巾军"私通"的老百姓。

这时又一个中国式的"伟大神话"产生了作用——自古以来中国官场上就很重视数字游戏,数字越大说明下级越有功,千万别忘了向上级多报些。由于元朝军政腐败,军队不堪一击,围攻、捕杀红巾军无功,只好弄几个老实巴交的老百姓充充数。可精明的军队官员这时又发现了一大秘密,拿来充数的老百姓抓得越多,上级领导就越开心。可黄河决堤、瘟疫肆虐、灾荒频仍,哪来那么多的老百姓可抓!不要急,和尚也可以充数。朱元璋早已耳闻了有些和尚莫名其妙地被抓去,当作造反的红巾军给杀掉了。从内心角度而言,这年头提心吊胆的,过得真不是滋味,但又能去哪里呐?兵荒马乱的,哪儿都差不多,怎么办?朱元璋这边的事还没想出个子丑寅卯来,那边又出事了,什么事呢?那时郭子兴的起义军队伍军纪很不好,时不时地出来烧杀抢掠一番。有一次,朱元璋外出回来,发现本来已经破旧不堪的皇觉寺一转眼间被大火烧了一大半,到处都是断垣残壁。他打听了一下,才知是郭子兴队伍来过,顿时就浑身直冒冷汗。(【明】朱元璋:《高皇帝御制文集·纪梦》卷14;【明】潘柽章:《国史考异》卷1)

○ 6次摇卦下定决心投奔起义军

巧不巧偏偏这个时候,朱元璋又接到了一封来自红巾军队伍里的信,信是他小时候的玩伴汤和写来的。汤和在信中告诉他,自己已经投靠了濠州郭子兴起义军,不仅不要为温饱问题发愁了,而且还在军中当了个军官——千户长,这是个管理着一千来号人的军中中层干部。汤和在信中还劝朱元璋也去投军,共图富贵。(《明史·汤和传》卷126)

可朱元璋看了信后,似乎反应不是太强烈和太积极,他不露声色地将汤和的信烧了。这也很正常,与造反者有书信联系,一旦被官府知道,就要被治以"叛逆"同谋之大罪,不仅自己要被杀头,而且还可能要被满门抄斩,想起来就让人不寒而栗。为防患于未然,朱元璋只得赶紧将书信给烧了。但人生中常有这样的事发生:你偏不想见的人有时偏偏给碰上了;你最不希望发生的事,它却又偏偏发生了。朱元璋烧掉汤和的来信,就是不想让人知道有这件事。但就在当天晚上,他的师兄告诉他:"有人已经知道这件事,听说这个人还想去告官。"这下可把朱元璋吓坏了,这怎么办?怎么办?怎么办?他一连问了自己无数个"怎么办?""太祖为讹言所逼,惧祸将及,出为元兵,恐红军至,欲入红军,畏元兵至,两难莫敢前"(【明】佚名:《天潢玉牒》)。因为实在拿不出主意来,他就去找自己的朋友——后来明朝的开国大将周德兴商量。周德兴也没有什么好主意,但他有个提议,叫朱元璋去占一卜,算一卦，问问神看怎么办？不管你承认不承认，我们不得不说，占卜算卦在中国民间社会里长期流行着，它是主流文化之外的不可或缺的"亚文化"，如果站在价值中立的理性角度来看，它有时还真能帮助人们去解决一些大事，甚至鼓舞人们的精神，成就一番伟业。朱元璋占卜问事就是这么一个典型例子。

朱元璋怎样占卜的，过于详细的情况我们不得而知，但他后来留下了一篇《纪梦》的文章，较为详实地描述了他占卜的经过。众所周知，占卜必备的工具——"卦具"，这种东西全国各地不一样，多数地方用的是铜钱，但有的地方用的是牛角，也有的地方用的是劈开的竹管片，朱元璋老家凤阳一带用牛角做的"珓杯"来占卜。占卜时往往占卜者双手对应合拢，将"卦具"放在合拢的双手里，一边摇晃几下，一边口中默默地念着所要问的事，然后将"卦具"扔在地上，一共三次。用来占卜的"卦具"就两个一对，摇卦时出现的组合只有三种情况：要么两个都是阳爻，要么两个都是阴爻，要么就是一个阳爻一个阴爻。然后根据《易经》来看卦阵，判断出未来事的吉凶。朱元璋似乎是对中国传统的《易经》之类并不熟悉，他是这么占卜的：首先发愿，要是能活着逃离此地的话，就显示出两个都是阳爻；要是留下来好的话，就显示出一个阳爻一个阴爻。他连投两次，卦象是皆为阴爻，这就等于说，逃跑不好，留下来也不好。于是他想到：会不会神叫我自己起事？要是这样的话，神您就明示给我两个都是阴爻。于是他第三次投珓杯，卦象显示两个都是阴爻。这下可把他吓得不轻，起事造反是要杀头和满门抄斩的，他不敢！他所希望得到的是两个皆为阳爻，即让自己太太平平地逃离出去。于是就有了第四次投下珓杯，结果卦象还是显示两个都是阴爻。这下朱元璋彻彻底底吓蒙了，这可怎么办？再试试，也许前面都搞错了，这次要好了。于是他第5次投下珓杯，结果这次不成为卦象，一个珓站立，一个珓跑出了"范围"。这时的朱元璋在想，看来神真的叫我起事造反咯？要是真叫我起事，神就显示给我两个阴爻。他默默地问着念着，手中第6次投下了珓杯，结果显示果真是两个阴爻。这下他终于下定决心——投奔起义军。(《明太祖实录》卷1；【明】朱元璋：《高皇帝御制文集·纪梦》卷14；【明】高岱：《鸿猷录·龙飞淮甸》卷1；【明】陆钗：《贤识录》)

中章
龙飞淮甸　发威应天

《大明风云》系列之 ❶ 乱世枭雄

　　自25岁那年投奔郭子兴起义军起,朱元璋真可谓时来运转,兴旺发达。有人说朱元璋是个天才、圣人,又有人说朱元璋这个"穷二代"因为娶了个"官二代",挣得了一个平台,由此隐龙开始腾飞,到28岁那年时,已当上了起义军的副统帅。来到应天南京后,他又东抢南夺,让曾经挫败元朝百万大军的一方豪杰张士诚吓得都不敢出来。那么究竟是什么使得朱元璋从一个贫困潦倒的穷和尚迅速成为一位叱咤风云的一代枭雄?

龙起淮甸投身军门　"倒插门"修成"掌舵人"

　　至正十二年(1352)闰三月初一日,穿了一身破烂袈裟的朱元璋来到了濠州城门口,正准备入城去投奔郭子兴,不料被人拦住了。城门口卫兵盘问着:"干什么?"朱元璋说:"投军的!"卫兵说:"投军?和尚也来投军,莫非是元朝人的奸细吧?"朱元璋一下子就火了:"和尚怎么不能投军?和尚怎么就成了元朝人的奸细?"说着说着,双方扭打了起来。卫兵人多,一伙儿把朱元璋给绑了,其中有个卫兵反应快,跑到元帅郭子兴那儿去报告了。

● 走投无路才当兵,结果捞了个"准官二代",南略定远挖得第一桶金

　　郭子兴,祖上是山东曹州人,父亲郭公是个走街串巷的算命先生。民间有句对算命人的经济评价话,叫做"穷算命的"。因此说郭家至少在郭子兴的父亲郭公尚未成家时还是贫寒的。但郭子兴父亲算命的"命中率"很高,从山东一路算命算到

了安徽定远,"言祸福辄中","神算"之名远播。当时定远有个富豪,家里什么都不缺,美中不足就是家中千金小姐缺少一双明亮的眼睛,俗称就叫"瞎子"。因为是瞎子,这姑娘一直嫁不出去。穷算命的郭子兴父亲可不在乎她瞎不瞎,打算要将她娶回家。这下可把瞎女的父母给乐坏了,赶紧备了份厚实的嫁妆,将女儿嫁了过去。由此,老郭家长脸了,郭公迅速进入了当地的富人圈。再说那瞎女也真争气,自嫁到郭家后整个肚子都没空过,一口气生了三个儿子。

郭子兴在家里排行老二,刚出生时,算命父亲为他算了一卦,卦中说郭子兴命里大吉大利。由于家里有的是钱财,郭子兴个性又侠义,好交朋友,所以老郭家常年是宾客盈门。元末天下大乱,郭子兴率先加入了白莲教,散尽家中资财,杀牛宰羊,举办酒宴,更广泛地结交当时天下英雄壮士(【明】张来仪:《滁阳王庙碑》;【明】高岱:《鸿猷录》卷3)。元顺帝至正十二年(1352)春(实际为农历三月,有书上说二月),他召集了当地青年数千人,带领他们攻打濠州城,并迅速地取得了胜利。(《明史·郭子兴传》卷122;《明太祖实录》卷1;【明】钱谦益:《国初群雄事略·滁阳王》卷2)

占领濠州城后,形势十分严峻,郭子兴要做的事情太多了。元军虽被打退,但他们还在濠州城周围随时准备着反扑。与郭子兴一起组织领导起义的其他4个农民头领却乐此不疲地闹起了内讧。为此,郭子兴很为恼心,正考虑着如何渡过眼前的这个难关。忽然有人来报:"抓到了一个和尚间谍,怎么处置?"郭子兴一听好不生奇:"什么?和尚间谍?"底下报告的人回答说:"是的,一身和尚打扮,我们问他来干什么,他说是来投军当兵的。元帅,你说都什么时候了,元军将我们里三层外三层地围着,人们逃命都来不及,天底下怎么有这样傻子来投军?我们怀疑他是元军的间谍,且这人长得怪怪的,我们还从未见过那么奇异长相的人……"郭子兴听手下的人越说越感到好奇了,最终发话:"将他带来让我看看。"于是前来投军的朱元璋第一次见到了郭子兴。(《明史·郭子兴传》卷122;《明太祖实录》卷1)

○ "穷二代"走投无路去当兵,捡了个便宜"官二代",挣得了一平台

郭子兴一看见朱元璋,就被他奇特的长相所惊呆了:天底下竟有长得这样奇特的人?《明史》描述说:"子兴奇太祖状貌。"随即郭子兴问道:"你是干什么的?叫什么名字?"朱元璋一一作答。其实,郭子兴感兴趣的不是来者姓名,什么狗啊,猫啊,爱怎么叫就怎么叫,说它没劲,而是他那张有着奇特长相的脸。问着说着,郭大王走了过来,为朱元璋解掉了身上被捆绑的绳子,并开始与他详细交谈。要说饿不死的叫花子别的不能说过头话,但察言观色的水平肯定是专业八级以上,普通四、六

级在那个严重灾荒、到处都是兵荒马乱的年代早就给饿死了。再说他要是生活在现代社会,那就很有可能轻轻松松地拿到国家汉语语言资格等级考试最优等第的证书,否则的话就不会在与郭子兴一见面没说上几句话,原本还被当做元军奸细的他,一转眼的工夫就被收为郭大王的帐下亲兵——警卫话兵,不久以后又被提升为警卫兵小头头九夫长,跟随郭大王打了几次胜仗,直把郭大王给乐得嘴像敲开的木鱼似的。

自此以后,郭子兴经常在"小三"小张夫人面前夸赞朱元璋。而小张夫人也挺喜欢这个老在跟前走动且嘴上像涂了蜜似的小伙子,曾当面指着朱元璋,惊叹道:"此异人也。"——这是个非常之人啊!郭家夫妇愈发喜欢朱元璋(【清】夏燮:《明通鉴·前编》卷1),两人一核计,决定将待字闺中的义女马氏许配给他;考虑到对方穷得一无所有,索性就来个招婿上门,并迅速地为小两口办好了婚事。(《明史·郭子兴传》卷122;《明太祖实录》卷1)

朱元璋可能做梦也没想到的是,因自己书信之"祸"而得来了两个福:第一个福是"艳福"。没多长时间前还是一个处处遭白眼、吃了上顿不知何时才能吃上下顿的叫花子和尚,如今不仅衣食无忧,竟然还有这样的好事,有人送给我一个女人,且她还是大王的义女,人称"马小姐"。当然过去的小姐可是有地位有身份有素质的大家闺秀,绝不是现在出了几百元就可睡一次的女"性工作者"。朱元璋交上这样的"桃花运"当然心里美啊,乐啊!第二个福是"官"福。不久以前几乎成了地狱门前的饿死鬼,可一刹那间已是郭大王警卫兵里的小头头,郭大王大小事情都来找他商量。由此,朱元璋的个人命运发生了重大的转折,女婿加亲兵头头,运气如日中天。

○ 贫民皇帝的一世情。朱元璋吃过"软饭"?

自娶了"官二代"马小姐后,"穷二代"朱元璋无形之中在军队里的地位提高了许多。郭子兴开始时很器重这个女婿,将他留在了自己的身边。但俗话说得好:"伴君如伴虎。"山大王出身的郭子兴脾气暴躁,常常会说发火就发火,全然没有温文尔雅的读书人那样讲修养、爱面子。朱元璋点子多,从小就是机灵鬼,时不时地向郭子兴进献良策,跟他商讨大局。为了讨好这个老岳父,朱元璋可谓是下了不少苦功夫啊。

遇到郭子兴心情好的时候一切都还好说,他会和颜悦色地听听女婿谋划的良策,可是这个倔强的山大王一旦被点燃了他那火山一样的臭脾气可就顾不上那么多了,朱元璋假若触上了霉头,可就惨了。因为是山大王出身,在规矩上可没那么多讲究，又加上朱元璋做小辈的，一旦翁婿之间发生了冲撞，郭子兴就会下令将义女婿关禁闭。这禁闭一关可就是接连几天不给吃不给喝的，不得半点含糊。

这下可急坏了马小姐。马小姐是郭子兴的铁哥儿们马三的女儿，马三本是安徽宿州的一个普通老百姓，个性质实淳朴，沉默寡言，不苟言笑，讲信义，重交情，疾恶如仇，路见不平，拔刀相助，与梁山好汉很相似。但他自身有两个致命的缺点：第一，容不得别人与他意见相左，否则他会愤然出拳打人；第二，脾气火爆，一言不合就要干上。这些个性集于他一人，就叫人爱他不容易，恨他也不容易，为此他付出了代价。正因为马三有如此的个性，在老家宿州时他与人相争，失手杀了人，只好离开家乡，带着妻儿远走定远，由此认识了郭子兴。元末到处都在闹红巾军，郭子兴正准备在濠州起事，热心的马三打算回家乡宿州，做些准备来响应起义，临走前就将女儿马氏托付给了郭子兴。郭子兴十分喜欢马三女儿马氏，将她收为义女，故而人们尊称其为马小姐。(《明太祖实录》卷1)

马小姐可能遗传了她父亲质实淳朴的基因，为人本分、厚道，又通事理，对义父母很孝顺。所以当义父母为她定了这门亲后，她就精心地尽到自己的本分。过去男女结合通常都是由父母做主定亲或指腹为婚，且一旦结成了夫妻就得终身相守，不可能像现代人这样说离婚就离婚的。所以通常夫妻二人都要齐心协力，方能过上好日子。马小姐实在是个聪明人，虽然在丈夫被养父关禁闭这件事情上她的处境的确很尴尬，一边是自己要一生要陪伴的丈夫在被惩罚受苦，另一边是养育自己的、对自己有着大恩大德的养父在大发雷霆。这可怎么办？马小姐想了个法子，从厨房给丈夫带了些炊饼送到禁闭室去。可即便炊饼这种方便易拿的干粮，也不能光明正大地拿在手上给朱元璋送去啊，万一被气头上的养父郭子兴看到可就不好办了，她可太了解养父的脾气了。那又是如何带过去的呢？马小姐拿了刚出炉的炊饼放在自己的胸口掩藏好，一路悄悄地给丈夫送去。就是这些炊饼给饥肠辘辘的朱元璋带来了禁闭室里的一丝丝的光明，而马小姐自己的胸口却因此被烫坏了，传说被烫成了一个月牙状的疤。(【明】徐祯卿：《翦胜野闻》)

◎ 让人不寒而栗的夫妻之爱——"眼泪到了七家湾"

如此几次救了朱元璋，事情虽小，但足以见得马小姐对朱元璋的一片真心。由此，朱元璋也一生感激她。

开创大明帝国定都南京以后，朱元璋虽然贵为天子，"溥天之下，莫非王有"，但他在这方面却表现出帝王少有的"感情专一"，似乎只爱马皇后一人，甚至还用极端的方法来表达出他的这种"爱"。

据说,有一日马皇后在明故宫梳妆台前梳头,一个和尚路过她的窗台外,不明就里地大抵是对马皇后说了几句猥亵的话。朱元璋知道以后异常恼火,并且也因为这个和尚对他深爱的妻子猥亵几句而略带几分醋意,竟然怒不可遏,下令将当时南京皇城里所有的和尚都杀了。这还不算了结,随即要求把皇城里的寺庙全部迁移到皇城外,迁得越远越好,这就造成了如等格局:当时南京皇城方圆几十里都见不到和尚与寺庙了。

如果说上述在南京城里流传了几百年的有关朱元璋对马皇后的"爱"之极端表达还事出有因的话,那么下面的这段有案可稽的史实却使人丈二和尚摸不着头脑了,甚至会流干眼泪。

传说貌不惊人的马氏虽然贤惠过人,但却有一个不为当时世俗所认可的缺陷,那就是她的脚特别大,民间俗称其为"马大脚"。虽然我们都知道中国古代的小姐们都时兴小脚,大家闺秀小小年纪就开始裹脚,以至于出阁的时候三寸金莲很受看。然而马三作为底层人,哪有闲工夫去给女儿缠足啊,只要孩子能好好地养活就谢天谢地了。于是马三从马小姐小时便任其成长,不曾让她受到裹足之痛。然而此痛虽无,但女孩长大后却有了另一痛。痛在哪里?心头上。您想啊,古时候女孩的脚都小,人们从世俗的审美标准上都习惯于小姐、太太的三寸金莲,一旦看到马小姐的那双大脚肯定认为其不美。朱元璋自己一个潦倒的穷和尚出身,最初开始时自然不会、也没本钱去嫌弃马小姐的这个"缺陷"。后来他当了皇帝,夫妻二人在南京明皇宫里曾开过玩笑。有一日朱皇帝握着马皇后的脚,说:"天底下哪有妇女的脚如此之大而贵为皇后的?"此话一语双关。而马皇后绝对聪明,马上应答道:"正因为我有这双大脚才帮助你镇住了天下啊!"听到这话,朱元璋的心里像是吃了蜜似的,别提有多甜!

因为马皇后善解人意,一双大脚的"缺陷"却被说得让朱元璋感觉像吃了蜜似的,但他内心深处还是不愿别人说到马皇后大脚这个"缺陷"的,哪怕不是明指就是暗指或影射都不行。谁要碰了朱元璋夫妇的这个痛处,不管你是有意还是无意,那可要倒大霉了。(【明】徐祯卿:《翦胜野闻》)

有一年元宵节夜里,朱元璋"微服私访",一路游逛到秦淮河一带,看见老百姓都在欢度佳节,有的买卖,有的耍猴,有的在猜谜……朱元璋一看到猜谜就来劲。据说他很喜欢猜谜。而当时南京城里流行的是用一种隐语制成灯谜,作游戏。朱元璋夫妇走着走着,走到了城南王府大街附近的七家湾,远远望见有家门口挂着一盏特别大的灯笼,灯笼上好像还有幅画,好多人都围在了那里,指指戳戳,嘀咕着什么。朱元璋凑了过去,想看看灯笼上到底有什么好看的。这一看,差一点让他晕过去,只见灯笼上画着一个女人抱着一个大西瓜。谜底不费神,就是"淮西妇女好大脚"。"好啊,你们在羞辱我的老婆!"恼羞成怒的朱元璋当即下令,将挂灯笼的人家九族三百多口全部斩除。即便这样,他那心中怒火还未完全平息,紧接着又下令,将周围的剩下的人家(除了七家未挂灯笼的)全部充军。经过此番杀戮,这一带地区的人家只剩下了七家,故后来该地地名为"七家湾"。(【清】柴萼:《梵天庐丛录》卷1,转引自《明初重典考·法外用刑考(二)》;【明】徐祯卿:《翦胜野闻》;【明】吕毖《明朝小史·洪武纪》卷1)

自此以后,南京流传着这样一句俗谚"眼泪到了七家湾"。这是有关南京地名"七家湾"来历的第一种版本,以后我们还要谈"七家湾"地名来历的第二个版本。

○ 第一次营救"老领导":勇往直前又巧于心计

尽管有关朱元璋与马皇后的故事流传至今有着很多的版本,但有一点不容忽视,那就是发迹后的朱元璋什么人都可能忘记,但就是没忘患难之妻马氏,因为自己的成功在很大程度上要归结于妻子马氏及其马氏的"那个家族"。换句话来说,当初的朱元璋借助了世俗引以为羞的"倒插门"的方式,取得了"准官二代"的身份,在丈人郭子兴起义军中先占得了一个平台,并以此作为发展的原点。不过明朝国史却对此讳如莫深,相反十分注意凸显郭大王家那位上门女婿的杰出才能与超人意识。

朱元璋投奔起义军时,郭子兴一行人的起义已获成功,就好比现在有些年轻的小伙子做个"倒插门"的"富二代",老丈人的公司企业已初具规模,但没到做大做强的那一步,正需要调整与图谋发展,当初朱元璋被招为上门女婿差不多就处于这么一个档口。从郭子兴角度来讲,尽管事业有了起步,但前景还并不乐观,濠州城外元军随时都有可能前来剿灭,濠州城内形势也十分微妙,虽说自己与一起起义的孙德崖等4人都当上了元帅(元朝时时髦的称呼,如同今日满大街的老总),但那4人原本就是农民,生性愚钝,言行粗鲁、眼光狭窄,这在广结善缘呼朋唤友的郭子兴看来简直是无法容忍的,因而也就从心底里瞧不起他们。每当议事时,凡是郭子兴提出什么主张,孙德崖等4人抱团一致反对,遂废议事,更为恶劣的是,这4人还在盘算着如何将郭子兴挤出起义军的领导层。

面对这样微妙的情势,见多识广的郭子兴看在眼里,急在心里,很多时候他就干脆在家里,不去与那4人照面,免得发生冲突。原本每日一议事的,后来逐渐减少了,碰上万不得已要碰一下头的,往往是那4人早早就到了,等郭子兴来到公堂时,他们齐刷刷地看着他,让人感觉浑身鸡皮疙瘩都起来;要是真讨论起什么事情来，一旦言语不和，4人便会拂袖而去。这样的事情发生多了，郭子兴也就心灰意冷。有一次，他不无焦虑地跟朱元璋说："孙德崖等4人这副德性，不知道该怎么办？"朱元璋应答道："岳丈大人，以小婿之见，你就别管那么多，一旦有事要碰头，您就照常去，要不然，您就被他们封死了。"听了女婿的提醒，郭子兴觉得很有道理，第二天就赶到议事堂去，没想到还没说上几句话，又与那4人弄得不欢而散。自此以后，郭子兴干脆待在家里，双方的关系也就越来越僵。(《明太祖实录》卷1)

就在这火药味十足时，从徐州来了一大帮子人马，顿时将濠州城内紧张气氛推向了顶点。

前面我们讲过至正十一年(1351)八月芝麻李、赵均用和彭大等人领导的徐州起义，由于元廷调集、组织了10万(有说百万)优势兵力围攻徐州，前线总指挥、元廷右丞相脱脱又采纳了宣政院参议也速之计，用巨石炮昼夜猛轰徐州城(《元史·脱脱传》卷138;《元史·也速传》卷142;【元】权衡:《庚申外史》卷上)。到至正十二年九月，徐州城失守，芝麻李拼死突围，辗转湖北境内，投奔了徐寿辉，后又跟随徐寿辉的部将明玉珍进兵四川，最终出家当了和尚(《元史·顺帝本纪五》卷42;【明】杨仪:《垄起杂事》)。另外两个起义军首领赵均用和彭大则率领残部南下，投奔同属北方红巾军系统的濠州起义军。这么一来，濠州城里的红巾军头领由原来的5个，一下子增长到了7个。俗话说："一山容不得二虎。"原本领导层之间关系已经够复杂的濠州城这下可就更热闹了。(《明太祖实录》卷1)

按理说，彭大、赵均用是战败后来濠州投靠的，少不了要矮人几分。但由于这两个新来的红巾军首领发动起义早，在军队中名望要比郭子兴等人高，加上彭大的儿子彭早住很有智谋，"数临权专决"，所以即使是一起在徐州发动起义的赵均用见了他们也只得唯唯而已。再说濠州城内原先红巾军首领之一的郭子兴，却与彭大等有着更多的认识相同点，且双方走得很近;而与此相对，郭大王却没把赵均用等人放在眼里，这下可惹下了大麻烦了。原本与郭大王有着芥蒂的孙德崖等4个农民军领袖看到这样的形势，顿时就来了灵感，与徐州来的赵均用密谋着，打算从郭子兴入手，来杀杀彭、郭一派的威风。

有一天，郭子兴正在大街上走着，赵均用令人一下子将他给绑了起来。由于自己是外来户，刚到濠州城不久，只有临时的营寨，他干脆就叫人将被绑的郭子兴押到孙德崖家中，打算找时间将他给杀了。顿时，濠州城里窝里斗的态势变得更加复杂，矛盾的规格也升级了，不再像过去那样仅仅是暗斗，如今已经摆到了台面上来，公开化了。

当时，朱元璋正奉郭子兴之命在攻打淮北怀远等地，听到老丈人被绑架的消息后,他日夜星辰往回赶。途中遇到了熟人。熟人劝他:"郭大王已经被赵均用一伙抓了起来,现在他们还要抓你,你千万可不要回去!"朱元璋听后说道:"郭公待我恩重如山,如今他老人家有难,我不去施救,不义啊。这难道也是一个大丈夫所为?"说完,快马加鞭,直奔濠州城。(《明太祖实录》卷1)

　　回到城里时,眼前的境况可比一路上想象得还要复杂:老丈人被抓,小舅子躲得没个踪影,家里一片哭天喊地。朱元璋急着问几个舅子的去向,郭大王的几个夫人吞吞吐吐,就是不愿讲。这下可把朱元璋给急坏了,他没好声好气地直呼:"我是外人吗?你们对我都不信任啊?我今天特地赶回来就是为了营救老岳丈的呀!"事已至此,几位郭夫人这才将郭公子们的躲藏地方给说了出来。朱元璋随即找到了两个小舅子,跟他们说起了这中间的弯弯道道,鉴于目前严峻的局势,跟对方硬拼非但不是个办法,也不一定硬拼得过。朱元璋当即提议:去找彭大!为何呢?一方面彭大跟郭老爷子郭大王关系甚笃,他不可能见死不救;另一方面,彭大跟赵均用是一起从徐州过来的,相互的脾性、底细都清楚,或许他有什么好办法能解决问题呐。几个人讨论到了半夜,直到最后确定好次日行动方案,方才歇下。

　　第二天一大早,朱元璋领着小张夫人和两个舅子直奔彭大住处。当彭大听明了事情的来龙去脉后,当场就拍案而起:"太不像话了,我在此,居然有人在我的眼皮底下做出这种事情来!"随即叫上随从,带着队伍赶往孙德崖家。(《明太祖实录》卷1;《明史·郭子兴传》卷122)

　　到了孙家大门口,门卫把守着门不让人进,说是他们孙元帅说的:"元帅不在时,闲人不得入内!"彭大听到这话,可了得,说时迟那时快,他带了手下几员精兵干将直冲里头,可翻遍了院子也没找到郭子兴的人影。彭大再到门口,与守卫理论,这下可急坏了朱元璋和两位郭公子,他们认定这个理——不信找不着,就是把孙家的屋瓦都给卸了、掀了,也要将郭大王给找出来。只见得朱元璋纵身一跃,跳上屋顶,真的掀了孙家的屋瓦。这一掀不要紧,只见往日叱咤风云的郭大王被绑得严严实实地关在了孙家地窖里,浑身上下被打得皮开肉绽,人也奄奄一息。见此,众人七手八脚给他打开枷锁,朱元璋令人迅速将其背回家中。(《明史·郭子兴传》卷122)

○ 濠州保卫战前后朱元璋躲避是非外出发展,进而当上了起义军中层干部

　　经历了此番"内斗"后,朱元璋心里已经十分清楚:濠州城尽管不大,可是个热闹非常的是非窝。就说眼前这一帮子大王和元帅,说到底也就是这个档次,不可能有什么大作为,我得离开这里啊!但要走,得有机会,总不能我想走就走。想当年

我一个穷和尚，生存都成了问题了，是人家郭大王不嫌弃我，收留了我，还送给我一个女人，再怎么说我得征得郭元帅的同意，走得名正言顺，大家都开开心心。

既然有了离开这个是非之地的念头，朱元璋便开始寻找合适的机会向老丈人提出这个想法。

刚好濠州城这时发生了危机。元右丞相脱脱在剿灭徐州红巾军起义后，派了已经升为中书省左丞的贾鲁和枢密院知事月阔察儿率领数万兵马，一路尾随徐州红巾军残部南下，在至正十二年(1352)的冬天来到了濠州城外，随即便将濠州城给团团围住。而此时已经斗得像乌眼鸡的七个大王、元帅却能很好地识大体，懂大局，团结一致，依靠城高濠深和粮食充足的优势，几次打退了元军的进攻，坚守濠州城长达七八个月。这时，濠州城外的元军统帅贾鲁开始担心了，再拿不下这座城池，势必会影响元军的士气，旷日持久，输的不是敌人，而是自己！于是最终决定：在至正十三年(1353)五月的一天，集中兵力发起总攻，"必以今日巳、午时取城池，然后食"(《元史·贾鲁传》卷187)。总攻命令一下达，一时间金鼓齐鸣，杀声震天，只见元军主帅贾鲁率领人马冲在前头，直抵濠州城下。眼看濠州城快要不保了，谁也没想到，主帅贾鲁自己突然从马背上摔了下来，且摔得还不轻，很快就死了。元兵一看主帅死了，还打什么仗，走呗！真是老天帮了农民军，濠州城顿时又转危为安。但是，不曾想到，元军一撤退，彭大与赵均用一行人在一阵狂喜之后，竟然不知天高地厚地称起王来了，彭大自称鲁淮王，赵均用自称永义王，"东道主"郭子兴与孙德崖等人似乎还不够格，只好仍称节制元帅，服从两王的指挥，但他们内心又不服。于是，濠州城里的农民军窝里斗开始愈演愈烈。(【明】朱元璋：《高皇帝御制文集·纪梦》卷14；【明】钱谦益：《国初群雄事略》卷1；《明太祖实录》卷1)

内斗归内斗，而有些现实问题还必须得解决。虽说濠州城外的元兵不战自退了，但经过了大半年的保卫战后，濠州城内储存的粮食消耗得差不多了，人马死伤也不少，要是不及时补给的话，一旦元兵再来围城，后果不堪设想。为此，郭子兴等脑子清醒的城中起义军领导意识到了问题的严重性，怎么办？正当大家一筹莫展时，朱元璋主动请缨，出外筹粮。通过过去云游四方要饭时候结交的朋友，他辗转买了些元朝的盐引。那什么叫盐引？从汉武帝起中国历史上好多朝代都对民生至关重要的盐、铁等实行国家垄断专控，元朝就是其中的一个。你要做盐的生意，就必须取得政府的特供票据凭证——盐引。正因为盐引是官府垄断专控的，谁要是弄到了盐引，那就等于弄到钱，类似于上个世纪九十年代以前通用的粮票一般。朱元璋先用盐引去买盐，然后用船只运载到怀远去倒卖，如此一番倒腾，得了很多钱；再用这些倒腾来的银子去购买粮食，运往濠州城去，交给郭子兴，以解燃眉之急。

(《明太祖实录》卷1;【明】佚名:《皇朝本纪》)

紧接着,他又向郭子兴提出了外出招兵的计划。作为农民军的首领,谁不想自己的队伍拥有更多的人马,并迅速壮大啊。所以当朱元璋一提出自己的想法,郭子兴当即十分爽快地同意了他的请求。

至正十三年六月,朱元璋回到了故乡及其周围地区,开始招募兵士。这一次招兵招募到了包括明朝最著名的开国将领徐达在内的700人,也从这时起朱元璋独立发展军事力量方面的才能开始凸现出来。在这700人中比较有名的除徐达外,还有周德兴、郭兴、郭英、王志、唐胜宗、吴良、吴祯、费聚、陆仲亨、邵荣、耿君用、耿炳文、何福、李新、谢成、李梦庚、郭景祥、詹永新、唐铎、张龙、张温、张兴、曹震、张翼、丁德兴、顾时、孙兴祖、郁新、胡泉、陈桓、孙恪等,这些人后来几乎都成为了大明开国的元勋。

尽管招兵工作取得了成功,但朱元璋始终保持着清醒的头脑,回到濠州后,将700人交予了老丈人郭子兴。郭子兴立即升他为镇抚,并把700人的指挥权交给了他,从此以后朱元璋就正式成为了一个带兵的小军官。(《明太祖实录》卷1;【明】朱元璋:《高皇帝御制文集·纪梦》卷14;【明】张来仪:《滁阳王庙碑》)

可回到濠州后的日子并不舒畅,看到红巾军首领你争我斗,朱元璋的心里很不舒服;看到彭大、赵均用两个最高统帅治军无方,手下兵士多专横胡为,朱元璋担心这样的军队迟早要出事的,出于"恐祸及己"的考虑,最终他将700人的指挥权交给了别的将领,自己则带了徐达、周德兴、汤和、花云、华云龙、郑遇春、郭兴、郭英、唐胜宗、吴良、吴祯、费聚、陆仲亨、耿再成、耿炳文、李新、谢成、张龙、胡大海、张赫、张铨、陈德、顾时、陈桓等24人离开濠州,向南往定远方向发展势力。(【明】何乔远:《名山藏·典谟记》卷1;【清】查继佐:《罪惟录·太祖本纪》帝纪卷1)

可这一次外出发展一开始并不顺利,走到半路上朱元璋生起病来了,且病得还不轻。同行的24个人看到领头的病了,算了,折回吧。

○ "挖得第一桶金"——南略定远:智取张家堡驴牌寨和横涧山

再说回到濠州城后的朱元璋依然处于病魔折磨之中,每日寒热相袭,高烧不退,以现代医学观点来看,很可能得了病毒性感冒。大约花了半个月的时间,他才稍稍有些好转,但依然浑身乏力,只好躺着继续养病。有一天,他突然听到门外有竹杖策地而过,并发出阵阵的叹息声,于是便问身边侍候他的人:"刚才好像是郭元帅发出的声音,他为什么长吁短叹?"左右侍候的人告诉说:"朱公子,事情是这样的:定远张家堡有股民间组织的义军,叫什么'驴牌寨',大约有3 000人马,孤立无援，且又缺粮，想来投靠我们郭大帅，但又犹豫不决。郭大帅刚好有朋友在那里，这倒是争取驴牌寨的好机会啊，可就是没有合适的人选前去劝降他们，郭大帅正为此事发愁呐！"听到这里，朱元璋急忙扶把着起了床，嘴里不停地说着："这个机会万万不能失去啊！"边说边踉踉跄跄地走出了养病的屋子，来到了老丈人郭子兴的房间。

当朱元璋说完来意后，原本一脸愁容的郭子兴顿时笑逐颜开地说道："我说嘛，办这样的事情只有你才行；可你大病一场，才刚刚好了点，这怎么行呀？"朱元璋急忙回答："在这个节骨眼上岂能高枕养病？如果现在这个机会失掉了，让别人抢了先，恐怕再后悔也来不及了！"郭子兴听到这话，心里乐啊，随即直接点题，问："你看要带多少人去？"朱元璋说："做这样的事，人还不能多，人一多，人家就要怀疑我们，我看10个人就足够了。"刚说完，郭子兴大声叫好，当即就让朱元璋挑选人马。朱元璋选了费聚等骑士2人和步兵9人，随后就一同出发，向着定远方向行进。（《明太祖实录》卷1）

刚走到定远地界，病弱的朱元璋有些支撑不住了，有人劝他歇歇再走，可他硬撑着继续赶路。大约又走了6天，终于来到了一条叫宝公河的河岸附近，隔岸就是驴牌寨的营地，望见黑压压的营地，几个跟随的步兵开始心里直打寒战，个别的想掉头跑了。朱元璋大声喝住："他们那么多人，我们只有这几个，你想跑，能跑到哪里去？只要他们发出骑兵来，我们一个都跑不了。大家不要怕，跟我来就行了，但得注意，服从命令，见机行事！"领头这么一吆喝，底下的没一个敢跑了，大家跟着朱元璋继续向前。没走多远，对岸驴牌寨营地中出来了两个将领，举起手高喊着："前面来者，你们到这里干什么的？"朱元璋回答说："我们是从濠州城里来的，奉我们郭大帅之命，来与你们主帅议事！"两个将领听到这话，赶紧勒住了马缰绳调头跑了，好像是回去报告了。不一会儿，他们又回到原地，高声喊着："请来者下马！"听到这样的喊话，朱元璋一行人只好下马，并准备泅水过河。但因大病初愈，又一路劳顿，此时的朱元璋步履维艰。费聚见此十分心疼，上前来扶着他，并劝他留下来，自己代他渡河过去谈事。可朱元璋哪肯，他说："既然大家都走到这里了，祸福与共，怎么能替代？！"于是众人一起渡河涉水，没过一会儿就到了对岸。这时驴牌寨的寨主也迎了出来，边走边说："朱公远道而来，想必郭元帅一定有所昐咐吧？"朱元璋回答道："郭大帅与足下是旧交，听说您这儿军饷短缺，又听说有人想趁火打劫，特派我来相告：要是想一起干大事的，就上我们濠州去；不然的话，也请你们暂时移兵躲一躲，免得受人攻击！"听到这话，驴牌寨寨主当即咧着嘴笑得合不拢了，不过他没忘江湖上的规矩，让朱元璋拿出信物香囊来验证，随即便拿出牛脯等东西来招待来宾。宾主吃着、聊着，一番其乐融融的气象。最后寨主对朱元璋说："朱公不妨先回,我们寨子里的将士要做些准备,然后就出发,上你们濠州去!"听到这话,朱元璋也不便再说什么,但总感觉这寨主说话好像不太诚实,于是就多了一个心眼,留下费聚几个人在暗中观察,自己则带领其他人大模大样地回濠州城里去了。(《明太祖实录》卷1)

3天后,费聚上气不接下气地赶回来报告说:"不好了,驴牌寨寨主正打算往别处去!"朱元璋听完,立即率领300骑兵风驰电掣地赶了过去,远远看见寨主,开口便说:"你受了别人的欺凌,怨仇还没来得及报呐。郭大帅说了,即便你现在跟着我上濠州去,恐怕也难消此恨啊,所以他令我带了300个骑兵来帮助您报仇雪恨!"听到这话,驴牌寨寨主将信将疑,而防备更严了。见到这样的情势,朱元璋感到,已不是言语所能打动得了的,必须采取计谋智取。

随后他派了个有胆识的兵士装作着急的样子,说有十万火急的事情要向寨主禀告。驴牌寨的人也没想得太多,就让他直接跑到寨主那儿了。寨主一听说,手下的人无故杀了朱公手下的两个兄弟,顿时心里就乱了方寸,不知道该怎么处理才好。而这时朱元璋派去的兵士却说:"这也没什么的,我们朱公说了,烦请寨主亲自到现场去一趟,验证一下,然后再双方好好地商量一番,看看到底怎么处理。"寨主被说得哑口无言,身不由己地跟着朱元璋的兵士来到了事先设下埋伏的地方。一见到寨主到达,埋伏在周围的人立即围了上去。这下可好了,堂堂一寨之主顿时成了别人手中的玩偶了,回天无力,只好听命,跟着朱元璋一行人走到了十里开外的地方。这时朱元璋立即开始第二步,命令一个事先被收买的驴牌寨寨主的亲信带了寨主的令牌回到营地去,传达寨主"命令":"立即移营,到新地方去安营扎寨!"众人听到后,立马忙乱拔营。有人点起了火把,一把火将驴牌寨给烧了个精光,而3 000个兵士也一下子变成了朱元璋的下属。(《明太祖实录》卷1;【明】佚名:《皇朝本纪》;【明】钱谦益:《国初群雄事略·滁阳王》卷2)

○ **再不投降的话,横涧山人都要被朱元璋整成精神病了**

收编了驴牌寨后,朱元璋带了3 000兵马向着豁鼻山方向进发。原本24个人在巧舌如簧又计谋多多的朱元璋运作下,成功地上演了一出"蛇吞大象";现在拥有了3 000多人的阵势,要想解决800人的豁鼻山,这还不是小菜一碟。当时豁鼻山的头目叫秦把头,见到朱元璋时,先被一通吓唬,后又给一阵诱惑,顿时就没了主意。你拿不定主意,人家荒年要饭都没被饿死的朱元璋本领可高了,一下子又将800"义兵"给收了。(【明】高岱:《鸿猷录·集师滁和》卷1)接着他带了队伍向东攻打拥有数万"义兵"的横涧山。

横涧山头目叫缪大亨,是定远当地的一个财主,元末天下大乱时,他组织了一些乡民以横涧山为据点,结寨自保。像这样的"义兵"武装在那时多如牛毛,只要有几个人,弄几个破兵器,甚至连兵器也没有,以农具做武器,就能拉出一支"队伍"来,像前面讲的驴牌寨、豁鼻山,等等,都差不多,这些义兵武装基本没什么明确的斗争旗号和斗争目标,多数时候就认这个理:"有奶就是娘。"我们现在讲的横涧山义兵武装就是这样的典型。由于该武装力量发展比较快,引起了元朝官方的重视,随即进行了招降,让头目缪大亨领着队伍,跟随元军,去攻打濠州的红巾军,结果大败。兵败后缪大亨率领20 000多人退屯横涧山。元朝官方封他为义兵元帅,并派了张知院前来监军。(《明太祖实录》卷13;《明史·缪大亨传》卷134)

朱元璋一路过来老早就耳闻了这些,不过令他最感兴趣的并不是什么缪大亨的传闻,而是他的20 000多人军事力量,那怎么下手呢?朱元璋一路走,一路分析着、盘算着。既然对方是军事新败,士气肯定好不了,多数人厌战,莫不……眉头一皱,计上心头,朱元璋下令,将新收编来的驴牌寨3 000人作为主力,让猛将花云做先锋,利用夜间骚扰横涧山,弄得他们整夜整夜不得安宁。如此下来,折腾了几天,横涧山人已经疲惫不堪了。就在这时,朱元璋命令,天明发动进攻!一下子攻入横涧山,张知院出逃,缪大亨率领20 000多人投降,朱元璋当即获得了兵民共计70 000多人。(《明太祖实录》卷13;【明】朱元璋:《高皇帝御制文集·纪梦》卷14;【清】谷应泰:《明史纪事本末》卷1;《皇明本纪》;《明通鉴·前编》卷1;《明史·花云传》卷289)

经过如此收编,朱元璋手下的军队发展到了数万人。由于队伍的来源不同,各自有着不同的根系帮派。这样的队伍要集结起来打仗,就如一盘散沙,根本起不了什么作用,因此整顿新收编部队成了当务之急。朱元璋反复地思量着:我必须要想个办法,让这些新加入的兵士们心服口服,然后再整顿军纪。只有这样,方能使整个部队具有战斗力。不久,他找那些新收编的士兵们喝酒。酒过三巡,他开始跟士兵们说了:"你们看,我来的时候寥寥几个人,而你们却是几千几万人。我问个问题,你们想过没有,你们这么多人为什么被我们这么少的人制服了?"这些义军将士听后极为诧异:"是啊,为什么?我们为什么被制服了?"朱元璋说:"你们的根本毛病就在于不动脑筋,没有纪律,队伍像一盘散沙!如果想要使队伍有所作为,务必要将这些毛病给改掉!"随后他便开始对收编部队进行整顿。经过整顿,这支军纪良好的部队成了朱元璋南征北战夺取天下的重要资本。(《明太祖实录》卷1;【明】朱元璋:《高皇帝御制文集·纪梦》卷14;《明史·缪大亨传》卷134)

收编了这么多的"义军",辩证地说,这既是一件好事,自己有资本了,但也是一件坏事,哪个做主帅或者说一把手的愿意看到自己的部下比自己的队伍还强大,这叫尾大不掉。何去何从?经过一番深思熟虑,朱元璋决定向老丈人郭子兴报个喜,说自己已经收编了几千几万人,随时听候主帅您的调用。眼下这里的形势对自己队伍的发展非常有利,打算就此再拓展拓展。再说郭子兴接到义女婿的报告后,心里乐啊,你说出去就带了那么几个人却搞来了几万人,值!就让他去发展吧!朱元璋在安稳好"上级领导"后,就带了这支队伍,向着下一个目标前进。

再说定远地方上的那些结寨自保的寨主们听说朱元璋一路凯歌,不断发展壮大,不是加紧防卫,就是主动前来"加盟"。有个叫丁德兴的人身材特别高大,长得一副黑脸,人称"黑丁"。他率先带领了一部分义兵出来归降,跟随朱元璋出征洪山寨,"以百骑破贼数千,尽降其众"。(《明史·丁德兴传》卷130;【明】高岱:《鸿猷录·集师滁和》卷1)

就在丁德兴来降后没多久,妙山山寨头领冯国用、冯国胜兄弟也率众前来投奔朱元璋。

● 拨开云雾遥望帝都金陵　朱元璋开辟第一根据地——滁州

○ 第一回指点迷津——"富二代"冯国用语醒"穷二代""梦中人"

冯国用、冯国胜家是定远当地很有名望的财主,兄弟俩那时是20岁上下的小青年,用今天时髦话来说,他俩倒是标准的"富二代",不过冯家的这对"富二代"可比现代的"富二代"强多了。在严格的家庭管教下,兄弟俩养成了良好的习惯,"喜读书,通兵法",很有远大志向。可是生逢乱世,无疑是虎落平阳,即使有再大的志向还得面对残酷的现实。听到各地兵乱的消息,冯家兄弟带了家人与丁保来到了家乡附近的妙山,结寨自保。与其他寨主不同,冯家兄弟知书明理,天下大乱最终必将会天下大治,而这当中正是自己建功立业的好机遇。那么怎么抓住这样的机遇?他们感到必须得投靠一个明白大是大非的明主,然后共同打天下。正因为有着这样的认识,冯氏兄弟一直在观察各路人马,而最新冒出的朱元璋这匹"黑马"还真让他俩刮目相看,尤其是广为流传的收编驴牌寨、夜袭横涧山等传奇般的故事,一下子让冯氏兄弟佩服得五体投地。当听说朱元璋率领军队即将经过妙山时,他俩就率领手下人前去投奔。这对于朱元璋来说是求之不得的大好事,一来自己的队伍又有了扩展,二来据说冯氏兄弟中尤其是哥哥冯国用还真喝了不少墨水,自己老大粗出身,尽管很有计谋,且干了些事业,可眼下如何发展,心中就一直没谱。所

以听到冯国用兄弟来了,朱元璋这心里别提有多高兴。(《明史·冯胜传附冯国用传》卷129)

一番客套后,朱元璋撇开左右,然后开门见山地问道:"冯先生,天下纷纷,何以能平定?"冯国用说:"有德者昌,有势者强,两者缺一不可。当今之势,朱公可否记得金陵建康,龙蟠虎踞,帝王之都,'先拔之以为根本。然后四出征伐,倡仁义,收人心,勿贪子女玉帛,天下不足定也!'"听到这里,朱元璋顿感醍醐灌顶,自己活得这么大,还从没听人将天下之势说得如此透彻,心中之喜无以言表,当即将冯国用留置幕僚,用作决策参谋。(《明史·冯胜传附冯国用传》卷129)

这时定远昌义乡有个叫毛骐的,听到朱元璋队伍即将来临,他马上跑到当地的县衙去,说服了元朝知县,并扶他一起出降。朱元璋喜出望外,留下毛骐一同吃饭,边吃边聊天下事和眼前的军事。毛骐与冯国用一样都是读过书的人,看问题自然要比朱元璋胜出一筹,于是一顿饭下来,朱、毛就成了无话不说的"好朋友"了。在朱元璋看来,先前的冯国用,现在的毛骐都是难得的人才,必须要留在身边。后来在攻取滁州时,这个毛骐被朱元璋擢升为总管府经历,"典仓廪,兼掌晨昏历,稽将帅之失伍者";渡江后,又被擢升为江南行省郎中。他与李善长一起为朱元璋掌管文书机密,但在攻占婺州不久就病死了。毛骐的儿子毛骧就是后来洪武时期皇帝钦定的奸贪坏蛋,当然,这是后话了。(《明史·毛骐、毛骧传》卷135)

随着南略定远掘得的这"第一桶金"越来越满,朱元璋的名声也随之远播,许多没了生机的穷苦人纷纷前来投军,据说当时"不逾月而众集,赤帜蔽野而盈岗"(【明】朱元璋:《高皇帝御制文集·纪梦》卷14)。面对这样的形势,一些一直持有观望态度的人也开始活动活动心眼,甚至有的还主动出山。就在朱元璋带领数万人马浩浩荡荡地向东南方向进发,打算攻取滁州的路上,有个自以为很了不起的"文化人"叫李善长的来到了朱元璋军门前求见。

○ 第二回 指点迷津,李善长搬出平民天子偶像

李善长,原名李元之,祖籍安徽歙县。李善长早年就是在歙县灵金山一带生活、读书的,据说那时候他十分刻苦,打算读好书将来报效国家。可当自己逐渐长大时,发现这个国家并不需要他,你爱国,国可不爱你啊!大元帝国政府极端歧视汉人,鄙薄儒士,就连延用数百年的科举取士制度也被蒙古武夫们视为随时可以开关的玩偶。李善长顿悟:读儒学之书无用,不如学些兵书与法术,这样也好懂得权谋之变,再看看能否通过关系,到哪个蒙古王爷或蒙古高官那里谋个差使;现在蒙古人时兴以吏治国,就是说读了很多的书、有高学历的人如果没有什么政治背景的

话,就别想当大元公务员和做官,要想做官就得从小秘书、跑腿的吏员或者厨子、轿夫一类做起,运气好的话碰上了一个高官看中,就能大红大紫了。李善长这么思虑着、筹划着自己的美好未来,有时也会搞些传统的术数预测,这可十分重要,能将未来事情看得清清楚楚,使自己立于不败之地。可哪想到,李善长的这些人生规划都一一落空了,元朝政府压根儿就不可能把这样的小蚂蚁、小虫子放在眼里,他们有的是世世代代"红彤彤"的"国家栋梁"!在坐等观察和活动了好多年后,两手空空的李善长终于决定,离开家乡歙县,外出闯荡一番。

◎ 李善长娶到了王大款家的"富二代",着实让空壳的李家脱贫致富

　　李善长外出有个优势,懂得一些术数,能预测事情的未来,这比当年朱元璋外出要饭可要强上几百倍。他来到定远,为人搞些预测,也能教教书,一个人日子过得还不错。不过,随着年龄的增长,体内的荷尔蒙提醒他要找女人啦。经观察,定远当地有个王姓大族家底可不错,通过媒人说合,李善长终于娶到了王大款家的"富二代",着实让空壳的李家脱贫致富,挤入了当地的中产阶层。不过李善长没忘了发挥自己的特长——预测事情,方圆几十里的人们一旦有事都会让他"测"一下,由此,"策事多中"的李先生也就闻名遐迩了。

　　人一旦出了名,就会更加自信,李善长就是这么一个极度自信的人。元末天下大乱时,他带了一家老小躲避到东山,静观势变。1351年颍州起义爆发,大舅子王濂心急火燎地赶去参加,李善长认为,枪打出头鸟,这么早就出山不会有什么好结果的;1352年郭子兴等人发动的濠州起义就在边上,李善长也没有心动什么,他自认为火候还没到。现在朱元璋将红巾军起义之火烧到了他所在的定远,且大有呼风唤雨之势,这下李先生终于坐不住了。听说横涧山缪大亨那么大的一支队伍给吞掉了,名门望族冯氏兄弟也出山投靠了,名士毛骐还带了知县出来归降……机不可失,李善长决定,必须马上主动"出击"!(《明史·李善长传》卷127;【明】雷礼:《国朝列卿纪·李善长行实》卷1;【明】王世贞:《名卿绩纪·李善长传》卷3;《明史·王濂传》卷135)

　　元至正十四年(1354)七月,在打听清楚红巾军行军路线和方向后,身穿儒服的41岁李善长早早就在路上等候着。

　　当前锋卫兵将李善长求见的消息传递到朱元璋那里,朱元璋立即下令,召见这位不请自来的定远名士。两人一见面,李善长盯着朱元璋光看不说,等了好久,才语出惊人:"现在可好了,天有日,民有主啦!"朱元璋为之一震,但心里像是吃了蜂蜜一般的甜美,也由此你一句我一语地开始了交谈,越谈越投机,越谈话题越多,从

定远形势谈到濠州军事,从贫民参军谈到义兵收编,无话不说。在朱元璋的眼里,李善长才是自己一直要寻找的内府人才啊,于是当即留下他"掌书记",就是主管军中文案和后勤一类的工作。朱元璋曾不无深意地问:"如今天下大乱,有枪便是草头王,以先生之见,这样的战乱何时能结束?"李善长完全听懂对方问话的含义,当即应对道:"秦末天下大乱时,平民出身的汉高祖刘邦,豁达大度,知人善任,改掉自身好色、贪图眼前利益的毛病,不嗜杀人,用了五年的时间成就了帝王之业。如今元廷朝纲紊乱,天下土崩瓦解,与秦末形势极为相似。朱公您虽然生于濠州,但听说您祖居沛县,与汉高祖刘邦是老乡,那一带山川王气哺育了您,您应该好好加以利用,就像当年的刘邦那样,天下很快就能平定!"李善长的一席话句句说到了点子上,尽管识字不多,但朱元璋不仅听明白,而且还听得十分感动。(《明史·李善长传》卷127;《明太祖实录》卷1)

　　如果说冯国用的点拨给朱元璋的未来军事奋斗直接指明了方向的话,那么李善长的这番指点恰是给他未来奋斗树立了直接可仿的榜样。同为徐州产,又同为平民出身,朱元璋心中一下子如拨云见日,顿时有了足够的底气和自信,更是在以后的人生中常常以刘邦第二自居。而对于眼前的李善长呢,朱元璋则视为汉朝大功臣萧何再世,当即嘱咐道:"当今天下大乱,群雄并起,如果没有像先生您这样拥有大智慧的人相助的话是断难以成功的。我过去经常见到,群雄中那些管理文案和参与议事的人,往往任由自己性子毁谤主帅手下的得力将领,将领没法发挥自己的特长,以至于最终败亡。将领羽翼都去掉了,主帅还能独存吗?所以一个个军事势力相继灭亡。我希望先生您能以此为鉴,协调好诸位将领,同心同德,务求成功!"李善长听后连连点头称善。自那以后,他就成为朱元璋集团的左膀右臂,担当起后方供给和军事参谋的重任。(《明史·李善长传》卷127;《明太祖实录》卷1;【明】雷礼:《国朝列卿纪·李善长行实》卷1)

○ 朱元璋开辟第一个根据地——滁州 & 文武双收

　　自从与李善长相识相知后,朱元璋心中荡漾着对未来的美好遐想。俗话说,人逢喜事精神爽,倒过来:精神爽了,人做起事来也顺当。当部队一路进发到滁州境内时,元朝滁州守军已事先获悉了情报,想在半途上解决掉朱元璋部队。不曾料到数千名元兵一冒出来,就被朱元璋手下的猛将黑脸花云打得落花流水。只见花云高高举着大矛,翼卫着朱元璋继续前进,突然间他又飞上马背,拔剑出鞘,振臂高呼杀敌,一溜烟地工夫冲进了敌阵,左砍右斩。元兵见到这样勇不可当的黑脸将军,顿时惊呼:"此黑将军勇甚,不可当其锋!"有人这么一喊,元军瞬间大溃。这时朱元璋率领的大队人马迅速跟上,乘势攻占了滁州。(《明史·忠义一·花云传》卷289;【明】宋濂:《宋文宪公全集·东丘侯花公墓碑》卷31)

滁州攻下后,朱元璋的名声更大了,各路豪杰闻讯后纷纷前来投奔。最先前来拜谒军门的是滁州当地有名的儒士范常。朱元璋听说过,此人在地方上相当有威望,没想到范老先生这么快就来访了,心里十分开心,立即招呼让范老先生入帐面叙。朱元璋没文化,但自从有野心想要争夺天下,他就不能不礼贤下士。而儒士范常活到这么大,也从没见过当官的对自己这么尊重,大有相见恨晚之感,于是就知无不言地说了个没完。朱元璋听了大开眼界,随后便下令留范常于幕府之中,充任参谋,凡是有什么疑问、吃不准的,随即去问范常,而范常呐也有一说一,从不造作、粉饰。后来大军发动了对和州的攻取之战,战后兵连祸结,百姓痛苦不堪。范常看在眼里,心里十分着急,找了机会给朱元璋进言:"攻占一个城池终使无辜的人们肝脑涂地,像这样的军队还怎么能成就一番大业?"朱元璋听后觉得十分有理,立即下令给诸将,让他们将和州城里打劫来的财宝还回去,抢来的女人也一一送还给她们的丈夫,如此下来,总算安定了社会秩序,范常也因此更受朱元璋的赏识。(《明史·范常传》卷135)

其实朱元璋在滁州还曾得到了更大的收获,无意之间收得了两员猛将:邓愈和胡大海。

邓愈,安徽虹县人,原名邓友德,邓愈这个名字还是后来朱元璋给取的。元末红巾军起义爆发时,邓愈还是个未成年的小杆子,他的父亲邓顺兴十分侠义、威猛,率领虹县豪杰立即响应起义,并组织人马袭击凤阳东边的临濠,虽然取得了成功,但马上遭到了元兵的围困阻击,邓顺兴不幸死于战阵之中。邓愈哥哥邓友隆立即代领父亲旧部继续作战,可不幸的事情随即又发生了,邓友隆得了急病,且很快地病死于军营之中。就在这群龙无首之际,16岁的邓愈被大家推举为头领,当时也有人怀疑这16岁的少年能否担当起军中重任,但见邓愈"每战必先登陷阵",由此军中没人不佩服他的。听说朱元璋队伍占领了滁州,邓愈率领部下前来投奔。朱元璋老早就听说了邓愈的故事,也欣赏他的勇猛,当即授予他管军总管。(《明史·邓愈传》卷126;【明】程敏政:《皇明文衡·卫国公邓公神道碑》卷73)

朱元璋在滁州还得了一个对自身事业发展有着很大影响的猛将,那就是赫赫有名的胡大海。胡大海,与邓愈同乡,也是安徽虹县人,身材高大,一脸严肃相,似乎不懂得什么叫笑,给人感觉十分威严,且智力过人。元末天下大乱,胡大海也在观察着各路人马,最终发现朱元璋这一路可以信赖,于是赶了过来。当时滁州刚刚被攻下,朱元璋正打算发展事业,胡大海投奔来了,当即授予他军中前锋。后来他跟随朱元璋渡江闹革命,以功被授予右翼统军元帅,宿卫帐下,成为朱元璋心腹警卫头领。进攻皖南徽州时,他与邓愈等一路在前,所向披靡;后又与李文忠等进攻建德,再败杨完者,降溪洞兵三万人,进枢密院判官;克兰溪,从取婺州,迁金枢密院事。(《明史·胡大海》卷133)

○ 10年生离死别后的亲人相聚与朱元璋人生腾飞的第一驿站

范常、邓愈、胡大海……越来越多的人奔向滁州,因为那里有个与众不同的起义军首领,听说他过去要过饭、当过和尚,现在尽管当了人家的上门女婿,可他是一支军队的领导人,可谓是地地道道的穷人当官,且当了大官。这样的消息在官本位的中国社会里传得特别快,也最为人们津津乐道。当时,在濠州乡下的一个村庄里,有个王姓的中年妇女(人称王氏)将一个20来岁的小伙子叫到了身边,跟他这么说道:"苦命的孩子啊,你爸死得早,当年我们朱家的人都死得差不多了,就留下了你三叔和四叔。三叔后来也死了,四叔一直下落不明。最近听说我们濠州东边的滁州那一带,有个称朱公子的人可当大官,有人讲他过去要过饭,也有人讲他过去当过和尚,更有人说他过去当过混混。不知道这些消息准不准,要是准的话,这个人岂不是你的四叔朱重八?!"儿子愣愣的,10多年了,叔叔的印象似近似远,母亲王氏唠唠叨叨,小伙子不耐烦地扔了一句:大不了去滁州看看就知道了!

看就看,穷人家没那么多的讲究,第二天一大早,王氏带着儿子上路了。不知走了多少天,也不知吃了不少苦,王氏母子俩最终来到了滁州。到了滁州,守门的不让进,王氏与儿子通报了姓名和籍贯等信息,看门的只得上报上去。朱元璋一听说是濠州钟离西乡姓朱的家里来人了,当即感动得热泪盈眶,并马上迎了出来。"元至正甲午(1354)(十月)朕(登基后朱元璋自称)帅师滁阳,守谦之祖母(即王氏)携守谦之父(即朱元璋侄儿朱文正)至。时朕只身,举目略无厚薄之亲。虽统人众,于睱中凡有眷属之思莫不唏嘘而涕泣。俄而侄男至……"(【明】朱元璋:《御制纪非录》)

因为后来"侄男"即朱文正出事了,明朝官史百般忌讳,即使朱元璋自己无意识地说到过去的那些事,也用代称,什么"守谦之祖母",即为他的长嫂王氏,"守谦之父"即朱文正。据明史专家顾诚的考证,朱元璋与侄儿朱文正年龄相差10岁之内,早年小叔叔朱元璋不仅与侄儿朱文正住在一个屋檐下,而且还有可能是一起玩大的,叔侄感情至深。(顾诚:《明朝没有沈万三——顾诚文史札记》,光明日报出版社2012年10月第1版,P38~61)在生离死别10年后,在"举目略无厚薄之亲"的亲情缺乏感伤期间,叔侄意外相遇相见,该是何番情景?朱元璋给我们留下了这样的一段文字描述:"分离数年,扰攘中一见眷属复完,其不胜之喜复何言哉!"(【明】朱元璋:《御制纪非录》)换成今天话来说,就是抱头痛哭,又破涕为笑。明代文人记载道:"文正早孤,貌类高帝(指朱元璋),高帝爱之。"(【明】何乔远:《名山藏·靖江王懿文太子附》卷40)

两个月后二姐夫李贞带了外甥保儿从淮东赶来投靠,"一时会聚如再生,牵衣诉昔以难当"(【明】朱元璋:《高皇帝御制文集·皇陵碑》卷14)。这里的"保儿"就是后来大明朝赫赫有名的大将军李文忠。李文忠的母亲即朱元璋的二姐早亡,父亲李贞带了他到处流浪。舅甥滁州相见时,李文忠尽管已经是个十四五岁的少年(比舅舅朱元璋小11岁,比朱文正可能要小四五岁),但他连个大名都没有,还是发迹了舅舅想得周到,脱口而出:"外甥见舅如见娘噢!"当即赐名文忠。(《明太祖实录》卷1)

据说那时的朱元璋人还特别仁慈、善良,叔侄、舅甥相继会聚后,看到小辈们可怜,就将他们认作义子,由此侄儿朱驴儿正式更名为朱文正,外甥李保儿更名为朱文忠。除此之外,朱元璋还收养了一批的孤儿,比较有名的有朱文英(小名沐舍、周舍,后恢复原姓)、平安(小名保儿,与李文忠小名相同,此人后来成为建文朝北伐战争的一员不可多得的猛将)、道舍(即英年早逝的猛将何文辉)、柴舍(即朱文刚)、金刚奴、也先、买驴、马儿(徐司马)、泼儿、老儿、真童、王驸马、朱文逊等20多人。(【明】王世贞:《弇山堂别集·诏令杂考》卷86;【明】刘辰:《国初事迹》;【明】孙宜:《洞庭集·大明初略三》;《明史·平安传》卷144;《明史·何文辉传》卷134)

朱元璋这些义子中的许多人大名已失考,当然现代人可能最感兴趣的是,为什么朱元璋要收养这么多的义子?是不是如明代国史所说的朱皇帝很仁慈?

在笔者看来,朱元璋之所以要收养这么多的孩子做义子,主要原因如下:

第一,早年朱元璋穷苦透顶,对于挣扎在死亡线上的底层人尤为同情,即使后来他当上帝国君主了,但还是充满了对"贫下中农"的深厚感情。大明洪武年间所实施的国策中有个十分明显的特征,即《明史》所说的明初"立法多右贫抑富"。(《明史·食货志一》卷77)

第二,朱元璋与后世惯称的马皇后结婚后多年不育,到底为何不育?会不会如我们现在所讲的男女生理上有些问题?今人不得而知。但从攻下滁州时收养侄儿朱文正和外甥李文忠这事来看,当时朱元璋与马皇后大概是结婚了3年不到一点,而在这3年当中朱元璋常常外出公干,夫妻聚少离多,男女不碰碰,怎么能开花结果?没结果就等于断了香火,这在传统中国社会里被视为最大的不孝,不是有语:"不孝有三,无后为大"。所以说,朱元璋拼命收养子,续香火可谓是一个十分重要的原因。

第三，朱元璋早年长期生活在社会底层，而我们的底层社会中对于夫妻没有生育有着一种"巧妙的"解决方法，叫"抱养来子"，就是说自己不生育，先弄个孩子来养养，要不了多久，夫妻间也就有自己的种子发芽了。这种方法现已被科学所证明是有效的，当然只适合于夫妻双方具有生育能力，但由于当时太紧张了，一直没有开花结果。一旦抱养了孩子，精神压力减轻，随意间反而易于怀孕。从后来的事实来看，自渡江后马皇后就一口气为朱元璋生了一堆娃，"抱养来子"之法看来还是蛮有效的。

第四，朱元璋事业在发展壮大，也需要帮手。滁州亲人相会之后，朱文正和李文忠相继走上了军事舞台，尤其是距离朱元璋年纪很近的朱文正后来出任了军事机构的最高领导大都督，主持了有名的洪都保卫战，为朱元璋的军事胜利立下了汗马功劳；李文忠则是大明开国前后仅次于徐达的一员大将，其作用更毋庸赘言。而其他诸义子呢，被义父朱元璋"命偕诸将分守诸路"。（《明史·何文辉传》卷134）

通过认养义子，将自家快要人口死绝了的劣势及时给弥补了起来；通过结交江湖兄弟，逐渐形成了以自己为核心的新的军事势力，朱元璋正在迅速崛起。滁州便是他事业腾飞的第一驿站，也是他阳光灿烂人生之旅的开启。

○ 第二次营救老领导　郭子兴来滁州　枕头风

正当朱元璋在滁州将事业经营得风生水起时，老丈人郭子兴却正在受罪，这是哪门子的事？

原来就在朱元璋南略定远、进攻滁州时，濠州城内窝里斗的好手赵均用和孙德崖等也似乎意识到：发展是个硬道理，于是带了手下人攻占了附近的盱眙和泗州，并把郭子兴挟持到了新攻下的泗州，想在那里解决掉这个"老冤家"，以报当年的"一箭之仇"；但鉴于郭子兴义女婿朱元璋在滁州一下子发展到了拥有数万人的军事势力，这才迟迟不敢下手。赵、孙等人反复密议，觉得只有将朱元璋引到他们可控的泗州来，方能将郭、朱翁婿俩全给收拾了。但怎么引过来？有人想到了：尽管朱元璋直接奉的是郭子兴之命在外发展的，但郭子兴上面还有两个王，即鲁淮王彭大和永义王赵均用，因此从常规角度来讲，朱元璋除了服从郭子兴命令外，还得首先要听从鲁淮王和永义王的调度与指挥，而此时的鲁淮王彭大已在与永义王赵均用发生的火并中死了；彭大之子彭早住虽说继称鲁淮王，但他的部队实力已大部分被赵均用夺去，自己形同傀儡。由此说来，赵均用这个郭子兴的老冤家至此完全独霸了起义军的领导权。但作为郭子兴的心腹又是女婿的朱元璋能听赵均用的调遣吗？当然不能！这是从政治风险角度来说事的；而从军队规制角度来讲，服从是军人的天职，朱元璋又不得不要考虑。如何解决好这个难题？

在谋士们的一番谋划下，朱元璋以滁州军务紧急不宜远行为名巧妙地推托，弄得赵均用只得发干火、跺脚骂娘，就是奈何不了他。就在这个时候，朱元璋又开始"反守为攻，主动出击"，生怕老丈人也是大恩人郭子兴在赵均用的操控下受害，他急忙派人前去游说赵均用，奉劝他不要忘了当年徐州之败后是郭公开门延纳了将军，"如果将军现在听信小人谗言，加害郭公，岂不是恩将仇报，自翦羽翼，这可是一个大丈夫所为？"同时又软中带硬地说道："如果将军要一意孤行的话，郭公手下也会不服，到时候恐怕将军难以安生了。"此番说辞真可谓无懈可击，赵均用看到朱元璋的态度如此坚决，更鉴于滁州军事实力如此浓厚，只得稍稍改变态度，"待子兴稍以礼"。随后朱元璋又开展新一轮"攻势"，长期的底层生活使得他熟稔底层人的普遍心理特征，不就是图点实惠，于是他就派人贿赂赵均用周围的人，让他们在赵均用面前尽说郭子兴的好话，顺便带上一句：扣着一个郭子兴也没什么大用，还不如顺水做个人情，把他给放了！赵均用听多了，慢慢觉得人们讲得有道理，最后决定，放了郭子兴。（《明太祖实录》卷1；【明】钱谦益：《国初群雄事略·滁阳王》卷2；【明】钱谦益：《牧斋初学集·太祖实录辨正1》卷101；《明史·郭子兴传》卷122）

堂堂一个元帅（相当于现代满大街的老总），居然被人扣了那么长时间，郭子兴想想就窝火满腹。不过好在眼下义女婿朱元璋在滁州开辟了一个新天地，想当年我郭子兴收了他当义女婿，没看错！现在濠州、泗州等地都让该死的赵均用和孙德崖给占了，自己只有上滁州去投靠义女婿吧。一个准大王或称元帅去投靠自己的晚辈，丢不丢人？不丢！我这个义女婿怎么会有今天的？还不是当初我伸出了仁爱之手拉了他一把，还不是他借助我的这个平台发展起来的，所以从某种程度上来说，义女婿的这个分公司超过了我的总公司，但它也应该是我郭子兴名下的产业！带着这样的心理，郭子兴率领了10 000部众来到了滁州。朱元璋是何等精明之人，老丈人、顶头上司来了，不仅立即将自己手中的军权交出，而且还专门举行了盛大的阅兵欢迎仪式。看到义女婿发展起来的30 000多人军队号令严明，军容整肃，郭子兴心中乐开了花。（《明太祖实录》卷1）

◎ 贤妻、美人与枕头风

开心归开心，可有人却为郭子兴操起心来，尤其是一些郭元帅的老部下看到朱元璋像一只只涨不跌的股票，呼呼直往上升，心中不免担心起来：这样由朱元璋一手拉起的队伍还会听命于郭元帅吗？而就在这个时候，郭元帅的儿子们也开始嫉妒起自己的义姐夫来了。郭子兴一共生育了3子1女,长子早年战死,次子郭天叙、三子郭天爵都是在军营里长大,一个女儿是郭子兴与小张夫人所生,后来当了朱元璋的妃子。就说郭天叙、郭天爵虽然年龄比朱元璋要小,但他们都懂得中国传统的家产继承法——族内有着血缘关系的直系男性拥有继承权,女儿和女婿是外人(不同于现代社会),根本没有继承资格,而马氏是郭家的义女,朱元璋是郭家的义女婿,即使他创造再多的财产、财富或家族事业,在那个年代里理应是由郭家儿孙掌控、继承,所以郭天叙、郭天爵在老爸郭子兴面前有意或无意地表露出焦虑,纯属正常;而从郭子兴角度来讲,要不是我郭元帅当初拉了你朱和尚一把,你能有今天吗?要不是我给了你"本金",你哪能在定远挖得"第一桶金"?从公司运作模式来看,分公司当然是总公司的一部分了。由此思维出发,郭子兴为了巩固自己的地位,开始构建、强化自己的班子,从义女婿那儿抽调得力干将,"悉夺左右任事者",最后打算抽调朱元璋的心腹李善长。可李老先生或许看出郭子兴山大王秉性的局限性,或许预见到了"潜力股"朱元璋的"锦绣前程",一句话,他就是不愿意离开朱元璋,到总公司高层就任,并当着小自己14岁的朱元璋的面痛苦地哭了起来,着实感天动地。朱元璋无可奈何地说道:"主帅之命,不可违啊!"可李善长就是铁了心不愿走。一拖拖了一些时间,郭大王也不是什么刻薄之人,时间消磨了一切,对于李善长的工作调动,就这样不了了之。但朱元璋的兵权却是全给郭大王夺去了。对此,朱元璋不仅没有表露出丝毫的不爽,反而显现出自己对老丈人、老领导更加的恭敬和孝顺。地狱边缘的生生死死都能忍过来了,还有什么不能忍的呢?!(《明太祖实录》卷1)

翁婿之间的明争暗斗虽说表面上以小辈的朱元璋之谦和敬让而展示于世人眼前,但我们民族中有着墙倒众人推的遗传基因,驱使着某些人总会在这种十分微妙的时刻好好地表现一番。有个姓任的人逮住机会向郭子兴进谗,说朱元璋没什么大本领,尤其打仗,他可不行,那些所谓的战绩都是吹出来的。郭子兴是山大王出身,脑子并不复杂,信了任某的话,且还认为任某才是少有的军事人才。刚巧那时元军组织人马围困滁州,郭子兴一下子想起了很能谈论军事的任某,就让他领头出城迎战,哪曾料到这位夸夸其谈的当代赵括走出城门没超过10步,就让元兵的飞矢给吓了回来。这时只见得朱元璋奋勇直前,率领士兵们冲入敌阵,猛杀猛砍,杀得元兵鬼哭狼嚎。等到鸣金收兵时,一直在注视着战斗经过的郭元帅终于站了起来,笑盈盈地走向义女婿朱元璋,十分关怀地检查起他的身体,发现他了无所伤,不由赞叹不已。

据说朱元璋还善于通过外在情势来观察敌情和军事形势。有一次他和300多人一起外出办事,忽然间听到头顶上飞翔的鹁鸽在猛叫,抬头一看,空中飞舞着乱箭,众人还没有弄明白怎么一回事,朱元璋拉着大家飞也似地奔向城里。喘息未止,只见得蝗虫一般的元兵涌到了城下。面对坚如磐石的滁州城,他们只得怏怏而退。而这时那些幸运逃入城内的300人倒抽了一口冷气,从心底里佩服朱元璋的睿智和果敢。(《明太祖实录》卷1)

朱元璋越是有能耐,受人妒忌也就越多。虽说郭子兴一时消除了对他的怀疑,但还是有人不断地在暗中给朱元璋"放冷箭"。从军事与政治角度来说,郭子兴与朱元璋确实不是一个档次的,郭大王充其量也就是一个山大王的水准,可朱元璋随着自己阅历面的扩大,其野心也就越来越大。郭、朱两人的认识差异,加上领导权归属问题终使两者之间矛盾不得消停。据说郭子兴很喜欢底下人将在战争中缴获的战利品奉献给自己;而朱元璋却严禁剽掠,这样一来,众将领都有财宝孝敬给自己的最高领导,唯独朱元璋没有。有人就乘机进谗,说朱元璋心目中哪有郭大王这样的上级领导,为此郭子兴很不开心。幸好贤惠的马氏看出了其中的蹊跷,将昔日将士们奉献的一些财宝拿出来,送给了郭子兴最为喜欢的女人小张夫人。得人钱财,予人消灾。小张夫人拿了义女马氏的好处后,明白她的护夫用意,不断地向郭子兴吹起枕头风来。英雄难过美人关,美人说朱元璋好话,说多了,郭大王也就信了,翁婿之间"由是疑衅渐释"。(《明太祖实录》卷1)

○ 张士诚泰州、高邮起义与朱元璋施计巧救六合

就在郭、朱矛盾得以化解,滁州城内呈现出一派蒸蒸日上的大好气象之际,从南京北边的六合赶来了个特使顿时打破了这种祥和的局面。那么六合方面究竟有着什么样的事情?它又是如何搅了滁州的安宁格局的?

事情还得要从张士诚及其发动的泰州、高邮起义说起。

张士诚,原名九四,今江苏苏北大丰(当时叫泰州白驹场亭)的盐丁,早年生活穷困,与其他当地盐丁一样,靠晒盐过活,但深受官府重役折磨,后来就干起了杀头的危险玩意——私贩食盐。在传统社会里,盐铁等都属于国家专卖商品,谁要私自贩卖了,一旦被抓住,就要被砍头。所以一般来说,不是到了生活边缘的,有哪个人愿意去干这样的风险买卖。张士诚和他的弟弟张士义、张士德、张士信因为生活无着,就以驾船运盐为生,兼贩私盐。时间稍长,被当地的豪强权贵逮住了把柄,并受到了他们的欺凌。尤其有个弓兵叫丘义的,专门与张士诚作对,拿了私盐不给钱不说,还时不时地假模假样打着公家旗号,三天两头拦截盐船。张士诚忍无可忍,终于1353年开春时节,率领自家兄弟和李伯昇、潘元明、吕珍等18个兄弟,杀了恶

棍丘义和当地的土豪劣绅,烧了他们的房子。然后如旋风一般,席卷泰州、兴化和高邮等很多地方,并占领了当地36盐场。可在与当地"义兵"刘子仁武装作战时,张士诚大弟弟张士义不幸中矢身亡,但张士诚并没有因此气馁与沮丧,而是加紧反击,终于击溃了刘子仁的"义兵",并于至正十三年(1353)三月占领了泰州。(【元】叶子奇:《草木子·克谨篇》卷3上;【元】陶宗仪:《南村辍耕录·纪隆平》卷29;《明太祖实录》卷20;《明史·张士诚传》卷123)

张士诚起义后,元朝的盐课收入和南北漕运大受影响,更为严峻的是泰州、高邮等地正好处于南北交汇之处,现在张士诚在这一带起义了,对于大江南北正活跃的红巾军起到了遥相呼应和推波助澜的作用。所以当元朝政府听到泰州起义的消息后,头一下子就大了起来。鉴于当时帝国政府自身捉襟见肘,元廷决定先令当地地方政府即淮南江北行省出兵镇压。但让他们没想到的是,不但起义没被镇压下去,反而地方官军给弄没了。硬的不行,只好来软的,元朝官府派遣高邮知府李齐前去诱降张士诚,条件是不追究以往,授予张士诚万户官职,张士诚接受了。

按理说事情到此应该就平息了,但自古以来,只有官府的奸诈和没信用,才导致了老实巴交的普通民众的愤怒与反抗。正当张士诚做着元朝人封的万户职官美梦时,当地的淮南江北行省参知政事赵琏却通知张士诚一行去修治弋船、攻打濠州、泗州一带的红巾军。傻子都能看懂,你元军搞不过的红巾军,叫我张士诚去当炮灰、垫背?老子不干了,当即张士诚再次起兵,杀了赵琏,攻占兴化和高邮。至正十四年(1354)元月在那里建立"大周"政权,自称诚王,年号"天祐"(《明太祖实录》卷1)。六月张士诚攻占扬州,切断了京杭大运河的漕运,元朝经济输血管顿时被卡。

自宋朝起中华帝国的经济重心发生了转移,元朝时江浙行省"财赋居天下十七",即说元帝国财税的70%产自于江浙(《元史·苏天爵传》卷183)。当时全国税粮12 114 708石中江浙上缴的税粮就达4 494 783石,也就说元帝国近40%的税粮来自江浙(《元史·食货志一·税粮》卷93)。对于江南这么大的经济依赖现在突然间被张士诚起义给截断了,元顺帝再昏庸但在这个问题上还是有着十分清醒的认识,否则大元帝国真的完了。至正十四年(1354)九月他派了宰相脱脱组织百万大军南下,打算迅速消灭高邮的张士诚起义军。

脱脱来到高邮后,发动了几次进攻,虽说当时城外的起义军都被一一干掉了,但高邮城还是岿然不动。这时脱脱想到,分掉一部分兵力去攻打附近的六合,将这个新近被濠州红巾军赵均用部属夺走的城池也夺回来,这样就能从外围上切断高邮起义军的横向联系。由此本来并不为人看重的六合一下子形势吃紧,眼看就要

守不住了,当地守军将领派了一个与朱元璋熟悉的人,乘着黑夜赶赴滁州求救。(《明太祖实录》卷1)

　　求援特使来到滁州,直奔朱元璋处。当时正值半夜,大家都已经睡下了。朱元璋听说有人来求救,赶紧起床,但在问清来者为赵均用属下后,他反而不敢开门了,为防止别人闲言碎语,最终只得隔着门同求援来者一一交谈。第二天天一亮,他就直奔郭子兴处,将事情禀告了上去。郭子兴一听,你说谁呀?赵均用部下。说到赵均用这个挨千刀的,我郭大元帅还没来得及找他算账,他倒好,手下的人反而来讨救兵,想得倒美,老子不救!让他们给元朝打死了,我才开心!朱元璋看到老丈人这个态度,心里也急,忍不住进言道:"父帅,六合被围,不救必亡。六合一亡,接下来就轮到我们滁州了,我们不能因为一点小小的怨恨而误了大事啊!"听到这里,郭子兴似乎有所清醒了,随即决定派出将领去援救六合。可听说元兵百万,大伙儿都吓得不敢了,但碍于面子,当场托辞:要占卜问问神灵看,前去援救这事吉利不吉利。结果占卜下来都说不吉。郭子兴找不到人去了,就叫朱元璋去救,并嘱咐他也占卜问问神看。没想到朱元璋听后宛然一笑,说:"事情能否成功关键在于自己有没有信心,何必要去请示神呐!"说完,直奔营门,点上精兵,然后迅速东向,直奔六合而去。(《明太祖实录》卷1)

　　朱元璋率领救援部队来到六合后,迅速与将领耿再成一起商议守卫瓦梁垒事宜。那时元军天天以潮水般地涌来,朱元璋率领将士拼死抵抗,但毕竟人数还是不够。每当天色黑下来时总能发现有几个地方的工事被元兵打坏了,下令赶紧夜间抢修。等到第二天重复前一天的故事,这样折腾了四五天,大家都疲惫不堪了。朱元璋想,老是这样下去要完蛋的,怎么办?忽然间一个主意从脑海中蹦了出来。他下令收兵,不跟元兵玩了,然后让大家准备好干粮,叫上城中妇女靠在城门边上戟手大骂。打了这么多的仗,元兵习惯了兵对兵,刀对刀的,可今天太阳怎么从西边出来了?朱元璋军士见不着,城门边上站的是一些妇女,叽里呱啦不知道在说话还是骂人。元军本身军纪差,没好处士兵不愿意打仗,像现在这样也落得省心,大家就像看滑稽戏一样看着。只见瓦梁垒城门慢慢地打开了,一大群妇女走在前头,后面是驱赶着的牛羊,两边有老百姓模样的成年男人保护着。这是什么阵势?又不像阵势。是军队?军队里怎么会有妇女的呢?元兵愈发看不懂了,但也不敢靠近,生怕中计。只见得这支奇特的"队伍"出了瓦梁垒向西缓缓过去,一直向着滁州方向走了。蹑手蹑脚尾随而来的元兵顿时发现:坏了,我们上当了,他们在转移部队!赶紧组织人马,打算发起攻城之战。还没开始进攻,一直被跟踪的耿再成部队好像受到了什么影响,好多士兵都拼命地往滁州城逃去!本能反应,追!元兵终于逮住机会开始追了,哪知道刚开始追,忽然间道旁的涧沟附近朱元璋事先设下的伏兵四起,滁州城里的守军也鼓噪而出,两面夹击,打得元兵措手不及,落荒而逃。

虽说取得了伏击战的胜利,但朱元璋担心元兵人多势众,甚至有可能增兵围攻滁州城,要真是这样的话,滁州可危矣。因此说现在的情势必须使自己争取到主动。他随即叫来了城中耆老,如此这般地当面作了一番交代。

第二天一大早,滁州城门刚开,只见得地方耆老领了几个人,带了牛肉与美酒,赶着从元军那里缴获的马匹,款款地走向元军将领那儿,对他说:"滁州城主年老不堪,近日又在生病,不能远行前来犒劳将军,只好委派小的几个代劳了。我们城里全是良民,所以弄些兵丁结聚,也无非是为了防御其他盗贼来攻。现在看到将军带了这么多的将士来到这里,城中之民害怕是不是要被处死啊?真要被处死,小民们也没办法。不过将军要是不杀我们,我们滁州城日后可就是将军您的后方供给地,你要什么我们就给什么。听说高邮有个叫张士诚的,他可是个江湖大盗,将军你们要不是合力进军的话,恐怕难以取胜。小的不明白:为什么你们放下那样的大盗不攻打而来攻杀我们这些温顺的良民?"元军将领听完这番话,看看美酒与牛肉,再有送还的马匹,随口就跟部下说:"看来这些人真是良民,否则他们怎么会还我们马匹?算了,我们走吧!"由此滁州之围得以解除。(《明太祖实录》卷1;【明】佚名:《皇朝本纪》)

尽管经历了一些风浪,但总的来说,自朱元璋占领滁州后,这里比较安稳,远近四方饥饿的百姓不断有人来投军,起义军势力在不断壮大。看到这番喜人景象,来了3个月的郭子兴感觉有点飘飘然了,想想过去在濠州城的窝囊相,现在时时有着扬眉吐气之感,什么赵均用,什么永义王,没什么稀奇的,老子在这里也可以称王了。称什么来着?滁阳王?朱元璋知道老丈人的心思,但他担心:一旦称王了,就会像张士诚那样,遭受百万大军围剿,那风险可大了,犯得着吗?!再说滁州毕竟是个小山城,"舟楫不通,商贾不集,无形胜可据",不是称王的好地方!当朱元璋说出自己的观点时,郭子兴沉默了。时间一长,称王之事也就不了了之。(《明太祖实录》卷1)

● 反元大起义的转折与朱元璋开辟第二个根据地——和州

朱元璋给郭子兴的分析应该说是很有道理的,尽管他立足的是他们的那个小天地,但从全国的总体格局来看,当时反元起义还正处于不利状态。

○ 高邮大战——几千人的起义军队抵挡百万元军,居然还能挡了3个月

这种不利状态开始于一年半前,即元至正十二年(1352)六、七月,南方红巾军教父彭莹玉率领将士一路扫荡东南,不幸在杭州战败被俘牺牲;同年年底另一位重要将领项普略率领的红巾军也在徽州吃了败仗。到至正十三年(1353)年底,连南方红巾军的大本营蕲水也被元军攻占,天完皇帝徐寿辉只得带了残部逃亡(【明】钱谦益:《国初群雄事略·天完徐寿辉》卷3)。至此,元末反元起义中发展速度最快、占领地区最广的南方红巾军处于最为不利的状态,被迫退出了长江中下游,转移到了江汉地区的黄梅山和沔阳湖中去。

几乎与此同时,最早发动起义的北方红巾军也遭遇了极大的挫折与困顿。先是至正十二年芝麻李等在徐州起义后遭受了灭顶之灾,随后王权的北琐红巾军和孟海马的南琐红巾军也分别在至正十三、十四年遭到了元军的镇压,这样一来,北方红巾军就失去了两翼有利的屏障,而恰恰这时河南等地的地方自行组织起来的反动武装,如察罕帖木儿和李思齐的"义兵"组织开始采取了疯狂的举措,拼命镇压和肆意屠杀起义军。至正十四年开始,北方红巾军主要领袖刘福通被迫改变策略,采取守势,反元斗争进入了低潮。(《元史·顺帝本纪七》卷44;《元史·察罕帖木儿传》卷141;【明】钱谦益:《国初群雄事略·宋小明王》卷1)

而这样的反元斗争低迷局面的打破首先得归功于向来不为人们所重视的张士诚领导的高邮大捷。前面给大家讲过张士诚十八壮士起义后占领了高邮等城池,但迅速招来了百万元军的疯狂围逼与进攻。高邮本是个小县城,张士诚起义军在城里建立政权后,虽然扩充了一些兵力,但最多也只有几千号人,而当时元军统帅脱脱率领的元兵就有百万之众。当然这百万之数可能是虚指,一般来说,古代中国人对数的概念虚指的为多,讲个大概,没有很精确的概念;加上元朝吏治腐败,虚报数字是司空见惯的事情。因此笔者认为:所谓的百万元军实际上可能是五六十万差不多了。但就五六十万军队也够张士诚受的了,元军里三层外三层地将高邮城围得水泄不通。脱脱正踌躇满志,又想再奏一回凯旋曲。谁曾想到这小小的高邮城还真经打,打了整整3个月,还是没能拿下。脱脱发足了狠劲,下令拼死猛攻。高邮外城被攻破,内城也将沦陷,张士诚眼看就要完蛋了,"日议降附,又恐罪在不赦"(《元史·伯颜传》卷138)。就在这千钧一发时刻,元顺帝和他的新宠佞臣、脱脱冤家对头哈麻出来"救"了张士诚。

○ 昏君佞臣大搞房中术、"性派对",元宫成了"淫乐大本营"

前面我们讲过脱脱,他可是元末糊涂朝廷中仅有的几个清醒人之一,曾经厉行

改革,实施"更化",但所有这些努力都印证了这样的一个历史定律:凡是王朝中后期的大改革,即便有着再多的为国为民的美好愿望,但最终都逃不出祸国殃民的结局。脱脱改革也不例外,"开河变钞"弄得全国沸腾,"厘清"吏治引来了政局的更加不稳。就在推行改革没多久,失势和失利的既得利益者将改革视为最大的祸害,拼命地攻击改革"更化"者。面对这样的不堪情势,脱脱被迫辞去了相位。

至正九年(1349)脱脱重新出任元廷宰相,为了更好地推行自己的治政方略,他开始更加专权,就此引发了与同僚之间的矛盾更加激化。有个叫哈麻的色目人,祖籍康里(东部钦察),母亲是元宁宗的奶妈,父亲秃鲁因为老婆给小皇帝吃奶"有功"而被封为冀国公,加太尉,阶金紫光禄大夫。哈麻与弟弟雪雪也因为老妈的缘故,小小年纪就开始出入元廷,当起了皇家警卫,元顺帝当政之初就认识他们。哈麻口才很好,经常逗皇帝开心,很快就由小官骤升为高级监察干部殿中侍御史,弟弟雪雪也当上集贤学士,至于到底有没有学问,这不要紧,只要听话,记住一个中心,即紧密团结在皇帝周围,跟皇帝走就行。再说元顺帝原本来自广西藩邸,到了大都北京人生地不熟,也需要玩伴,据说当时的哈麻每天就陪着元顺帝玩一种叫做"双陆"游戏。有一天,哈麻穿了新衣服站在元顺帝旁边,元顺帝喝着茶,不知想起了什么开心事,嘴里的茶水没来得及咽下去,忍不住喷了出来,将哈麻穿的新衣服全给喷脏了。哈麻不仅没有丝毫的不开心,反而笑着跟元顺帝说:"做天子的本来就应该这样对待他的臣下。"这话的意思是皇帝应该乾纲独断,爱怎么折腾就怎么折腾。当时元顺帝还是小青年,听了这话觉得特别舒服,由此愈发喜欢哈麻。(《元史·奸臣·哈麻传》卷205)

哈麻在皇帝那里越来越吃香,声名远播,就连蒙古藩王、皇宫贵戚想要向皇帝求个什么事,还得首先要贿赂哈麻。哈麻更加不可一世了,曾动起了歪脑筋,想陷害脱脱,不料事败,被贬至南安。后虽被召回,担任礼部尚书,但情势已大不如以前了。当时元顺帝还没有昏庸不堪,也想重振大元朝纲,曾任用脱脱为丞相,脱脱弟弟也先帖木儿为御史大夫即监察部部长。见到脱脱兄弟这般得势,哈麻识大体、懂大局,及时地改变了自己的态度,有事没事找借口向脱脱兄弟靠拢,时间一长,他就成了脱脱改革派的人了。但脱脱改革不顺利,反对派别儿怯不花上来替代了他的相位。占了人家的位子还不算,别儿怯不花更想新账老账一起算,说白了就是想搞死脱脱。这时,哈麻倒是挺仗义的,出来说了些公道话,这样总算让脱脱兄弟化险为夷。为此,脱脱兄弟从心底里感激哈麻。

脱脱再度出任丞相后,哈麻不久也官拜中书添设右丞。那时改革家满腔热情想搞改革,凡事都与自己信任的部下汝中柏商议,并将汝中柏由郎中官提升为参议中书,这样丞相府想要通过什么决策方案真可谓易如反掌,甚至朝廷上也很少有人公开表达自己与脱脱改革相左的意见。可哈麻有几次好像吃错药似地说出了自己的不同观点,这下可惹恼了脱脱红人汝中柏,汝中柏就向脱脱密告了哈麻的不是。脱脱感觉到自己的工作阻力很大,很可能问题就出在哈麻身上,于是找了个理由,奏请元顺帝同意,调哈麻为宣政院使。宣政院使是个闲职,权力没多少,哈麻前去任职后又位居第三,这下心里可火了,他发誓一定要报这个仇。(《元史·奸臣·哈麻传》卷205)

哈麻想要重新得宠,首先得考虑找到关键的人物。通过观察,他发现元顺帝三宫即三个皇后中第二个皇后高丽人奇氏(有的书上写成"祁氏")身上可以做文章。奇氏很想立自己的儿子爱猷识理达腊为元帝国的皇太子,但没想到丞相脱脱持反对态度,这样一来,对于哈麻来说,可算是找到了同盟军。不过哈麻更清楚,生过孩子的奇氏人老珠黄,元顺帝并不在乎她,真正使年富力强皇帝有兴趣的是那些富有青春活力的年轻美眉和有关与美眉们的那些开心事。俗话说:上有所好,下必甚焉。虽说皇宫里唯一能一展雄风美姿的也就是那皇帝一人,这是明的,暗的呢,那就难说了。有一天,哈麻与妹夫秃鲁帖木儿说起了男女之欢一类的事情,说着说着,两人越说越起劲,越说越陶醉,不知不觉地提到了前朝宫中暗中盛行的房中术。要说房中术中功夫最好的据说是西番僧,即藏族僧侣,他们会行房中运气之术,一旦运气起来,身体之气或消或胀、或缩或伸,对付七八个或十来个女人游刃有余,这在藏语里头叫做"演揲儿法",汉语喊之"大喜乐""多修法""秘密佛法"。(【元】权衡:《庚申外史》卷上;《元史·奸臣·哈麻传》卷205)

郎舅俩密议好后,找了个没人的机会就向元顺帝进言:"陛下虽贵为天子,富有四海,亦不过保有见世而已,人生能几何?当受此'秘密大喜乐禅定',又名'多修法',其乐无穷!"尤其最后"其乐无穷"四个字说得更外清脆。元顺帝听后淫心荡漾,马上命令哈麻传旨,封那些精通房中术的西番僧为司徒、大元国师,国师又推荐老的沙、巴郎太子、答剌马的、秃鲁帖木儿、脱懽、孛的、蛙林、纳哈出、速哥帖木儿、薛答里麻10人为"倚纳"(淫亵同伴)。光有男的可不行,怎么练啊?皇帝就想得周到,否则他怎么会是大元帝国第一人呢!就在进封司徒、大元国师之际,元顺帝封了4个女人为"供养",发现不够后又封了4个女人为"供养",这样就算"一对一"合计下来,还是男的多女的少。怎么办?当时宫中不少高丽美女开始为君分忧,打听好哪家皇宫贵族或北京城里老百姓家有漂亮妞的,通过劝诱引导她们到宫中来乐乐。如此下来,"供养"的面就大大地拓宽了,进入元宫的美女多得数不过来。这些男男女女在元顺帝面前脱得一丝不挂,上演真实版的顶级片,大元皇帝精神旺盛时领头当主角,力衰时当观众,常常出现"君臣共被",浪声淫笑,响彻皇宫,昼夜不息。

宫中淫风吹到民间,普通百姓家只要有姑娘,只要长得不算难看,拿了大元皇家的金银和布帛后就把女儿送往宫中去;富贵人家不在乎这些钱财布帛,但能让女儿身子给皇帝占了,也会感到无限幸福。这样一来,元大都的皇宫里就容不下那么多的女孩了,元顺帝想到在他们蒙古老祖宗开创的上都建立"快乐大本营",取名为"穆清阁","连延数百间,千门万户,取妇女实之"(【元】权衡:《庚申外史》卷上)。皇帝玩得开心,也玩得舒心,由此对于献出如此"妙招"的哈麻郎舅俩越看越舒服、越看越喜欢。乘着皇帝开心,哈麻适时上奏,说说脱脱的不是。这时皇后奇氏和皇子爱猷识理达腊指使监察御史袁赛因不花等也上了3个奏折,劾奏道:"脱脱出师三月,略无寸功,倾国家之财以为己用,半朝廷之官以为自随。又其弟也先帖木儿,庸材鄙器,玷污清台,纲纪之政不修,贪淫之心益著。"(《元史·顺帝本纪六》卷43)

○ 原本将要惨败的高邮之战顷刻间变成高邮大捷——反元斗争运动的转折点

元顺帝接到奏折后十分恼火,以"老师费财,已逾三月,坐视寇盗,恬不为意"为罪由,下诏削夺脱脱官爵,安置其在淮安路,其弟御史大夫也先帖木儿也被安置在宁夏路。同时命令以河南行省平章政事泰不花为本省左丞相,中书平章政事月阔察儿加太尉,集贤大学士雪雪(哈麻弟弟)为知枢密院事,一同总领诸处征进军马,南下高邮,取代脱脱的前线总指挥。(《元史·顺帝本纪六》卷43)

再说高邮前线,眼看城池即将攻陷,忽然有人来报:皇帝圣旨到。就在这时,有个叫袭伯遂的向脱脱进言:"丞相从大都出发时,皇帝曾亲口跟您说:'以后的事情你什么都可以不理睬,朕要是有事只用密旨。'现在丞相您人在军中,只奉行皇帝密旨:一鼓作气,荡平高邮。其他什么诏书不诏书的完全可以不理。这里边很明显是小人在使坏啊,更何况自古有言道:'将在外君命有所不受。'"脱脱听完后说:"不行啊,我不听皇诏,是与皇帝对抗啊!"于是只好下令开读皇诏,皇诏念完时,"军中闻之皆大哭"。当时朝廷军号称100来万人"一时四散"。之所以如此,除了脱脱不敢抗拒皇命外,还有一个重要原因,据说当时哈麻已做了工作,在一些出征高邮而家在北京的将士家眷那里打了招呼,让他们赶紧派人南下,暗中告诉自己的军中亲属子弟:一旦皇帝诏书到,如果有谁不立即散去的话,就要被灭族!因此这才导致了高邮城下百万元军顷刻之间鸟兽散的悲剧出现。那么这么多人立即散去,都到哪里去了呢?政府有没有好好安置?"散如无所附者,多从红军",譬如说有支铁甲军后来就进入了襄阳,加入了南方红巾军。再说百万大军统帅脱脱在罢官后先被安置在淮安路,但在那里待了一个月左右,又被元顺帝改置在亦集乃路(今甘肃边地),后再改为流放云南。而就在脱脱前往云南的途中,老冤家哈麻派人将他秘密毒死于吐蕃境内。转瞬即现的军事大胜利和最为厚实的一份大家底——百万大军,在昏君佞臣的瞎折腾下化为了灰烬,从此大元帝国再也没有翻盘的机会了。(【元】权衡:《庚申外史》卷上)

再说高邮城内的张士诚起义军本来就要完蛋了,没想到元顺帝君臣"救"了他们。从此高邮之战名扬天下,不仅成为张士诚命运的转折点,而且也是元末农民战争的转折点。自那以后,元廷"哈麻邪谋误国,遂至危亡不救"(【元】权衡:《庚申外史》卷上;《明史·张士诚传》卷123),而起义军方面却由劣势开始逐渐转变为优势,各地纷纷出击,迅速将反元斗争推向了新高潮。

○ 北方红巾军宋小明王政权的建立与南北红巾军反元起义开始"翻盘"

首先发起反攻的依然是北方红巾军。至正十四年高邮大战正酣之际,刘福通率领北方红巾军,利用这个契机在河南与安徽相交地区展开大规模的军事斗争,先后占领了安丰、颍州等地,并兵围庐州(今合肥)。元顺帝接到急报后曾调兵遣将,对北方红巾军进行围追堵截,企图将其彻底消灭,但让他没想到的是,这一切都枉费心机,白日做梦。与此相对,北方红巾军却愈发壮大。至正十五年(1355)二月,北方红巾军实际领袖刘福通派人上砀山夹河,寻找逃难到此的韩山童之子韩林儿,将他迎至皖北亳州,立为皇帝,人称小明王,国号宋,改元龙凤。以韩林儿母亲杨氏为皇太后,杜遵道、盛文郁为丞相,罗文素、刘福通为平章,刘六为知枢密院事,并拆鹿邑县太清宫材建宫阙。至此,北方红巾军政权正式建立。

但北方红巾军政权建立之初并不稳定,与实干家刘福通相比,丞相杜遵道的优势就在于他原本为元朝枢密院掾史,熟悉国家政权的典章制度,因此在宋政权建立的过程中,杜遵道发挥了很大的作用。仿效元朝,宋政权小皇帝韩林儿之下设立"三驾马车",中央行政机构也叫中书省,也有丞相、平章等掌权的高级领导干部;中央军事机构也叫枢密院,主管军事;中央监察机构也叫御史台,专门负责监察。后来宋政权地盘扩大了,也模仿元朝地方行政建置,设立了行中书省、府和县等地方机构进行管理;地方军事方面设立统军元帅府、管军总管府和管军万户府等机构,归属中央枢密院管辖。这套体制后来直接影响了朱元璋政权建设——这是后话了。

正因为熟稔元朝典章制度的杜遵道在宋政权构建过程中出力甚多,据此他也变得十分骄慢。再说当时的主子小明王尽管是当了皇帝,可他实际年龄还是个小孩子。丞相杜遵道十分"体贴"地将自己家的小孩子送到宫中陪着小明王玩耍,由此杜丞相得宠专权,但也引起了"实干家"刘福通的不满和忌恨。就在杜遵道擅权自恣、得意忘形之际,刘福通派了甲士偷偷地将他给杀了,然后自任丞相,后又晋封为太保,故世人称之为"刘太保",从那时起,韩林儿是挂了名的主子,宋政权真正做主的是刘福通。(《元史·顺帝本纪七》卷44;【明】钱谦益:《国初群雄事略·天完徐寿辉》卷3)话得这么说,正因为北方红巾军有着刘福通这样的实干家在负责地经营着,中原大地的反元烈火才会越烧越旺。

除了北方红巾军重新勃兴外,差不多与此同时,南方红巾军也开始新一轮的反攻。至正十五年(1355,治平五年)正月,天完皇帝徐寿辉的部将倪文俊率领一支队伍对沔阳府发动进攻,并一举占领了它,随后他又帅师日夜兼程进逼长江中游军事重镇武昌。当时坐镇在武昌的元朝威顺王宽彻普化极为震惊,立马下令,让儿子报恩奴、接待奴、佛家奴会同湖广元帅阿思南,率领大船40余只和大批步兵,水陆并进,打算迎击倪文俊。不料行军至汉川县鸡鸣汊时,由于水浅,船只被搁。正当元军左顾右盼地寻找解决方法时,倪文俊率领的起义军突然冒了出来,用火筏来焚烧元军船只。威顺王的3个宝贝儿子及其他们一路带去玩乐的美眉"小三""小四"们一下子全给倪文俊当了美色"大餐"了。宽彻普化闻听败讯,吓得赶紧开溜,一直远逃到了陕西才算定神。(【明】钱谦益:《国初群雄事略·天完徐寿辉》卷3)

○ 朱元璋智取和州,开辟第二根据地——1355年正月

南北红巾军反元烈火越烧越旺,反元斗争分水岭的高邮大战也已取得了胜利,这些喜讯传播开来,对于共同从事反抗元廷黑暗统治的人们来说,无论如何都是起到极大的鼓舞作用。当时恰好处于反元"防风带"内的滁州郭子兴、朱元璋部也有了新发展,将士人数由当初的20 000一下子猛增到了40 000,增加了100%。军事力量增大本来是件好事,但必须得有经济实力支撑,可滁州是个山城,山寨之地,供应不便,弹丸之城,商贾不集。客观形势告诉主帅郭子兴必须得往外发展,否则再这样待下去,粮食等方面都要出问题了。但往哪儿发展?当时诸将提出了各自的主张,朱元璋也发表了观点,可郭子兴都没有听进去。

由于老丈人郭子兴来后,自己经常受到郭氏家人和早期起义将领的排挤或奚落,有些可行性的军事建议又得不到认可与贯彻实施,朱元璋郁郁寡欢,最终病倒了,且一病就病了好久。就在这时,有人向郭大王报告说:滁州储备的粮食越来越少了,再不筹划发展的话,大家吃饭都要成问题了。郭子兴听完后,想起以前义女婿朱元璋好像说起过有什么好的谋略。对,就叫他来商议商议,他可是计谋多多,定远一路过来,还全靠他的一个又一个鬼主意呐。

派出去的人不一会儿就回来说：朱公子病了，不能来！郭子兴下令再去喊，连续三次，朱元璋只好抱病而至，并献计说："父帅，困守孤城诚非计，今欲谋所向，惟和阳可图！"郭子兴听后说："你是说我们滁州西南方向百里之外的和阳？那里可有元军重兵防守，再说那个城池既小且十分坚固，恐怕不容易攻占？"朱元璋说："父帅所言极是，不过小婿认为，攻占和阳，只能智取，不可硬攻。"郭子兴一听这话，顿时来了精神："怎么个智取法？"朱元璋说："前几天不是我们进攻民寨，收编了不少庐州寨兵，我们从中挑选身强力壮者3 000名，让他们打扮成元兵模样，穿上青衣，用4只骆驼驼载货物，派人放出话去，说是庐州兵护送使者到和阳城去犒劳元军将士。和阳将士见了自家人来犒劳了，天大的好事，就会毫无疑虑地打开城门予以迎接。而就在这个过程中，我们组织另外一支人马10 000来人，让大家穿上绛红衣服，尾随青衣军后10里。等待前面的青衣军到达和阳城时，立即举火为号，后面绛衣军见到暗号，立即擂鼓前进，造成冲锋的态势。那时和阳城里的元兵即使发现不对，想关城门也来不及了。"郭子兴听到这里，连连叫好，不过在做军事布置时他可动了一番脑筋。女婿有病，不可远行，再说女婿这么短时间内发展也够猛的，权衡再三，最后他决定，任命自家舅子张天祐打头阵，领着青衣军先行，赵继祖扮演元朝使者，做前导，将领耿再成率10 000绛衣兵跟着后面。（《明太祖实录》卷2）

至正十五年正月二十一日，赶了好几天路的张天祐青衣军来到了和阳境内的陡阳关，当地百姓听说庐州义兵来了，纷纷带了牛肉美酒出来慰问。张天祐本是江湖粗人，有酒就喝，有肉就吃。酒足饭饱后青衣军继续赶路，走着走着，也不知怎么的将道给走岔了，耽误了原先约定的时间。再说耿再成到了约定时间，见不到张天祐军的举火信号，就误以为他们可能已经到了和阳城下，于是命令手下人拼命赶路。快要接近和阳城下时，看看四周还是没有张天祐等人影，心里正犯嘀咕：怎么回事？还没想明白，突然间前面和阳城里的元军喊杀声震天，城门关闭，吊桥也被放下来了。坏了，一个个从城头上缒下的元兵摆出庞大的阵容，正发起凶猛的进攻。耿再成命令大家抵抗，可面对这么突然的进攻，绛衣军一点防备心理也没有，赶紧逃啊！逃跑中，连将领耿再成自身也中箭了。但元军还是紧追不放，一直追到千秋坝时，天色已晚，生怕中计，才不得不停下。

这时，张天祐的青衣军恰巧赶到，几乎与鸣金收兵的元军撞个满怀。元兵见到夜色中的红巾军，误以为中了埋伏了，赶紧往和阳方向逃啊！张天祐率领人马拼命追赶，一直追到和阳城的小西门。元军蜂拥入城，正打算拉起吊桥，将红巾军拒之于城外，没想到他们刚刚收起吊桥，眼明手快的总管汤和一个箭步冲了上去，举刀便砍，吊桥再也吊不起来了。张天祐率领人马迅速踏上吊桥，振臂高呼登城。城内

元军一下子乱了,守军将领也先帖木儿手足无措,乘着黑夜一溜了之,和阳城瞬间被攻占。(《明太祖实录》卷2)

和阳城内外发生的这一系列巨变,对于先前败逃的耿再成一行人来说却根本不知。当他们气喘吁吁地回到滁州城里,汇报一路的遭遇后,郭子兴惊呆了,缓过神来后又开始不停地责怪起朱元璋出的馊主意。偏偏这个时候又有人来报:"有一支元军快到滁州来了,先派了使者前来招降!"这下郭子兴可真的被吓坏了,精兵强将都在外,滁州城内基本上都是些老弱病残孕,如何是好?他叫来义女婿商议商议看,到底怎么办?朱元璋说:"乘着元军招降使还没到达之际,我们赶紧行动。城中人少,但我们可不能暴露出自己的薄弱,将东、北、西三门的守卫兵力全都集中到南门去,然后从南门的临街地面那里开始往城中布列刀光剑影的军中武士,从阵势上震慑住元军的招降使。"(《明太祖实录》卷2)

一切布置完毕,朱元璋通知下去,等候在南门外的招降使可以进来了。当招降使正打算快步走入滁州城内军营时,朱元璋大声呵斥:来使觐见郭大元帅必须得膝行即用膝盖行走!毫无心理准备的招降使被这突然间的大声呵斥顿时吓得掉了魂似的,几乎本能地跪了下去,一路膝行进了军营,面见郭子兴。再说此时郭子兴还没有从原先的惊慌中完全恢复过来,见了招降使几乎语无伦次。这时,众将领看不下去了,纷纷主张杀了这个元军使者。可朱元璋却不这么认为,他轻轻地跟郭子兴说:"父帅,我们的主力大都在外,城内空虚,如果我们现在杀了招降使,就显露出自身的怯懦和虚弱,自古道:两军交战不斩来使。一旦来使被斩了,他们不会善罢甘休的。倒不如我们放他回去,临走前再让他见识见识我们的威武军阵,以大言吓唬吓唬。只要这个伤魂落魄的家伙回去复命了,我量他们的主帅也不敢贸然进兵!"郭子兴想不出更好的办法,就依了朱元璋。俗话说:吓死胆小的,撑死胆大的。原来这支元军就没心恋战,听到招降使描述了一路上的见闻后面面相觑,第二天一大早就撤围而去,滁州之危不解自消。(《明太祖实录》卷2)

迫在眉睫的危机一解除,郭子兴就想起了和阳的事情。当时他还不知道汤和、张天祐等已经拿下了该城,于是就命令朱元璋统领2 000兵马,迅速赶往增援,顺路收拾散兵败卒,整顿队伍,寻找合适的机会,拿下和阳。

2 000多人一路走,一路寻找流散的弟兄,当时总共收拾到了1 000人,这样一来朱元璋的这支增援队伍的行军速度可不快,走了好多天才来到了一个叫陡阳关的地方。当时朱元璋决定,立即改变策略:命令大队人马就地休息,等待天黑以后,每人燃起10支火炬,3 000来人就有30 000多堆篝火,敌军要是望见了,还真以为主力部队在此呐。与此同时他带上镇抚徐达、参谋李善长以及骁勇之士几十人轻骑速行，直奔和阳，打算在傍晚时伺机发动进攻，打得元军措手不及。但当他们来到和阳城下时才知，自家人已经拿下了城池，顿时大家就欢天喜地，入城团聚了。

朱元璋等入城后没几天，元军组织了大规模的围城反攻战。他们从和阳城的西门翻越了城隍（无水的护城壕），见到那里守卫防备严厉，就改为集中兵力进攻北门。在这十分危急时刻，朱元璋大胆决定：打开北门，令众将士对蜂拥而至的元军发起猛烈反击。元兵见到这般情势，感觉讨不到什么便宜，纷纷退去。朱元璋赶紧令人将捷报送往滁州郭子兴那儿，郭子兴随即下令，任命朱元璋为和阳总兵，统帅和阳（又名和州）人马。（《明太祖实录》卷2）

○ 和州整顿　收服人心

朱元璋虽然被任命为和州总兵官，也就是和州的一把手，但此次攻打和州一开始情势就很不寻常。郭子兴任命自己的舅子张天祐为先锋，还有其他的一些郭大王的老部下都参与了这次战斗，不像以往朱元璋打仗都是靠自己和招募来的将士，因而当时和州城内的军政格局很复杂。许多郭子兴的老部下、直系血缘亲属都不服气朱元璋。其中意见最大的就是朱元璋的小舅子郭子兴的儿子郭天叙、郭天爵和郭子兴的小舅子张天祐等人。郭子兴的两个儿子认为，这个姐夫不是亲姐夫，凭什么要这样受父亲的重用？而郭子兴的小舅子张天祐更不满了，心想：和州城是我先带领军队拼死拼活打下来的，凭什么任命你朱元璋来管理呐？

所有这一切，朱元璋都看在眼里，但他什么也没说，就做了两件事情，一下子使得全体将士对他心悦诚服。

第一件事情：长凳换公座，用自身人格力量使人臣服。当时农民军内部高层开会议事，都设有公座，按照每个人在军队中职位的高低，中间坐着大王，旁边是军师，官位越高距离大王越近；以此往下排，也就是说官位越小，距离大王越远，最后坐在角落边上。

朱元璋想了个办法，先是在开会之前把所有的公座全部撤掉，换上长凳，这样大家来了，便按照先来后到的顺序坐在长凳上，如此一来在军中议事时就没有了过分鲜明的官位高低的排序。一切准备好了，也通知好某日开会，朱元璋故意迟到，别人五更便起身，他要磨蹭一会儿，等大家差不多都到了，他才姗姗来迟地进入"会议室"，待到入座时，只剩下角落了——在习惯思维中这是军中最卑微的位置，但朱元璋毫不在乎，来了便落座，随即侃侃而谈军中之事。军中平日里不服气的人目睹了眼前这一幕，顿时觉得朱总兵的气度确实令人敬佩。瞧那么多的人都在邀功，可平心而论，人家朱元璋的功劳还真不小啊，但你看他毫不介意坐在角落里，且谈起

事情来滔滔不绝又滴水不漏,真让人佩服!(《明太祖实录》卷2)

第二件事情,分段修筑城墙,强化军纪。朱元璋先将和州原有破旧城墙量了一圈,然后划分十段,与军中将领约定,各自负责一段城墙的修葺,并规定了一个期限,到期大家务必要完成各段城墙的修建。然而散漫惯了的九个将领都未把此事当作一件正儿八经的事去办,总觉得没什么大不了的,心想,你朱元璋拿了鸡毛当令箭,我们凭什么要听你的指挥,无论如何要给他来个下马威。不难猜想,修葺期限一到,只有朱元璋负责的那一段保质保量地完成了,其他九个将领压根儿就没把这当一回事。

这个时候朱元璋找来了诸位将领,十分威严地拿出郭子兴的委任状,摆放在公堂的桌子上,让诸将上前来细看,随即说道:"总兵官,是郭大帅任命的,不是我擅自自称的。既然我朱某人现在担任总兵官,总兵官下辖的事务,大家做起来总该也有点章法吧。现在诸位将领修筑城墙的事情都没有按期完成,今后还有什么事能做成的?因此说,从今以后,凡是违反军令者,一律按照军法处置!"诸将自觉理亏,纷纷服了软。(《明太祖实录》卷2)

其实在这件事情上,朱元璋首先从军中程序上用郭子兴的命令和个人威望压倒了九个将领;另外他自己确确实实也做出了表率,从心理上让大家彻底臣服了。

经过如此事情,朱元璋在军中尤其是高层将领中的威望逐渐提高,加上他自己又有指挥和军事方面的才能,这样就使得军中的将士们都对他交口称赞,有的甚至佩服得五体投地。由此他也就自然而然地成为这支农民军的实际领导人了。(《明太祖实录》卷2)

其实朱元璋在和州时除了整顿起义军领导层以外,还十分注意军民关系,通过巧妙的方式,重申军纪,加强起义军的战斗力。

前面说过,此次攻占和州是由郭子兴的舅子张天祐等负责领头的。但在攻占和州目睹了元军几次凶猛反扑后,张天祐等觉得:守住和州,难啊!倒不如在和州城内抢掠一通,弄点银子,兄弟们有得花花;抢些女人,大家回去可以天天乐乐!将帅有了这么个念头,和州城内的百姓们可遭罪了,"诸将破城,暴横多杀人。城中人民,夫妇不相保"。(《明太祖实录》卷2)

对于这样的情况,后期来到的朱元璋似乎并不太清楚,直到有一天有了意外的发现。

那是早春的一天晚上,朱元璋外出办事,正走在和州城的大街上,忽然看见一个小男孩正畏畏缩缩地躲在街边的墙角里,身上衣衫褴褛,瑟瑟发抖,给人感觉,这个小孩似乎没有人管,也没有人问。见到如此孤苦的小孩,朱元璋心里隐隐作痛,小男孩牵动着他的视线,更牵动了他的内心,于是他走上前去问了:"你父母呢?为什么就你一个人?"男孩开始不敢回答,但在朱元璋循循善诱的开导下,终于说话了:"我的父母都被军爷抓去了,我在等我父亲,他在为军爷养马;我母亲被抓后,还不能与我父亲相聚,见了面只能以兄妹相称;我不敢进入军爷衙门,只好在外偷偷地等我父亲啊!"听到这里,朱元璋立马意识到,军队出了大问题了;而男孩孤苦无依的样子仿佛让他看到了童年、少年流浪时的自己,内心顿时受到了巨大的刺痛。他立即召集所有的将士,命令他们将强行抢来的妇女和抓去的劳力全部给带出来。在和州府治前,他让妇女们待在府治衙门内,男人们分列在门外两旁,然后一一放出妇女来,如果是你的老婆,就出来领回去;如果不是,那就不能瞎认。这个特殊的"公堂认亲"场面使得当时很多在场的老百姓喜极而泣,"夫妇皆相携而往,室家得完,人民大悦"。(《明太祖实录》卷2;【明】佚名:《皇明本纪》)

  正当朱元璋整顿秩序稍稍有所起色时,不甘心失败的元军开始重新集结,大约调动了10万人马来围攻和州城。朱元璋指挥大家坚守城池,时不时地派遣奇兵出击。元军围了和州3个月,不仅没夺回,反而损兵折将,弄得士气十分低落。转眼就到了夏天,眼看着没法搞定和州了,元军干脆撤围而退。

  围城元军一撤,和州城顿时松了口气,但外围形势还不容乐观。元太子秃坚、枢密副使绊住马和民兵(元末义兵往往被称为民兵,相对于元朝的官军而言)元帅陈埜先各自率领部队分屯新塘、高望及青山、鸡笼山等要塞,截断了和州与外界的联系通道,想在较大范围内困死起义军,而恰恰这时和州城里又发生粮饷短缺。直觉告诉朱元璋,必须设法解除这个外围,否则后果不堪设想。那怎么解除呢?硬拼,就和州城内外20 000来人怎么能拼得过敌方100 000人马?看来还只有智取。怎么智取?朱元璋想到的还是以前的老办法:出奇兵骚扰元军,将与元军勾结的义兵山寨一一拔掉,自己亲自率领人马上鸡笼山侧,突闯敌营,巧舌如簧地劝导义兵寨帅归降郭军,据说还劝成了不少。而对于当时的元军来说,在外围围了很久,看来似乎对和州的朱元璋军影响不大,不时又有人投敌,军心逐渐开始动摇了。元军将领看到这样下去起不到什么效果,干脆就将队伍移走吧,渡江到江南去!这样一来,和州之围自解了,粮饷短缺问题也逐渐开始设法得以解决。(《明太祖实录》卷2)

○ 当了一回东郭先生,朱元璋差一点将小命也搭进去——孙德崖来和州

  一晃到了三月份,这是传统社会中常见的青黄不接季节。淮河沿岸地区本身土地贫瘠,民风剽悍,真正老实务农的也不为人看好。遇上灾荒,那就乱成一锅粥,

自至正十一年红巾军起义爆发以来,这一带的灾荒从来没有间断过,百姓苦了不用说。即使打着反元大旗、实施劫富济贫的起义军也面临着粮荒,甚至出现人吃人的人间悲剧,"有刘太保者(即指刘福通,笔者注),每陷一城,以人为粮,食人既尽,复陷一处,故其所过,赤地千里"(【明】钱谦益:《国初群雄事略·宋小明王》卷1引《草木子》)。濠州起义军也强不到哪里去,与郭子兴一起起义,后来成了冤家对头的孙德崖曾带了手下经常外出,四处打家劫舍,时间一长,周围没地方下手了,于是饥饿成了当时最为主要的威胁。如果不及时解决这个问题,要么也来个人吃人,就像刘福通他们;要么等着饿死,或部队自动解散,各人自行解决。在这万般无奈的情况下,孙德崖只好厚着脸皮拉起队伍南下。听说老冤家郭子兴女婿在和州经营得蛮好的,就到那里去看看能否凑合着过些时日。

  孙军来到和州时,先在四境转了一圈,兵荒马乱,见不到有什么可吃的,就要求入城暂居数月。朱元璋听到孙德崖提出这样的要求,顿时头都大了,别的什么人都可以提出这样的请求,偏偏就你孙德崖不行啊!你是我老丈人的冤家,我们之间还有那一箭之仇呐!拒绝?孙军人多势众,自己和州城内的军队没法与之相比,且这些濠州新来客个个都是饿死鬼投胎似的,一旦拒绝了他们,从那些眼神里都能看出来,他们连人都吃得进,还有什么不敢做的?再说自己和州之围虽然解除了,可元军并没有走多远,他们在隔江盯着我们,我们要真是与孙军冲突起来,他们来个螳螂捕蝉黄雀在后,这可不得了啊。思来想去,最终决定:忍让、迁就,同意孙军入城。(《明太祖实录》卷2)

  孙军入城没多久,有人给郭子兴打小报告,说朱元璋如何不应该将老丈人的仇人放入城内就食,并添油加醋地说了一些不好听的话。郭子兴听后顿时就怒火冲天,亲率部队从滁州出发,迅速赶往和州去。

  再说和州的朱元璋听说老丈人要来,预感接下来的情势可能不妙,于是做好一些可能性的应对准备。他跟人说:"郭大元帅白天不到,夜晚必来。不管他什么时候到,你们一定要及时禀报给我,我好亲自出去迎接。"巧了,后来郭子兴果然晚间到,走到门口,守卫恰巧是个与朱元璋有矛盾的人,他没去通报而是直接将郭子兴带到了驿馆(相当于招待所)去休息。这下郭子兴哪休息得了,气啊,火啊,没想到自己堂堂一个元帅、长辈居然受到下属、小辈的这般冷落、羞辱,实在是怒不可遏。就在郭子兴大发脾气时,朱元璋也听说老丈人来了,且被人带到驿馆去,根本来不及弄清事情原委,三步并作两步直奔驿馆,面见老丈人郭子兴。只见郭子兴脸铁青,见到女婿朱元璋只当没看见,且一言不发。朱元璋战战兢兢地站着,几次通报自己到了,郭子兴就不搭理。好久以后,郭子兴似乎缓和了一点,反问道:"你是谁?

还认识我?"朱元璋说:"父帅,是小婿,您的大恩大德,我没齿难忘!"郭子兴又问:"你知罪吗?"朱元璋说:"小婿诚知有罪,但这是家里的事情,早晚任由父帅怎么处置都可以,只是外面的事情要赶紧想办法!"听到这里,郭子兴一惊:"什么外面的事情?"朱元璋说:"孙德崖现在就在我们和州城内,他的人马比我们多得多。父帅那次蒙难,我等曾砸破了他的家,杀了他的祖父母。现在他要是听到了父帅突然到此了,就不会产生报复的念头?一旦要是实施报复,我们怎么办?"郭子兴沉默不语。(《明太祖实录》卷2)

再说借住在和州城内的孙德崖果然听说郭子兴来了,顿时就像斗红了眼的公牛,火气腾腾往上升,但又想想这是人家的地盘。上次在我家都没能搞动他们翁婿俩,更何况现在在他们的城池中了,算了,老子斗不过你们,赶紧走人吧,免得吃亏。想到这些,他就找朱元璋打个招呼:"你看你老丈人来了,我跟他合不来,算了,我到别的地方去!"朱元璋听后十分惊讶,没想到事情来得这么快,怀疑这里边是不是有什么猫腻,赶紧令人偷偷通报郭子兴,让他早做准备,自己则赶往孙德崖住处,设法稳住对方,于是假作十分关心的样子,问道:"孙大元帅为什么要这样急着走啊?是不是末将有何对不起您?"孙德崖说:"哎,你家那个老丈人啊,我们处不来,还是早一点离开为好!"朱元璋仔细观察孙德崖的脸色,没发现有什么异样,于是这样说道:"既然孙大元帅执意要走,我也没办法挽留。这样吧,你说两军共处一城也有些时日了,现在一军突然要开拔,恐怕要引起一些震动,如果下人们再有什么不和谐之事,也容易借此机会滋事生非。倒不如大队人马先出动,孙大元帅留后压阵,您说呐?"孙德崖回答得很干脆:"好,就这样吧!"(《明太祖实录》卷2)

孙军出动离城了,早年久在江湖混迹的朱元璋等人一起赶往郊外,为孙军将领们摆酒饯行,一路走一路送,走了大约20里。忽然有人飞报,说城里的郭子兴与孙德崖两支部队打起来了,还死了好多人。朱元璋立即命令同来送行的耿炳文、吴祯等快马加鞭赶回和州城去。孙德崖的部将看到这等情势掉头紧追。朱元璋突然跨上马背,猛地抽了一鞭,飞马似闪电,本来想追赶的孙军将领见到这般情景顿时惊呆了。正当朱元璋顺利往回赶了一程时,突然间遇上了从城中出来的孙军将士,他们亮出了明晃晃的大刀、宝剑,扼守在前方的道路上。朱元璋因为仓促应变,根本没带什么兵器,眼看就要被如狼似虎的孙军将士活捉了,他顿时灵机一动,调转马头,往着孙军中有熟人的地方去。尽管最后还是被人团团围住了,但熟人多就好办事。有人急吼吼地冲上前来,质问朱元璋:"城中发生了屠杀,杀了我们好多的将士,你难道没有参与密谋?"朱元璋说:"我是因为送朋友才出城的,城里发生的争斗,我怎么能知道?"众人不信,强拉住他的马缰绳不放,簇拥着他向前行。朱元璋一脸的无辜,反复解释说:"我真的不知道城内怎么一回事,再说现在你们的人又这么多,何必要这样对待我?"有个过去跟朱元璋关系不错的人出来说:"他讲得有道理,我们这么多人看着他,他能怎么的? 算了,大家不要都拽在那马缰绳上了。"众人听后这才稍稍放松了。没想到朱元璋又猛地抽了一马鞭,马飞也似地向前奔去,孙军群骑赶紧追赶,追了十多里才把朱元璋给追上。噼噼啪啪,一个个兵器像雨点一般打在朱元璋身上,幸好这时他已经穿上了盔甲,虽被打了,但没有什么大碍。就这样,他闯过了一关又一关,没想到后来又遭受短兵器所伤,坠落下马。正在绝望之际,巧了,刚好有个熟人骑马而过,此人看到老朋友朱元璋受难,大呼上马。朱元璋飞也似地跳上了马背,两人共乘一马,向前疾行。大约又走了好几里路,忽然路上遇上了孙德崖的弟弟。孙弟发狠,立即令人将朱元璋打落下马,然后将他按住,正举刀要杀。一个张姓熟人走了上来,跟大家说:"我们孙大元帅在和州城里,生死未卜,万一没什么事而我们先杀了朱公子,郭元帅知道了会善罢甘休吗? 不会的,他会将仇恨发泄在我们孙大元帅头上,到那时一切晚矣。倒不如我们先留着朱公子做个人质。我先到和州城里去探探看,你们稍稍等一等。"

张某随即赶往城里,直接奔赴公堂上,看到孙德崖脖子上系着锁,正与郭子兴面对面坐着喝酒呐。他马上赶回城外,向众人描述了自己目睹的一切,且这样说道:"倘若依了大家的,不仅害了朱公子,而且还真会要了孙元帅的命。现在来看,这个事情没什么大碍了,好解决的!"但众人还是怒气未消,张某极力解释与营救,当天夜里,他还陪在朱元璋身边,一起睡到了天亮。第二天,众人起来后又将朱元璋拘押在麻湖中。到了第三天时,郭子兴才获悉事情的整个经过,听说朱元璋被绑架、被扣押了,顿时感觉自己好像失去了左膀右臂似的,实在不是滋味。有人给他出主意,将徐达等人送到城外孙军中去,换回朱元璋。

当徐达等人来到郊外时,孙军将士当即表示不同意这样换人。这时劝和人张某又出来开导大家:"不如先放了朱公子,扣下徐达,郭元帅见到朱公子回去了,也会放了孙大元帅的。"众人听后也无以反对,最后朱元璋脱险回城,孙德崖也被放出。孙德崖一放回,徐达也依次被释,一场两军火并的危机总算得以平息。(《明太祖实录》卷2;【明】佚名:《皇朝本纪》)

○ 郭子兴突然病逝 掌握郭军实权的朱元璋反而做起了"小三子"

要说这次危机的直接制造者,毋庸赘言,就是郭子兴。郭子兴之所以要干这事,气的就是当年孙德崖和赵均用绑架了他,并打算将他杀害。现在见到孙德崖这般厚脸皮来投靠自己一手栽培起来的义女婿,气啊,就甭提了,他要的不仅仅是还给孙德崖气恼和羞辱,而且还要以牙还牙,杀了他,这在江湖上是很普遍的做法。没想到的是本来可以稳操胜券的事情,忽然间生出了意外来了。尽管自己与义女婿之间有矛盾,但考虑到现在的这份产业还是义女婿去发展而来的,且日后还指望他多多出力呐。这是郭大王的眼光,也是他真实的想法。虽然刚刚过去的"事变"给郭、孙双方都没带来什么大的损失,但郭子兴内心还是非常之气愤的。过去在濠州城里自己就曾被人好好地羞辱了一番、惊吓了一番,如今在自家的地界上居然也来了一场惊险,这一切传开来了,江湖上可要笑话了!郭大王越想越气,怏怏不乐,忧闷致疾,最后一病不起,死于和州。郭子兴死后,朱元璋、张天祐和郭子兴的妻儿一起将郭子兴的尸体运回滁州去安葬。大明开国时,朱元璋追封他为滁阳王,并在滁州给他立庙祭祀。(《明太祖实录》卷2;【明】钱谦益:《国初群雄事略·滁阳王》卷2;《明史·郭子兴传》卷122)

郭子兴从生气得病到死,前后不过3个月,郭子兴得了什么病?似乎从来没人怀疑过。这是问题之一。第二,郭子兴虽然死得很快,但也不像后来的明朝永乐皇帝那样,亲临北征蒙古战场,遭人暗算,突发脑溢血一刹那间就没命了,毕竟是抑郁而死,这是需要些日子的。而从郭子兴的家族、家业情况来看,正当郭大王迫不得已要告别人世时,肯定要有所交代,按照中国人的传统,女婿再亲也轮不上份,问题是郭子兴怎么没有将家族事业做一番托付?说走就走了,这么放心?(至少我们现在看到的史料上没有记载)第三,从后来朱元璋对待郭家人的态度来看,似乎并不好,郭子兴的二儿子很快就"战死"了,三儿子被朱元璋处死,就连"宝贝心肝"——小张夫人生的郭氏小美眉也被朱元璋霸占了。史书说郭子兴绝后,想来一个恩人身后落到这般地步,谁之过?

由此,笔者怀疑郭子兴之后,朱元璋与郭氏家族成员之间肯定有过一场惊心动魄的内斗。尽管这场内斗的史料被御用文人洗得干干净净,但我们从相关事宜中还是能看出一些问题的端倪来。

郭子兴死讯传出后,老冤家孙德崖立马派人到郭军中,提出统军要求。按照濠州起义时的规矩与辈分,孙德崖与郭子兴同属于元帅级别的,现在一个元帅死了,另一个元帅要求统领他的队伍也没有多大不合适的。据说当时郭子兴的两个儿子听到孙元帅提出这样的要求时,害怕得不得了,又不敢申辩,"乃以书邀上(指朱元璋)代辩之",即要求义姐夫朱元璋代辩。而这时的朱元璋在哪里?为什么郭子兴的儿子不直接找姐夫面说而要用书信?史书说,那时的朱元璋正率领军队与元兵在打仗,消息传开后,作战前线的各将领听说郭家公子要朱总兵去谈军队的归属问题,大家就很不开心。见到将士们不乐意,朱元璋就不走了。(《明太祖实录》卷3)

问题是那时一天到晚屁颠屁颠地在外忙碌的朱元璋有多少文化能代人申辩？是不是一夜之间进了我们现代的第一大学或其他什么大学的EBMA班进修过了，成为特殊的政治文化速成人才？

随后又发生了一件事情：北方红巾军韩林儿政权派人上和州来，让和州方面派人到亳州去商议论功封帅的事情。诸将就问郭子兴舅子张天祐："张公您自己估摸一下，能指挥军队抵御元军，守住和州吗？要是不行的话，那就你去一次亳州吧！"张天祐还算有自知之明，就遵循诸将的要求，即刻动身北上。那时朱元璋正带兵在和州西南方向攻打民寨即地方义兵武装，对于部队总部发生的这件事情似乎根本不知。转眼好几天过去了，张天祐从亳州回来，带回了小明王韩林儿的命令，委任郭天叙即郭子兴二儿子为都元帅，张天祐为右副元帅，朱元璋为左副元帅，即相当于军中的"小三子"。(《明太祖实录》卷3)

这样的任命在今人看来可能是不怎么公道的，尤其是对朱元璋似乎很憋屈。但在那个时代纯属正常。郭军元帅死了，郭元帅的儿子自然而然就该坐上第一把交椅了，而当时人们心理认同的也就是这个理，否则诸将不会找张天祐那般议事(原话不一定是那样子)。张天祐当时起到的作用就相当于王朝当中老皇帝死了，小皇帝年少，国舅临时监国，因此说不存在什么明代国史中记载的张天祐私上亳州做手脚的问题。对于这个结果，朱元璋的态度是如何的呢？史书留下了这样的记载：他说："大丈夫宁能受制于人耶？"当场就不肯接受。(《明太祖实录》卷3)现在好多书上仅解释为朱元璋不满意北方红巾军政权的任命，"然念林儿势盛，可倚藉，乃用其年号以令军中"，也就是最终还是接受了韩林儿政权的封号，尊奉龙凤为正朔。(《明史·太祖本纪一》卷1)

实际情形更复杂，朱元璋的"大丈夫宁能受制于人耶？"这话更可能是冲着郭天叙和张天祐而来的。因为他感到自己的功劳业绩比军中任何人都大，凭什么我不能当老大？不过最终他还是忍住了，没说下去——大丈夫有自己宏伟远大的目标要实现，那就是打过长江去……

步步靠近帝都金陵　三攻方占江南中心

● 打过长江去，开创江南第一个根据地

自从冯国用首次指点迷津后，朱元璋的个人野心日益膨胀；李善长给他竖起了

一尊贫民皇帝汉高祖的偶像,使得他有了直接明确的效仿对象。南略定远,攻占滁州,智取和州……当年濒临于生死边缘的朱重八由家乡一路"重磅"杀出,正一步步地走近虎踞龙盘的帝王之都。不过在眼前"新旧交替"过程中,他却着实输人一筹了。

○ **老郭家的女孩我都要:肥水不流外人田;"三奶"自己送上门,美啊!**

不舒心的事情还有:自己与郭大王的义女马氏结婚4年,加班加点忙乎了4年,最终却成了"朱白劳"。老朱家的香火眼看就要断在自己的手里啦,朱元璋感到必须出击。他想起了义岳丈家的义妹,那个小张夫人与郭大王视为掌上明珠的宝贝女儿,尽管她还是个黄毛丫头(《明实录》说她是郭子兴的季女即第3个女儿,由此估计当时她没成年),可总得要嫁人吧,再说自己本来就与小张夫人关系不错,女人么,给点好处,她就会说你好。外加郭大王郭老爷子死了,谁能为敌?不知花了多少心思和工夫,长得难看得不能再难看的朱重八就此顺顺当当地"娶上"了老郭家的正宗千金小姐,这就是明史上的郭惠妃(【明】佚名:《天潢玉牒》)。不过这个郭惠妃"很懂事",做了义姐夫的"二奶"后,并没有抢了义姐姐的风光,她等了15年后才生了头胎儿子蜀王朱椿。由此笔者认为,很可能当初她"嫁"给朱元璋时还是个小丫头,或者说有可能是当初朱元璋强占了她。

有关朱圣人"二奶"的故事正史上并没有留下很多的记载,倒是有个也姓郭的"三奶"不请自来,平添了坊间不少的传说,由此演绎了美人绝配"真命天子"的时代佳话。

话说朱元璋贫困潦倒时有一次经过临淮,碰到了一个会看相算命的先生,他叫郭山甫。据说郭山甫见到长相怪异的朱元璋(当时应该称朱重八)后,急忙准备了酒具和菜肴,招呼他喝酒,边喝边聊。弄到了后来居然做长辈的郭山甫跪在了朱元璋面前,一味称道他的长相,"天表之异,他日贵不可言",并恳求他:"日后发迹了,万万不可忘了我们啊!"可能当时朱元璋还是个小杆子,根本也没把这当回事。但算命老头郭山甫是认真的,朱元璋走后,他叫来了两个儿子,郭兴(后又名郭子兴)和郭英,跟他们说:"我看你们兄弟俩今后都不会是种田的,你们命中应该做侯爷。我一直没弄明白,这究竟是怎么一回事。今天到我们家里来的这个姓朱的,可能就是你们的大贵人啊!你们要好好地跟着他,护卫着他。还有你们的妹妹,将来弄不好还可以做皇妃娘娘啦!"

郭子兴在濠州起义后,郭老爷子郭山甫感到机会来了,马上让儿子郭兴、郭英上濠州去投军。巧了,没多久,朱元璋也来投军,且不久当上了郭子兴的义女婿。

郭兴、郭英记着老爸的话,主动结交朱元璋,并成为他的心腹。随着朱元璋势力的迅速腾升,尤其是郭子兴死后,朱元璋实际掌控了郭军。老爷子郭山甫听说后实在坐不住了,当年看中的"潜力股"如今越来越走红,他终于迫不及待地将自己的女儿送到军营里来,让她当起名副其实的"三奶"。这就是后来洪武中后期很得宠的郭宁妃,朱元璋的第三房夫人。郭宁妃的两个哥哥郭兴、郭英因军功被封侯,郭老爷子郭山甫因为奉献女儿有功,被皇帝女婿追赠营国公爵位。(《明史·后妃一·郭宁妃传》卷113;【明】吕毖:《明朝小史·洪武纪》卷1;【明】陆钗:《贤识录》;【明】祝允明:《九朝野记》卷1)

○ 高级奴才与非常主子:"捡来"的大明开国大将军——常遇春

人要是交上好运,想挡都挡不掉。就在朱元璋桃花运极盛之际,事业运程也呈现出势不可挡之势。

至正十五年四月下旬的一天,朱元璋带了一些护卫,骑着高头大马在和州城外巡视,远远望见农田里好像躺了一个人,于是命令手下人一起去看看。

到了地里头,手下几个护卫又喊又踢,就是一时弄不醒那个睡觉人。后来大家左右折腾他,总算将他弄醒了。朱元璋十分警觉地问道:"你是谁?干吗到这里,且还睡在农田里?"那人说:"我叫常遇春,怀远人,因为没饭吃,23岁那年就跟了本县一个叫刘聚的人落草为寇。虽说在那里肚子能吃饱了,但看看刘聚那人实在也没什么出息,无非是方圆几十里打家劫舍,烧杀掳掠,我感觉他必败。听说你们和阳这里有个人称朱公子的,打仗有水平,威望也高,军纪严明。我感觉跟着这样的人心里才踏实,也好做些事情,所以就带了10来个弟兄偷偷地离开了刘聚的队伍,来投奔朱公子的,没想到一路走得太累太累,实在走不动了,就在农田里睡着了。我刚刚还在做着梦呐,梦见一个神人被金甲金盾护卫着,喊我:'起来,起来,主君来了!'没想到是你们啊!"众人一听这话,知道来者不是坏人,于是就指着朱元璋,给常遇春介绍说:"这位才是你梦中的神人啊!"常遇春等一听正是自己要寻找投靠的人,立即下跪迎拜,并向朱元璋展示了自己的臂力。见此,朱元璋笑得几乎合不拢嘴,没想到自己巡逻居然巡出个猛士来了。(《明太祖实录》卷3)

○ 天上真的掉馅饼了?巢湖水师来讨救兵

俗话说,好事要成双,"捡了"猛士常遇春等人后没多久,朱元璋一直为之暗暗叫苦的问题突然间也来了个柳暗花明。那么,这是件什么样的事情使得鬼点子多多的朱元璋长时间苦恼不已?

原来,郭子兴病死前后,和州城里的粮饷一直供给不足。春去夏来,粮食短缺问题日趋严重,数万军马如果继续待在和州不动的话,就会有饥荒饿死的危险。怎么办?朱元璋老早就想到了,长江对岸的太平、芜湖以及金陵、常州、苏州等地都是有名的仓庾之地,尤其是以金陵(当时称集庆)为中心的江南地区不仅是全国经济文化最为发达的地区,而且也是全国最大的产粮区,打过长江去,粮食问题不就迎刃而解了。但怎么渡江呢?就凭自己从定远、滁州一路过来收编和召集的这些"旱鸭子",那怎么能行!自己操练水军?谈何容易。"旱鸭子"们在陆上还好,一站到船上头都发晕。那怎么办?从冬到春,从春到夏,朱元璋一直在寻找便捷的解决方案。终于在至正十五年(1355)五月初,上天将机会送上了门,巢湖水师派了一个叫俞通海的人前来请求出兵救援。朱元璋一听说,有这样的事情,当场就情不自禁地跟李善长、徐达等人欢呼道:"天助我也,吾事济矣!"(《明太祖实录》卷3)这究竟是哪门子的事?

○ 小姐死后,巢湖水师讨救兵懵懵懂懂讨来一个"大忽悠"

事情还得从头说起:元末南方红巾军鼻祖彭莹玉曾在江淮一带长期秘密从事反元起义宣传,播下了很多的种子。有个人称金花小姐的彭莹玉女弟子,在刘福通发动颍州起义后,就与李普胜(又名李国胜,外号李扒头)、赵普胜(因善于使用双刀兵器,人称双刀赵)拉起了队伍,响应北方红巾军起义。当时江淮地区"人多应之",先是庐州巢县俞廷玉及其三个儿子俞通海、俞通源、俞通渊投到了李普胜的麾下(《明太祖实录》卷18);随后廖永坚、廖永安、廖永忠三兄弟也相继加入了起义军。至正十四年(1354)金花小姐战死后,巢湖及其附近地区的起义军受到了一定的影响,但很快就恢复了元气。李普胜占领无为州,赵普胜从江南返回后占据含山寨(今安徽含山县),廖氏兄弟追随彭莹玉和徐寿辉,曾经当过天完政权的军官。彭、徐部队在江西、浙江受挫后,廖永安和廖永忠兄弟俩就回到了家乡,与李普胜、赵普胜以及俞廷玉父子等联合组建水师,以巢湖为水寨中心,拥有战船1 000多艘,水师将士10 000多人,尊奉彭莹玉为祖师爷,自称是他的门徒,故水寨也就叫做彭祖家,或称彭祖水寨。巢县赵仲中、赵庸兄弟,无为桑世杰,庐州张德胜、叶生和含山华高等地方豪杰也纷纷加入其中。因此说,这支水师队伍的实力还是相当雄厚的,但自至正十三年与占据庐州的另一个白莲教首领左君弼发生矛盾冲突起,双方之间的摩擦就一直没有消停过。左君弼后来投靠了元朝,取得了官方的支持,巢湖水师明显感到了巨大的压力,所以就派了俞通海等做特使,前来和州,向朱元璋求救。(《明太祖实录》卷3)

朱元璋是何等人？要饭出身的能将死的说成活的，将活的说成死的。听完来使俞通海的话后，他决定亲自前往巢湖看看。李普胜、俞廷玉和廖永安等水师头领听说和州朱副元帅亲自率兵前来，立即整齐船舰，列队欢迎。

朱元璋来到巢湖，转了一圈，吃也吃饱了，喝也喝足了，就是只字不提发兵救援人家，反而一味强调巢湖水师所处的环境十分危险，弄得人家李普胜、赵普胜等大老粗水师头领愈发心里没底。李、赵心里没底，朱元璋就大谈打过长江去的好处，并为他们描绘了一幅共享富贵的美好蓝图。说着说着，大老粗们似乎也默认了朱副元帅的主张，而这时他们的部下和廖氏兄弟等早已倒向了朱元璋这一边，因为在这些人看来，与其在这里抖抖霍霍，还不如到朱副元帅那边去，反正自己也不是一、二把手。这样一来，巢湖水师的中、高层基本上都慢慢起了变化——想走了。而就在这时，李普胜和赵普胜两个头领还处于迷迷糊糊当中；朱元璋却与"心急"的人们开始察看出行的水道，以便将巢湖内的船舰带出去，来个"先同居后恋爱"或者说是"生米煮成熟饭"。（《明史·廖永安、俞通安、桑世杰传》卷133）

水道察看好后，水师开始出发，没多久就进抵桐城闸附近。通过这个桐城闸关，便可进入马场河，再往前可顺了。哪想到元朝江南行御史台御史中丞蛮子海牙早已在桐城闸、马场河一带布下了重兵，挡住了前方去路。掉头回去？朱元璋岂肯，日思夜想天上掉下馅饼，眼看这个大馅饼就要到嘴里了，怎么能放弃？他当即命令大家赶紧想办法。这时有人说，有一些小河汊倒是没被元军封锁，但这些小河汊里的水太浅了，船只稍稍大一点就会搁浅，怎么办？真是急死人的事。朱元璋犹如热锅上的蚂蚁，东蹿西跳，就是想不出办法来。真是无巧不成书，就在那天晚上，突然间老天变脸，电闪雷鸣，滂沱大雨从天而降，且整整下了一夜，到第二天天明时，原本几乎干涸的小河顿时变成了白茫茫的一片，小船、大船畅行无阻。这时元中丞蛮子海牙发现情况不对，立即指挥船只，迅速追击，但没想到自己的楼船太高太大，行动相当不便，无奈之下，只能眼睁睁地看着巢湖水师远去。（《明太祖实录》卷3）

○ 空手套白狼——"捡了"一支巢湖水师

过了几天，巢湖水师行进到了一个叫黄墩的地方，这里曾是水师头领赵普胜驻军的地方。赵普胜触景生情，顿时醒悟：我赵普胜，江湖上人称双刀赵，闻名大江南北，即使退居到了巢湖，那也是赫赫有名的万人统领。可如今却莫名其妙地被这个"鞋拔子脸"忽悠到了这里，还要上他的地盘上去，看他在我们巢湖的那样子，还真不把自己当外人。我们要是真去他那里了，还有什么好日子过？真像他嘴上涂了蜜似地说的：共享富贵？凭着直觉可以判断，那是不可能的！尽管人们都在说这个姓朱的如何有能耐，但我从未听说过更没有见识过他擅长什么武艺，靠着一肚子的阴谋诡计混到了今天这个份上，狠啊！再说，他来我们巢湖，尽是干些拨弄舌头根的事，怎么也不见他真心实意来帮我们。我一旦跟过去，40来岁叔叔辈的人反而让20几岁的侄儿小辈召唤，这还是双刀赵吗？想到这些，赵普胜觉得自己必须得离开这个是非之窝，可要走却不跟底下哥儿们打个招呼，那就不厚道了。于是他将几个要好的哥儿们找来，说出了自己的心里话。没想到这一切在暗中都被朱元璋已经搞定了的俞通海父子、廖永安、廖永忠兄弟和张德胜、桑世杰等人看得一清二楚，这些人马上报告了朱元璋。朱元璋听后默不作声，随后密令：从和州调集所谓的商船，其内装满了精兵，火速开往巢湖水师行进地；另一方面则以要与尾随的元中丞蛮子海牙作战为名，对水师部队进行整顿，重新编制和重新部署，削弱赵普胜等原来水师首领的权力。无奈之下，赵普胜计划落空，只好随船队一起行动，"纵舟进入长江，驶抵和州"。（【明】佚名：《皇朝本纪》；《明太祖实录》卷3；【明】高岱：《鸿猷录·龙飞淮甸》卷1；《明史·廖永安、俞通安、桑世杰传》卷133；【明】焦竑：《国朝献征录·虢国公俞通海传》卷6）

空手套白狼，这是朱元璋惯用的伎俩，也是有些国人津津乐道的"政治智慧"。对于成功人士或政治大人物，我们国人向来十分宽容，几乎从不研究其"原罪"。不研究"原罪"不等于成功人士或政治大人物就没有"原罪"，其实这样的人才色厉内荏，朱元璋何尝又不是这样呐！就在巢湖水师抵达和州后，他立即任命了先前私通于自己的廖永安、张德胜和俞通海等人为水师统帅，对于原水师头领李普胜和赵普胜来个实质性的架空。不过当时迅速变化着的形势迫使他暂时不做出过分的举动，因为先前在黄墩被甩掉的元中丞蛮子海牙率领的水军已经一路跟来了，并在长江上游布阵，企图将巢湖水师和朱元璋军困死在和州城内。对于这样的局势，朱元璋感到，如果不拔掉蛮子海牙这颗钉子的话，自己渡江去了，他会立马抄我的老巢，后果就不堪设想。为此，他调集了大批商船，配以不少的勇士，以巢湖水师为主力，在长江边上的峪溪口与蛮子海牙展开大决战。

再说蛮子海牙虽然一路不甘心地跟了来，可没想到朱元璋这么快就与自己决战了，加上自己的船舰过于高大，进退不便；而朱元璋任命的水师新官廖永安兄弟和张德胜等人正处于兴头上，利用自身船小的优势，"操舟如飞"，频频出击，打击元军进退失据，最后迫使其不得不狼狈逃窜。廖永安等率领水师乘胜追击，在青纱坊、鲚鱼洲等地再次痛击元军，俘获了大量的战船。蛮子海牙见到这等情势，唯恐廖永安指挥的水师再追赶过来，干脆就逃往江南去。这样一来，和州周围的元朝水师势力就被肃清了，朱元璋渡江作战的时机完全成熟。（《明太祖实录》卷3；《明

史·太祖本纪一》卷1)

○ 采石之战与不露声色掌控水陆军事大权　本来巢湖水师头领想请朱元璋喝酒的,结果朱元璋将他扔到长江里喂鱼了

　　至正十五年(1355)五月二十五日,朱元璋召开渡江作战战前会议,研究具体的作战方案。有的将领认为,没什么好研究的,直接打过去,直捣集庆即南京。但也有人不同意,认为这样做太冒险了,尤其像冯国用、李善长、范常等读书人,提出以历史上攻打南京的得失作为鉴戒。他们大致这么说道:当年西晋军攻灭东吴最先落脚点就在和州,然后进兵采石,攻下采石后,再兵发建业即南京;南北朝时侯景之所以渡江作战取得成功,也是取道滁(州)和(州),再攻采石,最后才兵围建康即南京;隋朝大将韩擒虎灭南陈、北宋曹彬灭南唐,也都是以攻下采石作为立足点,再逐渐进逼金陵。所以说,能否争夺到采石是渡江作战是否会成功的首要关键,这是由于采石位于南京的上游,突兀在长江南岸,形势险峻。一旦攻占了它,就等于卡住了南京上游的咽喉。朱元璋没什么文化,听了文化人的发言后,顿时感到由衷的敬佩,最后他作了总结性的发言:"取金陵,必自采石始。采石,南北喉襟,得采石,金陵可图也!"(《明太祖实录》卷3)

　　战前会议结束时,朱元璋又做了三项渡江准备工作:

　　第一,为防止军队将士在作战前后叛敌或乘机自立山头,他下令:全体将士之家眷一律留在和州! 实际上是作为一种人质,不过他公开的说辞可漂亮了:"打仗,拖家带口怎么打,也不安全。所以从安全方面考虑,也是从关爱您的家人角度出发,大家一律不准拖家带小,包括我朱某人在内,谁都不例外!"(《明史·后妃一·太祖孝慈高皇后传》卷113)那么要是有人打仗打累了,想起女人来,可怎么办? 只能忍一忍了,人家朱副元帅不是也不带老婆么,就连他新近搞上的"二奶""三奶"也不带! 不过,等打到了江南,大家才知道,人家朱副元帅可有艳福了,攻下太平城没几天,又娶上了一位如花似玉的小美眉,姓孙,人称孙夫人,也称孙"四奶"。当然这是后话了。

　　第二,从30 000余人的原郭军将士和10 000多人的巢湖水师中抽调10 000人,新组建渡江作战水陆大军,命令徐达、冯国用、邵荣、汤和、李善长、常遇春、邓愈、耿君用、廖永安各引舟渡江(《明太祖实录》卷3),名义上是为了提高作战能力,确保渡江战役的胜利,实际上是疑心病十足的朱副元帅对"天上掉下的那个大馅饼"——巢湖水师很不放心,将他们原来关系打乱,免得生出什么是非来。

　　第三,做好战前军事宣传与动员工作。朱元璋发布一项号令:凡入敌境,听从捎粮。若攻城而彼抗拒,任从将士检刮,听为己物。若降,即令安民,一无所取。

(【明】刘辰:《国初事迹》)我们将这话翻译成现代汉语,大致是说:将士们,马上要打到江南去了,粮饷我们还是不发,到敌占区去取粮,具体由将领主持负责,张贴告示,招安百姓,岁纳粮草,这就是明初历史上所谓的"捎粮";那么要是对方拒绝与我们合作或抵抗,怎么办?我朱副元帅告诉大家:任由各位掳掠,粮食可抢,女人可睡。当然,要是对方投降了,那就不行!(【明】刘辰:《国初事迹》)

和州城里本来就缺粮,好多汉子好久都没碰过女人了。朱副元帅的这番战前动员无疑是在将士们的欲火上浇了一桶油,大家体内火辣辣的,劲也被鼓得足足的,齐声高喊:"打过长江!打过长江!"

不过这时朱副元帅想的可与别人不一样,"伟人"处处自有过人之处,他要挑个好日子,想来个"开门大吉"。据说六月初一,日子不错,朱元璋当即命令,各将领带好自己的部属,各就各位,准备出发!可不曾想到,老天不开眼,突起狂风暴雨,几乎要将停泊在和州长江边的船只掀翻。面对老天的这般"警示",渡江只得暂停。不过好在恶劣气候也就那么一天,六月初二,天空放晴,旭日东升,只见朱元璋一大早就精神抖擞地来到了新近收为心腹的廖永安、廖永忠船只上,随着他的一声令下,百舸竞飞,往着长江南岸方向驶去。将士们拼命地划着船,想起前方有饭吃,有酒喝,有女人可睡,还有谁不出力?!

这时行驶在前的廖永安船只上,只见得主仆两人一问一答,特别和谐。廖永安问:"主公,你看我们船只是不是直接驶往采石?"朱元璋答道:"采石大镇,其备必固。牛诸矶前临大江,彼难为备御,今往攻之,其势必克!"(《明太祖实录》卷3)朱元璋话的意思是:"采石是个大镇,元军必定重兵把守,而在它的边上有个叫牛诸矶的,突兀在长江里头,估计元军不大可能在那儿也设有重兵。现在我们突然去攻打它,我看一定能攻下!"廖永安听明白了,立即调整船行方向,朝着牛诸矶驶去。后面的船只看到这样的情势,紧紧跟上。没一会儿,渡江船只就接近了牛诸矶。屯守矶上的元军一看,今天突然有人来攻,感觉情势不妙,赶紧发射弓箭。一时间箭如雨点一般,"啪!啪!啪!"地落在了渡江船舰中。船只无法靠岸,这可怎么办?这时部队总指挥朱元璋突然想起,前些日子在和州城外巡视时"捡到"的那个常遇春,不是他自我介绍武艺高强、很有本领,老吵着要打仗立功么,今天岂不是一个好机会!想到这里,他大呼:"常遇春,立功的机会到了!"时"舟距岸且三丈馀,莫能登。(常)遇春飞舸至太祖麾之前。遇春应声,奋戈直前。敌接其戈,乘势跃而上,大呼跳荡,元军披靡。诸将乘之,遂拔采石"(《明史·常遇春传》卷125)。采石矶瞬时被攻占,缘江敌垒,望风迎附,朱元璋军迅速占领了采石大镇。(《明太祖实录》卷3;【明】佚名:《皇朝本纪》;【明】钱谦益:《国初群雄事略·滁阳王》卷2引俞本《皇明纪事录》)

采石攻下后，一同参与作战的原巢湖水师头领李普胜和赵普胜心里还是很不爽，好端端的巢湖不待，跑这儿来拼命，尤其是渡江战役中两人都是几乎完全被架空了，想想就窝火满腹；但已有前车之鉴了，李普胜也学乖了点，嘱咐手下先在采石长江岸边的船只上准备好了酒席，然后邀请朱元璋共宴，庆贺渡江战役的胜利。一向对人疑神疑鬼的朱元璋接到邀请后心里直犯嘀咕：李普胜一路上好像不怎么开心啊，现在他怎么来请我？于是就随口问了：“李帅的真实意图是什么？”李普胜手下说：“小的不清楚。”听到这话，朱元璋已猜测出了，这是一场鸿门宴，遂以身体不适为由，婉言谢绝。几天后，朱元璋以答谢李普胜的一片盛情为名，也在船上设宴回请。李普胜大老粗一个，根本想都没想就去赴宴了，可他刚走进朱元璋的船舱，只听到一声令下，自己就被人五花大绑了，随后从屏风后面传来一阵奸笑：“嘿嘿，想搞我，我要你看看，到底谁搞谁。来人啊，将他扔到长江里去喂鱼！"可怜李普胜可能至死也没弄明白，到底问题出在哪里。(【明】刘辰：《国初事迹》)李普胜一死，他的原部下廖永安、廖永忠及俞通海就心安理得地投靠了朱元璋，可他们最终都没得好死，廖永忠还被朱元璋赐死，报应乎？(《明史·廖永安、俞通海传》卷133；《明史·廖永忠传》卷129)

李普胜被朱元璋不露声色地杀了，一般人知道得还真不多。不过作为同为高层领导的原巢湖水师另一个头领赵普胜在获悉事情的来龙去脉后，顿时就惶惶不安，心想下一个就轮到我了？想到这些，赵普胜再也待不下去了，连夜出逃，投奔天完政权的徐寿辉，成为其手下的一员大将(《明实录》说赵普胜是在上和州的路上偷偷溜走的)，并于至正十六年、宋龙凤二年(1356)夏占领池州，成为朱元璋政权的危险敌人。(【明】朱善继：《朱一斋先生文集·余廷心后传》卷6；《明太祖实录》卷5)

○ 朱元璋：采石没什么，前方太平城里有饭吃，有酒喝，有美女可睡！

不过对于这些潜在的未来危害，当时的朱元璋并没有意识到，因为还有更为头疼的问题亟待解决，那就是如何处理自己曾向将士们许诺过的诺言。采石攻下后，长期饥饿的将士们看到粮食就抢，看见东西就吃，看见女人就来劲……吃了，玩了，但大家还没尽兴，于是就尽己所能，将凡能抢到的、能带动的，都往停泊在长江边的船上搬，打算运回和州去，好好享用。

目睹军纪败坏到了这等地步，朱元璋顿时陷入了极度的焦虑之中：照这样下去，我还怎么能问鼎金陵、称雄天下，做第二个汉高祖刘邦呢？想到这些，他便跟在场的徐达等几位将领说道：“今举军渡江，幸而克捷，当乘胜径取太平。若听诸军取财物以归，再举必难，江东非我有，大事去矣！”刚说完，底下有人议论：“只有断了这些将士回去的念头才能有希望!"朱元璋听到后连连称赞:"说得好!"随后他下令,砍断长江边上所有船只的缆绳,将船只推入江中去,任其漂流。然后又通知将领们,召集所有的兵士,当场训话:"弟兄们,不是我朱某人说话不算数,采石是个弹丸之地,不能再抢了。前方有个大城池,叫太平州,那里有的是粮食,有的是金银珠宝,还有好多财主家的漂亮美眉,'无所不有,若破此一州,从其所取,然后方放汝归'"。(【明】佚名:《皇朝本纪》)就是说,太平州里边什么都有,倘若兄弟们一起拼命攻下它,拿什么,抢什么,我朱某人任由大家,如果有人说要回老家去,我也不阻拦!原本抢来的东西被朱元璋弄到长江里去的将士们顿时由牢骚满腹转变为信心百倍,斗志昂扬,且跃跃欲试。目睹这样的态势,朱元璋决定,在采石饱餐一顿,随后发出向前方太平城总攻的号令。想到前方有吃的,想到前方有大美人,将士们争先恐后地往前狂奔。从采石到太平大约有20里的路程,没一会儿就让大家给赶到了。(《明太祖实录》卷3)

再说此时驻守太平城的是元平章完者不花、万户万钧、达鲁花赤普里罕忽里等,他们见到这些发了疯似的"红头兵"(朱元璋军名分上是北方红巾军分支,军中将士的穿着都是红巾军的服饰)像蝗虫一般地云集在城下,顿时感觉不好,连忙紧闭城门。哪想到"红头兵"已经搬来了云梯或搭起了人梯,开始猛烈攻城。不到一个时辰,太平城就被攻破,"红头兵"蜂拥而入,完者不花与签事张旭等弃城逃跑,太平路总管靳义投水自尽,元军万户纳哈出被俘。元朝江南一大城池太平转瞬之间变为朱元璋渡江后的又一根据地。(《明太祖实录》卷3)

强登采石、速攻太平,将士们一路过来还没有遇到过什么劲敌,这仗打得舒畅啊,大伙儿欢天喜地。朱副元帅说得对,你看这太平城确实要比采石镇大,那这里的粮食、财宝肯定要比采石多,这里的美人也一定要比采石还漂亮,赶紧找啊!可仔细一瞧,不对劲,满大街到处贴着告示《戒戢军士榜》,即告诫军士们,严禁掳掠。这是怎么一回事?

原来在大伙儿发起攻城前,朱元璋就偷偷地找到李善长,让他制定好严禁掳掠的告示,等太平城一打下,就立即派人进城张贴。军士们见到告示,顿时大眼对小眼,不过也有的发起了牢骚,更有胆大的,我行我素,依然抢劫,不是你朱副元帅在采石时许诺过的!可抢劫者这回倒大霉了,朱元璋下令:杀!

杀鸡是为了给猴看,至于朱副元帅先前的诺言,人们千万也不要太当真,因为自古以来有哪个"大人物"或言"非常之人"会说话算数的!不过话得说回来,抢劫者被杀,怕死的本能使得当时其他将士老实多、规矩多了,太平顿时"城中肃然"。可大家还是两手空空,这可怎么办?巧了,城中有个叫陈迪的超级富翁,看到朱元璋军队不行抢劫,顿时感觉怪怪的,自古以来有几支部队不抢的?不抢也不一定意味着是件好事,赶紧出点"血"去"孝敬孝敬"吧。朱元璋拿到陈迪奉献的金银财帛后,为了平息军中众愤,及时地"分给诸将士"。这样一来,太平城总算真太平下来了。(《明太祖实录》卷3)

○ 保卫太平城——稳固进攻江南军政重心和中心集庆的大本营

太平是太平下来了,而从朱元璋角度来讲,他要的还不仅仅是这里秩序的安定,而是自己在江南立足、发展的根据地和作为进攻虎踞龙盘帝王之都南京的大本营。为此,自进入太平城的那一刻起,他就开始不断地经营,并收获了很多。综合起来看,大约有三大方面:

第一,建立自己第一个地方政权机构太平府和翼元帅府。

过去滁州、和州地盘小,军政合一并没有发现有多大的不妥,再说那时还是老丈人当家,自己即使再有什么想法也不能"喧宾夺主"啊。攻下太平后,朱元璋发现:采石、太平连成一片,范围很大,不建立地方行政就不可能实行有效管理;而军队人数现已增加了很多,建立合理的军队管理机构也成了当务之急。就此情势之下,朱元璋开始着手建立自己第一个地方政权太平府,即将元朝的太平路给改了,取消"路"这一行政级别,直接设府,任命太平当地的耆儒李习为知府。与此同时,在尊奉龙凤政权为正朔的前提下,设立太平兴国翼元帅府,名义上隶属于韩林儿册封的都元帅府。这里顺便说明一下,按照元朝的军制,中央设枢密院,地方上设临时性的行枢密院,下设万户、千户和百户等机构,万户又称为一翼,因此说朱元璋建立翼元帅府就相当于都元帅府下的最高军事机构。他自任翼元帅府元帅,以李善长为帅府都事,潘庭坚为帅府教授,汪广洋为帅府令使,太平耆儒陶安为参幕府事;并命令诸将分守太平城各门,修城浚濠,加强守御。(《明太祖实录》卷3)

第二,规划下一步的发展目标,确立以金陵作为军事进攻的重中之重。

朱元璋军队攻下太平后,当地的名儒李习和陶安等耳闻目睹了将士们不行抢劫等"非常之举"(军队抢劫在那时是司空见惯之事),便主动出来拜见。当陶安见到那张奇特的"猪腰子"或称"鞋拔子"脸时,跟一起来的李习说道:"龙姿凤质,非常人也,我辈今有主矣!"这马屁拍得太有水平了,被专制奴役惯了的中国人数千年来一直要为自己寻找主子,唯恐无主了就会觉得浑身上下都不舒服。陶安就是这样典型的中国特色的奴才。有中国特色的奴才,必定有中国特色的主子。朱元璋听到陶奴才的奉承话后顿时心里爽极了,随后便问他天下大势。陶安说:"方今四海鼎沸,豪杰并争,攻城屠邑,互相雄长。然其志者,在子女玉帛,取快一时,非有拨乱救民、安天下之心。明公率众渡江,神武不杀,人心悦服,以此顺天应人,而行吊伐,天下不足平也!"听到这里,朱元璋心里更是充满了无比的喜悦,而后又问:"陶先生,您看当今形势下,我攻取金陵,怎么样?"陶安说:"金陵,古帝王之都,龙蟠虎踞,限以长江之险。若取而有之,据其形,胜出兵以临四方,则何向不克!"(《明太祖实录》卷3)

经过此番谈话后,陶安的名字已经深深地烙在了朱元璋的脑海里。这样的人才实在难得,这样的人才一定得好好使用,于是朱元璋留陶安于幕府之中,"事多与议焉"(《明太祖实录》卷3)。原本已被勾起的金陵帝王梦想出乎意料地在太平名士陶安那里再次得以了"证实",由此朱元璋心中更加明确,下一步进攻的目标就是金陵,并以此作为工作重心之重。

第三,打退水陆两路元军进攻,稳固太平,以此作为进攻江南军政重心和中心集庆的大本营。

金陵帝王梦越来越清晰,朱元璋军队离虎踞龙蟠之地越来越近,除非是傻子,谁都看得懂,未来将要发生的大变局将是什么。尤其是在峪溪口之战中领教过朱元璋厉害的蛮子海牙等元将更加清楚地意识到,如果现在不及时地将朱元璋及其军队围死在太平,并加以消灭的话,那么江南重镇集庆及其周围地区用不了多少时间都有可能被他占领。为此,包括蛮子海牙在内的元朝水陆统帅们做了分工合作:元右丞阿鲁厌、副枢绊住马、中丞蛮子海牙等率领巨舟水师,堵截采石江面,封闭姑孰口(姑孰就是今天当涂南边的姑溪、姑浦),切断朱元璋军队的归路,防止他们战败逃回江北和州;另一方位则是由归降了元朝的方山寨民兵元帅陈埜先率领的数万步兵和水寨元帅康茂才率领水军协同进攻太平城。

方山位于太平之北,今南京市江宁县东南,正好处于太平通往南京的途中,因此说,如果陈埜先和康茂才的进攻不打退,不仅未来攻占集庆即南京的计划要泡汤,而且连眼前太平府城内的起义军都有被围死的可能。为此,朱元璋在城内布置了重兵,给来犯之敌迎头痛击。可时日一多,问题就来了,当时来到太平城的朱元璋军队才10 000多人,而陈埜先和康茂才两支队伍加在一起总人数就有好几万,明显的敌我悬殊,战斗时间长了点,太平城快要吃不住了。在这十分关键时刻,朱元璋新娶的孙夫人(孙四奶)深明大义,主动出来献计:"府中金银若干,何不尽给将士,使之奋身御敌,倘有不虞,积金何益?"(【明】钱谦益:《国初群雄事略·滁阳王》卷2,引俞本《皇明纪事录》)朱元璋一听这主意,觉得是个顶级金点子。随即命令手下人将府中的金银搬到城头上,分给守城的将士。将士们得了金银顿时就来劲,拼死作战。与此同时朱元璋仔细观察与分析敌情,觉得硬拼下去绝非良策,必须采取奇谋，才能克敌制胜。于是他带上汤和率领一部分士兵，火速赶往姑孰东迎敌，迷惑敌人，另外还命令徐达、邓愈等领兵偷偷绕到敌后，然后南北两面夹击，打得陈埜先措手不及，兵士四散，最终连陈埜先本人也当了俘虏。

陈埜先早已听说过有关朱元璋的那些事，自以为今日被俘，必死无疑，但没想到几天下去，不仅没有被杀，还天天好酒好菜，宾礼相待，这下可犯糊涂了。朱元璋解释说："天下大乱，豪杰并起，假借大的名头号令天下的，不知有多少人。你胜了，别人就依附你；你败了，就得依附于人。既然陈元帅也以豪杰自负，想必能识时势，就不会不知我朱某人的不杀之意吧！"陈埜先听到这里终于明白了："朱元帅的意思是想叫陈某招降部下到您的麾下？"朱元璋听后哈哈大笑："正是如此！陈元帅果然是一方豪杰啊！"闻及此番美语，陈埜先顿时有种飘飘然的感觉，随口说道："此事容易办到，大多数将校都是我的亲信和部属，我写封信给他们，他们马上就会来了。"说完，展纸操笔，劝降之书不一会儿就写好了，然后就派人送出。第二天，大大小小的头目们果然都一一来"报到"了。朱元璋可侠义了，下令立即宰杀白马乌牛，与陈埜先歃血为盟，义结金兰，共谋攻取集庆，成就一番大业。

太平保卫战取胜的消息传开了，元右丞阿鲁厌、中丞蛮子海牙等害怕得不敢行进，后又听说朱元璋与陈埜先义结为兄弟，那就更不敢向前妄动了，最后各自率领部属还驻峪溪口。（《明太祖实录》卷3；【清】夏燮：《明通鉴·前编》卷1）这样一来，太平城变得安全无虞，朱元璋进攻集庆的机会成熟了。

● 三攻集庆，占据江南政治、经济和文化中心

至正十五年、宋龙凤元年（1355）六月底，在与陈埜先义结金兰后没几天，朱元璋决定对江南政治、经济和文化中心集庆发动进攻。这就是大明开国史上的第一次集庆之战。

○ 第一次进攻集庆——一次无厘头的城下野营

进攻分两路：南路军由徐达等人率领，主要进攻目标为集庆南方的溧水、溧阳，扫除这些地区的元军势力，切断它们与集庆的联系，然后再从南部包抄过去，与北路军一起合攻集庆城；北路军则由郭子兴舅子张天祐率领，考虑到张天祐这一路直接攻打的是元朝江南重镇，兵力上无论如何都应该予以配足。那么哪来这么多的兵士？朱元璋聪明得很，直接找结拜兄弟陈埜先去要。再说当了俘虏的陈埜先与人家朱副元帅头也磕了，酒也喝了，拜了把子就没理由拒绝兄弟的这等要求。只是

让陈埜先没想到的是,义兄弟朱元璋只要他的将士,却不让他本人一同作战,好听一点的说法是让他在太平城里太太平平地养养身体,骨子里说白了就是将他质押在那里。对此,不仅陈埜先明白个中道理,就连他属下的义兵兄弟们也看懂了:你"猪腰子"脸够损的,让自己心爱的大将徐达等去攻打那些不着调子的小县城,让我们去当炮灰,集庆就那么好打的吗?废话!义兵将士们心照不宣,呼啦啦地跟着张天祐赶到了集庆城下,来个"磨洋工"、装样子,出工不出力,据说这也是陈埜先事先偷偷关照的(《明太祖实录》卷3)。这下可好了,第一次进攻集庆成了张天祐部队与陈埜先部下的一次城外野营。

○ 第二次进攻集庆——"大忽悠"成全"小忽悠"——一石打两鸟

第一次进攻集庆失败后,部队做了一段时间的休整。八月初一,朱元璋召集大家,再次讨论进攻集庆的作战方案。这时,有人向他密报了一些陈埜先的阴事。据说投降后的陈埜先身在曹营心在汉,表面上与朱副元帅义结兄弟,暗地里却时时刻刻不忘元朝的主子。朱元璋要他召集部下来降,迫于当时的情势,他不得不装装样子,虚晃一枪,想通过书信中的"反义正说",来激起义兵兄弟的忠义之气和哀兵必胜的斗志,没想到这帮子义兵兄弟木鱼脑袋,真的来降了,弄得陈元帅哭笑不得。第一次进攻集庆时,朱元璋没让他去,弄得他浑身不自在。最近听说将要二次进攻集庆了,陈埜先顿时又十分来劲,偷偷地跟他的老部下说:"你们去攻打集庆城,千万不要来真格,装装样子就可以了。等我从这里设法逃脱后,我自会跟你们联系的,那时我们再联合元兵,共举大业。"朱元璋听完密报后当场便说:"我也老早知道他不是真心投降,之所以没有立即杀他,就是考虑到各方面的因素,尤其想到:要是我将一个已经归降了的一方首领给杀了,试想今后还会有人肯投降我们吗?!"朱元璋确实想得很周到,不过从告密者提供的情报来看,对于眼前的陈埜先还不能不做个合理的"安排",否则的话,要不了多久,保不准会出什么乱子来了。(《明太祖实录》卷3)

经过仔仔细细的思考,朱元璋最终拿定主意,找来陈埜先,跟他这样说道:"陈元帅,我们俩虽然义结金兰,但人各有志,识见不同。你是想继续效忠元朝政府还是跟随我,任由你自选,我朱某人绝不勉强。"陈埜先不笨,结拜兄弟的话中话他听懂了,表面来看,朱元帅说得有情有理,滴水不漏,但骨子里似乎渗透出一种令人恐怖的意味,这里绝非久留之地啊!想到这里,他赶紧顺着结拜兄弟的话题杆子爬:"谢谢朱元帅的再生之恩,我陈某人也绝非是忘恩负义之人,如果日后我要是背叛了我们兄弟之情的话,神人不容,天诛地灭!"(《明太祖实录》卷3)毒誓都发了,还有什么不放心的?朱元璋"嘿嘿"奸笑一声,随即示意手下人放了陈埜先。

放了陈埜先,这话是我们现在人讲的大白话,当年朱元璋可会做人了,他一边送陈埜先走,一边关切地说:"陈元帅执意要走,兄弟我也不好强留,不过这年头兵荒马乱的,很不安全,嫂夫人与令郎、令爱等还在朱某人这里多住些日子,你呢也好回方山去好好做些整理,将失散的弟兄找回来,助我攻下集庆,共建不世之业!"陈埜先再次感谢朱副元帅的一片"深情厚谊",且表示愿做进攻集庆的急先锋。

很有意思的是,朱元璋送走了陈埜先后似乎并没有对直接进攻集庆做更多的努力,而是依然按照原来的思路,派出一支部队进攻方山东南面的溧阳和句容,继续清扫集庆南部外围的元军势力。至于陈埜先的行动,他似乎也没有做很多的过问。(《明太祖实录》卷3)

再说陈埜先,自回到方山后,立即收集残部,重振军队,然后将部队开往集庆南郊的板桥(即今南京城西南郊板桥镇一带)。他这么做主要目的有两个:一是方便与集庆城里元朝守将、江南行御史台御史大夫福寿之间的联系,双方打算设局歼灭朱元璋军;二是做给朱元璋看:我陈埜先守信用,为兄弟两肋插刀,亲自率兵已经攻打到了距离集庆城很近的板桥了。差不多与此同时,他还写了一封信给朱元璋,谎称自己亲率部队于八月十二日在集庆台城的八里冈与元兵展开了决战,杀敌不可胜数,生擒五人,缴获战马数十匹。接着他继续说道:"集庆城池,右环大江,左枕崇冈,三面据水,以山为郭,以江为池,地势险阻,不利步战。而现在集庆城里的元军又与苗军联合在一起,连寨扎营30多里,如果谁要想攻城,他们会马上断了攻城者的后路;如果谁要想在集庆城外建立营寨,作长久围城打算的话,恐怕粮饷运输都会要出问题。所以说,以陈某人之愚见,一味进攻,恐非良策,弄不好反为后患。朱元帅倒不如领兵东向,攻占溧阳、镇江,据守险阻,切断集庆外围过来的粮道,时间一长,集庆城不攻自破!"朱元璋接信后当即回复:"历代攻克江南的,如西晋灭东吴、隋灭南陈、北宋曹彬攻取南唐都是因为长江天堑阻隔南北的缘故,才四处调集船舰水师,然后便是渡江到江南来,再集中力量围攻金陵。如今我大军已经渡江,且据守金陵之上游,扼住了它的喉咙,水师船只多少已经显得不那么重要了。现在陈元帅提议我们去攻打溧阳、镇江,也就是放弃水军作战,通过步兵迂回绕进,这也与历朝攻克金陵的成功例子相悖啊!陈元帅过去常常信誓旦旦要为朱某人两肋插刀,而今正当时候!进取金陵,建勋定业,我就不知您为什么要我们放弃万全之策而行那个迂回之计呐?"(《明太祖实录》卷3)

陈埜先接到朱元璋的回信后无话可说,只好装装样子,于九月初带领部队挪动了一下军营,暗中却与元将左答纳识里密约,让他到自己的军营里来,对外却假称将他生擒了,并马上致信朱元璋,让他来陈军营中主持受俘仪式,以此来鼓舞士气,

扬扬军威。朱元璋回信说："好的,近日将启程。"可他私下里跟心腹说："陈埜先这人十分狡诈,什么样的事情都有可能发生,我才没那么傻呐!"就这样陈元帅空等了好多天,最终才发现:自己上了朱元璋的当了。

陈埜先的几个计谋都没得逞,反倒使自己的一举一动都暴露给了"把兄弟",不过不是所有的人都能像朱元璋那般洞若观火。一直对朱元璋掌控郭军实权而颇为不满的张天祐和郭天叙等却是地地道道的"直觉本能之人",他们觉得目前这样不前不退的格局完全是朱元璋指挥不当所造成的,第一回进攻集庆就应该让陈埜先一起上阵,而这次攻打集庆也不该放任陈埜先去打什么先锋,应该将其置身于我们可控的范围下,配合作战。朱元璋耐心地听着张天祐和郭天叙舅甥俩的牢骚,忍了又忍,最后会心地笑了。九月初在复信陈埜先后,他来了个顺水推舟,仍让张天祐和郭天叙舅甥担任二次进攻集庆的总指挥,这就等于告诉人们:我朱元璋光明磊落,即使与我老闹别扭的,我也十分尊重,将攻占元朝江南军政中心的头功让给他们!(《明太祖实录》卷3)

◎一石二鸟——郭子兴势力的瓦解

再说张天祐和郭天叙舅甥争到了这么个"好"机会,心里好不快活。自从渡江以来,我们郭军还没打过什么败仗,正可谓攻无不克,即使上次集庆城下走了一回,那也是敌我兵力太过于悬殊了,所以这一次一定要在这方面予以充分注意。

出了太平城,大约花了两三天的时间,张天祐和郭天叙赶到了江宁的方山,不是陈埜先说元朝将领左答纳识里被俘后扣在了那里么,我们就顺路过去一探究竟。

再说原先与陈埜先合唱双簧的元将左答纳识里突然听说张天祐和郭天叙率军要来方山,顿感情势不妙,赶紧组织兵马,本想予以迎头痛击,但时间太仓促了,还没来得及布置好如何作战,张天祐和郭天叙已经闯入大营了,左答纳识里仓促之间溜之大吉。(《明太祖实录》卷3)

方山之捷后,兴致勃勃的张、郭舅甥俩率领大军迅速北向,并与陈埜先约定:陈率领方山义兵从板桥出发,直攻集庆南门,张、郭舅甥俩率领的郭军由官塘经同山进攻集庆城的东门,九月十八日早上卯时(3～5点之间)双方同时发起对集庆城的攻击。但张、郭却不知道陈埜先早已暗通集庆城内的元军守将福寿,所以这第二次进攻集庆的战斗打得尤为艰难。东门与南门相隔距离遥远,陈埜先命令手下将士在南门大喊冲杀声,装装样子,剩下的就只有张、郭舅甥俩率领的郭军一方在殊死拼搏,战斗打到中午,打了整整六个小时,集庆城还是纹丝不动。这时陈埜先派人到东门来招呼张、郭舅甥俩,说这个江南重镇确实不好打,我们先稍稍歇歇,并说自己准备了丰盛的午宴,邀请张、郭两位元帅同去饮宴。张、郭一点也没有设防,一顿午餐下来喝得酩酊大醉。陈埜先看看时候差不多了,朝手下人使了个眼色,顿时刀斧手冲出,手起刀落,郭天叙的人头滚落到地。再说张天祐迷迷糊糊中听到有人吵闹,猛力睁眼想看看怎么回事,哪想到自己已经被五花大绑。任凭怎么叫唤、怎么骂娘,陈埜先只当没听见,最后将他献给了福寿。福寿一接到陈埜先的"献礼",就毫不含糊地将张天祐给杀了。(《明太祖实录》卷3)可怜张天祐和外甥郭天叙可能至死都没弄明白,自己到底怎么被暗算致死的。

张、郭舅甥俩一死,福寿与陈埜先马上于城内城外对郭军发起了攻击,没了主帅的郭军顿时遭受了两面夹击,死伤极为惨重,活着的看看不对劲赶紧溜吧。这时郭军总管赵继祖率领将士们开始进行有组织的撤退。陈埜先一看这情势,赶紧组织人马拼命追赶,企图将剩余郭军来个一网打尽。郭军残部向着集庆南方一路退着,大约退到今天江苏溧阳境内,经过金坛县葛仙乡时,当地有一支义兵武装,领头的叫卢德茂,他听说红巾军(民间俗称"红头兵"或"红贼")来了,赶紧指挥大家设伏,准备阻击,可是等了大半天,没看见什么"红头兵",倒是看见了一路追赶过来的陈埜先和他的部队。卢德茂组织义兵是为元朝服务的,听说陈埜先来了,他也来劲,因为前不久有人讲起陈埜先投靠了"红贼",现在没抓住"红贼",逮住或杀死投靠"红贼"的,照样也能到元朝政府那里去报功领赏啊!想到这些,卢德茂就派了50个壮士出寨去"迎接"陈埜先。陈埜先没防备,看到穿了元朝服饰青衣的义兵,就以为是自家人,兴冲冲地与10多个随身骑兵跟着走进了前头的寨子。正走着,有一个壮士突然间在其背后猛地一捶,陈埜先当即滚落下马,众壮士连连数枪直刺,陈埜先当场就一命呜呼。死讯传出,部下推举陈埜先的侄儿陈兆先为头领,继续屯兵方山山寨。(《明太祖实录》卷3;【明】钱谦益:《国初群雄事略·滁阳王》卷2引俞本《皇明纪事录》;【明】陈基:《夷白斋稿·南台御史大夫西夏永平年公勋德诗序》卷10;【清】夏燮:《明通鉴·前编》卷1)

○ 第三次进攻集庆一"真龙"发威——宋龙凤二年、元至正十六年(1356)三月

金兰兄弟陈埜先死了,一直与自己过不去和较劲的张、郭舅甥俩也死了,老丈人郭子兴的旧部全归给了义女婿,朱元璋从此成为这支起义军队伍名副其实的都元帅、一把手,也是龙凤政权在南方地区的一员大将。

不过并不是所有的事情都通过算计就能解决好的,就在集庆城下张、郭舅甥俩被害之后,元水师大将蛮子海牙也看到了希望和机会,他迅速鼓起勇气,将水师从江北的峪溪口移向了江南采石矶,在那里建立栅寨,布兵设岗,不仅切断了太平通

往集庆的道路,而且也断绝了和州通往江南的交通。而这时朱元璋正妻马氏以及将士们的家眷等都在江北和州,如果不将蛮子海牙这颗钉子拔掉,将士们的心情肯定不会安宁。再说,马上就要发动新一轮的集庆围攻战了,北上之路上有人正蛰伏着,这毕竟是一大隐患。所以无论从哪个角度来讲,扫除蛮子海牙这只拦路虎成为了那时朱元璋军的当务之急。

宋龙凤二年、元至正十六年(1356)二月,朱元璋派常遇春率领一支部队作为疑兵,对蛮子海牙水师发起猛烈攻击,吸引对方的注意力;与此同时他自己则率部从正面进攻。对于起义军这般突然间的猛攻,蛮子海牙猝不及防,水师队伍一下子被常遇春冲开了,分成了左右两翼,相互失去了联系。朱元璋见到这番形势,令人赶紧发炮轰击,半天不到的功夫,蛮子海牙水师力不能支,开始全面溃退,往着集庆城方向逃窜。朱元璋当即俘获了元军水师10 000余人,采石再次回到朱元璋军手中,南北通道恢复畅通,同时也为北上围攻集庆解除了后顾之忧,新一轮集庆攻城战时机完全成熟。(《明太祖实录》卷3;《明太祖实录》卷4)

宋龙凤二年三月初一日,经过几天休整后,朱元璋亲率水陆大军,浩浩荡荡地从太平城出发北上,第三次集庆之战由此开局。

第三天即初三日,大军到达集庆路治所江宁镇,屯守在江宁东南方四五里外的方山山寨的陈兆先义兵猝不及防。而朱元璋起义军的将士们一望见方山义兵,格外眼红,想起跟随郭天叙、张天祐一起攻城而死难的弟兄,大伙儿憋足了劲,在那里发了一场闯营大战,当场就活捉了陈兆先及其手下将士36 000人。

方山大捷后,将士们自动发起了纪念昔日死难兄弟亡灵的活动,当地的百姓纷纷参与,敲起了大鼓;从此江宁方山一带的老百姓每年在新春期间都要擂起大鼓,举行一定的仪式,据说就是要祭奠那些死去的将士,方山大鼓由此名扬天下。(【清】毕沅:《续资治通鉴》卷213)

再说当时陈兆先和手下的36 000号俘虏看到朱元璋军中将士的如等举动后,个个都吓坏了,他们估摸着自己将要受到血腥的报复,人人都把心提到了嗓子口,大气都不敢喘。要饭出身的朱元璋最擅长观貌察色,还有就是一肚子的计谋,他立即喊来冯国用,从那36 000号俘虏中挑选出了500个骁勇壮士,叫他们担任自己的守帐亲兵,并决定当天夜里就留他们守夜值班。这下可急坏了一些"渡江干部""老革命",他们担心这些新降的"精兵"万一有什么歹念,我们大元帅岂不……但朱元璋执意要么么做,下令将原来身边其余的人全部打发走,独留下典领亲兵的冯国用一人侍候在自己的卧榻旁。那500亲兵就守在帐外,朱元璋一躺下去便鼾声如雷。他真的睡着了吗?作秀?只有去问朱元璋他本人了。可就这样的一个举动,把500个亲兵感动得实在没得说。咱们刚投降,没有想到这位主帅如此真诚地对待我们,我们不为这样的主子卖命还是人吗?(《明太祖实录》卷4;【清】谷应泰:《明史纪事本末·平定东南》卷2)

得了这么多的军事力量补充后,朱元璋的队伍可谓是巍巍壮观。7天后的初十日,朱元璋下令军队开拔北上,冯国用率领那500名侍卫壮士从集庆东线蒋山即紫金山一带发起冲锋,被感动的500壮士个个如猛虎一般,闯入元军阵营,拼命砍杀,没一会儿,他们便攻入了集庆外城。与此同时,朱元璋直接统领的大军在距离集庆还有5里的地方就开始孕育起了冲锋杀敌的军中士气,大家鼓噪而进,喊杀声惊天动地。集庆城里的元兵远远望见这样的阵势,顿时都吓破了胆。元行台御史大夫福寿只好亲自督领兵士出城迎战,没曾料到,一出城就被打得屁滚尿流。见到形势不对,他赶紧缩到城里去,立即关闭了城门。再说朱元璋军将士可管不了这么多,当大家来到集庆城下时,纷纷搭起了云梯,并迅速开始登城。元军抵抗着,但攻城将士如潮水一般地涌来,最终涌入了城内,集庆城终于被打开。福寿见到大事不妙,立即率领元兵与起义军展开激烈的巷战,不料又兵败,最后死于战阵之中。元平章阿鲁厌、参政伯家奴及集庆路达鲁花赤达尼达思等皆战死,御史王稷、元帅李宁等300余名将官投降,蛮子海牙向东逃跑,投奔张士诚。淮西宣慰使、水寨元帅康茂才和苗军元帅寻朝佐、许成、刘哈剌不花以及海军元帅叶撒及阿鲁厌部将完都等,各率众投降,朱元璋共得集庆军民50余万人。(《明太祖实录》卷4)

50万人口一下子易主了,人们纷纷不安。对此,明察秋毫的一代枭雄朱元璋一下子就意识到了问题所在。入城当天,他召集城中官吏、父老、人民等,登台作了即兴演讲:"元失其政,所在纷扰,兵戈并起,生民涂炭,汝等处危城之中,朝夕惴惴不能自保。吾率众至此,为民除乱耳!汝宜各安职业,勿怀疑惧。贤人君子,有能相从立功业者,吾礼用之。居官者,慎毋暴横以殃吾民,旧政有不便者,吾为汝除之。"翻译成现代汉语大致是这么说的:元朝腐败,现在易主了,大家各安其业,凡是做官的千万要注意,不得祸害我百姓;凡是不便于民的元朝弊政、恶政,我朱某人为民坚决铲除!(《明太祖实录》卷4)

朱元璋的这番演讲很到位,言简意赅,又击中要害,集庆城内军民一下子安定下来了。第二天,他下令建立江南地区第二个地方行政机构,将集庆路改为应天府,下设上元、江宁二县。对于应天之名,朱元璋曾这样解释:"王者征伐,应天顺人,所以平祸乱而安生民也!"(《明太祖实录》卷18)在设立应天府的同时,还设置地方军事行政机构——天兴建康翼统军大元帅府,以廖永安为统军元帅,赵忠为兴国翼元帅,镇守太平。(《明太祖实录》卷4)

神州大地烽火连连　东抢南夺发威应天

● 建立江南省级农民起义政权——江南行省——明朝最早雏形

渡江后的朱元璋在江南经营的事业风风火火，节节攀升，在亳州的龙凤皇帝韩林儿后来也听说了，看到臣子这般有出息，当然十分高兴。龙凤二年(1356)七月他升朱元璋为枢密院同佥，帅府都事李善长为经历；不久后，又擢升朱元璋为江南等处行中书省平章政事，以故元帅郭天叙之弟郭天爵为右丞，经历李善长为左右司郎中，以下诸将皆升元帅。(【明】钱谦益：《国初群雄事略·宋小明王》卷1引俞本《皇明纪事录》；【明】潘柽章：《国史考异》卷1)

朱元璋接到小明王的命令后，开府应天，在元朝御史台府第(今南京王府大街一带)建立江南行中书省，总揽省事；以李善长、宋思颜为参议，李梦庚、郭景祥为左右司郎中，侯原善、杨元杲、陶安、阮弘道为员外郎，孔克仁、陈养吾、王恺为都事，王为照磨，栾凤为管勾，夏煜、韩子鲁为博士。与此同时，设置帐前总制亲兵都指挥使司——明代皇家御林军和锦衣卫特务机构的最早雏形，以冯国用为都指挥使；并建置江南行枢密院，直接主管江南地区军事，以元帅汤和摄同佥枢密院事，其下又设立前、后、左、右、中翼元帅府5个军事分支机构，以华云龙、唐胜宗、陆仲亨、邓愈、陈兆先、张彪、王玉、陈本等为元帅；置五部都先锋，以陶文兴、陈德等为都先锋；置省都镇抚司，以孙养浩为镇抚；置理问所，以刘祯、秦裕为理问；置提刑按察使司，以王习右、王德芳为佥事；置兵马指挥司，议察奸伪，以达必大为指挥；置营田司(《明太祖实录》卷4；【明】钱谦益：《国初群雄事略·宋小明王》卷1引俞本《皇明纪事录》)。如此下来，朱元璋在应天即南京建立起来的政权已经迥然不同于过去简单划分权限的农民起义军政机构，而是覆盖了行政、军事、司法、监察甚至经济等各个层面的相对比较完备的省级领导组织。后来的明朝就是在这一基础上逐渐发展起来的。

● 稳固以应天为中心的江南地区政权，攻占东大门和南大门——镇江、广德

省级农民起义政权在虎踞龙蟠之地建立起来了，朱元璋多年来梦寐以求的愿

望终于得以了实现。可是这一切对于苦孩子出身的朱元璋来说却并未感到内心轻松多少,因为他知道,建立一个政权不难,但若要使得这个政权长期存活、发展和壮大的话,就势必得不断进取。

攻占应天时,朱元璋政权已经拥有了芜湖、和州、滁州、太平、溧水和溧阳等地,而从当时的形势来看,应天周围最为紧要的地方应该是镇江。镇江又称京口,据说"京口"中的"京"就是指南京建康京城;换言之,镇江拱卫屏障着应天南京,是应天南京的门户。还有一个不可忽略的因素,那就是当时镇守镇江的元军势力比较薄弱,如果一旦被占据长江下游的张士诚抢了先,他便可直捣应天,后果不堪设想。因此当务之急,无论如何都应该尽快拿下镇江路。至正十六年、龙凤二年(1356)三月,即攻下应天后没过几天,朱元璋任命徐达为大将军,率领汤和、张德麟、廖永安等统兵进攻镇江。(《明太祖实录》卷4)

为了确保镇江之战的顺利进行,朱元璋对于老丈人郭子兴时代流传下来的军纪差等坏习惯再次用心整治,并与都事李善长合唱了一出精彩的双簧戏。三月十二日,他召集全体将士训话,先强调军纪,然后列举历次违反军令、杀戮抢劫将士的罪过,说完把脸一板,大声喝道:"来人呐,将这些被点到名的犯过将士拉出去砍了!"这下可把人们给吓坏了,犯过将士跪在地上,头磕得像捣蒜泥。这时,李善长走了出来,替将士们求情,恳请朱大帅将犯过将士之罪暂时寄着,让他们在战场上立功补过。朱元璋假模假样地应允了,不过他再次强调:"看在李都事的面子上,我暂且饶了你们。大家知道,自起兵以来,我朱某人从未妄杀一人,你们必须得给我记着,今后行军打仗一定得守纪律,决不能滥杀乱抢,祸害百姓!大家马上要出征了,去攻打镇江,我可把丑话说在前头,不论谁,哪怕是徐达将军,只要违反军纪了,定斩不饶!"朱元璋的话铿锵有力又杀气腾腾,就连徐达将军也大气不敢喘,其他将士就更不用说了。(《明太祖实录》卷4)

四天后,徐达、汤和、张德麟、廖永安等率领军纪严明的部队浩浩荡荡地开赴镇江。镇江苗军元帅完者图还没见过这样的队伍,一看这等阵势,顿时被吓坏了,赶紧脚底下抹油,溜了,留下守将段武、平章定定以死殉国。没多时,镇江城破,徐达等自仁和门入城,"号令严肃,城中晏然,民不知有兵"。(《明太祖实录》卷4)

镇江攻下后,朱元璋下令在此设立管理机构,改镇江路为江淮府,以镇江为淮兴、镇江翼元帅府,命徐达、汤和为统军元帅,并置秦淮翼元帅府,以俞通海为元帅。(《明太祖实录》卷4)

就在应天府东大门镇江之战取胜后不久,朱元璋又派遣元帅邓愈、邵成、总管汤昌率兵攻取应天府南大门——广德路。广德路镇守元军势力薄弱,很快就被攻

下。朱元璋随即下令,在那里建立广兴府,并置广兴翼行军元帅府,以邓愈、邵成为元帅,汤昌为行军总管。(《明太祖实录》卷4)

至此,以应天为中心的朱元璋政权已经拥有了应天府、太平府、江淮府(后改名为镇江府)和广兴府(即后来的广德府)江南4府地区,军队约有十几万,成为名副其实的威震一方的一代枭雄。

● 元宫爱欲情海热火朝天　南北红巾军烽火漫天　张士诚速占江南

说到这里,好奇的读者朋友可能要问:一般农民起义起来后往往用不了多久就被官方当局或地方武装很快地镇压了。为什么那时的朱元璋势力能如此迅猛地发展、壮大?

○ "鲁班天子"的大方:我的美女,大家一起来乐乐——元廷腐败帮了起义军大忙

这要首先"归功于"元顺帝为首的元朝统治集团的腐败"帮了忙"。

自从脱脱被害后,元廷中的"明白人"越来越少,元顺帝更加肆无忌惮地追求淫乐,大玩"大喜乐"性游戏。他挑选了100个特别漂亮的宫女,让她们穿上耀眼的璎珞衣服,拿了乐器,列队唱歌《金字经》,跳《雁儿舞》。再从中选出16个特别妩媚妖艳的美女,称之为"十六天魔",将她们偷偷地藏在新挖的地道内,天天变着法子玩着性游戏。玩着玩着元顺帝来了灵感了,想起宫中嫔妃太一本正经,服务水平差,应该让她们开开眼界,改进改进游戏技巧与服务质量,于是挑选了100多个嫔妃,专门进修秘密佛法,即元代藏传佛教中的"双修法",亦名"大喜乐"。(【元】权衡:《庚申外史》卷下)

除了大玩性乐和性游戏外,元顺帝还有两大嗜好,就是充当机械设计和建筑工程设计师。

据说元顺帝曾设计制造了一个精美无比的"报时钟"——宫漏,高有6～7尺,约2米,宽3～4尺,约1米,其中有一木柜,柜子里放着各种水壶,用以上下运水。柜子上头设置西方三圣殿,半腰处站立一玉女,手中捧着时刻筹,按时浮水而上。玉女左右两旁各列两尊金甲神人,一尊为悬钟,另一尊为悬钲,每到夜间入更时分便开始按更敲钟击钲,其旁边的凤凰、狮子等随之翩翩起舞。柜子的东西两侧还有

日月宫,宫中站着6个仙女,每到子(夜里23点至凌晨1点)午(白天中午11点到13点)时,她们会自动行走,走过仙桥,来到三圣殿,然后再退回原处,"其精巧绝出,人谓前代所鲜有"。(《元史·顺帝本纪六》卷43)

由此看来,这位元朝末代天子完全可以堪称世界钟表行业最早的"大佬"了,其精益求精的"敬业"精神即使在600多年后的今天,以精湛技巧著称于世的世界钟表龙头老大瑞士人看来,可能还要自叹弗如。除了酷爱钟表设计与制造外,元顺帝还对建筑工程表现出极度的喜爱和惊人的天分。如果当时设立一个建筑设计院或规划局的话,他无疑是个优秀的业务骨干,保不准还可以弄个建筑设计院院长当当,可叫他当皇帝,压根儿就"委屈"了他。堂堂天子一天到晚不务正业,却孜孜不倦地为左右亲近大臣绘制和设计住宅图样,甚至有时还到建筑工地上,不是视察视察、指手画脚,就是拉线、刨木头,架梁造屋,由此被北京城里老百姓称为"鲁班天子"。(【元】权衡:《庚申外史》卷下;《元史·顺帝本纪六》卷43)

据说这位"鲁班天子"还曾设计建造了一种精美的龙舟,首尾长120尺,宽20尺,可能相当于现代的半个足球场那么大,前有瓦帘棚、穿廊、两暖阁,后有吾殿楼子,龙身和殿宇用五彩金妆,前有两爪。其上用水手24人,身衣紫衫,金荔枝带,四带头巾,在船的两旁下各执一篙。整个龙舟设计得不仅十分漂亮,而且还无比精巧,龙尾、龙鬣都能转动,龙爪自动喷水。每次元顺帝登舟游玩,就让穿着五颜六色的漂亮美女在河岸当纤夫。龙舟被拉动,岸上美眉们的花衣花裙顿时被风吹拂起来,远远望去好似一个个下凡人间的仙女,皇帝老爷由此龙颜大悦,要是有哪一个或几个美眉被看中,当夜就有可能被临幸。谁家的女孩被临幸了,这在当时北京城里可谓是无比荣耀的事情。如此下来,时间一久,元顺帝的女宠越来越多,朝廷的开支与负担也就越来越重。要是美艳女宠一撒娇,说自己家里缺什么了,元顺帝就会毫不含糊地予以赏赐。当时农民大起义已爆发,南粮北运严重受困,大都北京粮食供给极度短缺,朝廷百官俸禄发不出,就以茶、纸和杂物作替代,但一旦与皇帝大玩性乐的美眉发嗲了,帝国粮仓里仅有的粮食也会往美眉家中送去。(【元】权衡:《庚申外史》卷下;《元史·顺帝本纪六》卷43)

皇后祁氏看到元顺帝这般荒淫无度,曾想规谏他一番。有一次,乘着皇帝临幸自己之际,她就拉着龙袍这般说道:"使长(元朝人称皇帝,相当于汉族人称陛下)您的年纪不小了,儿女们也逐渐大了,对于工程住宅之类的营造事情您就不必多去操劳,让下人们干干就行了;陛下宫中的美女妻妾也已够多了,足够伺候得您满意,请您不要再迷惑于那些番僧所说的天魔女辈,要爱惜龙体!"没想到祁皇后刚说完,元顺帝就大发雷霆:"古往今来哪个皇帝不是这样美女成群,快快乐乐的?!"说完站起来就走了,从此以后有2个多月的时间他就没去过祁皇后宫里。祁皇后终于明白过来了,为了保住自己的地位,也开始在女色上做文章。据说在宫里头她偷偷地养了好多好多高丽小美女,一是用来吸引"公用"老公元顺帝经常光顾自己宫里;二是用高丽小美女对朝廷权臣进行性贿赂,让他们为自己办事。当时元宫上下有个公开的秘密:高丽美女特别擅长服侍男人。一旦哪个男人与高丽美女有过那么一次,日后就会对别的女人感觉索然无味。因此当时北京的女人们最赶时髦的就是要将自己打扮成高丽美女,宫廷上下高丽美女的服饰成为了风行的时尚。(【元】权衡:《庚申外史》卷下)

见此,元顺帝乐不可支,想想自己的快乐,又忽然想起自己大元江山的接班人也应该快快乐乐。有一次在与倚纳(即宫中陪同皇帝一起淫乐的男人)一起大玩美女后,元顺帝颇为关心地指示道:"我的那个皇太子至今还不懂得什么是秘密佛法,秘密佛法令人舒心,也能延年益寿,为何你们不教教我的皇太子?"随即命令经常与他一起玩美女的秃鲁帖木儿即害死脱脱的那个佞臣哈麻的妹婿去教授皇太子爱猷识理达腊。爱猷识理达腊当时还是个少年,体内本身充满着无限的活力,一旦品尝到了男女之愉悦后,便一发不能收,从此也陷入了男女双修的美妙快感之中了。(【元】权衡:《庚申外史》卷下)

对于日益弥漫的元宫淫风,一些正直的人士开始纷纷议论,将矛头直接指向奸佞小人哈麻兄弟。再说自害死脱脱后,哈麻官拜中书左丞相,弟弟雪雪由知枢密院事拜御史大夫,兄弟俩一个成为元廷行政最高机构的领导,另一个是元廷监察最高机构的领导,"国家大柄,尽归其兄弟二人矣"。人生到了这一步,心里应该爽得没得说。可哈麻却发现,事情并非如此,每次上下朝或处理公务时,周围的人看他,那眼神都是怪怪的,这究竟是怎么一回事?仔细看看,认真想着,半年后终于明白了:原来人们都在鄙视自己与弟弟、妹夫密谋干的那些令人不齿的事情——将擅长房中术的番僧推荐给皇帝,让元顺帝不干正务,没日没夜地专干男女之事。不要说了,想起来就让人心跳加速,脸红到耳朵根旁。这怎么办呢?(《元史·奸臣·哈麻传》卷205)

有一天,哈麻在家里,看到周围没什么人,就跟父亲秃鲁说:"我与雪雪现在位居宰辅,理应正面辅佐、引导天子,可我们的妹夫秃鲁帖木儿却以介绍男女之欢有功而受宠于皇帝,天下士大夫都讥笑我们家兄弟姊妹是通过床笫之乐而发达的,这样下去还有什么脸面来面对世人啊!我打算除掉秃鲁帖木儿;况且现在皇上越来越昏暗,这怎么能治理好国家!倒是逐渐长大的皇太子看上去还不错,聪明过人,我想将当今天子奉为太上皇,立皇太子为帝!"哈麻讲得过瘾,没想到自家妹妹在暗中都偷听到了,想着天天陪着皇帝玩又能"荣宗耀祖"的好丈夫即将要被自家哥哥暗害了,她下定了决心,要将这个绝密信息告诉给自己的丈夫秃鲁帖木儿听。当秃鲁帖木儿得到妻子的告密后,一下子呆掉了:这原本是我们郎舅三人合伙干的,现在哈麻兄弟似乎要将责任全推在我一个人头上。当然,这还不是最为要害的。从未来朝廷发展的走势来看,倒是皇太子这一派还不能不考虑,他逐渐长大,一旦登基即位了,那我秃鲁帖木儿这个专门为他皇帝父亲找乐而使其不务正业的宠臣肯定没有好下场。与其这样,倒不如先下手为上。第二天,当来到宫中准备与元顺帝一起找美女大玩性游戏时,乘着人们不注意间,秃鲁帖木儿将哈麻暗中策划,打算将皇太子奉上帝位,让元顺帝退居"二线"的阴谋诡计偷偷地告诉了大元天子,并添油加醋地讲:"哈麻说陛下您年老了,不太中用了!"就是不提宫中大玩美女之事,以免引起过大的反应和负面影响。果然,事情正像秃鲁帖木儿所精心设计得那样,当元顺帝听完了告密后,大惊失色地说道:"朕头发还没白,牙齿也没松动、脱落,怎么就说朕老了呐!"想想便火气腾腾,随即就与秃鲁帖木儿讨论起除掉哈麻兄弟的计策来了。(《元史·奸臣·哈麻传》卷205)

  计策定好后,秃鲁帖木儿赶紧藏匿到大都的尼姑庵里去,装作什么事都与他无关。第二天早上,本来想出门上朝的哈麻兄弟突然接到元顺帝的圣旨,让他俩不用去上朝了,在家待着,等候皇帝新的谕旨。元廷上下谁都知道如今是哈麻兄弟当道,突然间皇帝不要他们来上朝了,"猴精"御史大夫搠思监看出问题的端倪来了,立即上奏,弹劾哈麻和他的弟弟雪雪,说他们祸国殃民,罪恶滔天。元顺帝接到弹劾奏章后并没有立即做出处置,而考虑了一下,跟人这样说:"哈麻、雪雪兄弟二人虽然有罪,但侍候朕也有很长一段时间了,况且朕弟懿璘质班皇帝还与他们同在一个奶妈那里吃的奶,因此朕想姑且减缓一下对他们兄弟俩的处罚,命令他们领兵出征!"可中书右丞相定住、平章政事桑哥失里等却轮番出来弹劾哈麻、雪雪兄弟。元顺帝顺应"民意",命令哈麻兄弟出城受诏,哥哥哈麻发配广东惠州安置,弟弟雪雪发配肇州安置。兄弟上路后,走到半道上,皇帝又有新诏令下来,即刻杖杀之。(《元史·奸臣·哈麻传》卷205)

  佞臣哈麻兄弟除去后,元顺帝任命御史大夫搠思监出任中书省右丞相,辽阳行省左丞相太平为中书省左丞相。太平原名贺惟一,汉人,为人正派,他与脱脱都算得上是元末浑浊元廷中的"清醒人"。正因为如此,他一上来就遭受别人的排挤,先是右丞相搠思监挟制着他,后来搠思监因贪污受贿被贬,终于让他有个出头施展才能的机会了。可没想到元顺帝的二皇后奇氏(即祁氏)与皇太子却找到了门上来,想让他一起胁迫元顺帝提前"内退",由皇太子来当皇帝,太平没答应。为此皇太子恨上了太平,打击太平,最终迫使他辞去相位。至正二十年(1360)元顺帝重新任用搠思监为中书省右丞相,后"搠思监因诬奏之,安置土蕃,寻遣使者逼令(太平)自裁。太平至东胜,赋诗一篇,乃自杀"。(《元史·太平传》卷140)

太平死后,元顺帝更加腐朽昏愦,元廷各利益集团之间的倾轧也愈演愈烈,帝国统治力量大大削弱。这在客观上便利了各地包括朱元璋军在内的反元起义队伍的发展和壮大。

○ 哀鸿遍野、"父子相食"、京城出现"万人坑"和北方三大义兵武装的出现

而偏偏在这个时候,元帝国各地频频发生的天灾与日益严重的饥荒,无疑给反元起义烈火上浇了一桶油。据史料记载,自至正十一年元末红巾军大起义爆发后,各地的天灾水旱等一直不断,伴随之蝗灾又频频袭来,中原大地和江淮流域赤地千里。朱元璋当年活不下去的家乡及其周围地区在经过数年的战乱后,情况更加糟糕。曾经几次擢升朱元璋的龙凤皇帝小明王兵败被围安丰时,城中曾出现了"人相食"的惨状,到了后来能吃的活人越来越少,只好去挖下葬了的死人,有的死人已经腐烂了,没法立即烧了吃,有人就想着用井底里的烂泥和着,做成丸子,用人油油炸了再吃(【明】钱谦益:《国初群雄事略·宋小明王》卷1引俞本《皇明纪事录》)。饥荒还蔓延到了元帝国中心大都及其周围地区。元政府大司农司曾在河北的雄州、霸州等地实行屯田种植,目的是确保京城的粮食供给,当时称为"京粮"(《元史·顺帝本纪七》卷44)。但在至正十四年大都还是发生了大饥荒,同样上演了"民有父子相食"的人间惨剧(《元史·顺帝本纪六》卷43)。四年后,灾荒、水患和蝗灾再次交相袭来,大都"民大饥"。至正十九年,山东、河东、河南、关中等处蝗飞蔽天,"人马不能行,所落沟堑尽平,民大饥"(《元史·顺帝本纪八》卷45)。中原大饥荒爆发后,大都北京的情势就更糟了,那时"京师大饥,民孳死者几百万。十一门外各掘万人坑掩之,鸱鸦百群,夜鸣至晓,连日乃止"。(【元】权衡:《庚申外史》卷下)

面对灾荒与饥民,历朝历代都有一定的紧急应对经验,归纳起来大致有两大者:第一,政府出面赈济灾荒和救济饥民,但这个举措要想得以推行,就必须有个大前提,那就是帝国政府掌握着相当的粮食储备或经济实力,问题是当时的元顺帝政府早就捉襟见肘,寅吃卯粮,就连首都人民都成批成批地饿死,哪拿得出什么东西来赈灾救民呐!史书记载说,"当元统、至元间,国家承平之时,一岁入粮一千三百五十万八千八百八十四石,而浙江(实际应指江浙两省,本书作者注)四分强,河南二分强,江西一分强,腹里一分强,湖广、陕西、辽阳总一分强,通十分也"。这就是说元帝国政府的税粮收入 40%～50% 来自江浙,20% 来自河南,10% 来自江西,

10%来自腹里,10%来自湖广、陕西、辽阳。可浙东地区发生了方国珍起义、苏松等浙西地区被张士诚攻占了,河南、山东蝗灾遍地,陕西等地也发生天灾……由此"京师索然"(【元】权衡:《庚申外史》卷下)。第二,官府招兵,荒年招兵是解决灾荒和饥民、流民的最好办法。由于历代帝国的兵政制度存在着一定的弊端,俗话说:好人不当兵、好铁不打钉,普通民众一般情况下都不愿意去当兵。但在荒年可不一样了,饥民们饿到了父子相食的地步,即使当兵再不好,但还是能避免这样的惨事发生。其次帝国政府可以通过招募饥民与流民为兵的手段,既能熄灭饥民或流民当中燃起的反政府起义烈火,也可调集这些组织起来的饥民或流民来对付其他地区的反政府起义,真可谓一举两得。不过这项措施要想实施,说到底还是取决于帝国政府有没有财政经济实力。而从元顺帝统治中晚期的实际来看,大元帝国这口经济大灶几乎到了断炊的地步了。

经济枯竭,熊熊的反元烈火又四处燃烧,为了挽救大元帝国行将覆灭的命运,至正十五年(1355)元顺帝终于迫不得已下诏:"听富民愿出丁壮义兵五千名者为万户,五百名者为千户,一百名者为百户,仍降宣敕牌面"(《元史·顺帝本纪七》卷44)。百户、千户和万户都是元朝的中下级官职,而元顺帝的这项诏令向世人表明:不仅原先大元帝国连刀剑等武器都不让百姓摸一摸的极端军事专制制度到了这时候终于迫不得已开了口子,而且连一直死水一潭的蒙古贵族政治寡头职官制度也在面向社会开放了,甚至在实际操作中还予以了更多的优惠,譬如许多组织起"义兵"武装的头头们是否真的要分别拥有元朝政府所规定的100、500和5 000人头数以上的,才可分别称为百户、千户和万户呢? 也不见得那么刚性。那时只要有谁能拉起一支队伍来,爱怎么称呼全由自身的实力说话,元朝政府一般不会过问,就是"王"一类不能乱称。当时人们最喜闻乐见和最时髦的称呼就是元帅,就像今天的经理、老板、老总一类,满大街都是。那时的"元帅"也特别多,有几个"弟兄",拥有几支烂枪,就称元帅了。在全国各地大大小小的大元帅、元帅和准元帅中,有三个人后来比较有名,他们是答失八都鲁、察罕帖木儿和李思齐。

答失八都鲁是蒙古贵族的后裔,以世袭万户镇守罗罗宣慰司,曾出征云南,升为大理宣慰司都元帅。至正十一年,元廷特别授予他四川行省参知政事,令其率本部探马赤军3 000人,跟随平章咬住征讨荆襄地区农民起义军。答失八都鲁曾招募襄阳官吏及土豪,得义丁20 000人,编排部伍,组织训练,使其成为四川地区镇压农民起义的凶悍义兵武装力量。鉴于答失八都鲁所建立的功勋,至正十四年,元顺帝擢升他为四川行省平章政事,兼知行枢密院事,总荆襄诸军,即总负责指挥荆襄地区各路义兵,共同镇压农民起义。(《元史·答失八都鲁传》卷142)

察罕帖木儿，畏兀儿人，曾祖阔阔台，元初跟随大军进驻河南，从祖父乃蛮台和父阿鲁温起，察罕帖木儿家就安在了河南颍州沈丘，所以很多书上都说他是沈丘人，也没错。据说察罕帖木儿从小就十分好学，还曾参加过元朝的进士科考试，"常慨然有当世之志"。至正十一年，刘福通等领导的红巾军大起义爆发，"江淮诸郡皆陷"。第二年察罕帖木儿在沈丘组织义兵，专门对抗红巾军，曾与信阳之罗山人李思齐合兵，在罗山成功地偷袭了刘福通起义军。消息传到元廷，元顺帝授他为中顺大夫、汝宁府达鲁花赤，李思齐为汝宁知府。后来察罕帖木儿率领他的义兵武装转战中原，成为元末北方地区农民起义军最为危险的敌人。(《元史·察罕帖木儿传》卷141)

尽管像答失八都鲁和察罕帖木儿的义兵武装十分凶狠，也非常危险，但从那时的全国整体形势来看，各地的义兵武装，一来都处于刚刚创立阶段，规模小，力量弱，构不成对反元起义军很大的危险；二来他们之间互不买账，谁也统辖不了谁，而且还会时不时地相互攻略，这样的局面恰恰有利于各地反元起义军势力的日益壮大和发展。

○ 北方红巾军的东征、西征和三路北伐，牵制了元主力军南下

在各地反元起义军中最先发动起义和最有力地打击元朝统治的当数刘福通领导的北方红巾军。龙凤元年(1355)年初刘福通迎立小明王韩林儿为帝，在江淮地区的亳州建立起宋政权。消息传开，元廷震惊。鉴于高邮大战中大元帝国失去了最后的军事"大家底"——百万大军之现实，元顺帝急调曾经成功镇压荆、襄红巾军的义兵武装头领、四川行省平章政事兼知行枢密院事答失八都鲁迅速领兵开赴汝宁、安丰等地，对刘福通红巾军发起猛烈进攻。

刘福通闻讯后毫不畏惧，诱敌深入，在河南许州长葛击败了答失八都鲁部队。三个月后，即该年九月，他又在中牟成功地偷袭了答失八都鲁军营，弄得这位堂堂的元朝省长大人在慌乱之中将儿子孛罗帖木儿也给弄丢了，好不狼狈。要不是另一支元军武装刘哈剌不花及时赶来救援，恐怕连他的小命都不保。为此，答失八都鲁恨死了刘福通，随即从各处调集了大量的兵力，围攻龙凤政权的都城亳州。(《元史·答失八都鲁传》卷142；【明】钱谦益：《国初群雄事略·宋小明王》卷1)

为了有效地打击元朝势力，当时刘福通曾命部将赵明达率兵攻取葛、汝、洛阳。起义军一路顺风，直抵怀庆路，黄河北岸震惊。按理说此时的形势对起义军十分有利，哪知道赵明达在黄河边作战时遭遇了河南地区另一支极为凶狠的义兵武装即前面提到的察罕帖木儿部队的袭击，随即惨败。这样一来就剩下刘福通方面单线

作战,答失八都鲁领军向着亳州步步紧逼。见到情势不妙,为了救主,刘福通急忙率军前去阻击,这样两军便在太康展开了激战。激战结果偏偏是起义军方面失利,无奈之下,刘福通只好带了韩林儿退避安丰。

龙凤二年(1356)三月在安置好小主子后,刘福通又赶回去重新布置军队,与答失八都鲁在亳州展开大决战。这场大决战十分激烈,双方刀对刀、枪对枪,不知打了多少个回合,就是一直分不出输赢,从上午九十点一直打到下午四五点,太阳快要下山了,还是没分出胜负来。就在这个时候,可能是岁数大了的原因,正在战阵中指挥的答失八都鲁突然间从马背上掉了下来,儿子孛罗帖木儿赶紧前来扶他,抢回军营。元军主帅病倒,老天在关键时刻帮了起义军一把,亳州城顿时转危为安。(《元史·答失八都鲁传》卷142;【明】钱谦益:《国初群雄事略·宋小明王》卷1)

亳州危机虽然解除了,但答失八都鲁和儿子孛罗帖木儿率领的部队就驻守在离亳州不远的陈留,元朝方面还调集了其他几路人马从更大的范围开始向亳州围拢过来。针对这样的情势,刘福通采取了主动出击的策略,派出部将进行西征和东征,以此减缓元军对亳州的军事压力。

龙凤二年(1356)九月,刘福通命令李武、崔德率军进行西征,破商州、克潼关,震慑元军。这样一来,来自西线的军事压力顿时有所减轻;十月,曾经在濠州城内与郭子兴等斗得像乌眼鸡的永义王赵均用攻占苏北淮安,接受龙凤政权领导。刘福通随即调赵均用部将毛贵率军开始东征,由今天江苏连云港东海出发,乘船航海,攻打胶东半岛上的元朝势力。

李武、崔德西征和毛贵东征,两路军都取得了很大的胜利,这就从根本上打破了元军大范围围逼亳州红巾军的困局。在这样有利的形势,龙凤三年(1357)六月刘福通决定派出三路大军进行北伐,自己则亲率人马向北挺进。七月占领归德,打通北渡黄河的通道;八月攻下大名卫辉路,又骤然回师山东曹州,大败元军,杀死元将达理麻失理,"达达诸军皆溃"。一直以剿灭红巾军为己任的答失八都鲁见到这样的战势,吓得直退。而恰巧这时元廷又有人在怀疑他拥兵自重、错失战机,接二连三地派出特使前往山东前线来催促他。刘福通看出了其中的名堂,来个将计就计,伪造了答失八都鲁通敌议和文书,故意遗忘在路上,让元廷使者捡到,这下好戏上演了。敌阵内相互算计,答失八都鲁每每想到这些,寝食难安,忧愤不已,不久就一命呜呼。(《元史·答失八都鲁传》卷142)

答失八都鲁死后的第二个月也就是龙凤四年(1358)正月,元廷令其子孛罗帖木儿承袭父职河南行省平章政事(至正十五年六月元廷正式任命的),总领答失八都鲁旧部。敌军主帅新旧交替,少不了有一段时间工作磨合和缓冲,刘福通利用这样有利的间隙发起了大规模的进攻,先克卫辉,再进逼汴梁。恰巧这时汴梁发生了大饥荒,刘福通抓紧时间组织围攻,汴梁元将竹贞眼见情势不妙,立即弃城逃跑,红巾军轻轻松松地进驻汴梁城。五月,刘福通自安丰迎小明王入居北宋皇城,并以此为都,震动四方,由此将北方红巾军起义声势推向了高潮。(《元史·顺帝本纪八》卷45;【元】权衡:《庚申外史》卷下)

  不过刘福通并没有满足于眼前的这些胜利,他还抓住机遇组织三路大军进行北伐,构成了对元大都北京的包抄阵势。东路军由毛贵率领,攻下山东大部分地方,龙凤四年(1358)二月,占据济南,"立宾兴院,选用故宫姬宗周等分守诸路,又于莱州立三百六十屯田,每屯相去三十里,造大车百辆,以挽运粮储,官民田十止收二分,冬则陆运,夏则水运"(【明】钱谦益:《国初群雄事略·宋小明王》卷1)。在稍作一番调整之后,东路军继续北上,攻占清州、沧州,进据长芦镇,在南皮县的魏家庄斩杀了元军悍将董抟霄兄弟。而后又向前挺进,攻下漷州枣林,打死元枢密副使达国珍。三月,东路军前锋部队进抵到了柳林,距离元大都北京只有120里。元廷闻讯,"中外大骇,廷议迁都以避之"(《元史·太平传》卷140),但中书省左丞相太平(当时还没被贬)力主坚守北京,并恳请元顺帝立即下诏,急调元朝官军与地方义兵入京勤王。而就在这时,东路军遭遇到了元朝同知枢密院事刘哈剌不花所部的突然袭击,损失惨重,最后不得不退回山东济南。(【明】钱谦益:《国初群雄事略·宋小明王》卷1)

  中路军由关先生、破头潘即潘诚、冯长舅、沙刘二(人称扫地王)、王士诚率领,主要进攻山西和河北。龙凤三年(1357)由曹州越过太行山,攻入山西,先后占领了临汾、绛县、沁州、太原、大同等地,攻略云中、雁门、代郡等,"烽火数千里"。原计划再进入河北境内,与东路军会合。不料这时元廷已调察罕帖木儿进入山西,在南山伏击中路军,中路军由此遭受了很大的打击(【明】钱谦益:《国初群雄事略·宋小明王》卷1)。但他们以顽强的毅力冲破敌人的重重阻挠,强入河北,然后再北上,进攻山西大同,一直打到塞外。龙凤四年(1358)十二月,中路军攻入元帝国上都开平,"焚宫阙,留七日,转略往辽阳,遂至高丽"。(《元史·顺帝本纪八》卷45)

  西路军由白不信、大刀敖、李喜喜率领,主要进攻目标为关中地区,援助先期西征的李武和崔德。龙凤三年,西路军攻占兴元即今天的陕西汉中,随后北上攻入凤翔,在那里遭到了察罕帖木儿和李思齐义兵武装的多次打击,后被迫转入四川。虽然后来西路军又攻入了秦陇,占据巩昌,但在进攻凤翔时再次遭挫,李喜喜率领残部不得不又退入四川。(《元史·顺帝本纪八》卷45)

○ 南方红巾军的再次勃兴与张士诚军抢占中华帝国财税中心

从龙凤政权的东征、西征和三路北伐以及刘福通挺进宋朝旧都汴梁等一系列重大军事行动来看,北方红巾军几乎已经横扫了整个北中国,吸住了元朝的有生力量,这在客观上有利于南方红巾军的发展与壮大。

自至正十五年、治平五年(1355)徐寿辉手下大将倪文俊在鸡鸣汊打败元威顺王宽彻普化水军后,士气大振的天完军连连出击,先后攻克了襄阳路、中兴路(即湖北江陵)、武昌路、汉阳路、宣州等,随后起义军打出湖北,攻入湖南岳州路和江西饶州路。治平六年(1356)正月,倪文俊建都汉阳,位居丞相,迎天完皇帝徐寿辉入居。而后天完军相继攻占襄阳、常德路、澧州路、衡州路、岳州路。治平七年(1357)又占据峡州,破辘轳关;这时徐寿辉的另一部将明玉珍率军西进,攻下川蜀诸郡(【明】钱谦益:《国初群雄事略·天完徐寿辉》卷3)。换句话来说,到1358年初为止,大约花了3年的时间,南方红巾军已经拥有了湖北、湖南、江西、安徽、四川和浙江等广大地区,有力地打击了长江中游地区的元帝国统治力量,客观上声援了其他地区的反元起义军。

而在这个过程中,长江下游地区的反元起义又有了新发展。至正十四年十二月,由于元顺帝为首的中央朝廷的"英明领导",百万元军突然溃散,这不仅使得高邮城内的起义军绝处逢生,反败为胜,而且也让张士诚名扬天下。不过话得说回来,长时间的围困和猛烈的打击,也让张士诚起义军伤透了元气,在高邮大战后一年多的时间里,这支队伍几乎一无进取。转眼到了至正十六年(1356),张士诚终于开始重新发威。那年年初他命令三弟张士德率兵由通州渡江进取福山港,由此攻占常熟。二月,占领平江路,遂改平江路为隆平府,以苏州承天寺为宫室,国号大周,废除元朝历法,改用明时历,以李行素为丞相,三弟张士德为平章,李伯昇为司徒,蒋辉、潘原明为左右丞,史文炳为同知枢密院事。而后受降昆山、嘉定、崇明和松江等元军,相继攻克无锡、常州、湖州等地。(【明】钱谦益:《国初群雄事略·周张士诚》卷6)

到至正十六年(1356)七月攻占杭州为止,张士诚用了半年不到的时间抢占了大一统帝国的财税中心地区,从而使得他在后来的诸路豪杰争雄中拥有了最为浓厚的经济实力基础。

● "叫花子"发威应天　朱元璋地盘迅速扩大

○ 东吴、西吴对立的开始——当盐贩子遭遇叫花子和一封不该发出的信函

张士诚军渡江是在元至正十六年年初,相比于朱元璋渡江晚了半年,不过他渡

江后发展势头却极为迅猛，用了一个月不到的时间就定都隆平府即苏州，再用四五个月的功夫扫平江南腹心地带苏、锡、常、杭、嘉、湖等地。与之相比，朱元璋则显得比较迟缓，至正十五年六月渡江，至正十六年三月才攻占集庆，并以此为都，花了9个月的时间，是张士诚工作耗时的一倍，且晚了张士诚定都一个月。更有不利的是，朱元璋抢占的地盘尽管也是江南地区，但谁都知道，南京、镇江直到安徽当涂这个地区属于江南丘陵地带，远没有镇江以东的苏锡常杭嘉湖那一带富饶，两者经济实力也不可同日而语，即使是600年后的今天依然如此。我们换个角度来说，随着军事战争的节节胜利和个人魅力效应的不断扩大，正做着日益膨胀的皇帝梦的朱元璋绝不可能限于眼前的既得利益，他要发展，他要扩张，就像他娶了郭子兴义女马氏后，还要占有义父的宝贝千金郭美眉，还要拥有算命先生郭山甫女儿，渡江后耐不住寂寞又在太平娶了部下孙伯英的妹妹孙氏……就如刘备所言，女人好比是衣服，想要的时候就拿来服用，多多益善么。

对于自己控制的地盘，当然也拥有这样的欲望，问题是占据应天后该向何处拓展呢？向北，更大的范围来看是自己的顶头上司小明王的地盘，由他"老人家"在那里挡住元兵主力的南下，这是求之不得的大好事，干吗要破坏这样的和谐局面？向西，渡江过去就是和州、滁州，原本就是自己的地盘。再从范围大一点角度来看，西边倒是有股势力再次腾升起来了，那就是徐寿辉天完政权的军队正在不断地攻城略地，向南、向东发展着，不过与自己的西部领地和州、滁州等还有一段距离，中间夹杂元朝的地盘，还没到急着争夺的地步；向东，自己尽管急速攻占了镇江，与同为苦孩子出身的张士诚做起了邻居，但这个邻居对自己的到来却并不欢迎。龙凤二年六月，镇江占据后没多久，有个已经投降了的"黄包头军"（因军中兵士头扎黄巾而为人所名）头领叫陈保二的，因不堪朱元璋军中将官暗中敲诈勒索而裹胁詹、李两个将官，投降了张士诚（《明太祖实录》卷4）。朱元璋知道后认真考虑了一番，想到自己在南京、镇江刚刚立住脚跟，并不想与这位曾玩命于百万元军的东方邻居张士诚发生边衅，于是就亲自提笔修书一封，让才投靠自己的集庆城名士杨宪到苏州去送信给张士诚。信是这样写的："近闻足下兵由通州，遂有吴郡，昔隗嚣据天水以称雄，今足下据姑苏以自王，吾深为足下喜。吾与足下东西境也，睦邻守国，保境息民，古人所贵，吾甚慕焉。自今以后，通使往来，毋惑于交构之言，以生边衅。"（《明太祖实录》卷4）

再说张士诚接到信后很不开心，谋士告诉他：南京那个叫花子出身的将你比作隗嚣，此人在东汉时期算不上什么正派人物，先是投降了更始皇帝刘玄，没多久又投靠了东汉开国皇帝刘秀，再后来叛降于四川地区割据称王的公孙述。为此刘秀很恼火,最后把他给杀了。张士诚听完解释后心里更是不舒服了:"我跟你谁先占地盘?都是'大父母'元顺帝的'财产',谁要想占有,总有个先来后到吧。现在可好,明明你打到我眼皮底下了还要我说'没关系,你打好了!'你臭要饭的也太能说话了,你把自己比作光武帝,而把我比作隗嚣,你为皇帝,将我比作小人,让我归附做你的臣民!"越想越气,张士诚一怒之下,就把朱元璋的信使杨宪给扣了起来。随即下达两道王令:一是命令刚刚投降过来的陈保二率领水军,去攻打被臭要饭抢先占有的镇江,可没想到这个叫陈保二的还没到镇江,就在镇江与常州之间的龙潭被徐达军打得惨败;二是命人去攻打宜兴,朱元璋守将"耿君用以铠腾栅,中槊死",宜兴随即归给了张士诚。(《明太祖实录》卷4;【清】谷应泰:《明史纪事本末·太祖平吴》卷4)

○ **常州争夺战(1356.7～1357.3)——争夺江南霸主的关键性战役**

朱元璋听到消息后一下子来火了,令人带了他的手谕赶往镇江,交予徐达,告诉他:"张士诚盐贩子出身,谲诈多端,现在他来打我镇江,这就表明他没有与我通好之意。为今之计,为了不使我们的镇江被动挨打,依我看,你迅速率领一部分人马向他的常州挺进,先机进取,挫败他的阴谋。"徐达接令后立即率兵东向,快要到达常州时,朱元璋又增派了一支30 000人的队伍,赶来协助徐达攻城。

再说来到常州近郊的徐达立即吩咐将士们扎营城西北,同时命令汤和扎营城北,张彪扎营城东南,这样一来,就形成了四面包围之势,常州危急!张士诚闻讯后连忙派遣文武双全的三弟张士德率领数万大军前去增援。徐达一听说是张士德前来救援常州,顿时就一怔,心想:今天可谓棋逢对手啊,看来要想取胜,还真不能硬拼,只能智取和巧取。想到这里,他立即下令,在距离常州城的18里的地方设下伏兵,等待张士德上钩。再说张士德自从通州渡江来到江南后一路凯歌,心里荡漾着无比的喜悦,今日救援常州,哥哥又让自己带上了几万军队,加上常州城里的原驻军,里外夹击,哪有什么徐达的活路了,所以当他赶到常州城外时,就没多大留意。忽然间见到前方有几个穿了红衣的铁骑将领冲着自己的队伍猛扑过来,张士德是个见过大世面的人,哪会在乎这种无名之辈的雕虫小技,命令将士们组织好阵营,沉着对抗,不一会儿,那几个铁骑似乎败下阵去。见此,已经来气的张士德哪受得了,这分明是你徐达来取笑我!下令赶紧追!这时迎面而来的正是徐达,两军由此交上了手,一场厮杀开始了。正厮杀着,徐达事先布置好的由总管王均用率领的铁骑突然闯入了张士德军阵中,左砍右杀,一下子就将队伍给弄散了。张士德眼看今天情势不对劲,赶紧跑!可没走几步,突然间又伏兵四起,张士德一下子坠落马下,

当场被活捉。(《明太祖实录》卷4;《明史·张士诚传》卷123;【明】刘辰:《国初事迹》)

◎ 盐贩子说:我已经尽力了。叫花子说:就给这一点点,还不够塞我的牙缝!

张士德是张士诚的三弟,在兄弟几人中就数他文武俱佳,苏州张氏集团之所以拥有今天这番天地,张士德可能有着一半以上的功劳。听到三弟不幸被俘,张士诚顿时瘫坐在椅子里。张母听说老三被活捉了,急着赶到老大那里,一把眼泪一把鼻涕,说什么也要让做哥哥的想个办法,将弟弟给弄回来。张士诚本是大孝子,看到母亲这个样子,一下子把心给横了下来,一面命令常州守军严防死守,一面派了孙君寿带了他的书信上应天去送求和书,提出愿意以每年输送20万石粮食、黄金500两、白银300两作为条件,交换回张士德,双方就此弭兵,各守自己疆土。朱元璋是什么人?读完张士诚的求和信后,他当即嗤之以鼻,跟在场的谋士说:张士诚占了那么富庶的地方,就拿这一点东西来塞我的牙缝都不够,还想换回自己的兄弟,真是痴心妄想! 随后叫人回信给张士诚,要价是至少每年要输粮50万石。张士诚见到对方狮子大开口,根本无法接受,于是双方之间的和谈也就此搁浅了。(《明太祖实录》卷4;《明史·张士诚传》卷123)

其实朱元璋根本就不想和谈,一来他生性贪婪、凶残,二来他处心积虑就想要张士诚手中的常州,但又不好明说,所以在复信张士诚时故意开出天价的和谈条件,这样便使自己强抢人家的常州变得"名正言顺"。而就在这时,他又开始着手追查陈保二叛降之由和进取常州久攻不下之责,下令军中自徐达以下诸军官皆降一级,以示处罚,并督责徐达等人加紧对常州的进攻。但督责之后朱元璋还不放心,又亲自来到镇江督师,企图迅速拿下常州,可谁知常州城还是纹丝不动。一转眼两个月过去了,朱元璋只得给徐达再次增援精兵20 000。但徐达依然没能拿下常州,非但如此,常州前线还出现了不妙的情势。原来围困着常州城四面的朱元璋队伍里,有一支刚刚投降过来的来自长兴的义兵武装,在元帅郑金院等人的秘密运作下,投奔了张士诚,一下子带走了7 000多人。这样一来,不仅使得围城力量减弱了——四面少了一面,而且连围城的战术也不得不作些调整,徐达驻营城南,常遇春扎营在城东南30里外,用作外面攻击。(《明太祖实录》卷4;《明史·张士诚传》卷123)

再说那个郑金院叛降后不久就接到了张士诚之命,让他协助主力向徐达、汤和营垒发起攻击。在这十分关键时刻,驻扎于外围的常遇春、廖永安、胡大海等各自从营垒出发,迅速赶来增援徐达。这下可好了,张士诚将士一下子全成了风箱内的老鼠,两头受气,内外受打,没多一会儿就溃不成军。再说常州城内本想出来呼应援军的守城将士们,见到这等形势,赶紧缩进城去,关住城门,死守不出,常州形势越发严峻。

鉴于此,张士诚决定派出当年一起起义的十八个铁杆兄弟中的一员吕珍率军迅速赶往常州,督兵拒守。但由此也带来了一个问题,常州被围已久,现在又有吕珍增援部队的到达,城内粮饷越发紧张。粮饷一紧张,军中兵士心里就发慌。徐达侦查到了这个情况后立即下令,抓紧时机,猛烈攻城。本来已经坚守了8个月且铁了心死守到底的常州守军,自张士诚铁哥儿们来后就开始动摇了,他们看到徐达将士不要命似地攻城,而吕珍主帅却乘着黑夜逃得无影无踪,且又有传闻:离常州不远的自家军事要地长兴被朱元璋军攻占了,大家心里顿时慌了:张王的铁哥儿们、军中主帅都跑了,我们这些小喽啰又何必要坚守到底呢?还是赶紧逃命吧!至正十七年(1357)三月,常州城终被徐达等攻占。(《明太祖实录》卷4;《明史·张士诚传》卷123)

○ 太湖西部门户长兴的夺得与"长兴侯"耿炳文

常州之战的突然变局,多少出乎人们的意料。而就在常州之战旷日持久胜利遥遥无期之际,至正十七年(1357)二月朱元璋派遣耿炳文和刘成自广德进取长兴。张士诚部将赵打虎率领3 000精兵迎战,双方在城外展开激战。赵打虎败绩,本想通过西门逃回长兴城里去,但见到耿炳文军紧追不舍,觉得逃回城里去也不安全,干脆一走了之,直奔湖州。这样一来,耿炳文等顺顺当当地占领了长兴,当日缴获战船就有300多艘。长兴当地有个叫温祥卿的儒士听到新军队来了,前来探探。耿炳文性格温和,与温儒士一交谈,就觉得这个读书人很了不得,于是留他做军中参谋,"用其策分兵据要害,设战具为守御计"。(《明太祖实录》卷5)

长兴位置十分重要,它位于太湖西岸,北临宜兴,南面湖州,而宜兴、长兴和湖州原本连成一体的,为张士诚所有,现在突然在宜、湖之间的长兴被朱元璋军夺去了,这对于张士诚来说,就好比是在卧榻上被人按下了一颗扎人的钉子,所以无论如何也得要想办法将钉子拔掉。而对于朱元璋来说,长兴的占领,西则可以连贯自己已经攻占的广德和计划中即将拿下的宁国府与徽州府,东可以进入太湖,直捣张士诚的老巢隆平府附近地区。所以当听说长兴被攻占的消息后,朱元璋简直就乐不可支,随后下令,将长兴州改为长安州,立永兴翼元帅府,以当时只有23岁的耿炳文为总兵都元帅、刘成为左副元帅、李景元为右副元帅。(《明太祖实录》卷5)

长兴占领后没几天,有消息传来:常州也被攻下。至正十七年(1357)三月壬午日,朱元璋下令,升廖永安为行枢密院同佥、俞通海为行枢密院判官、常遇春为中翼大元帅,胡大海为右翼统军大元帅,宿卫帐下。7天后又下令设置毗陵翼,以汤和为枢密院同佥、总管,张赫为元帅守之,命镇抚孙继达浚治城隍;并改常州路为长春府,以高复暂理知府事。但不久又将长春府改为常州府、晋陵县为京临县、武进县为永定县。(《明太祖实录》卷5;《明史·张士诚传》卷123)

○ 朱元璋亲临攻打宁国前线

从进攻常州开始到顺利进取长兴,朱元璋的东扩虽说有所收获,但获得也不容易。而从张士诚角度来说,现在的形势已不比渡江之初了,西边的那个叫花子很凶,且很厉害,自己丢了常州、长兴两座十分关键的城池不说,就连文武双全的三弟也当了人家的俘虏,想来实在让人郁闷不已。张士诚元气大伤,想要得以恢复,看来还要稍稍歇歇。朱元璋抓住这个机会,将目光聚焦于大本营应天的南大门。虽说在上一年,邓愈等人已经打败了那里的元军,攻占了广德,但因忙于东扩领地,导致了对于广德周围的元朝势力还来不及予以很好地清扫。龙凤二年年底,宁国长枪军元帅谢国玺率兵进犯广德,邓愈立即予以反击,并进取武康和安吉等地。不过,就整体而言,那时南线战事还不能也不敢过于拓开。现在好了,东线战事暂时可以歇一歇,刚好腾出精力将应天南大门及其周围地区的问题一一解决掉。

至正十七年(1357)四月即攻占常州的第二月,朱元璋下令,将徐达与常遇春从常州调回,派往南线进取宁国。长枪元帅谢国玺听到消息后弃城而逃,但宁国守臣别不华、杨仲英等则闭城拒降。徐、常多次发动进攻,但都未能取得成功,更糟糕的是,常遇春还在作战中中了流箭,虽然他十分勇敢,拔出箭后继续战斗,可最终还是没能拿下宁国。朱元璋听说后火急火燎地赶往宁国前线,登高一望,不由得叫了起来:"小小宁国,宛如斗大,我就不信攻不下来!"随即下令建造飞车,前面编上密密麻麻的竹子作屏障,然后将这些飞车排成一列又一列,随着一声令下,诸车一起向着宁国城冲撞过去。元守臣杨仲英等从未见过这样的进攻武器,也没见过这样勇猛的将士,心想:这回可能真的要守不住了,算了,降了吧! 于是下令,打开宁国城门。徐达军随之入城,生擒守城元帅朱亮祖,得其军士10余万,马2 000余匹。不久宁国属县太平、旌德、南陵、泾县等也相继被收服。(《明太祖实录》卷5)

朱元璋费了劲攻取宁国,这么大的动作,连远在北边隆平府即苏州的张士诚也曾听说了,他思忖着:乘着这个濠州来的叫花子正在宁国督战之际,争取以最快的速度夺回长兴,将西太湖的这个重要出口通道给重占了,免得遗患无穷。五月初一日,他派了左丞潘元明、元帅严再兴率部进兵长兴,屯军上新桥,伺机攻城。长兴城内朱元璋守将耿炳文看到了这种情况,估摸着敌方可能因为上次被打怕了,想攻城又不敢,正在驻足观望,倒不如我给他们打个措手不及。想到这些,他立马召集人马,快速出城,直扑潘元明军。潘军将士还没弄清是怎么回事,人头已经落地,军阵顿时大乱,主将潘元明见此,赶紧逃跑,从而捡得了一条小命。"自是(张)士诚不敢犯长兴者四年"。(【清】谷应泰:《明史纪事本末·太祖平吴》卷4)

○ 盐贩子一不小心,马迹山、江阴、常熟3个军事要地全给叫花子"叼走"
浙江混混方国珍趁火打劫进攻昆山

朱元璋知道后十分高兴,乘着长兴保卫战胜利之势,命令江淮分枢密院副使张鉴、金院何文政从镇江渡江北上,直攻张士诚的老根据地泰兴。张士诚听说后赶紧派兵前去增援救助,可谁知,又晚了一步,守将杨文德被捉,泰兴让朱元璋军给占领了。(《明太祖实录》卷5)

一眨眼的工夫,自己的老根据地又丢了一块,想想就来气,可接下来连续发生的三件事情更让张士诚目瞪口呆了。

第一件事情是至正十七年五月,朱元璋手下将领、枢密院判俞通海率领水师突然进攻西太湖水域里的张士诚守军驻地——马迹山。马迹山守军将领钮津等猝不及防,当即投降。这样一来,俞通海水师几乎进入了不设防区域,船舰一路东向,直驶苏州近郊太湖东洞庭山,即今苏州吴县或称吴中区的东山。张士诚闻讯后十分震惊,立即派出老哥儿们吕珍率兵火速赶往东洞庭山阻击。再说俞通海手下将士因为一路打了胜仗,多少有点得意,面对突如其来的吕珍军的打击,顿时就纷纷退却。见此,俞通海大声喊道:"将士们,敌人人多,我们人少,要是大家再退却的话,他们会聚集更多的人马,占据各个险要的地方,时不时地出击我们,到那时哪有我们活着回去的可能,倒不如大家一起努力,与他们干一场,绝处逢生啊!"说完,他带头冲向敌阵,不料在激战中,右眼下方中了一箭,可俞通海根本没顾得上,直到别人穿上他的盔甲代替指挥后,他才去包扎伤口。面对不要命的朱元璋军,吕珍队伍慢慢开始溃退了,最终竟然大败。(《明太祖实录》卷5;《明史·张士诚传》卷123)

一场本来胜券在握的战斗就在自家的家门口竟然败得这般莫名其妙,想起这些,张士诚就郁闷不已。可就在这时,忽然又有人来报,江阴被攻陷了!这是怎么一回事?

原来,在东洞庭山开战后10天左右,朱元璋又命令长春(即常州)枢密分院判官赵继祖、元帅郭天禄、镇抚吴良等率兵攻打江阴。当时江阴的张士诚守军驻扎在秦望山,居高临下,每一次朱元璋军将士发起进攻都被打了回来。但有一天巧了,正在作战时,突然狂风大作,电闪雷鸣,暴雨骤下。张士诚军将士一见到这样的恶劣天气,仗也不打了,赶紧跑吧!就这一刹那间,秦望山被攻占,第二天,江阴城被拿下。朱元璋下令吴良驻守江阴,此人后来被封为了"江阴侯"。(《明太祖实录》卷5;《明史·张士诚传》卷123)

这就是张士诚惊诧不已的第二件事。第三件事是:江阴攻克后又是10天左右,朱元璋再次采取声东击西的策略,命令徐达率军进攻宜兴。可不论你怎么打,宜兴还是岿然不动。这时朱元璋突然改变主意,让徐达放下宜兴,急速行军,直奔江阴东边,攻取常熟。常熟张士诚守军没想到朱元璋军隔了那么远会突然来打自己,只好仓促应战。战斗中张军又在虞山西北的湖桥中了赵德胜的埋伏,顿时大败,随即常熟被占领。(《明太祖实录》卷5;《明史·张士诚传》卷123)

至此,张士诚这位一方豪杰,在西面邻居朱元璋来到集庆城后的一年时间里,几乎还处在迷迷糊糊当中相继丢失了长兴、常州、泰兴、江阴和常熟等几个关键性的城池。想当初,这位泰州、高邮出来的英雄"北有淮海,南有浙西长兴、江阴二邑,皆其要害。长兴据太湖口,陆走广德诸郡;江阴枕大江,扼姑苏、通州济渡之处"。可现在西失长兴,西出通道被切断,徽州、宣州之争夺也就没了他的份;北丢江阴和常熟,南北通道被堵塞,西北拓展就此戛然而止。

可倒霉的事情还没完,至正十七年(1357)八月,已经投降元朝的浙东起义军头领方国珍接受元廷诏令,派50 000水师进攻昆山。昆山距离隆平府苏州很近,张士诚立即意识到事态的严重性,赶紧派了大将史文炳和吕珍率领70 000水师迎战,双方就此在昆山奡子交上了手。按理说,张士诚军不仅有着人数上的优势,而且占了天时地利上的便宜,可令人一头雾水的是,居然在昆山奡子之战中,张士诚军一败涂地,方国珍反而七战七捷,甚至还将其军队开到了昆山城下。(《明太祖实录》卷88)

◎ 有人欢喜有人愁——张士诚、方国珍降元

面对这一系列的失败,已经英雄不再的张士诚最终采纳了三弟张士德"遗书"中的建议——张士德被俘后一直被关押在应天南京,哥哥张士诚曾开出很高的价码想换回他,但都被朱元璋拒绝了。据说朱元璋十分看重张士德:"张士诚谋主士德,其人有智勇,被我擒之。张氏之事成败可知矣。"(【明】刘辰:《国初事迹》)朱元璋对他优礼备至,本想通过他来劝降张士诚,但没想到失败了。张士德不仅很有骨气,而且眼光也十分锐利,在朱元璋劝降过程中他看到了常人所没看到的,暗地里托人捎信给哥哥(实际上就是他的遗书),大致是说:哥哥啊,你要是实在支撑不下去的话,宁可归降元朝,也决不要投降朱元璋!办完这事后,他绝食而亡。(【明】刘

辰:《国初事迹》;《明史·张士诚传》卷123)张士诚每每想起这位了不得的弟弟就会心痛不已,如今大势所迫,真到了弟弟所说的那般田地了,算了,就投降元朝吧!再说苟延残喘的元帝国政府听说张氏归降当然高兴咯,原本在南粮北运线路上弄得自己心惊肉跳的"反贼"现在乖乖地投降了,这绝对是件大好事啊,随即授予张士诚为太尉,张士信为淮南行省平章政事。而在促使张士诚归降这件事上立有大功的方国珍也被元朝政府授予了太尉、江浙行省左丞相之职,且被赐予了衢国公印,让他兼领庆元、温州和台州三郡。(《元史·达识帖睦迩传》卷140;【明】宋濂:《宋文宪公全集·方公神道碑铭》卷19)

○ 扩宽应天南大门视野——攻取徽州、池州,新辟北大门——扬州

与张士诚厄运连连相反,朱元璋这一边却是捷报频传,尤其是至正十七年(1357)东线战场硕果累累:二月得长兴、三月得常州、五月得泰兴、六月得江阴、七月得常熟;南线也不赖,先是四月徐达军攻占宁国,活捉猛将朱亮祖。随后,元帅邓愈、胡大海等率军相继攻取了绩溪、徽州、休宁、黟县和婺源等皖南重地。在徽州攻下后,朱元璋设立了军政管理机构,改徽州路为兴安府,管理皖南徽州等地区,同时设立雄峰翼元帅府,命邓愈守之。(《明太祖实录》卷5)

徽州地区往西拓展就是池州府,往南就是江西,江西曾是西线红巾军的地盘,而那时池州也是西线红巾军的势力范围了。从朱元璋军打到徽州府后的动态意向来看,他们似乎并不想马上再向外拓展了,这倒不是因为叫花子他们有多高的阶级觉悟,不打同为反抗元朝黑暗统治的阶级兄弟,而是顾忌着一个人,他就是先前巢湖水师头领赵普胜。想当年朱元璋这个"大忽悠"将巢湖水师10 000个兄弟"忽悠"到了自己帐下,作为水师头领的赵普胜无论如何也咽不下去这口恶气,更让他没想到的是"猪腰子脸"的"大忽悠"脸不改色心不跳地将与自己同为巢湖水师主要领导的李普胜捆了手脚扔进了长江里。昭然若揭的魔鬼兽性,赵普胜算是领悟得早,走得快,投奔了西线红巾军天完皇帝徐寿辉,从而免遭不测,而受命镇守池州。

对于这样的一段历史,朱元璋比任何人都清楚,如果攻占徽州后自己的军队再进行西扩,势必要与赵普胜交上手了,可人家赵普胜是江湖上赫赫有名的"双刀赵"(《明太祖实录》卷5),那双刀舞起来,就像飞转的法轮似的,没人敢对垒,因而强攻肯定不成;那么智取?人家赵普胜上过当了,且上得还是大当,怎么可能还会来上当送死呐!为此,朱元璋一筹莫展。正困惑着,忽然元朝铜陵县令罗得泰、万户程辉等前来归降,要求派人前去接管。朱元璋一想,铜陵距离池州府治还有一段距离呐,危险不大,于是就派遣常遇春率军进驻铜陵。巧了,刚刚接管铜陵,天完政权池

州路总管陶起祖也主动来降了，并报告说池州城内守军不多，正是进攻的好机会。常遇春随即派了兴国翼分院院判赵忠、元帅王敬祖等率兵前去进取。可就在赵忠与王敬祖前往的途中，与一路赶来阻击的赵普胜手下将士激战于青阳县城外。王敬祖巧使骑兵冲散了敌人队伍，众人乘势冲击，进而攻入了青阳县城。也仅此而已，尽管心里痒痒的，但因畏惧骁勇善战的赵普胜镇守在前方的池州而不敢再挪前一步了。

一转眼五个月过去了，初冬十月的一天，"双刀赵"接到命令，出征安庆。朱元璋、常遇春闻讯后欣喜若狂，赶紧点兵出发，直捣池州府治；等"双刀赵"知道时，池州已在朱元璋的手里了。这也是朱元璋军与西线红巾军之间首次小冲突。（《明太祖实录》卷5）

拿下池州，上可逆流而上攻取安庆，下可顺水北向规取铜陵和太平。对此，徐寿辉方面岂可甘心，所以后来徐寿辉部将陈友谅进攻朱元璋大本营应天也不是没有一点依据和道理的，"真理"让胜者为王的说了600年。

就在上游长江南岸城池池州被攻占后没几天，有人来向朱元璋报告说，下游长江北岸城池扬州乱成一锅粥了，将镇江和扬州打通成一条线正当时。为什么这么说？这就要从朱元璋的一个大老乡张明鉴说起。张明鉴，淮西人，1355年乘着天下大乱的有利形势，在家乡聚众起兵，用青布裹头，故名"青军"，人称"一片瓦"；又因为张明鉴及其手下人善用长枪，故又名"长枪军"。但这支队伍很烂，军纪极差，烧杀掳掠，无恶不作，其所经之地含山、全椒、六合、天长和扬州等地，人们一旦提起它，无不为之色变。（《明太祖实录》卷5）

当时元朝镇南王孛罗普化镇守在扬州，看到各地起义和动乱，心里慌得很，很想弄支队伍来扬州维护秩序，但他又没有仔细查查底细，就随随便便地将这支"长枪军"给召来了，张明鉴被封为了濠泗义兵元帅，驻扎在扬州。灾难从此就开始降临这座美丽的历史名城。别看"长枪军"成员个个都是"边角料"，但他们的野心倒不小，在扬州城有吃有喝还不满足。有一天，元帅张明鉴找到镇南王，跟他说："如今各地都发生了动乱，朝廷远隔千里之外，眼下时势还真不好说。最近听说我们扬州城内缺粮，这粮一缺，人心就慌。镇南王殿下，您是元世祖的后裔，应该承继大位，做我们的主子，出兵向南进取，打通粮道，以此来救济饥荒。不然的话，人心必变，祸将不测！"镇南王不傻，听懂张明鉴的话中话，仰天哭着说："你们难道不知道君臣一类的大义吗？要是真像你所说的那样，我还有什么脸面去见家族宗庙里头的祖宗啊！"张明鉴一听，简直就是"对牛弹琴"，算了，说也白说了，没得用，赶紧采取点措施吧！想到这里，他朝手下的那些恶棍、流氓使了个眼色。众人一哄而上，打的打,撵的撵,没一会儿,就将镇南王给赶出了扬州城。可怜镇南王,无处可去,算了,投奔淮安赵均用吧,没想到去了那里就被赵均用杀了。再说那个张明鉴,自从撵走了镇南王后,自己当上了扬州城里的土皇帝,住着镇南王王宫里,想干什么就干什么,"凶暴益甚,日屠城中居民以为食",扬州百姓正在地狱里煎熬!(《明太祖实录》卷5)

  朱元璋听说这样的情况后,立即任命缪大亨为统帅,领兵攻打扬州。扬州的那些乌合之众怎能经得起作战,一下子就被缪大亨打垮了,随后扬州被占领,朱元璋又得了数万"义兵"、2 000匹战马。不过昔日繁华的扬州此时已经被糟蹋得不成样子了,据说后来人口统计时全城百姓只剩下18户人家。但鉴于扬州位于长江下游和南北交通的特殊位置,即使人口再少,朱元璋还是觉得很有必要设立军政管理机构,几天后令人挂牌淮海翼元帅府,"以元帅张德林、耿再成等守之。改扬州路为淮海府,以李德成知府事"。(《明太祖实录》卷5)

  这样,经过两年左右的不懈努力,到龙凤三年(1357)年底为止,以应天为中心的朱元璋集团不仅巩固了应天府、太平府、江淮府(后改名为镇江府)和广兴府(即后来的广德府)等江南4府地区,而且还抢占了常州、江阴、常熟、宁国、徽州、婺源、池州、扬州等重要的军事据点。随着地盘逐渐扩大,占据了虎踞龙蟠之地的朱元璋走向帝皇宝座的脚步也变得日益急促,中华大一统帝国的重建过程也由此开始加速。

下章
先陈后张　统一南方

自渡江前后起朱元璋就有着占据虎踞龙蟠之地、效仿汉高祖刘邦、争做传统中华帝国专制帝王的强烈欲念和切实有效的实际行动。而传统的中华帝国有两大最为显著又相融相合的特征：一是君主专制，二是大一统。因此当朱元璋逐渐走向权力之巅时，中华帝国传统"大一统"再建"工程"也由此而始了。

在20多年的"大一统"帝国再造过程中，与以往历史上的"大一统"王朝所经历的由北向南的统一过程有所不同的是，大明这位奇特的开国君主以应天即南京为中心，不断地巩固与拓展自身的"疆土"范围，先统一南方，最终走上了一条奇特的由南向北的统一道路。那么，这究竟是怎么一回事？

中国历史奇特风景　大明统一自南北进

中国历史上大一统帝国很多，正像我们教科书中用口号似的语言所描述的那样：统一是主要的，是历史的主流。如果详细地罗列一下中国历史上的统一王朝的话，恐怕我们每个中国人都会如数家珍似地说一通：周、秦、汉、西晋、隋、唐、宋、元、明、清等；如果有人要追问一下：这些历史上的大一统帝国的统一进程之走势有何规律？我们大概可以用这样的话语来概括：中国历史上大一统帝国的建立过程之一般走势都是由北向南，或者是由西向东。比方说中国历史上第一个大一统绝对专制王朝秦帝国，就是通过由西向东不断地拓展而建立起来的，汉朝也是以关中为中心再由西向东逐渐扩大的。西晋开始，大多数统一王朝的统一进程都选择了由北向南的统一方式，以后的唐、宋、元均是如此，包括明朝之后的清朝也是这样，惟独明朝选择了由南向北的统一方式，这是中国历史上一道奇特的风景。

中国历史上大一统帝国统一进程大势简表

统一王朝	大一统帝国都城	大一统帝国重建过程之大势
秦朝	咸阳	从西向东
汉朝	长安(今西安)、洛阳	从西向东
西晋	洛阳	从北向南
隋朝	长安(今西安)	从北向南
唐朝	长安(今西安)	从北向南
北宋	汴梁(今开封)	从北向南
元朝	大都(今北京)	从北向南
明朝	应天(今南京)	从南向北
清朝	北京	从北向南
民国	南京	从南向北

前面我们讲过朱元璋攻入江南后,以应天即南京为中心,不断地发展壮大。但如果从历代大一统帝国的重建过程来看,这还仅仅是个起始点——其基本上局限于应天四周,不具备严格意义上的"大一统"。而这样的格局自1358年开始逐渐有了变化,那一年朱元璋在完成了自身政权和根据地巩固的前提下,派遣军队越出应天四周范围,远距离进攻浙东,且在走向帝皇宝座和重建"大一统"的过程中有了一定理论指导,即著名的"九字方针"。由此我们认为:朱元璋重建传统中华帝国"大一统"的历史活动应该从那时开始的。

蚕食鲸吞统一浙东　朱刘问对恰似"隆中"(1358～1359)

自打下宁国、徽州后,朱元璋就将很大一部分兵力布置在皖南,并稍稍作了休整,至于接下来向着何处发展,就考虑得很谨慎。自起兵以来,自己经历的大小战斗数也数不清了,虽说现在拥有这番天地,但毕竟来之不易啊。不过在这么久的战争生涯中,他也逐渐看出来了,要说最容易打败的敌人就是曾经不可一世的大元帝国官军。龙凤三年(1357)亲临宁国督战,朱元璋对皖南及其临边地区有了进一步的了解:皖南西边池州以西,多为西线红巾军占据的地盘,就暂时维持现状吧;东边如果延伸过去就是浙东地区(《明太祖实录》卷5),那里还存在一些分散、孤立的元军据点,而这些元军又与大都元朝本部处于隔绝状态,几乎音信不通,力量也相对比较弱小,这正是攻打他们、统一南方两浙地区的绝好时机!所以从那时起,朱元璋就留心将兵力重点逐渐转移到东南方向去,并开始形成了他统一过程中第一阶段的作战策略:巩固东西两边,重点出击元军相对薄弱的东南地区,步步推进,占领浙东。

◉ 浙东战场开辟的"前兆之战"——昆山石牌偷袭战

其实在这样的作战策略中最不能确定的因素,就是东边邻居张士诚不知什么时候会发起攻击或骚扰。对此,朱元璋采取以攻为守的策略,命令手下将领时不时地对张士诚发起进攻,给对方制造紧张气氛,确保东南战事的顺利进行。

至正十八年(1358)正月初一日,一纸军令从应天传出,枢密院同佥廖永安(当时还没被俘)、判官俞通海、桑世杰率领水师对石牌的张士诚军队发起了突然袭击。石牌今尚有其名,是昆山阳澄湖边上的一个小镇,当年隶属于江阴。问题是这么一个小镇怎么突然会引起从淮西过来两年左右的农民政权领袖朱元璋的注意?

事情的原由是这样的:石牌有个叫朱定的地方上混混,因为生活无着,冒着杀头的风险去贩卖食盐。在贩盐过程中他诡计多多,巧取豪夺,最终脱贫致富,挤入了当地的"富人圈"。可这样的人及其所做的事情在普通人眼里都是令人不齿的,石牌当地就有个赵姓的大款,从来不曾正眼看过他。为此,朱定十分恼怒,纠集了社会上的一些闲杂人员,袭击了赵大款家。赵大款奋起反击,朱定眼看自己要吃亏了,就投降了官府。(《明太祖实录》卷6)

由于精于钻营,他被元朝授予了江阴判官,端起了大元帝国地方公务员的饭碗。可干了没多久,又嫌官小,捞不到什么好处,拍拍屁股走人,重新混迹于江湖。元朝地方官府听说后十分恼怒,派了江浙参政纳麟哈剌率领兵士前来征讨。朱定一看,这下可完了,娄子捅得太大了,怎么办?不想想办法只能坐以待毙,想啊想,突然想到了:不是最近人们老在议论:高邮那里有个叫张士诚(当时还没有渡江到江南来)的最了不得,堂堂大元百万大军也没能把他怎么的。想到这些,朱定立即派人渡江到苏北去,邀请张士诚上苏南来。由此张士诚军由通州渡江到常熟,再下平江。(《明太祖实录》卷6)

等隆平政权在苏州落定后,张士诚想起了当初的引路人朱定,通知他到隆平府即苏州来当个叫参政的朝官。至于位于阳澄湖边上的那个石牌小镇,张王也没忽视,派了元帅栾瑞戍守在那里。

从当时的形势来说,石牌还看不出来有多重要。但当常熟被朱元璋军攻占后,其通往昆山路上的石牌地理位置的重要性一下子凸显出来了。朱元璋命令廖永安、俞通海和桑世杰3人率兵在大年初一对石牌发起了突然袭击。没想到石牌守将栾瑞早已有所准备,立即组织反击。双方战斗打得十分激烈,原巢湖水师头领桑世杰在作战中阵亡,最终朱元璋军花了很大的代价才拿下石牌,栾瑞投降。(《明太祖实录》卷6)

消息传到隆平府即苏州,张士诚听后简直就要气疯了,不错,石牌是个小镇,但它是我隆平政权京师附近要地昆山的北部门户,你们将它给占了,岂不是卡住我的脖子!更让人无法接受的是,住在应天城里的那个叫花子连大年初一也不让人休息,做他的邻居真是倒了十八辈子的霉!张士诚恨得牙根咬得咯咯响,发誓一定要出出这口气,随即下令,让人领兵前去攻打常州,想给朱元璋来个声东击西。可没想到遇上的常州守将汤和是个拥有"革命工龄"比朱元璋还要长的"老革命",张士诚军不仅偷袭没成,反而损兵折将。后来他又发兵去攻常州和江阴,但始终都没能将它俩夺回。双方打打停停,停停打打,张士诚的男儿血性也在这过程中逐渐地被消磨掉了。(《明太祖实录》卷6)

● 从徽州打开通往浙东的门户——攻取建德路

叫花子朱元璋逐渐摸透了盐贩子张士诚的脾气了,石牌之战后的第二月即至正十八年(1358)二月,他擢升领军舍人朱文忠为帐前总制亲军都指挥使司左副都指挥,兼领元帅府事,令其与邓愈、胡大海等人筹划进取浙东事宜。朱文忠就是后来的李文忠,即朱元璋的外甥,当时大约20岁。舅舅朱元璋的这番任命有着特别的用意:一来让外甥在战争中得到锻炼,迅速成为自己事业的好帮手(另一个亲人好帮手就是朱文正,当时大概与徐达在一起或者说是监视徐达等,后来因为朱文正出事了,明代国史对此多加避讳);二来,就如朱文正监视徐达一般,让李文忠来监视邓愈和胡大海等将领。不过从史书的记载来看,无论是李文忠还是朱文正,好像都没有朱元璋那般心底阴暗,而且他们的军事天赋也很快地显现出来。

至正十八年(1358)三月,亲军左副都指挥朱文忠即李文忠、行枢密院判邓愈和元帅胡大海率领将士由徽州昱岭东进,向着建德路进军,取道遂安。可当走到离县治还有30多里路时,突然间冒出了一支长枪义兵武装,领头的叫什么余子贞的,挡住了去路。邓愈、李文忠和胡大海三人都是以快速反应而威震军界,如今进军碰到此等街头混混一般的义兵,哪会将他们放在眼里,操起兵器,舞了几下,就把余子贞的喽啰们全给吓跑了。邓愈等一路追赶过去,追到了淳安县城。元军闻风崩溃,淳安城一下子就给占领了,还有3 000多号元军兵士当场被俘获。消息传开,遂安守将洪某率领5 000名兵士赶来救援,却遭到了胡大海的痛击,又有400多人、30匹战马当场被俘获。而后邓愈、李文忠和胡大海三人率领队伍继续浩浩荡荡地向建德路进发。再说淳安大捷的消息早就传遍了,建德路守将元朝参政不花、院判庆寿、长枪元帅谢国玺、达鲁花赤喜伯都剌和总管杨瑀等现在又听说,邓愈等三将正领兵前来攻打建德,想想自己不是他们的对手,保命要紧,跑吧!就这样,建德城不费吹灰之力让邓愈、李文忠军给占领了。(《明太祖实录》卷6)

随后朱元璋将建德路改为建安府,立德兴翼元帅府。元朝江浙行省左丞杨完者听说建德被占,不甘心失败,带了数万名溪洞兵前来讨战,想要夺回城池,没想到被邓愈等打得一败涂地,有30 000多人当了俘虏。朱元璋闻讯后,喜上眉梢,立即下令擢升邓愈为同金行枢密院事,胡大海为行枢密院判官,李文忠留下镇守建德,并命改建安府为建德府(《明太祖实录》卷6);四年后的至正二十二年(1362)建德府又改名为严州府。(《明太祖实录》卷10)

● 杭州事变:赶走恶狼迎来一只饿虎——张士诚乘机控制杭嘉湖

建德路位于朱元璋军占领地徽州东部,是通往浙东的门户。建德路被拿下,浙东门户洞开,其前方所在即为四通八达的浙东重镇婺州(即金华)。当时受江浙行省左丞相达识帖睦迩之邀率军入驻浙省府治杭州的苗军元帅杨完者看到情势不妙,婺州危机,就连位于婺州北边的杭州安全也受到了威胁,他赶紧指挥将士前往徽州,想通过釜底抽薪的手法,端掉朱元璋军进攻浙东的前线大本营。可没想到他的苗军一到徽州,就遭到了驻守在那里的胡大海军的沉重打击。但苗帅杨完者还不甘心,随后又屡次率领将士去偷袭建德,梦想夺回,可每一回都以失败而告终。这样的战事延续了好几个月,到了那年的六月,左副都指挥李文忠率兵攻下婺州北部的浦江县,形成了从侧面包抄婺州的架势,眼看婺州就要唾手可得了,突然间杭州城内发生的一场内讧顿时改变了局面。(《明太祖实录》卷6)

读者朋友可能要问了:杭州内讧跟婺州前线有什么关联?

事情原委是这样的:朱元璋攻占集庆那年的春天,张士诚军迅速渡江进取苏州。而苏州与杭州距离不远,加上张士诚来到苏南后发展速度极快。当时江浙行省左丞相(大致相当于江浙联省的省长)达识帖睦迩(《明实录》中作"达识铁木儿",《元史》中作"达识帖睦迩")对此十分恐惧,听说从广西杀出了一支"义兵"队伍,人称其为"苗军",十分善战,曾在湖广诸地屡屡进攻西线红巾军,后转战于江西、安徽之间。达识帖睦迩也不打听打听对方底细,就来了个病笃乱投医,邀请杨完者统帅的苗军来杭州,维护地方安全。可苗军到了杭州后,达识帖睦迩就叫苦不迭。杨完者手下的军纪很差,山里人到了天堂杭州,大开眼界,大街上店铺里有好东西就拿,有漂亮的杭州姑娘就抢,奸淫掳掠,无恶不作,杭州城里民怨鼎沸。当时有民谣:"死不怨泰州张(指张士诚),生不谢宝庆杨(指杨完者)。"(【元】陶宗仪:《南村辍耕录·纪隆平》卷29;【元】姚桐寿:《乐郊私语》)

这时省长大人达识帖睦迩也后悔不已,因"苦其逼己",就与张士诚暗中相约,设套给杨完者。张士诚因为过去自己的军队在嘉兴与杭州等地几次被杨完者打败过,还没得及报仇,听到达识帖睦迩有这样的想法,真是求之不得,于是两人就一拍即合,开始行动。七月,达识帖睦迩以收复被朱元璋军占领的建德为名,让杨完者出兵。杨完者是个武夫,没什么脑子,接到命令后想都没想,就把主力军派了出去。苗军主力前脚一走,张士诚派出部将史炳文部队后脚便到杭州城北,乘着杨完者不注意,突然包围了他的军营。双方激战了10天左右,最后杨完者兵败自缢而亡。主帅杨完者死讯传出,部将员成、李福、刘震、蒋英等带了30 000多名苗军,驻扎在桐庐,他们派人向李文忠请降。李文忠不敢做主,请示舅舅朱元璋。朱元璋自从定远发迹起,这一路过来,老当"捎客"或"大忽悠",捞足了便宜,一听说有这么多的苗军将士投降,当然要了。他立即传令给李文忠,做好抚慰工作。九月李文忠赶往桐庐,接受苗军的请降。(《明太祖实录》卷6)

杭州事变后,令人万般诅咒的苗军之患确实被除掉了,但事变的主角浙省省长大人达识帖睦迩却也从此徒有虚名,因为事变的另一主角张士诚军控制和左右着杭州与嘉兴,并欲将其势力往外发展,这就影响了朱元璋军队在浙东地区的发展。

● 讨债的都一起来了:赵普胜攻占池州、郭天爵"谋反"、张士诚俘获廖永安

意想不到的事情还不至于此,就连西线、东线甚至朱元璋"家"里都发生了一些意想不到的变故:

○ 余阙安庆殉国与赵普胜从朱元璋军手中夺回池州

自夺取池州后,朱元璋在西线整体上采取了守势的策略。但没想到就在发动对浙东地区攻取战争时,西线红巾军高层领导发生了巨大的变化。至正十七年(1357)九月,丞相倪文俊被部将陈友谅所杀,陈友谅挟持了天完皇帝徐寿辉不断南下、东进,1358年初攻取了池州上游的沿江城池安庆。安庆上扼汉阳,下规池州,

军事地理位置十分重要,是长江上的一大要塞,元朝政府对此十分重视,派了淮南行省左丞余阙驻守在那里。

余阙,蒙古唐兀氏,世代居住河西武威,父沙剌臧卜在庐州(今安徽合肥)做官并定居在那里,于是他就成了庐州人。余阙少年丧父,就以教书来侍奉母亲。元顺帝元统元年他考中进士,被授予同知泗州事,后被召入朝廷,曾任中书省刑部主事,参加过《辽史》《金史》和《宋史》的编撰,当过翰林修撰、监察御史,后又改为中书礼部员外郎,外放为湖广行省左右司郎中。

红巾军大起义爆发后,元廷设立淮东都元帅府,余阙被委任为佥都元帅,率兵驻守安庆。5年后的至正十七年升任淮南行省左丞,可能相当于省长秘书,上任没几天,就接到警报:陈友谅率领的西线红巾军正朝着安庆方向一路杀了过来,直捣安庆上游的小孤山。当地守军与陈友谅军血战了4天4夜,最终还是失守了,由此安庆告急!至正十八年正月,江西饶州天完守将祝宗、西线红巾军统帅陈友谅、赵普胜全面包围安庆,"金鼓声震地",余阙率领部下拼死作战,虽身负十余处刀枪之伤但依然坚持着,直到城破,在万般无奈的情势下,引刀自刭,他的妻子与一双儿女皆投井,安庆城里共有1 000来号兵民自焚而亡,演绎了元末为元王朝殉葬最为壮烈的一幕。(《元史·余阙传》卷143)

安庆虽然被攻下了,但西线红巾军也受到一定的损伤,经过两个多月的休整,至正十八年(1358)四月初一,陈友谅派遣赵普胜自安庆路的郴县出发,一路顺流东下,以排山倒海之势直冲下游的池州。当时池州朱元璋军守将为枢密院院判赵忠,听到陈友谅军来攻,他赶紧组织人马抵抗,可无论论武艺还是本领,赵忠哪是眼前这位江湖上赫赫有名的"双刀赵"的对手,双方一交手,赵忠这边就兵败如山倒,瞬时间,池州给赵普胜占了。不是冤家不碰头,朱元璋真没想到,西线战事竟然会如此,真是一筹莫展!(《明太祖实录》卷6)

○ 好一个义女婿吸干了岳丈的所有养分,还让他断嗣——郭天爵谋反?

窝心事还不止于此,有人向朱元璋密报说:"你的小舅子要造反!"什么?他要造反?多大的胆子啊!朱元璋的舅子有3个,老大叫郭大舍,早年战死于战场;老二叫郭天叙,就是当年不服朱元璋窃取父王军权,郭子兴死后被小明王授予都元帅的那一个,他与舅舅张天祐在领兵攻打集庆的战斗中让人给暗算了;老三叫郭天爵,父亲郭子兴、二哥郭天叙死时可能他的岁数还不大,没形成气候,尽管他对借了父亲平台发展起来的义姐夫朱元璋深为不满,但也是敢怒而不敢言,一直屈居下位。(《明史·郭子兴传》卷122)

这样的事情在当时是地球人都知道的,北方红巾军龙凤皇帝韩林儿听说以后,晋升郭天爵为中书右丞,以此来安慰郭子兴的旧属,但事后又可能考虑到实际掌握大权的朱元璋心里会有想法,就晋升他为平章政事。平章政事相当于副丞相或言主持日常工作的副丞相,而中书右丞最多也就是丞相府的秘书长一类的官职,这下郭天爵的心里可不平衡了。原本入赘我们老郭家的义姐夫现在可不得了了,还真不把自己当作外人,且大有吞噬我们老郭家一切之势,就连父王万般疼爱的少不更事的小妹妹也让他给强占了,郭天爵当然有怨言了!有怨言还不能乱说,现在到处都有"猪腰子脸"或"鞋拔子脸"提拔起来的人,于是他就经常找父亲的老部下"诉诉苦"。(《明史·郭子兴传》卷122)

郭子兴的老部下也有"苦"要诉,如今都是"猪腰子脸"的人,我们这些"老革命"都靠边站了,能不怨吗?!但正视严峻的现实,这些人时不时地偷偷在一起发发牢骚,可他们忽视了现在当权的"猪腰子脸"的心计和手段。那时朱元璋实际上已经使用上了特务,曾让特务夏煜到宁波去"看望"方国珍(《明太祖实录》卷8),在与"明敌"争斗中用上了特务,那么在与"暗敌"角逐中又何妨不用?所以"失职怨望"的郭天爵最终被人告发为谋反。(《明史·郭子兴传》卷122)

小舅子要"谋反",义姐夫该怎么办?无毒不丈夫,当朱元璋听到西线池州失守的信息后,就十分悔恨当初只对巢湖水师头领李普胜下手了,而对另一个头领赵普胜略微"仁慈"了一下,稍稍迟缓了一步,这才酿成了今天的苦果。想到这些,他立即下令,处死小舅子郭天爵,并对相关人员进行了清查和追究。至此,从正统角度来讲,当年朱元璋的大恩人郭子兴断嗣。(《明史·郭子兴传》卷122;【明】钱谦益:《国初群雄事略·滁阳王》卷2)

不过有人认为,郭家并没有断嗣,郭子兴除了大奶、二奶生了几个儿女外,还曾纳过一个姓李的姨太太,姨太太为他生了一个儿子,叫郭老舍。可能是外室所生的缘故吧,郭老舍从小就比较自卑,对政坛之事不怎么感兴趣。大明开国之际,朱元璋亲属们竞相分享胜利果实,郭老舍却主动要求回老家。皇帝姐夫朱元璋这番说道:"说与郭老舍,再三留你不在,实要回乡守祖。你旧有二所庄田,我就赐与你耕种,教户部官免除粮草。"朱皇帝的这番指示换成现在话是这么说的:我再三留你,你却还是不愿留在朝,回乡做个富翁也好,我朱元璋不仅同意你这么做,还叫相关衙门照顾你一点。后来这个郭老舍在老家的主要工作就是守护祖上的坟茔,至于郭子兴的王位与爵号就没人来继承了。从中国传统继嗣法角度来讲,郭子兴确实断嗣了(【明】郑晓:《今言》卷2和卷4)。当然还有人说,郭子兴不是有个小女儿嫁给了朱元璋,生了蜀王、谷王和代王三条龙仔,有后代呀?那是我们现在人的理解,按照古人的说法,这已经不属于郭家了。郭子兴,这个曾经的恩人在被义女婿朱元璋吸干了所有的养分和利用完了所有能利用的价值后落到这步田地,想来也让人为之悲叹不已。

○ 小小宜兴城打了一年多终于打下了,廖永安一激动却当了张士诚的俘虏

不过在政治场上角斗的人们可千万不能有什么怜悯与同情之心,相反得出手快、出招猛,否则的话,你就有可能成为被怜悯与同情者。从地狱边缘一路混来的朱元璋熟稔此道,在刚刚结束对小舅子"叛乱"事件的平息过程中,不就很好地展示了自己,且他还清楚:在对敌斗争中,只有一直拥有这样的心理素质,才会使自己永远立有不败之地。这不,最近手下人不断来报告,说东邻张士诚派兵偷袭了常州、江阴和常熟等地,虽说在常熟福山港和江阴城下两次都被打败了,但看来不给那个盐贩子一点颜色看看,还真不能确保东邻边境的安宁。

至正十八年(1358)九月,朱元璋派遣使者,前往西太湖宜兴前线,告诉在那儿领兵作战的主将徐达和邵荣说:"宜兴是个小县城,城小防御起来方便,不太可能有什么空隙和漏洞,加上它的后方补给又源源不断,这就是我军自去年七月开始进攻一直到现在,已经一年零三个月都未能拿下的主要原因。听说宜兴城西通太湖口,张士诚军的粮饷通道就在此,我们应该集中兵力先将他的这条饷道给截了,让城内的粮饷发生紧张,然后再发起攻城,宜兴城必破!"徐达、邵荣依计行事,分拨一部分兵士封绝太湖口。果然,没到一个月,即那年的十月初九日,宜兴城内的张士诚军投降。

打了一年多终于攻下这座城池,将士们可高兴啦,同知枢密院事廖永安更是得意忘形,下令水师将士们迅速出发,去攻打太湖里的张士诚军。但人家张士诚毕竟还是一方豪杰,哪那么容易说打就能被打烂的。廖永安进入太湖没多久,就让张士诚手下大将吕珍给活捉了。在押往苏州后,张士诚因为爱惜这位巢湖水师将领的才能与勇猛,想让他投降,可廖永安誓死不从,在苏州坐了8年监狱后,最终死在了牢里。朱元璋为了表彰他的忠勇,遥授他为光禄大夫柱国、江淮等处行中书省平章政事,追封楚国公,赐号"开国辅运、推诚宣力武臣"。(《明太祖实录》卷6;15;20)

● "高筑墙、广积粮、缓称王"九字方针与朱元璋亲征浙东轻松拿下婺州

在上述三个方面突发事件处理得差不多的时候,朱元璋终于缓过神来,想起应该加快南线战事的进度呀,否则不知道又会生出什么变数来。至正十八年(1358)

十月,他下令给刚刚攻下兰溪县的枢密院判胡大海,让他整顿当地秩序,设立闽越翼元帅府,分兵扼守其要害,然后抓紧时间,迅速从兰溪出发,向婺州城即金华挺进。(《明太祖实录》卷6)

○ 朱元璋亲征婺州与朱升提出的"高筑墙、广积粮、缓称王"九字方针

兰溪就在婺州的边上,它的东北方浦江又给李文忠攻下了,按照常规来看,攻取婺州不说是囊中取物,但也应该是指日可待,但没想到的是,胡大海军队在婺州城下打了整整两个月,就是没能拿下它。朱元璋闻讯后决定亲征,他要集中优势兵力,尽快将敌人力量相对薄弱的浙东地区给占了,构成对张士诚政权的南、西、北的三面包围,同时又能堵住西线红巾军陈友谅的东进之路,打破他的步步紧逼策略,为自己的统一大业走好关键性的第一步。

为了走好这一步,十一月三十日,朱元璋从宜兴前线调回徐达,让他与李善长一起留守应天,并任命毛骐代理中书省事,自己则带上亲军副都指挥使杨璟等,率领 100 000 大军向南进发,途经宣州和徽州时曾作短暂停留,"召故老耆儒访以民事"。(《明太祖实录》卷6)

当时徽州地区有名的儒士如唐仲实、姚琏等闻讯后纷纷前来拜见。朱元璋说:"自元朝失政以来,老百姓流离失所,早已厌倦这种兵荒马乱的日子,十分渴望安定下来,这样的情形可能比干渴的人们渴望喝水还要厉害,我朱某人不是不知啊!"唐仲实说:"自主公您的大军到来后,我们老百姓踏实多了。"朱元璋问:"邓愈元帅征发民众修筑城池,老百姓有没有怨言?"唐仲实说:"怎么没有?很多啊!"朱元璋大惑不解:"筑城是为了保护老百姓,老百姓怎么还会有怨言?"随后他又这样说道:"一定是邓愈做事太急躁,催促太急迫,这才导致了怨言四起,那可不好,失人心的啊!"说完,他叫人去通知邓愈:马上停止筑城。朱元璋又问:"据说唐先生博通今古,想必清楚古往今来的成败之道,'若汉高祖、光武、唐太宗(应该是唐高祖,可能朱元璋文化程度不高的缘故吧——本书作者注)、宋太祖、元世祖,此数君者平一天下,其道何如?'"就是问这几个大一统王朝的开国君主靠什么来平定天下,统一华夏? 唐仲实说:"您所说的这几位君主都是因为不滥杀人,所以他们能统一天下!主公英明神武,剪除祸乱,未尝滥杀,征收军用也差不多在合理的范围,开创之初,超于前代。但从现在的徽州的情况来看,老百姓生活虽然有了安定,可还不能休养生息。"朱元璋说:"老先生所言极是,我积蓄少花费多,向老百姓收取一点,也是迫不得已啊! 而且都花费在军事上,从没将一分一厘用于个人享受。老百姓的疾苦,我时时刻刻都想着,总考虑如何让他们能真正地休养生息,哪敢忘记啊!"唐仲实

说:"如果真像主公所讲的那样,那么百姓们的安定生活就有希望了。"朱元璋说:"你们说说看,还有什么治政举措不到位或有弊端的?"唐仲实等一一列举,朱元璋不停地点头称是。(《明太祖实录》卷6)

据说在徽州逗留期间,元帅邓愈曾向朱元璋推荐了一位在当地十分有影响的名儒朱升。朱升,徽州休宁人,元顺帝至正四年登乡贡进士第二名,曾任池州学正。红巾军大起义爆发后,他弃官隐居石门山,读书不止。朱元璋老早就听说过朱升的名声,现在到了徽州,又有邓愈推荐,无论如何也得向这位老先生请教一番。于是他就模仿当年刘备三顾茅庐的做法,造访朱升,向他请教夺取天下、统一全国的计策。朱升回答说:"高筑墙,广积粮,缓称王。"意思是说搞好自身根据地建设,增加自身实力;发展生产,多多储蓄军粮;不过早地称王称帝,这样可以避免招惹别人打击。朱升的这九字谋略其实在朱元璋那里早就使用或言部分使用了,只不过草根、泥腿子不会总结,如今让老先生说得茅塞顿开,当即"命(其)预帷幄密议",而这九字方针从此以后也就成为朱元璋统一天下的根本性的理论指导。(【明】朱升:《朱枫林集·翼运绩略》卷9;《明史·朱升传》卷136)

○ 朱元璋设计巧取浙东重地婺州(即金华)

从徽州出来,朱元璋就领着100 000大军取道兰溪,大约在十二月中下旬之间到达了婺州。婺州位于建德府(后改名为严州府)东边,介于建德府与台州府之间;台州府是浙东方国珍割据势力的范围,其南临处州府,北接绍兴府,而绍兴府正是张士诚的势力范围,因此说,朱元璋要想夺取浙东,婺州之战事关大局。想当初胡大海进攻婺州之所以久攻不下,关键性的原因就在于:第一,进攻婺州的军事力量薄弱,虽说当时婺州北部的浦江已被李文忠占领,但浦江之北的诸暨却是张士诚的军事据点,因此说浦江守军不能轻易出动,剩下的就只有胡大海部队了,力量显得很单薄;第二,驻守婺州的元军主将叫石抹厚孙,他的哥哥石抹宜孙是元朝的参知政事,在元末那个时代里他算得上是个不错的军事人才了,当时正驻守在婺州南面的处州。石抹兄弟南北呼应,老母亲又居住在婺州城里,所以弟弟石抹厚孙这边有点什么事,做哥哥的石抹宜孙会格外关注。朱元璋来到婺州城下先摸了一下底细,然后下令将士们围城。在处州的石抹宜孙听到这个消息后很为母亲与弟弟着急,急忙召来手下谋士胡深与章溢商议对策,几个人商量后决定:叫婺州的石抹厚孙按兵不动,处州这边连夜制造数百辆狮子车,用以装载兵士,然后由胡深等率领,偷偷地急速赶往婺州,援救石抹厚孙;以此同时,石抹宜孙自己则率领10 000精兵从处州北部临近婺州的缙云出发,北向应援。(《明太祖实录》卷6)

朱元璋派人侦查了敌方的军事意图后分析：石抹宜孙还属于比较会打仗的，碰他这一路，似乎不太明智，应该寻找薄弱环节。后来听说胡深率领的这路援军打松溪山路过来，朱元璋一下子就来劲了，情不自禁地跟将领们说道："就在这里做文章！"众将听了一头雾水，朱元璋解释说："松溪这路过来的援军走的多是山路，山多路窄，车行肯定不便。如果我们派一支精兵在这路上设下埋伏，就一定能将这路援兵给打败。援兵一败，婺州城里的人还有什么心事坚持下去？"众人一听齐声叫好。朱元璋当即命令胡大海养子胡德济率领一支兵马，在松溪那一路援军到达的前方设下了埋伏，随即便将其打败了，领头的胡深逃回了处州。

援军在来的路上就被消灭了，孤立无援的婺州城内元军听到消息后顿时就恐慌起来。原本城内的台宪官与将领们划界分守，号令不一，这本身就是兵家之大忌，现在大家见到形势愈发不妙，援军都被干掉了，守下去何日是个尽头，算了，投降吧！枢密院同金宁安庆与都事李相等就这么想着，且他们还付诸行动，令人打开婺州城门，婺州当即被朱元璋军占领，南台侍御史帖木烈思、院判石抹厚孙等地方高官相继归降。（《明太祖实录》卷6）

● "圣人"创立模范"特区"，稳固浙东统一前哨根据地

婺州攻占后，朱元璋的心里爽透了，不过他并没有为眼前的胜利冲昏了头脑，为了拓展更多的领土和谋求更大的利益，除了军事征讨之外，还必须要收揽人心。为此，自进入婺州城那天起，他就在以下几个方面大做文章，试图将婺州打造成"王师"模范"特区"：

第一，设立江南等处行中书省分省，构建和完善地方军政机构。

至正十八年（1358）朱元璋在婺州设立的地方性行政机构级别很高，是江南等处行中书省的分支行省，亦称浙东行省，以此作为未来"收复"浙江全省的行政管理基础，调中书省左、右司郎中李梦庚、郭景祥为分省左、右司郎中，中书省都事王恺为分省都事，中书省博士夏煜为分省博士，中书省管勾栾凤为分省管勾，以汪广洋为照磨，儒士王祎、韩留、杨遴、赵明可、萧竟章、史炳、宋冕为掾史；并立金华翼元帅府，以袁贵为元帅，吴德真为副元帅。除了建立分支行省机构外，朱元璋还十分重视婺州府县级管理机构的构建，改婺州路为宁越府，任命当地有着一定名望的儒士王宗显为知州；宁越府下分列诸县，由帐前总管（可能相当于警卫军总负责人）陈从贵兼知东阳县事，领兵300戍守东阳；义兵元帅吕兼明兼永康知县；帐前总管王道同为义乌知县，杨葛为武义知县，等等。（《明太祖实录》卷6）

这样的机构构建不仅使婺州地区的日常生活与社会秩序得以迅速有效地管理与控制，而且从朱元璋任命的这些地方官吏来看，不是从应天大本营调去的"老革命"，就是跟随他南征北讨的警卫军心腹。以军官来代理行政官僚，在那个非常年代里，还是有着相当的积极意义，或者说，虽然浙东远离应天南京，但它与朱元璋心理的距离还是相当近的。换个说法，自此以后，朱元璋牢牢地掌控着浙东地区。

第二，继续尊奉小明王的龙凤政权为正统，打出红巾军反元旗号，赢得人们的心理认同。

浙东地区在至正十一年至十二年间曾经是红巾军起义的活跃地区，"弥勒降世""明王出生""反元复宋"这一类思想在当地民众中有着相当的市场。朱元璋十分聪明，在运用资源方面，用今天时髦话来说，就是用足、用好。据说当时在江南等处行中书省分省衙门前，朱元璋叫人竖了两面大黄旗，上书："山河奄有中华地，日月重开大宋天。"大旗旁边各立一牌，上书："九天日月开黄道，宋国江山复宝图。"（【明】钱谦益：《国初群雄事略·宋小明王》卷1引俞本《皇明纪事录》；【明】刘辰：《国初事迹》）这样的政治宣传恐怕不仅仅给人感觉：这支军队与以前元军有所不同，而且还是反元的，以"中华"和"重开大宋天"等字样更多地突出这支新来军队和它主子的心愿：恢复中华传统，恢复大宋天下，也就是正统的中原王朝、中华帝国，这在讲究中华与正统的浙东地区很能引发共鸣，尤其在知识分子中，一下子树立了很好的形象。从历史实际来看，当时有一大批的知识分子后来跟了朱元璋。

第三，注意军纪整肃，给当地民众营造一个安定的社会环境。

自渡江以后，朱元璋特别注意自身军队建设，尤其重视军纪问题。可战争时代，既要打硬仗、打胜仗，又要使军纪维系好，这确实不是件容易的事。战场上本领好、敢于玩命的，一般遵守军纪也不会好到哪里去；还有一些权贵因为自身身份特殊也会"无意识"地触犯军纪。譬如朱元璋身边有个姓黄的知印官，自以为是第一人的心腹秘书吧，居然擅自闯入婺州城内百姓家里去抢夺钱财，影响极其恶劣。朱元璋知道后很恼火，下令将心腹黄秘书斩首。当时婺州城内的老百姓还不怎么相信，第一人的心腹秘书就要被开刀问斩了，大家都出来看啊，顿时行刑场上里三层、外三层都是看客。随着黄秘书的人头落地，婺州人终于信了：姓朱的部队确实与众不同，当地秩序很快也就安定下来了。事后朱元璋还告诫将领们：一定要管住自己的兵士，绝不能让他们嗜杀。这还不仅仅是为我们军队获得好名声，给老百姓一个安定的社会环境，而且也是为你们自己的子孙后代积德啊。由人及己，由己及人，说理透彻，对整顿军纪和创造和宁的浙东社会环境起到前瞻指导和规范的作用。

（《明太祖实录》卷6）

第四,打开官仓,发粮赈济贫民,下令禁酒。

元末各地灾荒不断,即使是富庶的江南地区也未能幸免。朱元璋进入婺州城后,发现贫困百姓正嗷嗷待哺,他当即下令,打开元朝官府的仓库,取出粮食,赈济贫民。同时,针对江南地区长期存在的民间酿酒习惯,他发出了禁酒令,以减少粮食的消耗(《明太祖实录》卷6)。禁酒令下达后,枢密同佥胡大海的儿子却偏偏犯了禁令,朱元璋为之十分恼怒,打算依法行事。可都事王恺却不这么认为,他说:胡大海是军中大将,眼下又率兵正在绍兴前线作战,你把他的儿子抓起来给杀了,万一胡大海听到消息后有什么想法或叛逃了,那可麻烦大了。但朱元璋却斩钉截铁地说:"宁可使大海叛我,不可使我法不行。"说完,他亲自动手把犯事者给杀了(《明史·胡大海传》卷133;【明】刘辰:《国初事迹》)。执法必严,违法必究,而执法必自贵近始,中国传统社会"法治"理想在那时的朱元璋政权那里得以部分实现。由此下来,婺州等浙东根据地渐趋稳固,朱元璋也愈发得民心。

第五,延聘与任用地方名士与世族,争取更多知识分子和社会有产阶层的支持。

朱元璋自身没文化,吃足了没文化的苦头。但自从遇上冯国用兄弟起,他就开始尝到了拥有知识分子相助与支持的甜头。婺州是闻名遐迩的历史文化名城,人称小邹鲁,涌现了一大批著名的学者,这些人不仅在浙东地区乃至全国都有一定的影响,如果能赢得他们的支持,那么无疑对于自己的统一大业和走向帝王宝座都有莫大的帮助。朱元璋老早就不是朱重八了,他的眼光与视野越来越宽、越来越广。进入婺州城后,他召见了许元、叶瓒玉、胡翰、吴沉、汪仲山、李公常、金信、徐孳、童冀、戴良、吴履、张起敬、孙履等地方名流,"会食省中,日令二人进讲经史,敷陈治道",即让这些儒士每天在浙东行省会餐,由两人轮流为他讲解经书与中国历史。(《明太祖实录》卷6)

当时有两个儒士很另类,一个叫范祖干,一个叫叶仪,他们都是捧着朱熹注释的《四书》前来面见朱元璋,且指着其中的《大学》篇说道:"治理天下之道说到底都逃不出这本书!"朱元璋听到这话,觉得十分好奇,就让范祖干讲讲这里边的道理。范说:"帝王之道,自修身齐家出发,乃至治国平天下,说来说去,就是要各安其位,各司其职。只有这样了,天下才有可能达到'治'的地步啊!"朱元璋听后似乎很有体悟:"圣人之道,可用作万世之法啊。我自起兵以来,军纪号令、奖赏刑罚都力争整齐划一,否则,你想,怎么能让大家心诚悦服呢?!武定祸乱,文致太平,治乱之理大概也是如此吧!"从范老先生所说的来看朱元璋所对答的,两人其实并不完全吻合,或者说范老学究所要的是天下大乱之后的社会秩序,而朱元璋可能考虑到的是对方的社会名声,即使自己懵懵懂懂,但也想留下对方为自己服务,当即命范祖干和叶仪留下,任军中谘议。可叶仪说自己身体不好,范祖干以家中老母要侍奉为名,一一推辞不干。朱元璋也没怪罪他们,任由他们回家,后还曾旌表范祖干的孝行,命其所居之所为"纯孝坊"。(《明太祖实录》卷6)

朱元璋在婺州还曾礼聘了3大名士,一个叫许瑗,江西乐平人,元末流寓到婺州,在元朝科举考试中名列地方贡举头名,相当于现在的地方高考状元。他曾跟朱元璋说:"非广揽英雄,难以成功!"朱元璋听后很有启发,让他做了谘议参军,后许瑗出任太平知府,与朱元璋侄儿朱文正一同主持太平保卫战,最后殉难于任上。(《明史·忠义一·花云传附许瑗传》卷289)

第二个名士叫王冕,浙江诸暨人。出身于一个十分贫穷的家庭里,小时候父亲叫他去放牛,就在放牛时,他听到附近官学里的学生在读书,很好奇,于是就偷偷地溜进了学校,跟着那些学生一起读起书来。读着读着,竟然忘了自己出来干什么的,直到太阳下山时,他才突然想起自家的牛还在外头,赶紧出去找。牛不见了,回到家里被父亲好好揍了一顿,本该长个记性了,可王冕对读书的痴迷依然不改。母亲看到儿子这样,就跟丈夫说:"我家这个儿子既然这么喜欢读书,我们何不任其自然吧!"王父依了,从那以后就不再过问儿子的事。白天干活,夜晚因为家里穷得点不起灯,王冕就跑到庙里去,坐在佛腿上,借着寺院里的长明灯夜夜苦读。附近有个儒学大师叫韩性的,听说了王冕好学之事后十分感动,就收了他为弟子,王冕一下子成了当地闻名的通儒。韩性死后,弟子们一致推举王冕为他们的学术领袖。但就这样的学术领袖在元朝的科举考试中却屡屡不中,后来他干脆放弃不考了,在北京进行了一次愉快的旅游。有个蒙古官宦听说了王冕的故事后,曾想推荐他到元廷中去出任翰林之职,却遭到了他的拒绝。通过自身的科考磨难,王冕看到了当时常人所看不到的"历史前景":腐败的元王朝寡头统治长不了!回到家乡后,他带了妻儿隐居到九里山,建起住宅,过着简朴的生活,并在自家的屋子周围种植了数千株梅树,加上他又喜欢画梅花,人称其为梅花屋主。据说王冕曾模仿《周官》体例,写了一部书,并跟人说:"我这本书一定得献给明主,伊尹(商朝开国勋臣)、吕尚(即姜太公,周朝开国勋臣)事业就不难实现了!"朱元璋攻占婺州后,听人说起了奇人王冕,不免动了心,将他召来,留在幕府中做参谋,即授予谘议参军。可惜王冕没福气,当了个幕僚官没多久就病死了。(《明太祖实录》卷7;《明史·文苑一·王冕传》卷285)

朱元璋在婺州礼聘到的第三大名士就是明初朝廷上下无人不晓的大文人宋濂。当婺州城被攻下时,宋濂正在龙门山隐居着。朱元璋早就听说了文化大名人宋濂,更想请他出来做事。刚好那时婺州新开了郡学,宁越知府王宗显延聘儒士叶仪、宋濂来郡学任教师,专授《五经》,戴良为学正,吴沉、徐原等为训导,各个名士各有具体的教学与教务工作,底下会聚了一批的学员。就这样,在众多儒士们的努力下,当然更多的是由于朱元璋的重视与支持,浙东地区的地方官学在那一派杀伐声中正式开启,琅琅读书声传向四方,朱元璋重视文化人的美名也开始为世人所熟知了,"始闻弦诵之声,无不忻悦"。(《明太祖实录》卷7)

除此之外,在婺州时朱元璋还十分重视地方有产阶层力量,争取他们对新政权的支持。他曾选用婺州七县的"富二代"充当自己的警卫兵,名曰:御中军,以示对他们及其家族的重视与肯定,这对笼络地方经济实力派有着不可小觑的作用。浙江浦江有个姓郑的大家族,自宋代以来世代聚族而居,且家族中很多子弟出入官场,据说当年政府曾旌表郑家为"义门"。可在元末大起义爆发后,"郑义门"阖族"携家避入诸暨"。朱元璋知道后"遣帐前先锋率民二千,护其家归浦江"。(【明】宋濂:《宋文宪公全集·郑都事墓志铭》卷24)

第六,布置浙东地区新战略,稳固新开创的模范"特区"。

婺州(1360年改名为金华)占领后,尽管朱元璋对各个层面都予以了重视,但在战争年代里军事胜利才是根本。为了确保战争的顺利进行,正确的策略就显得格外重要。早在应天时就已拟定了浙东地区的攻守方略,但亲临婺州等地后,朱元璋获悉了许多新的信息,根据实际对于原本的攻守方略有必要作些修正,确立婺州三面不同的斗争策略:对于实力并不强大的南面元军控制下的处州和西南衢州,采取引而不发的战略;对于北部的张士诚,仍继续使用猛烈打击的手段;对于控制着东部和东南部的方国珍割据势力则运用招抚和拉拢的手法。

● 凤阳"大忽悠"朱元璋居然被浙江"混混"方国珍给"忽悠"了

龙凤四年、至正十八年(1358)年底,朱元璋乘着自己军队占领婺州、声势压顶的大好势头,派出主簿蔡元刚、儒士陈显道和中书分省典签刘辰出使庆元(后来改名为宁波),招降方国珍。(《明太祖实录》卷6)

方国珍在元末几支有名的反元割据势力中可能是力量最为薄弱的一支,但他起义时间最早,且十分狡猾,反复无常,就连元朝朝廷也被他耍得团团转。至正八年(1348)发动反元起义后,方国珍和他的哥哥方国璋、弟弟方国瑛、方国珉等聚集了数千人劫夺元朝海运漕粮,拘押元朝官吏。元政府命令江浙行省参知政事朵儿只班率兵前来征讨,没想到"贼寇"没讨成,朵儿只班反倒当了俘虏。(《明史·方国

珍传》卷123)

这下可好了,方国珍有了跟元朝政府讨价还加的资本,要求元方封他为官。元朝政府担心:如果不答应的话,自己的海上漕运线就得被掐断;但如果就按照方氏的要求给封了官,这岂不是鼓励大元帝国臣民都起来造反吗?就在这两难之际,元方最终作出了这么个抉择,封方国珍为庆元定海尉。中国人向来官为本,有了一张狗官皮就变得十分了不得了。方国珍就是这样的一个典型,尽管忙乎了半天只捞了个类似乎县人武部长的职务,但他还是充分发挥自己"盐商"的聪明才智,以元朝授予的官职头衔回到家乡黄岩招兵买马,扩充势力。(《明史·方国珍传》卷123)

北方红巾军领袖刘福通发动颍州起义后,元政府命令江浙行省招募水师,驻防长江。方国珍看到形势不妙,赶紧带了弟兄们逃亡海上。台州当地官府台州路达鲁花赤泰不华领小股水军航海前去招降,方国珍把泰不华给杀了,将死尸扔入大海里喂鱼。这下惹得元朝官方一片震怒,江浙行省派出大股水师征讨方国珍。方国珍一看:情况不对劲,不要说还手打了,就官方水师人数的绝对优势也足够将方氏势力吞噬,好汉不吃眼前亏,有奶就是娘,奸商的奸智在方国珍身上可谓发挥得淋漓尽致,他派人到元大都北京去活动,贿赂了元廷中央领导,并表示自己愿意招安。(《明史·方国珍传》卷123)

元廷又信了,任命方国珍为徽州路治中(职位比以前提升了不少),但有个条件:必须要他交出所有的船只,并遣散部众。这样的苛刻条件岂不是要了方国珍的命么,听到消息后,他立即又开始了反元,率领1 300多条海船,迅速封绝了海上通道,并连连攻陷台州、温州和庆元诸路,也就是控制住了整个浙东沿海区域。(《明史·方国珍传》卷123)

至正十六年年初,张士诚南下,攻占江南地区。元廷无奈之下再次低下高贵的头颅,体面的说法:招降方国珍,授予他海道运粮漕运万户兼防御海道运粮万户,他的哥哥方国璋为衢州路总管兼防御海道事,条件是方氏为元朝解决海上漕运问题。第二年,元廷晋升方国珍为江浙行省参知政事,条件是叫他去攻打曾经击退元朝百万大军的张士诚。当时张士诚在西线遭受"猪腰子脸"的屡屡打击,几乎没有过多考虑东线原本无冤无仇的方国珍来个突然袭击,据说在昆山与太仓交界的畚子,方国珍军七战七捷,弄得走投无路的张士诚最终也归降了元朝,方氏这才撤军昆山。

就这么一个毫无道德操守的人渣、恶棍、无赖在那时候却特别吃香,官也越做越大,方氏一家的兄弟子侄在元朝那里都当上了大官,掌控着浙东沿海的渔业和盐业大利,成为割据浙东沿海地区的一大恶霸。曾经有个叫张子善的同乡人劝方国珍以浙东为根据地,进窥江东,然后伺机北上中原,争取成就一代霸业。方国珍听

后还算有自知之明地这般说道:"吾志始不及此!"(《明史·方国珍传》卷123)

对于这样的无赖、泼皮,昔日长期混迹于此类人中的朱元璋何尝不知,因为他们的内心深处有些部分还是相通的。所以在攻下浙东婺州后,他就马上派人致信方国珍,劝他主动归降。方国珍接到信后,一边用好酒好菜还有妖艳美女来招待刘辰等使者,想以此来拉人入水,但没想到遭到刘辰等人的叱责;另一边他召集兄弟与部将,讨论如何回应朱元璋的劝降信,讨论来讨论去,最后觉得:"江左(指应天朱元璋)号令严明,恐不能与抗。况为我敌者,西有吴(指苏州张士诚),南有闽(指福建割据势力陈友定)。莫若姑示顺从,藉为声援以观变。"(《明史·方国珍传》卷123)随后回信并派出使臣去见朱元璋,并奉上黄金50斤、白金100斤、金织文绮100匹,表示愿意与朱元璋合兵共灭张士诚。(《明太祖实录》卷7)

朱元璋看了方国珍的回信后,又派了浙东行省都镇抚孙养浩上庆元去,告诉方国珍:我们知道了!其他什么话也没说。方国珍琢磨着:这什么意思?看看婺州及其周围的形势,从濠州来的这个叫花子的架势还真不能小瞧,怎么办?再忽悠他一回?想到这里,方国珍狡黠地笑了。

龙凤五年、至正十九年(1359)三月,他再次派遣郎中张本仁来到婺州,面见朱元璋,主动提出愿意献出温州、台州和庆元即宁波三郡,并以次子方关作为人质。方国珍割据势力的范围也就是上述三郡,现在他说要献出三郡,岂不成了光杆司令,要是真这样他还不如前来婺州归降呐,可问题是他没来。这说明了什么?方国珍在耍人,或者说忽悠人,"大忽悠"朱元璋一下子就看出来了,但也不好点得太明,虽然自己在婺州是取胜了,但前有处州元军,后有张士诚军,一旦方国珍那一头逼得太急了,弄毛了,兵戎相见,难料有谁乘机从中渔利呐,所以聪明的办法就是稳住方国珍,他来忽悠我,我何不再来忽悠他呢!于是当着方氏使臣的面故意这样说道:"古代的时候,由于担心别人不按约定的去做,搞了什么盟誓。盟誓要是变了,就交换质子,这都是衰败之世的事情,我们又何必要模仿呐!凡是盟誓和交换质子的,都是由于相约者之间不能相互信任而导致的。现在方君既然能诚心归降,我朱某人当以推诚相待,就如青天白日一般清澈明亮,何必要相互怀疑、互为质子呢?!"说完,下令厚赏方国珍次子方关,并让他随同使者一同回去。(《明太祖实录》卷7)

方国珍见到使臣与儿子一同回来,高兴得几乎要跳起来,自己的一个小伎俩居然能将江湖上广传的"大忽悠"给忽悠过去,这不是天大的好事!于是就继续游走于元朝与朱元璋两边,哪一边对自己有利就站哪一边,"阴持两端"。

这样的日子方国珍过了半年,到了龙凤五年、至正十九年(1359)八月左右,常遇春军攻克衢州,朱元璋在浙东地区的统治更加稳定、势力范围更加扩大的情势下又开始"惦记"起方氏"老伙计",派了博士夏煜上浙江去,任命方国珍为福建等处行中书省平章政事,方国璋为福建行中书省右丞,方国瑛为福建行中书省参政,方国珉为枢密分院金院,"各给符印,仍以本部兵马城守,俟命征讨",并令其尊奉龙凤为正朔。(《明太祖实录》卷7)

自鸣得意了几个月的方国珍没想到朱元璋还有这一手,见到特使夏煜,一下子就慌了神,想不接受吧,前番自己已经说得那么满了,赖也赖不掉吧;接受吧,这不等于自己做媳妇找个婆婆来管管自己,没事吃饱了撑着!怎么办呢?最后实在想不出什么好的借口,就说自己有病,做什么福建等处行中书省平章政事之官职,方某人无法接受就任,至于那枚平章政事的官印还是会好好保管的。方氏兄弟除了老小方国珉任枢密分院署事外,其他几个谁也没有将朱元璋的任命当回事,更不奉龙凤正朔。(《明太祖实录》卷7)

为防止朱元璋采取过激措施,方国珍还给出了这样的答复:"当初我要奉献出温州、台州和庆元给明公,就是为了这三郡百姓的生命与财产利益考虑,私下里以为你会发兵前来接管。现在看来你不但不发兵来,反而要我尊奉龙凤政权为正朔,这可不是弄着玩的。我的左邻右舍张士诚和陈友定都是元朝的走狗,他们仇视反元起义政权龙凤小明王,一旦我奉行龙凤为正朔,他们还不得发兵来打我!一旦来攻打了,援兵又没有,那么情况就相当危险了。所以我想啊,还是以继续尊奉元朝为正朔,免得让人揍。再说想当年我方国珍第一个出来反元,元朝人实际上恨死了我,之所以能招抚我们四兄弟,授予大官职,那也是他们迫不得已啊,要是我们实力不行的话,那他们非得把我们吃了!总而言之,明公,您要是用上我方某占有的这三郡,没得说,您多发起些兵马来戍守,我见到大军,当即交出三郡,然后国珍我领着哥哥弟弟一同上应天去,听候明公的命令与指派。只是任职一事,明公也知我方某已经领受了元朝的任命,既然早就做个人家的官职,如果我再来接受明公您的任命,这岂不首鼠两端?"方国珍的这封信写得还蛮有水平的,核心精神就是巧妙地对朱元璋说:"不!"朱元璋何等人,当然清楚方氏的奸诈,由于考虑浙东形势整体格局的复杂,最终决定先忍一忍,等灭了老与自己作对的张士诚,回头过来再收拾方国珍,他说:"且置之,候我克苏州,虽欲奉正朔则亦迟矣。"(【明】刘辰:《国初事迹》)

● 朱元璋军攻占衢州与处州,统一浙东大部分地区

朱元璋将婺州东边的方国珍这一头放一放,可对北边的张士诚与南边的处州元军那两头却不仅没放,反而抓得更紧。

○ 从张士诚嘴里叼走诸暨和张士诚报复的失败

至正十九年(1359)正月底,朱元璋任命耿再成为行枢密院判官,令其率兵屯驻缙云县黄龙山,为攻取处州做好前期军事准备。与此同时,命令行枢密院同金胡大海率兵攻打近邻婺州的绍兴府西南重镇诸暨。张士诚守将华元帅战败宵遁,诸暨随即被占领。朱元璋下令将诸暨改为诸全州,以帐前元帅张彪为统军元帅兼知州事,王玉为副元帅兼本州岛同知,浙东行省照磨汪广洋为军储总负责人,并命大将胡大海率兵继续北上,攻打张士诚控制下的绍兴。数日后在诸全州设立枢密分院,置明海翼元帅府,擢升谢再兴为院判,王玉等为元帅,驻守诸暨。(《明太祖实录》卷7)

好端端的诸暨一眨眼的工夫由盐贩子手中转到了叫花子那里,张士诚听到浙东前线的军事急报后气不打一处来,自从遇上淮西来的这个叫花子后,我诚王只有挨打、受罪的份。张士诚越想越气,咬牙切齿一定要报这个仇。新年二月初一,他下令给将士们去攻打被叫花子先前夺去的江阴,出其不意地给他后院放一把火。据说当时张士诚发足了狠劲,派出了大量的水师,那水师战舰的帆布几乎将江阴的江面都给盖住了。江阴守将吴良看到这等架势,命令将士们守城勿出,然后叫上弟弟吴祯率领一支偏师从北门出城去迎战。张士诚军看到吴祯人数少,猛打猛攻,正得意间,冷不丁地后面遭遇到了吴良派出的元帅王子明率领的几十号壮士的袭击,一下子军阵大乱,连主将陶元帅和裨将宋贯都给俘虏了,"溺死者甚众"。(《明太祖实录》卷7)

张士诚不甘心啊,而后几次调兵遣将对于李文忠镇守的建德府也发起了进攻;差不多同时又令降将陈保二进攻宜兴,李伯升进攻婺源,还有一路进攻常州,但这一系列进攻都以失败而告终,最臭的是领兵进攻宜兴的将领陈保二还给俘虏了,常州之战中1 000多人、40多条战船给汤和俘获。如此连续性的失败和打击使得张士诚后来越来越颓废。(《明太祖实录》卷7)

张士诚越来越颓废,朱元璋要的就是这个效果。在东抚北打双拳出击下,浙东战事局面逐渐进入了诸方角逐相对平衡状态。鉴于如等局势,朱元璋决定再对浙东战事做个布置后,迅速赶回应天去,自己出来毕竟已有半年多了。临走前他将进攻绍兴受挫的大将胡大海召回,当面告诉他:"宁越为浙东重地,必得其人守之。吾将归建康,以尔为才,故特命尔守其衢、处,绍兴进取之宜,悉以付尔。宋伯颜不花在衢州,其人多智术;石抹宜孙守处州,善用士;绍兴为张士诚将吕珍所据。数郡与宁越密迩,尔宜与同金常遇春同心协力,俟间取之。此三人皆劲敌,不可忽也!"接

着又任命左右司员外郎侯原善、都事王恺、管勾栾凤综理钱粮军务事,协助浙东军事进攻。(《明太祖实录》卷7)

○ 朱元璋返回应天

朱元璋之所以要急忙赶回应天,是因为他一向采取守势的西线战场那时出现了新变化。胡大海进攻绍兴受挫的那些日子里,徐达与俞通海组织军队,乘着陈友谅东进轻敌的良机,冷不丁地杀了回马枪,夺回了被西线红巾军悍将赵普胜占领的池州。消息传到朱元璋的耳朵里,可把他给高兴坏了,当即下令擢升徐达为奉国上将军、同知枢密院事,俞通海为佥枢密院事,又立枢密分院于宁越府,以常遇春为镇国上将军、同佥枢密分院事守之。(《明太祖实录》卷7)可喜事过后没多久,不好的消息又传来,俞通海在攻打赵普胜军时再次受阻。"旧愁"加"新恨",对赵普胜恨得牙根都要发痒的朱元璋顿时来了灵感,设局害死了赵普胜。本以为赵普胜死后,西线军事形势会有所缓和,没想到陈友谅大军竟然绕过池州,直赴太平,太平距离南京很近,冥冥之中朱元璋感觉到:自己与陈友谅之间的一场恶战不久就要开始了,而一旦开始,军事上最为忌讳的就是两线甚至多线作战。想到这些,朱元璋立即派人上浙东去,敦促前线将领尽早发起新一轮进攻,一来确保浙东根据地的拓展与稳固,二来壮壮自身军队的声势。

○ 常遇春"上天入地"拿下浙南衢州

再说此时的浙东战场,经过一两个月的努力与发展,形势已有了很大的变化。先是将进攻衢州遭受失败的陆仲亨给换下来,由枢密院同佥常遇春率兵攻打。衢州元朝守臣廉访使宋伯颜不花等悉力备御。常遇春看到今天棋逢对手了,一时难以攻下,赶紧令人在衢州城的6个城门外建起奉天旗,竖立栅围,围住城门,同时建造吕公车、仙人桥、长木梯、懒龙爪等登城工具,将它们造得与衢州城一样的高度,以方便将士们登城。除此之外,还在大西门、大南门城下挖掘地道,准备用于地下攻入,真可谓"上天入地",无所不用。宋伯颜不花也厉害,你来吕公车,我叫将士们用成捆的干燥芦苇浇上油,投到你的吕公车上,烧死你们;你来什么懒龙爪,我叫人造千斤称来钩拉你们;你们用登城木梯,我叫将士们用大斧头去砍断你们木梯的腿……双方相持不下好久,最终还是反应灵敏的常遇春发现:衢州南门防御有疏,立即派出奇兵突入南门瓮城,毁掉敌人的石炮,命令将士们加紧进攻,大约打了两个月,一直到了九月中旬时,衢州城内的元枢密院判张斌等终于受不了,密约常遇春,打算投降,并打开了城门。常遇春军顿时蜂拥而入,迅速占领了衢州,并俘虏了宋伯颜不花及院判朵粘等,缴获粮食 8 000 石。衢州随即改名为龙游府,以武义知县杨苟知府事,并立金斗翼元帅府,以唐君用为元帅,夏义为副元帅,朱亮祖为枢密分院判官,宁越分省都事王恺兼理军储,常遇春还宁越。(《明太祖实录》卷7)

○ 胡大海等攻占处州,浙东地区基本统一

衢州被攻下后,浙东南部就剩下一个处州了(方国珍势力范围除外)。对于处州的军事进攻准备早在朱元璋亲临婺州时就已经开始进行,当时派了耿再成进驻处州北部的缙云黄龙山,谋取处州。元朝处州守将石抹宜孙看到这样的军事架势,也开始了以防御为主旨的军事布防,派遣元帅叶琛屯兵桃花岭,参谋林彬祖屯兵葛渡,镇抚陈仲真、照磨陈安屯兵樊岭。另外还派了元帅胡深驻守处州西部的龙泉,防止朱元璋军抄他们的后路。

从双方这样的布兵对垒来看,这无疑是一场旷日持久之战了。问题在于当时浙东地区元军势力日渐减损,元朝地盘越来越小,石抹宜孙手下将士心里都清楚:现在元朝在浙南能否继续保持统治地位的所有希望就在他们这些人身上,那么多的部队,那么多的武器,到现在都到哪里去?大家都心照不宣,识时务者为俊杰,原先积极对抗朱元璋军的元帅胡深此时首先起了变化,他带了手下人抄小路前来归降,且告诉说"处州兵弱易取"。胡大海听说后高兴得不得了,立即下令,部队迅速出发,到达樊岭与耿再成部会合,然后再对石抹宜孙军发起进攻,连拔桃花岭、葛渡二寨,一下子将军队开到了处州城下。石抹宜孙一看大势已去,与浙东名士叶琛、章溢一起逃往建宁,处州和属下七县随即被胡大海、耿再成等占领。

朱元璋听到喜讯后,下令改处州路为安南府,以义乌知县王道同知府事,并立安南翼元帅府,以朱文刚为元帅,李佑之为副元帅,耿再成为枢密分院判官,驻守处州,分省都事孙炎总理军储。(《明太祖实录》卷7)

● 刘基为首的浙东"四先生"出山与明代版的"隆中对"

○ 朱元璋升任江南等处行中书省左丞相

处州的攻占,标志着朱元璋浙东战争取得了阶段性的成功,也是他发动地区性统一战争的胜利。人们常说:好事成双。这不,就在浙东战场攻占处州的捷报到达之前的龙凤五年(1359)五月,"老领导"宋小明王颁发诏谕,擢升朱元璋为仪同三司、江南等处行中书省左丞相(【明】钱谦益:《国初群雄事略·小明王》卷1引叶子

奇《静斋文集》),也就是说尽管当时朱元璋雄踞一方,且不断地发威动武,甚至还蚕食鲸吞浙东地区,但他的公开名分却是小明王龙凤政权下江南行省的最高行政领导、一把手。宁愿做人"小",与一开始就公开称王的浅薄政敌陈友谅、张士诚等人相比,这位从淮西一路杀过来的红巾军分支领袖倒不是自身具有多么高尚的优秀品质和深厚学养,而是他在韬光养晦,不断努力,争取更大的利益和实现更加宏远的目标,那就是重建中华传统大一统帝国,做天下第一人。这样的情结早在淮西起兵不久的朱元璋心里就已经朦胧拥有。随着以应天为中心的根据地的巩固与扩大,它变得愈发强烈,冯国用、李善长、陶安、叶兑、唐仲实直至朱升,他们都在不同时期和不同程度上为朱氏江山统一事业做了指引,也让原本半文盲的朱重八充分领悟到了知识与知识分子的重要了。当大将胡大海带了婺州名士儒士许瑗来见时,朱元璋高兴地叫了起来:"我取天下,正要读书人!"(【明】刘辰:《国初事迹》)

○ 朱元璋:"我取天下,正要读书人!" 浙东"四先生"出山

不过在投奔朱元璋集团的知识分子中,真正对朱氏统一事业有着重大影响的除了同来自淮右地区的李善长等人外,还有就是浙东文人圈或言浙东"四先生",尤其是浙东四先生中刘基的出山则赋予更多的传奇色彩。

刘基,字伯温,处州青田人,从小聪明绝伦,读书过目不忘,且有勤学的好习惯,因此小小年纪就成为当地有名的"神童"。14岁那年刘基中了元朝的秀才,16岁中了举人,17岁到石门书院去苦读经史诸书,据说他的兵法之术也是在这个时候得益于神人的指点和石屋神授兵书,当然今人看来这样的说法纯属于无稽之谈。不过刘基好学这倒是真的,也正因为他特别好学,天资又聪颖,年纪轻轻就考上了元顺帝至顺四年的进士。(《明太祖实录》卷99;《明史·刘基传》卷128)

先天条件的优越,学业与功名进取的顺遂,这一切对于一个自小就树立以齐家治国平天下为人生奋斗最高境界的传统儒士刘基来说,无疑使得他对现实充满了美好的遐想,也使得他在早年人生中孜孜不倦地在现实生活中努力实现儒家的理想目标。中举以后,按照历代的惯例,新科进士要授予七品知县级以上的领导职位,但武夫当国的元朝政府却极端歧视汉人,蔑视儒士。刘基中举后在家吃了3年闲饭,才被授予低于七品的县级小官高安县丞。(《明太祖实录》卷99;《明史·刘基传》卷128)

元朝当权者不仅看不起读书人,而且还在官场上排挤、打压文人学士,他们所重用的是除了蒙古贵族、色目人外,还有就是那些粗通文墨的衙门胥吏,这些人常常来源于元朝领导干部身边的车夫、秘书和奴才,等,毫无道德操守,因此刘基的入

仕等于金子掉入了沙坑里,不给埋没了才怪。再说刘基在高安任上,无法施展才能,空余时间经常干干自己喜欢的"本专业",尤其热衷于堪舆、天文和术数之学。当时有个进贤人邓祥甫的,精通天文术数之学。刘基听说后就上门求教,拜邓为师,学得了很多的天文术数本领。可不久,因为得罪了地方上的豪强权贵,刘基无法立足,只得辞官回家。(《明太祖实录》卷99;《明史·刘基传》卷128)

刘基辞官没多久,江西行省省衙里有人听说了这事,觉得这样的人才应该用起来啊,于是聘请刘基到行省去当掾员。县衙黑,省衙其实更黑,刘基去了看不惯,没待多长时间,又辞官回家了。

刘基的两度辞官都是因为看不惯官场之黑,当然官场中也不是一个清廉一点的官员都没有。有人听说刘基的故事后很受感动,向有关部门推荐,让他出任江浙行省儒学副提举,可能相当于行省教育厅副厅长兼考试院副院长。但又没多久,还是因为刘基看不惯官场黑暗而辞职回家。(《明太祖实录》卷99;《明史·刘基传》卷128)

元顺帝至正八年(1348)方国珍在海上发动反元起义,元朝江浙行省左丞朵儿只班前去招降,反被方国珍俘虏了。正当江浙行省官员束手无策时,有人推荐了刘基,让他出任浙东元帅府都事,协助浙东宣慰副使石抹宜孙驻防台州,专门从事对付浙东地区的反元起义。当时刘基提议:抓紧时间在庆元等城修筑城墙与工事,以便用于对付方国珍军的进攻。但元朝官府中以左丞帖里帖木儿为首的当政者却不主张用武力讨伐方氏。刘基为此很不以为然,据理力争,劝说道:方氏兄弟为天下首乱者,不杀他们不足以惩戒天下之人。这话不知怎么后来传开来了,方国珍听到后很害怕,令人带了很多的金银布帛前往刘基处,想让他保持沉默,但遭到了拒绝。见到贿赂刘基不成,方国珍发挥了他的商人聪明灵活劲,改派手下人上元大都去贿赂中央朝廷官员。不久皇帝诏旨下来,招抚方国珍兄弟,并授予各人一定的官职;而竭力主张镇压反元起义的刘基则被按上"伤朝廷好生之仁,擅做威福"之罪名,发配到绍兴去羁押起来。(《明太祖实录》卷99;《明史·刘基传》卷128)

自己一心忠于朝廷、时刻惦记着报效国家,没想到竟然落到这般田地!刘基该醒醒了!没有,传统的愚忠思想束缚着他,影响了他的所言所行。不久浙东发生了"山寇"吴成七的叛乱,腐败无能的元朝政府顿时又手足无措,无奈之下,不仅解除对刘基的羁管,而且还提升他为行枢密院经历,与参知政事石抹宜孙驻守处州。后来元朝经略使李国凤巡抚江南,到了浙江后听说了刘基的才能和他平定几起反元起义的"功绩",就上书给朝廷,要求元廷重用这样的有用人才。可腐败的元廷执政者没把它当回事,只授予刘基处州路总管府判官。这次刘基可火了,自己做出那么

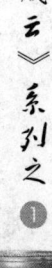

大的贡献,居然弄了这么个破官,还不管军事的,想想就来气,最后一气之下,又回青田老家去了。(《明太祖实录》卷99)

　　刘基回老家处州青田时,正值朱元璋来到浙东婺州。虽说早就听说了有关"浙东四先生"的故事,但毕竟都是传闻,他很想得到这些文化名人对他事业的支持和帮助,为此在攻下婺州时特别留意自身"重文"的形象,开办郡学,礼聘儒士,但最终仅得"四先生"中一员宋濂,另外三人尤其那个传说中上知天文下知地理的刘基还在元军占领区,不说向他请教,就是见个面也不可能啊。于是在自己返回应天前特别交代给婺州前线总指挥胡大海,要他十分留意刘基、章溢、叶琛和胡深等人的去向。至正十九年年底,处州被攻占,胡大海弄了一份礼聘刘基等人的推荐书,派了专人上应天去上报给了朱元璋。朱元璋为之大喜,马上派了樊观为特使,带上礼品由应天赶往处州。与此同时,曾与胡大海一起接受朱元璋特别嘱托的处州总制孙炎已开始行动,先是几次三番派人上青田去,后来自己又亲自跑到刘基家去拜访。(《明史·忠义一·孙炎传》卷289)

　　孙炎本是江南一带名士,朱元璋攻入集庆城时,他与杨宪等江南儒士一同出来迎接,因此很受朱元璋重视,加上他本人很有学问,情商又高,所以很快就在朱元璋集团中站住了脚跟。但孙炎先天硬件不行,身高只有六尺。古时候六尺可能相当于现代的一米五六左右,且皮肤很黑,其貌不扬,甚至有些丑陋。但这些都不是主要问题,问题的关键还在于他是个瘸子。这样的人要是生在宋朝,要是与武大郎互为邻居的话,恐怕武家那位漂亮娘子潘金莲就不会埋怨鲜花插在牛粪上了。按照普通人的眼光,这个孙炎也够不幸的,什么不好的全让他给赶上了。可人家却一点也不自卑,而主动"出击",要会会天下闻名的"大神人",为新主子朱元璋极尽犬马之劳。

　　据说孙炎先是派了手下人去了刘基老家,一回、两回、三回,说一遍、两遍、三遍都没用,刘基就是不肯出山;但也觉得人家孙炎够热心的,有点过意不去,故而让孙炎的信使带了一把宝剑,那是他们老刘家的传家宝,意思很明显:我宁愿把传家宝给你,我也不去做这个官。孙炎十分聪明,见到刘家的传家宝,赶紧将它封好,并作了一首《宝剑歌》,其大致意思是:"您的意思我懂,您是想说你甚至连你们老刘家的传家宝都献出来,就是不愿意出山,只想安然地过过田园生活。可是,我却认为:'宝剑当献天子,斩不顺命者,人臣不敢私!'"(《明史·忠义一·孙炎传》卷289)

　　孙炎的执著和充满智慧的诗歌及其回信终于将刘基给打动了,据说当孙炎亲自来到青田武阳村时,刘基主动出门相迎,并在家中设宴款待。再说孙炎,尽管是个残疾人,但十分自信,且满脑子都是智慧。与刘基喝酒聊天时,他故意天南海北,说个滔滔不绝,让人一下子感觉到,来者才识过人。其实刘基心里也清楚朱元璋派遣孙炎等来当说客的潜台词:瞧,也许在你看来,这样一个貌不惊人的瘸子都有这么高的水平,告诉你:我朱元璋身边有的是仁人志士在为我效力,做人不要太傲气,如今我派孙炎来当说客,你都不为所动,这也太倨傲清高了吧?

刘基的顾虑不是没有道理,自己是元朝的臣子,理应为元王朝尽忠甚至殉职,现在这些都未能做到,反而要背叛,这就好比是一个女人嫁了出去,尽管丈夫很没用,甚至很坏很恶劣,但他还没死,她就要改嫁,这叫什么?不忠不要说了,就是失节!那是遭受天下人耻笑和谩骂的呀!再说,如今天下大乱,拣几根烂枪,占个山头,就称王称帝,几个能长久的?现在屡次派人来青田老家奉劝自己出山的那个朱某人,听说还不赖,志向远大,礼贤下士,在婺州兴办郡学,礼聘了一批儒士,更有在应天云集了一批天下英才,看来他还真是个人物,难道我的治国平天下的愿望在他那里有可能实现?正当刘基思想发生变化时,从应天派出的特使樊观也来到了青田,传达了朱元璋对刘先生的敬重敦请之意,同时还捎上了陶安、李善长的劝说诗信。刘母看到儿子的犹豫不决也出来劝慰道:"你担心上了应天后家里不知怎么办,其实没必要这样。如今天下大乱,要不是辅佐真主,平定祸乱,即使你一直待在家里,这个家也很难一直保全下去的呀!"至此,刘基终于被说动,在做了一番家事安排后,他就跟朱元璋使节一同上路了。(【明】刘基:《诚意伯文集·诚意伯刘公行状》卷1;《明太祖实录》卷8)

与刘基一同上路前往应天南京的还有他的几位朋友:龙泉章溢、丽水叶琛、金华宋濂等。宋濂早期人生是在教书与治学当中度过的,章溢、叶琛和胡深等则与刘基有着相似的经历,其中章溢与胡深还是同乡和同学,崇奉理学家王毅。至正十二年,西线红巾军起义之火燃烧到浙东地区,章溢、胡深、叶琛和刘基等都各自组织武装,结寨自保。后在石抹宜孙的麾下联合起来,共同镇压反元起义。至正十八年朱元璋亲征婺州时,刘基刚好辞职隐居在家,章溢把自己的义兵队伍交给儿子章存道统领,自己隐居匡山,剩下的只有叶琛与胡深继续在石抹宜孙旗下任职元帅,保护处州。可让他们没想到的是自己竭力尽忠的大元帝国却是那样的不堪一击,处州之战还没正式开始,元军已经出现了不稳的迹象,颇识时务的胡深赶紧归降了朱元璋军大将胡大海。胡大海将他送到了应天去,在那里他受到了朱元璋的隆重礼遇,被授予左司员外郎,受命回处州,招纳旧部,联络朋友。就这样,原本对于朱元璋有着几分警惕又有几分敌视的浙东"四先生"中的刘基、章溢、叶琛改变了先前的态度,与先前归降的宋濂一起来到了应天。(《明太祖实录》卷8;《明史·章溢传》卷128;《明史·叶琛传》卷128;《明史·胡深传》卷128)

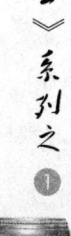

○ 明代版的"隆中对"：先西后东或先陈后张、先南后北，统一全国

浙东"四先生"到达应天的当天，朱元璋就迫不及待地予以召见，开口便说："我为天下屈四先生，今天下纷纷，何时定乎？"这段话的前一句是客套话，后面才是朱元璋所要问的核心主题：如今天下纷争，狼烟四起，什么时候才能天下重新一统、社会安定？章溢当即回答道："天道无常，惟德是辅，只有不嗜杀的仁德之人才能统一天下。"（《明史·章溢传》卷128；《明太祖实录》卷8）

尽管上述对话在明代国史的记载中极为简洁，同时也充满了阿谀的色彩，但朱元璋的问话与"四先生"中章溢的"抢答"来看，多少让人感觉有点答非所问。朱元璋是个绝对功利主义者，他的问话含有有何良策迅速平定天下的意味，但章溢的回答怎么看都有点"迂"。什么是德？尽管他解释了"惟德是辅，惟不嗜杀人者能一之"，可这样的解释能否让一个没什么文化甚至是个半文盲的人完全理解呢？只有天知道了。还有浙东"四先生"名声很大，到底拥有什么样的杰出才能，能不能给我发挥好呐？一向疑心病十足又似懂非懂的朱元璋在召见"四先生"后偷偷地将自己早期心腹辅臣陶安找来回话："陶先生，你以为这四个浙东人怎么样？"陶安十分谦虚地说："论谋略臣不如刘基，论学问臣不如宋濂，论治民本领臣不如章溢和叶琛。"（《明史·陶安传》卷136）听了这样的评价，朱元璋终于心里有谱了，随即任命宋濂为江南等处儒学提举，后来兼任朱标的老师；章溢为金营田司事，"巡行江东、两淮田，分籍定税，民甚便之"（《明史·章溢传》卷128）；叶琛也被授予营田司金事，后升为洪都知府，辅佐大将邓愈镇守南昌，最终殉难于保卫战中（《明史·叶琛传》卷128）。只有刘基被留在朱元璋身边，参与高层事务的讨论与决策，即任后来人们所说的军师。

但一开始似乎朱元璋还是没有完全意识到刘基的才能和本领。有一次他正在用餐，有人来报，刘基求见，朱元璋立即招呼，赶快请他进来。二人见面后，先是一番嘘寒问暖，比如身体可好，老母亲怎样，等等。待到谈话进入正题时，朱元璋问："刘先生平常读什么书？能作诗吗？"刘基当即回答："做诗啊，是知识分子最基本的基本功。哎，雕虫小技，怎么不会？"此言一出，不是狂妄就是大气魄。这时朱元璋手里正拿着筷子，就要求刘基即兴作一首。刘基看了一下那双筷子，发现筷子上竹节斑痕，乍一看就像是泪痕。筷子是竹子做的，灵感来了，开口诵上："一对湘江玉并看，二妃曾洒泪痕斑。"朱元璋一听，直蹙眉头，原来天下人人称奇的刘先生居然这么儿女情长，这么酸气，他顺口就说："太秀才气了！"哪想到，他话音刚落，刘基又吟上一首了："汉家四百年天下，尽在留侯一借间。"（【明】蒋一葵：《尧山堂外纪·国

朝》卷78；【明】戴冠：《濯缨亭笔记》）这诗是说，汉朝四百年江山的根基，就是张良与刘邦两人用筷子比划而定的。朱元璋听到这里，连说三声"好！好！好！"峰回路转，不得不称奇啊！大有相见恨晚，激动中的朱元璋随即问起了平定天下之策，刘基后陈《时务十八策》，分析道："（张）士诚自守虏，不足虑。（陈）友谅劫主胁下，名号不正，地据上流，其心无日忘我，宜先图之。陈氏灭，张氏势孤，一举可定。然后北向中原，王业可成也。"（《明史·刘基传》卷128；【清】毕沅：《续资治通鉴》卷215）

这就是被人称为明代版的"隆中对"。刘基高瞻远瞩地把握了当时的时势，对于全国实力诸方做了大略的描述，这里边告诉了朱元璋全国实力派决斗主要在于江南三雄和北方的元王朝。而在这样的形势下，朱元璋面临最为危险的敌人，不是他一直欺负的张士诚，而是西线过来咄咄逼人的陈友谅。他认为眼下的张士诚已经失去了当年的那副英雄气概了，仅仅是"自守虏"而已，不太可能构成对朱元璋政权的很大威胁；倒是剽悍轻死的陈友谅很有可能主动发出攻击，而他的实力又是几倍于朱元璋，一旦处理不好，不仅不能实现统一大业，就连自身政权是否能存在下去都可能成为问题。因此刘基的战略思路是先设法打败一路不断东进的陈友谅，歼灭西线敌人，回过头来收拾张士诚，然后再北伐中原，统一全国。

醍醐灌顶调整方向　生死血战汉陈友谅（1360～1364）

这个明代版的"隆中对"与朱元璋以前的战略思想有着很大的不同。可能是淮西过来的"饿死鬼"的本能所决定，朱元璋与他的将士们过去更多看重的是张士诚占据的浙西和元军控制的浙东富庶地区，也可能是"老太太吃柿子"心理的作用，他们专挑软的捏，多少让人有一种不上路子的感觉，弄得人家堂堂也是一方豪杰的张士诚灰头土脸的。自从有了这个西部邻居后，张士诚觉得只有挨打的份，想还一下手，结果被打得更惨了，难怪后来他那般颓废。而刘基的统一策略并不是同情张士诚，只是将战略进攻的次序作了更加吻合实际和更加合理的调整，后来的事实也充分证明了刘基的战略思想是正确的。从此以后，在朱元璋的统一战争过程中来了个战略性的大转变。

● 朱元璋统一策略开始调整："先西后东"或言"先陈后张"

如果说从1356年到1359年朱元璋以应天城为中心的江南红巾军政权打击的

主要对象是元朝在江南地区的军事势力的话,那么从1360年起到1367年大明帝国建立前夕这六年多的时间里朱元璋主要进攻的对象已作改变,矛头转向了同为反元大起义"阵营"中的起义力量。因为经过多年的战争,元朝在江南地区的军事力量已基本上被消灭,长江下游地区实现了局部性的统一。大约自1360年起,在刘基等知识分子的影响下,朱元璋的统一运动进入了第二阶段,即实行战略性大调整,采取了先西后东的策略,将原先作为经常性攻击对象的张士诚暂时放一放,集中精力对付西线的陈友谅,最终花了大致4年的时间,消灭了南方各起义军中拓地最广、实力最强的一支武装力量,实现了长江流域大部分地区的统一。

那么,陈友谅是何许人?他怎么会跑到朱元璋政权势力范围的西边的?

要想解答清楚这些问题,我们就必须首先回顾一下西线红巾军起义、发展和壮大。

● 西线红巾军发展:外地和尚、布贩子和"刀枪不入"的"烧香军"

前面讲过,西线红巾军起义或言南方红巾军的最早发动者是一个叫彭莹玉的江西人,他是个和尚,因为痛恨元朝的黑暗统治,偷偷地加入了白莲教组织,并很快成为当地组织的骨干和领导。元顺帝登基没几年,他就在江西的袁州发动起义,但遭到了政府的残酷镇压。理性而言,袁州起义还没到火候,这是一个硬摘的果子,所以彭莹玉没来得及也没办法吃上,就被迫亡命天涯。他来到了湖北麻城等地,那时这一带连年发生灾害,正是组织和发动起义的好时候,他专门给底层穷苦人宣传白莲教,什么"明王出世"、"弥勒下凡",一个光明的世界即将到来,等等,如此教旨对于底层人民特别有号召力。麻城打铁匠邹普胜和湖北罗田布贩子徐寿辉成为了彭莹玉最先发展的"对象",他们经常在一起秘密组织白莲教徒进行反元宣传,暗地里集结力量,寻找机会发动起义。(【元】权衡:《庚申外史》卷上;【明】钱谦益:《国初群雄事略·天完徐寿辉》卷3)

○ "布贩子"天生帝王相——徐寿辉当皇帝

1351年,刘福通为首的北方白莲教组织在颍州发动红巾军起义,并迅速占领了江淮好多地方。就在这样的情势下,邹普胜、徐寿辉等人在湖北蕲州也发动起义,响应刘福通为首的北方红巾军,他们奋勇作战,攻克了蕲水县城,并以此作为起义政权的都城。(【明】钱谦益:《国初群雄事略·天完徐寿辉》卷3)本来这一带起义的主要的组织者和发动者是彭莹玉,加上他早年的反元经历,足够堪任起义军的领袖。但令后人一头雾水的是彭莹玉并没有被推到起义军首领的位置上,大家推举徐寿辉当头头,这是为什么?

第一,西线红巾军最先起义地是在湖北的蕲水,起义的主要成员是湖北人,在传统中国外乡人常常会受到本土人的歧视与排斥。彭莹玉是江西人,当然在湖北人当中没了"市场";

第二,西线红巾军在湖北蕲州起义时,彭莹玉正在江淮地区进行反元宣传和斗争,闻听徒弟们起义了,赶紧赶往蕲水。可这时起义军组织构建已基本上完成,加之,彭莹玉本身又比较谦让和务实,甚至某种程度上来说他有着一定境界的人。(参见【元】陶宗仪:《南村辍耕录·刑赏失宜》卷28)

第三,早期湖北组织起义的首领们中就数徐寿辉长得特别好,据说他不仅长得帅气,而且也吻合中国传统的相学中天地人三格要求,即我们民间经常挂在嘴边的"天庭饱满,地格方圆",是个地地道道的"帝王相";在那个年代,这样的长相很吃得开。即使在现代,虽然没人会干这么傻的傻事,仅凭一张脸就推他为领袖,但长得帅的男人还是挺受女人喜爱的,同样女人长得漂亮也很受男人青睐,甚至还能得到一些意想不到的福分。徐寿辉就凭着脸蛋得了做"皇帝"的大便宜。(【明】钱谦益:《国初群雄事略·天完徐寿辉》卷3)

第四,比较传统的说法:有一次徐寿辉在盐塘水中洗澡,周围的人忽然发现他身上有一道道金光发出,顿时惊诧不已,以为他是神人,后来就立他为帝了。(【明】钱谦益:《国初群雄事略·天完徐寿辉》卷3)

○ "天完"与刀枪不入的"烧香军"

其实徐寿辉这个人实在是没什么大本事,本人出身倒是没有朱元璋那样苦大仇深,但他也算得上是穷孩子,年纪轻轻就干起了贩布的活,所以人们私下里就叫他"布贩子"。彭莹玉来到他家乡组织起义时,可能是做生意的缘故吧,徐寿辉头脑活,又敢于冒险,所以就早早地加入了"地下组织",与邹普胜等酝酿和发动白莲教起义。蕲水起义成功后,一不留神他被人推举为起义军的领袖,以蕲水为都城,建立西线红巾军政权或言南方红巾军政权,建元治平,国号天完。关于天完国号作何解释?现在有两种比较流行的版本:一种说法是取"天赐完美之国"的含义;另一种说法是通过拆字来解释,"天完"两字各自去掉头上的"帽子"就变成了"大元",所以有人说这是徐寿辉他们通过拆字"讨个便宜"来进行反元宣传,"大元"头上扣顶帽子,把它压下。粗看看还真有几分道理,其实不然。因为西线红巾军早期这些领导人当中,几乎都是文盲出身,哪来那么高的拆字本领。相比较而言,我倒认为还是第一种解释"天赐完美之国"比较吻合历史实际。因为西线红巾军尊奉白莲教或称明教的"明王出世,弥勒降生"一类的信条,明王即将出世,弥勒马上降生,上天也就要赐予芸芸众生一个完美的国家,因为元朝太黑了,老百姓受不了了。正因为他们笃信白莲教或称明教的说教,所以西线红巾军战士的身上都写一个大大的"佛"字,据说写上这个大大的"佛"字后,将士们便可刀枪不入,因而西线红巾军很能作战,起义后一年左右就占领了湖广、江西、浙江和福建等省份的大部分地区。(【元】权衡:《庚申外史》卷上)

虽然在至正十三年(1353)天完政权遭到了元朝毁灭性的打击,连都城蕲水也被攻占了,但这些西线红巾军将士的信念却没有动摇,后来辗转到了湖北黄梅山和沔阳湖等地,一路西行,集结力量反击元军。至正十五年、治平五年(1355)正月,天完大将倪文俊率领将士攻下沔阳,然后进逼武昌,攻占汉阳,建都于此,并迎天完皇帝徐寿辉入居,自任丞相,改年号为太平。但太平年号并不意味着它政权下的人们就能过上太平生活了。事实上自从取了"太平"年号后,西线红巾军压根儿就没一天过过太平日子。不太平的原因还不仅仅是元朝的军事围攻,更主要的是起义军领导层的内讧。(【元】权衡:《庚申外史》卷上)

●既要江山又要美人的陈友谅三次政变与西线红巾军再次东扩

○ 螳螂捕蝉,黄雀在后

天完皇帝徐寿辉实在是个窝囊废,自己没什么本事,拣了便宜你就买个乖呗,可他不。西线红巾军中还有个重要人物叫邹普胜,早期也跟彭莹玉一起组织起义,很有力气也很能打仗,能耐可比徐寿辉强,威望也在徐寿辉之上,可就是没当上皇帝,从内心角度来讲,他是看不起徐寿辉的,不过他还挺讲江湖义气,与猛将丁普郎和傅友德等人关系都不错。综合起来看,西线红巾军也是人才济济(至少武将是如此)。但天完皇帝徐寿辉素质不高,又没能耐,让邹普胜等人很瞧不起。而徐寿辉呢,自从坐上皇帝宝座后,就处处看邹普胜不顺眼,总觉得他倚老卖老,对于自己的皇帝谕旨非但不听从,有时还横加干涉,甚至拆台。于是他就想起后起之秀、天完政权复兴"大功臣"丞相倪文俊来了,希望他能与自己合作,将邹普胜给除掉。当倪文俊听完徐寿辉的一番抱怨之后,心里很不痛快。因为从骨子里自己也是瞧不起眼前这位天完皇帝的,总觉得他没什么本领,又没经过什么沙场的洗礼,就轻而易举地当上了皇帝,所以当听完徐寿辉的抱怨时他从内心深处自然而然地产生了极度的鄙视,只不过今天当着面,自己也总得表表态。可哪知道由于一时的激动,将本来要奉承的话给说歪了:"是啊,又有多大的本事呢?没什么能耐还占了个位子!"倪文俊本来想表面上数落一下已经升为太师的邹普胜,但在出口时居然夹枪带棒地冲着徐寿辉而来了。

徐寿辉能力差,但还不至于弱智到了连别人的话也听不懂的地步啊,当场就想:"这话怎么是冲我来的啊?"顿时脸色大变。倪文俊从徐寿辉变化的脸色上读懂了对方内心深处的转变。原本找倪文俊来,是想要跟他合谋,除掉邹普胜,而现在,徐寿辉的内心更急切想要把这个当面给他难看的丞相倪文俊给干掉。

倪文俊也不傻呀,开始内心盘算起来:"与其像待宰羔羊一样让人家干掉,倒不如先下手为强!"打定主意,他就开始琢磨起手下哪些人可以值得信赖的,能帮助自己倒戈的。这么一想,倒是想起了过去老在自己眼鼻子底下晃悠、鞍前马后跑腿而今已升任为军中领导的领兵元帅陈友谅来。太平二年(1357)九月倪文俊在谋害徐寿辉不成的情况下,偷偷地找自己的老部下陈友谅。当他将自己的密谋全盘托出时,陈友谅立马表现出一副侠胆仗义和赴汤蹈火的架势,说:"丞相您放心,我为您肝脑涂地,也在所不辞!"随后两人便开始阴谋策划如何将徐寿辉扳倒的具体步骤。(【元】叶子奇:《草木子·克谨篇》卷3)

螳螂捕蝉,黄雀在后。就在倪文俊认为一切安排就绪,踌躇满志地等着坐上皇帝宝座的时候,局势却急转直下,让他始料不及。陈友谅就在这时发动了第一次政变,把丞相倪文俊给杀了。那么陈友谅何许人?他为什么要杀倪文俊?

○ "非常之人非常之事"——陈友谅的第一次政变

陈友谅,湖北沔阳玉沙县人,出身贫寒,父母都是渔民,本身也是一个处于社会底层的人。在陈友谅的家乡,有个会看命相的先生看了陈家祖坟的风水后就留下三个字:法当贵,意思是说,依照中国古代的风水相术的理论法则,陈家将来要出大富大贵之人。自从听得此言后,陈友谅就一门心思要干出一番大事业来。(《明史·陈友谅传》卷123)

然而现实却又有"三座大山"挡在了前面,不得不让陈友谅觉得自己低人一等:第一,陈友谅家本姓谢,因祖上入赘到了陈家,后就改姓陈了。中国古代对赘婿十分歧视,秦始皇时将赘婿与囚徒放一起,发配到边疆地区去戍边。以后历代帝国政府尽管没有过多类似于秦朝的赘婿歧视和迫害政策,但传统社会中对于赘婿的偏见却从来没有消除掉。所以自陈友谅出生起,邻里周边的人都瞧不起他和他的家人。第二,陈友谅从小就与父母干抓鱼捕虾活,而渔民在中国古代社会中一直到明清很多都属于"堕民"与"贱民",也就是士、农、工、商编户齐民以外的"另类",很让人瞧不起。第三,在投身起义之前,陈友谅为了改变自己与家族的命运,曾混迹于官场,在家乡的县衙门里当个跑跑腿的小吏。胥吏也是历来让人瞧不起的,所以干了几年,没有什么出息,也在情理之中。(《明史·陈友谅传》卷123)

但陈友谅还不死心,仍然很有雄心壮志,总惦记着他家祖坟那块宝地的风水三个字"法当贵"。听到各地红巾军起义爆发的消息后,他回到了家乡,与弟弟陈友仁、陈友贵等聚众起义,因为他身材魁梧、力大无比,又有一身好武艺,所以起义后迅速地取得了成功,并占据了汉沔之地。元朝官军闻讯前来镇压,陈友谅率众投奔了徐寿辉的起义军,在徐寿辉部将倪文俊手下当簿书掾,因为辅佐倪文俊攻陷诸州郡有功,遂被提升为领兵元帅。(《明太祖实录》卷13;【元】叶子奇:《草木子·克谨篇》卷3;《明史·陈友谅传》卷123)

其实,当时的"元帅"可能就是军队中的中下级小军官而已,对于急着要大富大贵的陈友谅来说显然不会满意眼前的这个结果,他想要用非常之手段来达到非常之目的。这是有关陈友谅为什么发动政变的一种说法,更有民间流传一种英雄爱美人之说。

○ 突然倒戈为哪般?只因美女在等候啊!

据说陈友谅看中了倪文俊的一个小老婆。那还是在没有当上"元帅"时,他在宰相府上充当文书,经常进出倪文俊的私人府第。有一次邂逅了美若天仙的倪文俊小老婆。有一种说法是说,那时的陈友谅已经三十多岁了,却从来没有接近过女色,自从见到自己领导的绝色小老婆后,他的魂全给了那个美女勾去了。而这个丞相府里的美丽不可方物的女人却似乎对他也有那个意思,这就一下子使得政治场上"野兽"的角力掺入了对雌性交配权的争夺。因此当倪文俊与徐寿辉"翻脸"后,来找陈友谅帮忙一起打算干掉徐寿辉时,这个昔日的老部下就开始活动活动心眼了,趁着倪文俊还没有反应过来时,就突然发动了政变,杀了"老领导"。

政变之后陈友谅做的第一件事情就是直奔丞相府,抱得美女归。而此女也非等闲之辈,对陈友谅一直是真诚相依。日后陈友谅在鄱阳湖大战中败于朱元璋,那时,有多少将士投降了,独独这个小女子誓死不降,最终为陈友谅殉情,着实让人大跌眼镜。(参见《帝国政界往事·大明王朝纪事》,李亚平著,北京出版社2005年10月出版)

不过正史中可没有这样的英雄美人相爱殉情的动人故事记载,只说倪文俊谋弑徐寿辉之事败露后,逃亡至黄州,投奔老部下陈友谅,不料被陈友谅因乘衅袭杀。

而后陈友谅自称宣慰使,没多久又称平章政事。(《明太祖实录》卷13)

○ "新仇"加"旧恨"——池州、安庆争夺战

通过第一次政变,从一个几乎名不见经传的普通"元帅"一下子上升为天完国的第一功臣。陈友谅的官是当大了,出任天完国的平章政事,即代理丞相或者说是主持丞相工作者。但通过政变这种小人手段上来的总让人瞧不起,尤其是在西线红巾军中享有很高威望的邹普胜、赵普胜、丁普郎等人对陈友谅的行为很是看不惯的;不过这几位农民军军事骨干还算识大体,尚能以全局为重,因此尽管西线红巾军发生了一次规格层次较高的内讧,但在整体上还没有太大的影响,他们不断地拓疆拓土,由湖广向江西、安徽和浙江等地迅速地发展着。

至正十七年、龙凤三年(1357),朱元璋攻取徽州、向着浙东发展之际,西线红巾军在陈友谅的带领下向着东南方向大力推进,并于该年年底,进军到了安庆上游的小孤山(今江西省彭泽对岸),与当地元军展开血战,并最终将它给攻占了。由此顺流而下,至正十八年、龙凤四年(1358)正月到达了安庆城外,在那里陈友谅与江西饶州的天完守将祝宗合兵起来,援助正在围攻安庆的赵普胜,元朝安庆守军外无援军内无粮草,最终只得打开城门,守将余阙自尽殉职。陈友谅军当即占领了元军在长江中游的最后一个据点,随后又乘胜攻克了江西的龙兴、瑞州、吉安、抚州、建昌、赣州、信州和福建的汀州、浙江的衢州等,声势十分浩大。(《明太祖实录》卷8;《元史·顺帝本纪八》卷45;《明史·陈友谅传》卷123)

当时在长江中下游地区的另一大枭雄朱元璋看来,西线红巾军东扩和沿着长江顺流而下,对自身政权势力已构成了一大威胁。尤其是当陈友谅兵锋直指他渡江后建立的第一个根据地——太平府的上游池州时,朱元璋愈发迫切地感觉到:天完国军队的军事胜利意味着灾难即将降临到自己的头上,于是他马上派遣徐达和常遇春赶往池州,由此双方有了第一次正式的"零距离接触"。池州争夺战打得很激烈,互有胜负,弄到后来还是让朱元璋军队给占领了。可天完国的代理丞相陈友谅却不甘心池州之失,随即亲帅水师来攻池州,意欲夺回,但被徐达打得落花流水。至正十九年、龙凤五年(1359)四月,陈友谅派出天完国猛将赵普胜攻略池州一带,再次打算收复去年的失地。

这个赵普胜就是前面讲过的曾经被朱元璋忽悠到半路上醒悟的巢湖水师头领,江湖上赫赫有名的"双刀赵",他格外剽悍威猛,打起仗来实在不含糊,一到池州前线,就三下五除二地将池州给拿下了。朱元璋听到消息后,直拍大腿,悔不该先前将大将朱文正、徐达等人调走而派了一个叫赵忠的偏将来守这么重要的地方,现

在池州又丢了，赶紧派遣朱文正、徐达去夺回来。朱文正、徐达和俞通海等到达池州前线时，刚好赵普胜外出拓展军事地盘去了，留下守卫池州的也是一员偏将，徐达、俞通海等抓紧时间发起猛攻，一下子又将池州给拿下了。当时朱元璋正在浙东婺州，听到喜讯后，立即擢升徐达为奉国上将军、同知枢密院事，俞通海为佥枢密院事。(《明太祖实录》卷7；【明】钱谦益：《国初群雄事略·天完徐寿辉》卷3)再说赵普胜听说池州丢了，岂肯善罢甘休，立马组织反击，但棋逢对手，一时难以夺回。赵普胜就在池州附近骚扰敌军及其驻地，弄得朱元璋军队十分被动，就在这时，陈友谅乘机占领了池州上游的安庆。(《明太祖实录》卷7)

陈友谅占领安庆后，朱元璋又反应过来了，安庆这个地方太重要了，它在池州的上游，让天完国军队给占了，这岂不是喉咙被人卡了，无论如何得将安庆给夺下来。这时，可能陈友谅意识到了安庆局势的严峻，怕自己守不住，就叫赵普胜到安庆去。赵普胜到了安庆没多久，朱元璋派出的徐达与赵普胜昔日的把兄弟俞廷玉等也赶到了安庆郊外，随后便开始了攻城战。但在与赵普胜交战后，俞廷玉等都感觉到，自己根本没办法打赢。史书记载说，朱元璋军队里的将领见了赵普胜的"双刀"心里就直哆嗦。这事传到应天，朱元璋的心里对赵普胜恨啊，恨不得抓了他，剥了他的皮，喝了他的血。想当年，你在巢湖一带与我现在几员大将俞廷玉、廖永安、廖永忠等是拜把兄弟，人家带了水师队伍乖乖地听着我的"忽悠"，说白了就是为我卖命。就你精明，来了却又改投那个没出息的布贩子徐寿辉。投就投吧，现在还要与我朱"圣人"作对，真让人恨死了！老谋深算，阴鸷歹毒，只要火候差不多，多少年前的烂芝麻陈谷子的事，他都要跟人算算账。近来与天完国之间争夺池州、安庆还不是这个讨厌的赵普胜老在坏自己的好事，新"仇"加旧恨，朱元璋将牙齿咬得格格响，发誓一定要让赵普胜不得好死！(《明太祖实录》卷6～7；【清】谷应泰：《明史纪事本末·太祖平汉》卷3)

○ 朱元璋：借刀杀人，除掉赵普胜；陈友谅第二次政变帮了冤家对头的忙

朱元璋脑子一转，鬼点子有了。人们不是在说现在赵普胜的顶头上司陈友谅是通过政变上来的，没有什么大的真本事，远远比不上赵普胜么，而赵普胜可是个有能耐的猛将，肯定内心瞧不起陈友谅，由此看来双方之间必然存在着矛盾。再有，听说陈友谅生性多疑，对了，我就要用上一计，叫做借刀杀人。

朱元璋要借谁的刀去杀赵普胜？陈友谅。陈友谅与朱元璋不是敌对的两个军事势力？难道他们之间有着什么不可告人的秘密或默契？陈友谅自己没什么大的战功居然还要冒天下之大不韪"借刀"给朱元璋来杀天完国的第一战将赵普胜？这

到底是哪门子的事?

原来,自丞相倪文俊被杀后,天完国朝中将领中威望最高的可能就要数赵普胜了。对,是赵普胜,不是邹普胜。人家邹普胜现在已升为太师,日子好着呐,铁早就不用打,他改行当太师了,什么都不用操心,享享清福。这可忙坏了天完国真正的大能人、第一战将赵普胜,他出生入死、驰骋疆场,屡立战功,很得皇帝徐寿辉的赏识,一直也很受重视。可陈友谅看在眼里就不服气了,心想:凭什么你徐寿辉对赵普胜那样好,我才是你天完国的第一功臣,没有我陈友谅,这个天完国皇帝的宝座早就不是你的了,甚至连你想回家再去当贩子的机会也没了。再说你徐寿辉,现在还有什么,不就靠着赵普胜么。赵普胜,你能力再强、本事再大,不还在我的手下么?我真不信找不到你什么岔子。陈友谅就这么琢磨着,在人们不知不觉中他将内部斗争的矛头指向了天完国军事大能人赵普胜,算计着如何除掉赵普胜,陈友谅几乎拿了放大镜在给他找差池。可人家赵普胜能力强,品质也不错,与将士们一起同生死共患难,深得大家的爱戴,尤其他的那几个铁哥儿们,什么丁普郎、傅友德等,个个都是不怕死的英雄好汉,正人君子。陈友谅一时还真找不到他们的什么毛病,但他又不甘心:小样的,你们还不是我陈丞相手下当差的,我就不信这个"邪"。

正当陈友谅苦于给自己的部下找不到什么差池时,有人帮了他一把。谁啊?朱元璋!

朱元璋当时就听人说,赵普胜老打胜仗是因为身边有个高人——谋士,这个谋士精通数术,谋划事情来十有八九能成,赵普胜对他极为倚重。朱元璋鬼点子多,就这么脑子一转,一个金点子"迸"了出来,给赵普胜的那个重要谋士写了封信,写得相当之亲热,好像是一直在联系和通信往来似的。信写好后,他叫人送出去,但没有送给谋士,而是故意直接错送给了赵普胜。赵普胜见到信后,心里直犯嘀咕:怎么回事?可他还没有想出结果来,有人来报告说:谋士跑了,且跑到了朱元璋那边去。这又是哪门子的事?

原来朱元璋早就听说赵普胜这个人有勇寡谋,他的信一寄"错",赵普胜马上就会对谋士起疑心。而谋士呢,怕死啊,就怕赵普胜知道了,自己浑身是嘴也说不清,干脆就弄假成真,去投奔朱元璋了!(《明太祖实录》卷7;《明史·陈友谅传》卷123)

朱元璋听到赵普胜的谋士投靠来了,顿时心里就乐开了花,马上下令准备美味佳肴好生招待,礼节之重可把那位谋士感动得连话也说不出来了。朱元璋说:你现在一路奔波过来已经十分疲惫,就不急于跟我讲什么军事,住下后慢慢再讲吧!谋士还真住下了,然后一五一十地将他所知道的天完国军事机密全部说给了朱元璋听。朱元璋听罢,就叫手下人准备了很厚重的礼物与金银钱财送给谋士,叫他回去,不过不是回赵普胜那儿,而是跑到陈友谅那儿去,在陈友谅军营里如此这般地说。

再说谋士到了陈友谅的军营后,到处就讲:赵将军赵普胜与朱元璋军中俞廷玉、廖永安、廖永忠等原本都是把兄弟,现在我们天完国小人当道,赵将军立了那么大的功劳居然还不讨好,听说他早就很不满了,已跟俞廷玉、廖永安等把兄弟暗中约好了……另外朱元璋还派人自称是俞廷玉的部下,到陈友谅的部队里去大放厥词,说赵普胜跟俞廷玉、俞通海等人的交情甚笃,现在他很不得志,不久就要跟随俞将军,也去投靠朱元璋了。(《明太祖实录》卷7;《明史·陈友谅传》卷123)

这种话在两军交战的时候是很要命的。虽然赵普胜自己也听说了一点,但总认为自己做人坦坦荡荡,没什么好怕的,所以最终也就不去理会这些流言蜚语,更没有专门去跟自己的上级领导徐寿辉等人作解释。但是有句古话说得好,"我本将心向明月,奈何明月照沟渠"。总以为自己坦荡荡无须辩解,但问题就在于你赵普胜自己认为不容怀疑,可别人早就"惦记"着你,早就开始怀疑你。别人说那些谣言可以不信,问题是你的谋士怎么也在说了?这个老"惦记"赵普胜的人就是生性多疑的陈友谅。陈友谅听到了这些眉梢眼角的消息后,就开始动起了歪脑筋,他本来找不到碴儿来收拾收拾这位现在的徐寿辉的红人。

危机四伏,可赵普胜全然不知,每逢陈友谅派人来询问军情,赵将军总要向来者表白一下自己的功劳与苦衷。他越这么说,陈友谅就越怀疑,越怀疑就越下定决心要除掉赵将军。(《明太祖实录》卷7)

至正十九年(1359)九月的秋天里,陈友谅派人通知赵普胜:自己马上要到安庆前线来了,双方所带部队在安庆会师,讨论一下军务。赵普胜是个正人君子,而正人君子往往不会多长一个防备小人的心眼。到了约定的时间,赵普胜很隆重地摆开了会师喜宴,等候陈友谅及其队伍的到来了。

可他万万没想到,就在刚刚见到陈友谅离船登岸,大家正欢迎相聚的那一刻,"咣当"一声闷锤砸过,赵普胜什么也没说上,就被人从后脑勺击中,当场身亡。不过《明实录》等书中说,赵普胜是被陈友谅抓住后杀掉的。(《明太祖实录》卷7;《明史·陈友谅传》卷123)

但不管怎么说,一位叱咤风云的天完国大将军没有死在敌军的刀枪下,却反而莫名其妙地死在了自己"上级领导"的阴谋中,这样的天完国不完才怪了!不过人家天完国的丞相陈友谅可不这么认为,他可乐着了呐,赵普胜麾下部队由此全归自己的了。还有,现在在皇帝徐寿辉面前,我陈友谅可是"真正的第一能人"啊!

可陈友谅千算计、万算计，却怎么都没算计到，这"第二次政变"为他日后的鄱阳湖大战种下了极其严重的苦果。

○ 徐寿辉本想迁都龙兴府沾点龙气没想到却成了"光杆司令"

杀了赵普胜，陈友谅兼并了他属下的全部部队，一下子成为天完国的"军事第一人"。从此他就更加无所顾忌，个人野心越加肆意膨胀，军事进攻全面展开。至正十九年（1359），出兵江西，攻占龙兴府，后又攻占瑞州；派遣康泰、赵宗、邓克明等出兵福建，攻打邵武等地，与福建的地方军事势力陈友定交上了手，但没占到什么便宜，反被陈友定打败了；他曾自己领兵去进攻江西抚州；八月，出兵攻占建昌；九月，进取赣州；十一月，攻占福建汀州……随着军事上的一系列胜利，陈友谅变得愈发不可一世，总觉得自己当个天完国丞相实在是太憋屈了，最好再升升。可没想到的是，自己的上级领导天完皇帝徐寿辉实在是个"拎不清"的主子，不但不给我陈友谅升官加爵，反而还要出来添乱。

徐寿辉听说自己的军队攻下了龙兴府（即江西南昌），就向丞相陈友谅提出要想迁都龙兴的打算。龙兴府可不是什么普通地方，那是帝王伟业兴盛的宝地，能占了这个地盘不仅在军事上据有了很大的优势，而且还能助成自己的帝王宏图伟业啊。陈友谅可喜欢它了，怎么能让那个怎么看都不舒服的布贩子领导给占去呐！于是就找了个借口，婉言拒绝了徐寿辉的迁都要求。可徐寿辉不死心，过了些日子，又派人上陈友谅那里，重提旧事。这一次他可好了，还不仅仅说说，而且还行动起来，这可能是当年贩布经历的直觉告诉他的：该出手就出手，说走就走，由汉阳出发，一路东行。这下可把陈友谅给急坏了，如何是好？还不如自己主动去"迎驾"，至少说把他迎来了，也能免得这个布贩子到处乱跑，给我丢人现眼。想到这些，陈友谅就派人上江州（今九江）江边"静候"皇帝徐寿辉的大驾光临。再说徐寿辉本来东行的目的是要到龙兴府定都的，可丞相陈友谅那样客气地派人到江州江边来迎驾，不能辜负了人家的一片好心！于是他改变了原先的行程计划，选择陈友谅迎驾的江州作为登岸点。可哪知道，刚登岸，"静候"迎驾的人突然间个个都变成了凶神恶煞，将自己从汉阳带来的手下随从和武士全给干掉了。由此，徐寿辉一下子变成了"光杆司令"。这下倒好，也省得啰唆，至正十九年（1359）十二月，陈友谅在江州自称汉王，设立汉王府官署，并宣布迁都于此。（《明太祖实录》卷8；《明史·陈友谅传》卷123）

○ 池州、九华山之战——1360年

至正二十年、天定二年（1360）五月，陈友谅亲率舟师10万，挟持天完皇帝徐寿

辉,顺流东下,进窥池州。朱元璋听到西线急报,连忙从浙东调回常遇春,让他火速奔赴池州,与徐达一起共同抵抗陈友谅的进攻。事后,朱元璋想起事情这样安排得还不够妥帖,于是又派遣特使上徐达、常遇春军营,告诉他们:"陈友谅的军队白天不来,夜里必到,你们应该留5 000人守城,另外派遣10 000人埋伏在九华山脚下,等到陈友谅军队来攻城时,池州城内的军队扬旗鸣鼓,实施猛烈打击;而与此同时城外九华山脚下的埋伏队伍乘机发起进攻,这样一来,天完国军队就没有不败的。"徐达与常遇春依计行事,果然在九华山脚下大败了陈友谅军,生擒3 000多人,斩杀10 000多个陈军将士。(《明太祖实录》卷8)

○ 太平失守:花家落难公子与婢女的传奇故事

说实在,陈友谅搞内讧倒是个"行家",可在外部的军事行动上却实在不怎么样。这时,九华山之战已让他心惊肉跳了,池州太硬,啃不动,换个地方下嘴。他想着,要报复那个饿不死的叫花子朱元璋:你抢了我的池州,杀了我10 000多士兵,这还不说;我那3 000多名士兵投降了,谁想到还是被你手下的那个常遇春杀剩下了300个(徐达报告了朱元璋,朱元璋马上下令制止,可常遇春刀下已有2 700多个冤死鬼了,故有人说常遇春是个杀人魔王,我看差不多)。陈友谅发誓一定要给叫花子点颜色看看——去抢他的太平。(《明太祖实录》卷8)

这下太平就不太平了。陈友谅这样"跟着感觉走"的战术确实让朱元璋他们一下子懵了。因为他们正集中注意力在太平的上游池州和安庆,没想到陈友谅这么快就杀向了太平城。这时镇守太平的将领是朱元璋早期最为勇猛的大将枢密院判花云,花将军组织城中仅有的3 000名将士奋力抵抗。打了整整3天,陈友谅始终拿不下太平。元至正二十年(1360)闰五月初一日,陈军改用自己的大船作为凭借的"高地",猛攻太平城的西南角。士兵们沿着翘起的大船"尾巴"爬上了太平城的城头,由此杀入城内,活捉了猛将花云。花云被人五花大绑,但他骂声不断,乘人不注意,挣断了绳子,夺过看守卫兵手中的大刀,连杀6人。这下可把陈军将士给气疯了,大家一拥而上,将花云死死地按住,再次捆了起来,然后绑到大船的桅杆上,万箭齐发,将花云给活活射死了。(《明史·忠义一·花云传》卷289;《明太祖实录》卷8)

花云死得十分惨烈,但他的妻子郜氏也不含糊,眼见太平城将要被攻破,她将家里人召集起来,领着3岁的儿子花炜先祭了一下家庙,然后对大家说:"太平城将破,我家官人(古时候女人称自己丈夫为官人,今江南民间还有这样的称呼)必定要为国捐躯。他死了,我一个妇道人家活在这世上还有什么意思。只是我们花家的这根独苗苗麻烦你们好生照料了。"说完,她就投河自尽。有个姓孙的奴婢当场领着花炜,想逃出太平城去避难,不料在途中被陈军将士俘获了。作为战利品,他们打算将这一仆一主送到陈友谅临时都城江州去。可花炜当时只有3岁,一路折腾下来可给吓坏了,哭个没完。陈军将士讨厌小孩子哭闹,有人提出:将他活埋!奴婢孙氏听后急坏了,乘人不注意偷偷地将小花炜带出,在附近找了一户渔民家,并把自己随身穿带的耳环、簪子等首饰都给了他们,委托他们照料好小花炜。后来陈友谅在应天吃了败仗,孙姓婢女稍稍放心一点,出来四处寻找当初寄养的那户渔民,好不容易找到了,她背着小花炜打算回去,可白天不敢走,只能夜行,有时实在累了,就在荒野里找个墓穴睡一会儿。后来终于来到了一个渡口,孙氏出钱雇了条船,正打算渡河,哪料到从前线败退下来的陈军兵士横冲直撞,一下子把雇船给强占了。孙氏还没来得及跟他们理论,就被揪住了头发连同花云之子花炜一起给扔到了河里。河水湍急,眼看快要被淹死了,恰好漂来了一块碎木头。孙氏抱着花炜,紧紧地抓住木头,在河中芦苇荡里待了7天7夜,采莲子充饥。到了第8天,有个老乡刚好经过,看到了这对落难的主仆,很是怜悯,随后便将他们带到了朱元璋那里。当朱元璋见到大难不死的花云之子时,高兴地将他放在自己的膝盖上,不停地说:"将军的种啊,将来一定也是个将军啊!"(《明史·忠义一·花云传》卷289;《明太祖实录》卷8)

太平沦陷时,与花云同时殉难的还有朱元璋养子朱文逊,江南名士、太平知府许瑗等。(《明太祖实录》卷8)

○"天完"国真完了——陈友谅第三次政变

再说在太平打了胜仗后的陈友谅就更加意气风发,不可一世了,他集结部队,气势汹汹地杀向太平北方的采石矶。采石矶是个小地方,拿下它,那是不费吹灰之力。这个时候陈友谅精神爽透了,心可比天还高,天下还有谁?我天完国不就是还有那个布贩子废物,嗨,他居然还在我的头上,留了他碍手碍脚,算了,把他也给做了!于是陈友谅开始了第三次政变。

陈友谅最近打得很顺手,作为皇帝的徐寿辉一路虽被挟持着,但也目击了这一切,无话可说。自己现在成为别人手上的玩偶,悔不该当初信他杀了倪文俊,原来全是忽悠我的,可又能怎么办?太师邹普胜本来就与自己不一路;赵普胜是最可信任的,但也没了。没了,天完国真的全完了,天也完了,能活一天是一天啊。

至正二十年(1360)闰五月初三日,有人来报,说是"汉王"陈友谅派部将要向他这个傀儡皇帝汇报战事。徐寿辉正纳闷:这太阳打西边出来了,这个自封的"汉王"

居然还想着我这个皇帝？这会不会……徐寿辉还没想明白这到底是怎么一回事，"汉王"的人已经到了眼前，他正想张口问事，只觉得"砰"一下，就什么也不知道了。徐寿辉确实什么都不会知道了，因为陈友谅找的这几个壮士已经用铁槌击碎了他的脑袋。(《明太祖实录》卷8；《明史·陈友谅传》卷123)

○ 皇帝是杀人杀出来的——陈友谅采石矶即位登基

徐寿辉死了，皇帝没有了。国可不能一日无君，中国人最怕的是自己没人管，实在没人管也要推举一个人出来管一管；在喝酒这样娱乐的时候也不能不讲政治，不能没大没小的，一定要选个桌长。到了睡觉也不行，要选个室长，不能有无政府主义，有人曾经专门写了文章，反对无政府主义，就连你做梦也要归领导管一管。至于国家大事，那就更不用说了，即使是以无数的生命为代价换来的所谓真命天子横空出世，中国人也乐此不疲地跟着大唱伟大领袖、真龙天子如何地开天辟地和引领一个新时代。中国就是这样，强权就是"真理"。陈友谅就是这么一个唯我独尊的绝对自我为中心的"真龙天子"，不过他没有后来朱元璋那般装腔作势，假模假样，而是来得直截了当，或者说是直奔主题。

杀了徐寿辉，陈友谅就在采石矶的五通庙排场开来，将五通庙的佛神全都请出来，自个儿即位称帝，改国号为"汉"，年号"大义"。什么"天完国"全完了，一个红彤彤的新时代开始了。要行我陈友谅的"大义"于天下——胜者为王，败者为寇么，这是自古以来的铁钉的真理！至于那个"老"太师邹普胜可以不动他，他也蛮听话的，故仍以邹普胜为太师、张必先为丞相、张定边为太尉。再以下的诸官员谁要是不听，我大汉皇帝就要收拾你们！大汉国官员已经见多了，大汉皇帝什么样人啊？！所以全国臣民热烈拥护新皇帝的当选，争取与新中央朝廷保持高度的一致。由此说来，大汉国就没有人不听话了。既然大家都听话，那就都以旧官就任吧，免得多动人事，闹出什么矛盾来，可让人烦心哪！(《明太祖实录》卷8；《明史·陈友谅传》卷123)

不过还是有人不怕强权，敢于说："不！"谁呀？这么大的胆？天！那天，老天就不听陈友谅，且不仅不听，还与他作对。陈友谅在五通庙皇帝的宝座上屁股刚刚落下，群臣们三呼"万岁，万岁，万万岁！"喊完了，正准备举行庆典礼仪时，这老天还真不开眼看看这是什么时候，居然下起了倾盆大雨，弄得人家大汉国的大臣们个个都成了落汤鸡似的。骂吧，天听到了也不会反骂，不骂白不骂。反正皇帝陈友谅已经登基了！(《明太祖实录》卷8；《明史·陈友谅传》卷123)

称帝了就得要天下人们都臣服于己，可那应天城里最近几年才来的叫花子却老与我陈友谅对着干,看来不给他点颜色看看,他还真不知道自己几斤几两,还真不知道我大汉皇帝的厉害。想到这些,陈友谅立即下令,集合队伍,做好准备,向应天城进发。

● 陈友谅与朱元璋第一轮大交锋:应天大捷、安庆争夺、江州大捷、龙兴府的得失(1360～1362)

陈友谅在采石矶弑主篡位后的第二天,就派了使臣前往平江苏州,约张士诚一起出兵,灭了朱元璋,自己则亲率战舰数百艘,兵将数十万顺江而下,浩浩荡荡地杀向应天(南京)。

当时陈友谅的军队有几十万人,而朱元璋只有十来万,敌我力量悬殊。听说陈友谅不仅占领了应天城外围的西南门户太平和采石矶,而且还在不断地向北杀来,应天城里一片恐慌。朱元璋把文武群臣找来,讨论如何应对。有人提出,先集中力量收复太平,从外围上牵制陈友谅;有人说马上逃跑,免得让陈友谅那厮逮着了可就麻烦了;有人跑到紫金山上去。只有刘基瞪眼不说话,朱元璋将他召入内室,就问:"刘先生,你看该怎么办?"刘基分析说:张士诚现在没有多大的进取心了,成了个图安逸的人,况且他的脑子转得没那么快,未必能看清现在的局势,所以我们要利用他的这个弱点,暂时将张士诚放一放,眼下不会有太大的麻烦。而陈友谅就不同了,他是个阴谋家,而且野心很大,我们设法智取,速战速决,将他一举消灭了。(《明太祖实录》卷8;《明史·刘基传》卷128;【明】童承叙:《平汉录》)

○ 应天大捷或称龙湾之战

就此,应天城里的将领们开始讨论具体的作战方案。讨论到最后,朱元璋拍板:首先从大的方面来讲,为了避免东西两面夹击、腹背受敌的狼狈局面出现,原则上宜用速决战术,乘东西方的张士诚与陈友谅还没有联合好,就先给陈友谅迎头痛击,以此来震惊和吓退张士诚;其次,派胡大海去捣捣陈友谅的后方门户信州(今江西上饶),以此来牵制陈友谅,让他在应天跟我们作战时心神不宁(【明】高岱:《鸿猷录·克陈友谅》卷3);再次,为了适用速决战,眼下得派一个跟陈友谅有过交情的我方人员给大汉军"引引路"。这么思路引下来,大家马上想到了康茂才。

◎ 陈友谅喜出望外:老同事来信了!

康茂才这人之前是元朝的官员,朱元璋打下集庆时,他是当时元朝的集庆军事总指挥福寿的得力助手。福寿死后,朱元璋想尽办法将他劝降了,所以说他是"贰臣"。在古代这种贰臣的身份往往很尴尬,投降了新主子,新主子不一定信任,别人也会另目相看。朱元璋本身疑心病就很重,不过这个时候他的这个性格特征被抑制了,他要用人啊。但在用人的过程中,还处处体现出这种心理的潜影。在应天城里建立政权时,朱元璋就让康茂才带了一支队伍在应天郊外开荒垦田,垦田过程中顺便留作为军队的后备军,以备调遣。

大敌当前,到了考验康茂才作为贰臣是否忠心的时刻了。朱元璋找来康茂才,说:"听说你曾经跟陈友谅同过事,现在我们应天城很危险,需要你写一封信给陈友谅,把他迅速地诱入进来,免得时间一长,他与张士诚勾结在一起,那我们麻烦可大了。眼下也只有你才能救我们十万大军和应天全城人的性命啊!"至于康茂才何时跟陈友谅共过事,我查了一下《明实录》和《明史》,都没有直接的记载,但在其他史料上有这样的说法:康茂才曾经在蕲水附近一带当过小官吏,后来又聚集了一些人组建义军,而陈友谅也是那段时间在元朝地方衙门里混着,且也自己组织起义军,所以极有可能就是在那时候康、陈曾做过同事。

朱元璋让康茂才写信,可真是一箭双雕。一方面,他考验一下康茂才是否忠心;另一方面,正好可以引诱陈友谅进入埋伏圈。

这封信我们是没法看到原文了,因为历史上没有留下来。但大致的意思被人记载下来了,信里是这样写的:我康茂才带领部队投靠朱元璋并非真心,实属无奈。现在既然你老兄已经打到了应天城外,作为曾经共过事的老朋友,我的心自然是向着你的。你进城来,我们里应外合,打他朱元璋个措手不及,今天特地叫人来送信,希望我们的合作早日成功。

信写好后,康茂才喊来了一个曾经服侍过陈友谅的老门房,叫他驾着小船日夜兼程赶赴陈友谅的军营。(【明】宋濂:《宋文宪公全集·蕲国康公神道碑》卷4)

而此时的陈友谅正一筹莫展,不知如何攻打应天。他曾写信给张士诚,可张士诚一直也没回音,他心里暗暗地在骂道:"这盐贩子就是盐贩子,到死都改不了他那小家子气。"但骂归骂,眼前该怎么办,自己是远道而来的,两眼一抹黑,要是进入了敌人的埋伏圈,那就麻烦了。正发愁时,底下有人来报,说:"有个老头自称是伺候过您的老门房,他说他有急事要见您。"陈友谅听后当即盼咐,叫老人快快进来。

招呼入座,寒暄几句,老门房掏出了康茂才的信。陈友谅一看到信,顿时心里就乐开了花,这下可解了燃眉之急。于是下令好生招待老门房,随后又跟老门房聊了起来。陈友谅问了:"康公在应天城里什么位置,我们接头有什么暗号?"

老门房说:康茂才的部队位于应天城的江东桥,那是一座木桥。具体位置呢?

就在大胜关附近。老门房又说:"康将军反复叮嘱,如果您带兵打过去,到了江东桥附近,就喊暗号:'老康!老康!'这样康将军就知道你来了,他会马上行动起来,跟您里应外合,双方汇聚成一股劲,给朱元璋来个阵前倒戈,打他个措手不及。"

兴许是攻取应天的心情太过于急切了,一向狡猾的陈友谅被即将来临的胜利欲火烧昏了头,经常阴谋搞人的人这次被人搞了。只见他带了混江龙、塞断江、撞倒山、江海鳌等100多艘巨舰和几百条战舸浩浩荡荡地沿着长江一路下来,很快地就杀到应天城外。

朱元璋听了送信回来的老门房所描述的一切,知道陈友谅上钩了,就按照事前的部署有条不紊地进行着,为陈友谅准备着一个接一个的"惊喜"。(【明】宋濂:《宋文宪公全集·蕲国康公神道碑》卷4;《明太祖实录》卷8;【清】谷应泰:《明史纪事本末·太祖平汉》卷3)

◎"老康!老康!你怎么还不出来?"

面对黑云压城之势的陈友谅数十万大军之进逼,朱元璋部署了几道关卡,打算每道关卡都让陈友谅吃尽苦头。

第一道关卡,设在从板桥过来的必经之路上,也就是大胜关。此地在元末明初时被叫做大城港,是从长江的上头(安徽当涂、马鞍山过来)到下头(应天城)的一个必经关卡。从大胜关开始,水域变得狭窄,所以在此设下伏兵,是极其好的战略位置。因为一旦到了这里,原本几条并行的大战船不能一起走了,只能解开绳索套,分开行驶。这样一来,从船上对岸上进行攻击的战斗力就会大大减弱。朱元璋派了杨璟率领兵士在此"等候"陈友谅的"光临"。事实上是后来陈友谅真的到了大胜关解开了几条并行大船的绳索,这就失去了他们自身的水军优势,而一旦再往前就进入了第二个关卡了。

第二个关卡,就是江东桥。按照老门房事前留给陈友谅的口信,这个桥是条木桥。但朱元璋下令让李善长连夜赶修成了铁石桥。而陈友谅一到江东桥,本以为是木桥,但眼见是铁石桥,一下子心里就慌了,一头雾水,弄不懂这是怎么回事。而心慌恰恰是在战术上很不利的。随后第二个问题又出现了,到了江东桥按事前的约定,陈友谅大声喊了:"老康!老康!"多少遍,都没人应,这下他心里是彻底慌了,知道自己上当中了别人设下的埋伏了,赶紧下令军队船只掉头,可是为时已晚,早就隐蔽在两岸的伏兵瞬时向他们发起了进攻。(《明太祖实录》卷8)

第三个关卡,龙湾即今日南京下关。为了躲避两岸射箭的夹击,陈友谅只得下令放弃船只登岸,直奔前面的龙湾,顿时在龙湾有万余名陈军将士立栅为营,一时间龙湾陈军阵营蔚为壮观。但陈友谅根本不知道周围已经布下了天罗地网了："冯国胜、常遇春率帐前五翼军三万人,伏于石灰山(即今天南京幕府山)侧,徐达军于南门外(今南京中华门外雨花台),杨璟驻兵大胜港,张德胜、朱虎帅舟师出龙江关(今南京下关)外",朱元璋则率兵潜伏在卢龙山(即今天南京狮子山),以旗帜作为指挥信号,山左偃伏黄旗,山右偃伏红旗,敌军来到时举红旗,伏兵杀出时举黄旗,各路军严阵以待。(《明太祖实录》卷8)

卢龙山在南京城内的西北方,站在峰巅上,今日南京尚能一览无遗,更何况没有什么高层建筑的600年前了,朱元璋隐伏在那里,陈军的一举一动全在他的眼皮底下,只是觉得还没有到痛击陈军的时候。而南京自古就有火炉之称,农历的闰五月即平常年份的六月,相当于现在公历的7月,正是"火炉"发威的时候,将士们个个都汗流浃背,有的甚至等不及了,想冲去杀个痛快;但朱元璋非常笃定,因为他听刘基算过了,今天再过一会儿,就会下起瓢泼大雨。(《明太祖实录》卷8)

◎ 龙湾之战

可士兵们看到天空中阳光灿烂,哪有一片云啊!于是就埋怨起刘老先生胡说八道。埋怨归埋怨,主帅不发令,大家还得等啊。半个时辰过后,天色突然开始变了,风起云涌,雷声滚滚。还没让人们全反应过来,应天城已经浸淫于雷雨之中了。再看在龙湾的陈友谅队伍中的将士们个个像落汤鸡,这时朱元璋发起总攻命令,陈军将士哪还有心思打仗,个个逃命都来不及,到处乱窜,但大多逃到下关江滩上。(《明太祖实录》卷8;【清】谷应泰:《明史纪事本末·太祖平汉》卷3)

陈军没想到,刚逃到下关江滩上,从应天城内的石灰山、卢龙山以及聚宝山三座山上俯冲下来的朱元璋军队死死地"咬住"了自己。早已成了落水狗的将士们哪有什么战斗力,唯一能做的就是拼命逃到停泊在附近的大船上。可不巧的是,正赶上退潮,在下关江滩边用于逃命的大船,载人多了,潮水一退,大船就搁浅了,于是陈军将士只好找小船逃命,慌不择路,狼狈不堪。

几十万的大军就这样倏地一下溃不成军了。被杀的、溺水而死的不计其数,据说当时下关码头一带全被鲜血染红了,光俘虏就有20 000多人。之前陈友谅花了好多本钱建造的特大型战船如混江龙、撞断山等百余巨型战舰全扔在了下关,白白地送给了朱元璋。朱元璋走进了刚刚被丢弃的陈友谅所乘的大宝船里,居然在他所睡的船舱中发现了自己与康茂才合谋杜撰的那封信,不无嘲讽地说:"嘿,这个家伙竟然愚蠢到了这个地步,实在是让人嗤之以鼻!"(《明太祖实录》卷8)

这就是历史上著名的"应天大捷",又称为"龙湾大战",它是陈友谅和朱元璋的第一次大交锋,以陈友谅的失败而告终。

不过朱元璋却并没想就此罢手,而是乘胜追击,甚至打算彻底消灭陈友谅。但陈友谅毕竟家底深厚,拥有湖广和江西等地好大一个地盘,在应天之战以前,明显是他的势力要远远强于朱元璋好几倍;应天大捷后,朱元璋想翻盘,却没想到即使是失败了的陈友谅还是那么"经打",双方战争又前后持续了4年的时间。

○ 安庆争夺战朱元璋升任吴国公及其对军队领导权的强化——大都督府

龙湾之战后,陈友谅手下有相当数量的能够独当一面的将领,如张志雄、梁铉、俞国兴、刘世衍等人投降了朱元璋,为朱元璋的反攻指点引路。其中张志雄,勇敢善战,人称"长张"。虽然他是赵普胜的部将,但两人关系好得跟亲兄弟似的,所以当赵普胜无端被杀,张志雄不胜悲痛;陈友谅发动战争攻打应天,他无时无刻不指望打败仗。应天大捷后他告诉朱元璋:此次陈友谅东进时所调的是安庆方面的军队,龙湾大战,死伤无数,投降了2万,安庆本来就空虚,加上现在新败,陈友谅回去后肯定不得安宁。朱元璋听到这等重要的军事情报后,马上派遣徐达、冯国胜、张德胜等人迅速追击陈军。(《明太祖实录》卷8)

再说陈友谅边退边战,幸亏手下有个猛将,人称"黑旋风"的张定边十分勇敢,保护着主子一路平安地撤退。原先大汉军一路占领的地方如采石矶、太平、池州、信州、广信等,如多米诺骨牌倒下似地相继失陷,不久安庆也被朱元璋军占领。但陈友谅深知安庆的重要性,绝非其他城市可比,于是就调集兵力,由猛将张定边挂帅,发起了凶猛的反扑,最终花了很大的力气才夺回了安庆。(《明太祖实录》卷8~9)

其实陈友谅这一次军事冒险的恶劣后果还不至于此,就在他们败退到安庆时,原先接受朱元璋密令,打算猛捣陈友谅后方军事据点的胡大海已经顺顺当当地拿下了信州。见此,当地的鄱阳大财主刘昺就向浮梁守将、徐寿辉的旧部于光进言道:"现在我们江西境内军政不一,依我看,倒是金陵那边很有生机,且兵强马壮,很有可能将来会成就大业,将军莫如现在就活动一下,或许以后还能……"于光没等刘昺把话说完便插话道:"我也在想这个问题啊,要不,麻烦您为我走一趟金陵?"刘昺说是为人考虑,可更多的是为自己着想,当于光发话叫他充当特使时,他头磕得像捣蒜似,连连说:"好!好!"再说刘昺来到应天后,不仅转达了于光的想法,而且也说出了江西当地"边塞城池军力",并告诉朱元璋:"江西有可图之机。"(【明】刘昺:《春雨轩集·自序墓志铭》卷9)朱元璋一听到这话,顿时就特别来劲,随即安排了相关事宜。至正二十年七月,接受徐寿辉旧将于光献上浮梁(包括景德镇);九月接受徐寿辉另一旧将欧普祥献土袁州（《明太祖实录》卷8）。差不多与此同时，曾受命于徐寿辉，率兵进攻四川的另一位部将明玉珍，在获悉主子被陈友谅杀害的消息后，不胜悲愤地跟人说："与友谅俱臣徐氏，顾悖逆如此！"随即他"命以兵塞瞿塘，绝不与通。立寿辉庙于城南隅，岁时致祀。自立为陇蜀王，以刘桢为参谋"（《明史·明玉珍传》卷123），大汉国众叛亲离。

与陈友谅大汉国分崩离析、"疆场日蹙"的窘迫状相形成鲜明对比的是，朱元璋却是展疆拓土、硕果连连，且还福星高挂，官运亨通。至正二十一年、龙凤七年（1361）正月开春，"老"上级小明王韩林儿在屡屡接到南方捷报后，为了表彰朱元璋取得的辉煌战果，特封他为吴国公。（【明】钱谦益：《国初群雄事略·宋小明王》卷1）

不过，这在当时日益做大做强皇帝梦但又"缓称王"的朱元璋看来，国公不国公的，没多大意义，所有的关键在于枪杆子说话，在于军事上的胜利，而军事胜利有个最为至关重要的事情，那就是千万不能像徐寿辉和小明王那样，当个挂名的"主"，必须要将军权牢牢地掌控在自己的手中。地盘越来越大，底下将领各人手中都有一部分军事力量，如果不进行有效军事管理，不仅无法确保日后的军事胜利，弄不好还可能成为徐寿辉第二。想到这些，心思缜密又能含而不露的朱元璋在接到小明王御旨后的第三个月，就开始对自己政权中的军事行政最高机构及其人事做了调整，改枢密院为大都督府，任命亲侄儿朱文正为大都督，节制中外诸军事；参议李善长兼司马事，宋思颜兼参军事，前检校谭起宗为经历掾史，汪河为都事；并对相关的军事做了布置和准备。（《明太祖实录》卷9）

朱元璋在准备，已斗红了眼又不愿服输的陈友谅也在准备，且日思夜想来一次大翻盘。至正二十一年（1361）五月，当听到攻占信州的朱元璋手下猛将胡大海离开江西前往浙东的消息后，他当即决定，派部将李明道火速赶往江西，偷袭信州。信州守将胡大海养子胡德济见到敌军几倍于自己，顿感情势不妙，赶紧派人前往浙东，通报胡大海。胡大海立即率兵赶回信州，当来到信州郊外时，胡德济组织人马由城内往外打，胡大海由外围往城内打，一时间夹在中间的李明道手下将士成了风箱里的老鼠，两头受气受击，没一会儿就溃不成军，主将李明道和宣慰王汉二并部卒千余人被俘。胡大海将他们带往浙东金华，交给李文忠。李文忠又将他们送到应天去，交给了朱元璋。（《明太祖实录》卷9）

朱元璋问李明道："陈友谅怎么样？"李明道说："友谅自弑徐寿辉，将士皆离心，且政令不一，擅权者多，骁勇之将如赵普胜者，又忌而杀之，虽有众，不足用也！"（《明太祖实录》卷9）听到这样的信息，朱元璋十分激动，立即调集兵马战舰，亲率徐达、常遇春等各领舟师，又特竖了一面大大的旗帜，上书："吊民伐罪，纳顺招降"，然后浩浩荡荡地从应天的龙湾出发,一路西行。大约花了20天的时间,抵达了安庆,随即对安庆城发起了猛烈的进攻,可没想到却是屡战屡败。朱元璋军队最擅长的是步兵战,因而平日里并不太注重使用水师。不过,当多次陆战努力都不成功的情势下,大家都想到了水师。于是朱元璋下令,让刚刚投降过来的张志雄部会同廖永忠的水师,一起发动攻击。而陈友谅似乎总看老黄历,认为朱元璋的水师不怎样,所以在自己水域防御方面未曾加强,这下可让敌人钻了空子。在张志雄和廖永忠的数次打击下,安庆水寨被攻破,朱元璋军队随即进入安庆城,100来条陈军水师战船又留给了朱元璋作为了见面礼。(《明太祖实录》卷9)

安庆城被攻下后,朱元璋乘胜追击,追到安庆附近的长江天险小孤山时,陈友谅守将丁普郎和傅友德率部归降。这两位将领对于后来朱元璋的发展起到了极其重大的作用,其中的傅友德在明军南征北战中成了无往而不胜的"常胜将军",为大明帝国的开创与巩固立下了汗马功劳。(《明太祖实录》卷9;【清】谷应泰:《明史纪事本末·太祖平汉》卷3)

○ 江州大捷——1361.8

再说陈友谅,自从出了应天城以后,这一路上几乎还没有胜过人,就安庆争夺战还差强人意,但现在安庆又失守了,他只好沿着长江逆流而上,逃到了他过去的老根据地江州(今九江市)。这个时候的陈友谅犹如惊弓之鸟,见到朱元璋的军队就想逃,因为被打怕了。安庆失陷后的第四天,陈军在江州的湖口出江侦察情势,冷不丁地碰到了朱元璋手下的猛将常遇春。这个常遇春见了陈友谅军队就不要命似地打,打得对方实在招架不住就往江州方向撤。

在江州城里的陈友谅听到手下的紧急报告说:"朱元璋的军队已经到了我们江州了!"陈友谅想:没有这么快,会不会还真有什么天兵天将来了?再说,要来就打呗。于是他就组织军队仓促应战。在应天大战时做好了准备尚且打得那么惨,更何况现在是仓促应战,那简直是不堪一击。朱元璋将舟师分为两翼进行夹击,大败江州军,又缴获了敌人战船100多条。现在陈友谅唯一的出路只能是逃了,这逃也逃得太没脸面了,大白天他不敢,乘着夜间天色昏暗,带了妻子溜出了江州城,一路上大气都不敢喘,拼命往武昌方向逃去。朱元璋军顺势占领了江州城。(《明太祖实录》卷9;《明史·陈友谅传》卷123)

○ 洪都得失与拓土江西、湖广 1361.12——未熟透的果子吃了会肚子疼的

陈友谅在江州这一败,损失可不比在应天惨败时少,最糟糕的是,自己本来是

想消灭朱元璋的，但最终弄得偷鸡不成蚀把米。原来自己的地盘已有江西、湖广等好大一块，可应天之战后，那个凤阳乡下出来的饿不死的"叫花子"却发了疯似地，拼了命紧追不放，从应天、采石矶、太平、安庆、江州这一路追来，实在是太疯狂了，弄得人家"大汉"皇帝只好回"老家"武昌了。最可恨的还不是这个凤阳"和尚"，而是这一路上的地方官吏，太可恶了，地地道道的墙头草。想当年，"大汉"强盛时，他们投降了"大汉"；现在朱元璋来了，他们又纷纷投降了朱元璋，什么蕲州、黄州、黄梅、广济、兴国、南康、抚州等，都投降了。如今那个凤阳叫花子的地盘可大了，不仅拥有江浙徽州，而且还占有江西、湖广等大部分地区。相比之下，大汉皇帝陈友谅的势力范围可小多了。

江西与湖广那些朱元璋行军经略之地，地方官纷纷出降似乎还有三分理由，但最让陈友谅昏闷和不解的是：当朱元璋刚进驻江州城时，八竿子打不着的远在上百里外的龙兴府江西行省丞相胡廷瑞与平章祝宗等人商议，却要将龙兴府献给朱元璋。胡廷瑞这个丞相是江西行省的地方丞相，说白了，就相当于江西省"省长"。元朝体制中行省作为中央朝廷中书省的派遣机构，它的设置是模仿朝廷中书省的，所以某些官衔（例如丞相）也就是对中央的行政设置相应的一种称呼。

胡廷瑞要率领江西的文武官员向朱元璋投降，但同时又提了一个很苛刻的条件："我要保持我的军队，亦要保持我的下属。"带着这等要求，胡廷瑞的使者就向朱元璋详细地说明了情况。朱元璋一听，胡廷瑞的意思很明白嘛！就是说，在归降以后，他所率领的军队以及官员设置是不能动的。而且听这使者的话意，胡廷瑞的潜台词也在那搁着：你要是不答应我这条件，我就誓死也不投降，拼了这把老命也要跟你干到底！朱元璋这么一琢磨，不免有点怒火中烧："呦呵！这小子居然敢叫板我！你区区一个行省丞相，只是陈友谅的一个手下，还来跟我谈条件！你也不看看，你们的最高领导陈友谅已经被我打得落花流水了，你作为他的部下还有什么能耐的不成?！"正欲拍案而起，刚好刘基在后面，他马上踢了踢朱元璋坐的椅子。经这么一踢，朱元璋马上领悟到："刘基踢我的椅子，肯定是让我改主意啊！"于是他立即换了一种口气："行行行，什么样都可以，就按他说的办吧！"（【清】毕沅：《续资治通鉴》卷216；《明史·刘基传》卷128）

朱元璋不仅答应了胡廷瑞的要求，唯恐不周还给他写了一封回信："大丈夫相遇，磊磊落落，一语契合，洞见肺腑。故尝赤心以待之，随其才而任使；兵少则益之以兵，位卑则隆之以爵，财乏则厚之以赏，初无彼此之分。此吾待将士之心也，安肯散其部属，使人自疑，而负其来归之心哉？且以陈氏诸将观之，如赵普胜骁勇善战，以疑见戮，若此，事竟何成？近建康龙湾之役，予所获长张（张志雄）、梁铉、彭指挥诸人,用之如故,视吾诸将恩均义一,无有所间。及长张破安庆水寨、梁铉等攻江北,功绩茂者,并应厚赏。此数人者,其自视无复生理,尚待之如此,况足下不劳一卒以完城来归者耶?然得失之机,间不容发,足下当早为之计。又闻彼守御诸将,相持累岁,彼此之际,各怀嫌疑,不能自安。书至,宜以昔日相疑之心一时解释,同其和好,作磊落大丈夫,岂不可以保全富贵、光荣祖宗、贻及子孙哉?若各持己见,不察事机是非同异,焉能免祸?足下具审之。"(《明太祖实录》卷9)

朱元璋在信中大致是这么说的:我啊,对四方来的豪杰都十分尊重,不说不去分散他原来的部下,而且还委以重任。你们放心,我们大丈夫说话做事,一言九鼎;谁要来了我这里缺什么,就尽管开口,缺钱,我给钱,缺粮,我给你粮,不分先来后到,不分亲疏远近,凡我部队将士一律一视同仁。你们要是不信,就去打听打听,也是你们大汉国的将领张志雄他们刚刚在龙湾投降过来,我就委以重任,让他领兵去攻打安庆这样的军事要地。机不可失,时不再来,所以我倒认为,趁早大家早日相聚。这样你们也可不费吹灰之力就能封官晋爵,光宗耀祖,福贻子孙。但当断不断,将事情给拖了,会夜长梦多的,难免你们守将之间相互会有什么怀疑和不愉快的,弄得不能自安,那就不好了。(《明太祖实录》卷9)

朱元璋的信写得滴水不漏,哪个人看了都会动心。但江西方面本来丞相胡廷瑞就与平章祝宗意见就不一,枢密同佥、胡廷瑞的外甥康泰也没有完全认同舅舅胡廷瑞的投诚主张,所以接到信后他们的反应并不是一致看好。换言之,龙兴府归降是个未熟透的果子,谁吃了就会肚子不舒服。可对于这一切,当时还在江州的朱元璋并不知道。至正二十二年(1362)正月,胡廷瑞派了外甥康泰从龙兴赶往江州,向朱元璋表达投诚的决心。朱元璋连忙出发前往龙兴,当见到胡廷瑞率领江西的文武百官早早地在龙兴府城门外列队欢迎时,他已激动得无法言语了。随后在城北搭了台举行了隆重的庆祝大会,高度地表扬了胡廷瑞弃暗投明的"英雄远见",并宣布改龙兴府为洪都府,以叶琛为洪都知府,邓愈为江西省参政留守,胡廷瑞跟随朱元璋回应天去。至此,江西全境和湖广大部分地区归入了朱元璋的管辖范围。(《明太祖实录》卷10)

○ 祝宗、康泰发动的洪都之乱——1362.3

朱元璋虽然拿下了江西、湖广,但并不意味着从此就可以高枕无忧。就说这个龙兴府是个未熟透的果子,由于胡廷瑞"硬摘",送给了朱元璋吃,可是吃下没多久,朱元璋的麻烦就来了。胡廷瑞跟了朱元璋到了应天,他的部下与同僚们大都留在洪都,尤其是平章祝宗和枢密同佥、胡廷瑞的外甥康泰本来就不同意投靠朱元璋,可能他们听说了或者看出了朱元璋品行中的某些使他们难以接受之处，但迫于胡廷瑞的情面，在"献"出龙兴府时他们并没有发作。而胡廷瑞呢，人跟着朱元璋走了，可他的心里却一直没底，洪都会不会出事，越想越觉得害怕，忍不住就跟朱元璋说了这个事。朱元璋什么人？他是眼睛里揉不得一点沙子的铁腕人物，也顾不得先前白纸黑字写给胡廷瑞他们的"保证书"，马上派人到洪都去，命令原来江西"投诚"过来的平章祝宗和枢密同佥、胡廷瑞的外甥康泰等所属之部立即离开洪都，发往湖北前线，听从徐达调遣。(《明太祖实录》卷11)

祝宗和康泰一行人被迫远行，一路上怨言不断，行军到了女儿港时碰到了一只贩布的商船，当即抢了这个船，将船上的布扯起当作旗子，公开反叛，并杀回洪都。洪都城里一时被搞晕了，还没有安定几天，就又有人要杀来了，知府叶琛战死，将军邓愈因仓促应战，寡不敌众，最后外逃。叛军很快占领了洪都城。(《明太祖实录》卷11)

徐达在湖北前线听到祝宗、康泰之乱的消息后，立即带领军队开赴洪都，迅速平定叛乱，杀了平章祝宗，枢密同佥康泰因为是胡廷瑞的外甥，被押往应天，听候朱元璋处置。朱元璋顾及了胡廷瑞的面子，放了康泰。(《明太祖实录》卷11)

洪都之乱后，朱元璋感到"洪都重镇，屏翰西南，非骨肉重臣莫能守"(《明史·诸王传三》卷118)，于是任命自己的侄儿大都督朱文正统领元帅赵德胜、参政邓愈等一起镇守洪都，又以阮弘道为郎中、李胜为员外郎、汪广洋为都事前往佐政，程国儒知洪都府事。朱文正到达洪都后，"增浚城池，严为守备"。(《明太祖实录》卷11)

● 平定内外五次叛乱与活用"功狗""母狗"理论

应天大捷、安庆争夺、江州大捷和龙兴府自动归降，从至正二十年(1360)闰五月到至正二十一年(1361)年底，这一年半的时间对于朱元璋来说既是惊心动魄，又是旗开得胜，好运连连，收获多多。但随着至正二十二年(1362)新年的到来，这样连续性的好运好像走到了头。前文已述，新年开春没多久，江西行省枢密同佥康泰(江西行省丞相胡廷瑞外甥)和平章祝宗发动叛乱；而在这之前，浙东地区也发生了两起性质相似又互相勾结的叛乱事件。

○ 蒋英、刘震发动的处州苗军之乱——1362.2

叛乱事件的主谋是当时金华苗军元帅蒋英、刘震、李福等人。说起这几个人，读者朋友可能觉得很熟悉,好像前面讲过。对,他们就是当年江浙行省左丞相达识帖睦迩邀请到杭州去担当军事防卫工作的苗军统帅杨完者的部下。因为杨完者被达识帖睦迩、张士诚合谋搞掉了,这些苗军丧家之狗一时恐慌,就投靠了朱元璋,在大将胡大海帐下听命,但骨子里他们还是原来的那个样。苗军军纪之差在元末是臭名昭著的,这些苗军将领平时吃也吃惯了、玩也玩惯了,没想到投入朱元璋军中后处处受限制,尤其胡大海治军,可能比其他将领还要严格些。想当初他的亲生儿子就是因为贪酒不守纪律、破坏了朱元璋的禁酒令而被杀的,所以蒋英、刘震和李福等苗军将领到了胡大海那里后就感觉浑身不舒服,好在胡大海待他们不错,看到他们骁勇善战,甚为器重,留置麾下,用之不疑。但时间一长,他们还是觉得这样的日子不好受,于是就密谋起叛乱的事情来了,开始仅仅是几个人嘴上说说而已,碍于胡大海待他们不薄的情面上,迟迟没有付之于行动。但有一天,那个叫李福的苗将跟其他几个说:"胡参政胡大海待我们确实不错,但我们的兵权全在他那里啊,不杀他这个主将,我们的事密谋一百年也成不了。再说举大事者,哪能顾得了个人私恩啊!"众人一听,觉得李福讲得很有道理,当场就叫人写了一封书信,送往衢州、处州一带的苗军统帅贺仁德、李佑之那里,约定他们二月初七日一起举兵反叛。(《明太祖实录》卷10)

可能是语言不通的缘故吧,对于苗军将领的这些蝇营狗苟事情,主将胡大海似乎一无察觉。转眼就到了二月初七,那天,蒋英很早就来到浙东行省署衙外,说是邀请胡大海一起上八咏楼去观看苗军将士的射箭比赛。这样的军事活动在战争年代是必须要提倡和积极鼓励的,胡大海想都没想就走出了行省署衙,来到了自己的坐骑前,正想跨上马背,突然有个叫钟矮子的苗军兵士跪倒在马前,十分恐惧地向胡大海求救:"蒋英要杀我,胡参政救救我啊!"胡大海丈二和尚摸不着头脑,愣了一下,然后转头过去,想问问身后的蒋英:这到底是怎么一回事?还没开口,蒋英已将大铁锤砸在了他的脑门上,当场脑浆四溢,胡大海惨死。蒋英随即将他的首级给割下来,挂在马上,然后对着浙东行省署衙大喊:"胡参政已经死了,你们赶快投降吧!"目的是想叫同金宁安庆、院判张斌等乖乖地"归顺"过来,但浙东行省的官员个个都是好样的,根本没人去理睬。气急败坏的蒋英等暴徒逮住了胡大海儿子胡关住、郎中王恺、掾史章诚等,并将他们一一杀害。(《明太祖实录》卷10)

就在叛乱发生期间,有个叫李斌的典史乘人不备,带上浙东行省省印(相当于省政府公章)偷偷地爬上了城头,放下了绳子吊出城去,然后立即逃离严州城(此时建德府刚刚被改名为严州府),向李文忠军营狂奔。李文忠听完了李斌的描述后,立即遣元帅何世明、掾史郭彦仁等率兵火速赶往严州。大约走到兰溪时,蒋英等已经得到了消息,李文忠大军来了,好汉不吃眼前亏,赶紧溜吧,去投靠张士诚!不,走前还得好好在严州城里多抢些美女,人们都说金华产美女,我们多搞些,一路上带着,弟兄们也好多乐乐,这些日子被胡大海管着,大家都要快憋死了。

蒋英之乱很快被平定了,李文忠带领的后续部队随即也赶到严州,安抚军民。应天城内的朱元璋获悉后,派遣左司郎中杨元杲前往金华来代领胡大海之职,总理军储诸事。(《明太祖实录》卷10)

○ 李佑之、贺仁德发动的处州苗军之乱——1362.2～7

就在蒋英等作乱严州的同时,衢、处苗军将领贺仁德、李佑之在处州也发动了叛乱,杀了浙东行枢密院院判耿再成、元帅朱文刚、知府王道同,并占据了处州城。不知怎么的,这个消息传到应天时已是三月初一。朱元璋闻讯后感觉头疼,按照自己原先的设想,浙东不会有什么大事的,即使有的话,也有自己的亲外甥李文忠在那里总看管着。可现在的问题是:不仅严州而且连同其南部的处州也发生了叛乱,怎么办?叫李文忠去平定处州之乱?他刚刚安定严州金华,又马上要离开,显然很不合适,但浙东的事态已经十分严重,非得要派一员高级别猛将才能镇住,派谁?朱元璋想到了邵荣。(【明】刘辰:《国初事迹》)

邵荣,朱元璋的同乡,《明实录》说他俩同起兵于濠梁。依我看,很有可能邵荣参加革命要比朱元璋早,加上骁勇善战,在红巾军中享有很高的威望。《明史》说:"先是,太祖(指朱元璋)所任将帅最著者,平章邵荣、右丞徐达与遇春为三,而(邵)荣尤宿将善战。"(《明史·徐达传》125)史书将邵荣列于"徐、常"之前,不仅说明当时邵荣的地位确实很高,而且也意味着他的才能是超一流的。所以当朱元璋面临浙东危局时,首先想到的是邵荣,让他"领参军胡深等军马"前往处州去,迅速平乱。(《明太祖实录》卷11;【明】刘辰:《国初事迹》)

但从调军、会聚再开往浙南处州,不是一时半会儿所能完成得了的。而处州叛乱的消息却像长了翅膀似地迅速飞到了隆平府苏州,张士诚听说后一下子来了精神,立即调吕同金去攻打被朱元璋部将谢再兴占领的诸暨。(《明太祖实录》卷11;【明】刘辰:《国初事迹》)

诸暨虽属于绍兴府,但其位置十分偏南,恰恰在严州北境边上。一直将严州作为浙东大本营的李文忠听说后左右为难:严州本来就兵力不多,现在又刚刚平定了叛乱,加上紧邻张士诚地盘,这里的军队万万不可动;那么调派临近的衢州、信州军队呢?江西就会失去应援保障了,到底该怎么办?李文忠与都事史炳反复讨论,最后觉得:军事上假假真真,虚张声势有时还真不可少,不是兵法有言:先声而后实。

现在诸暨的谢再兴告急,我们又救不了他,倒不如将第一猛将邵荣即将到来的阵势宣传出去,弄不好还能震住敌人一阵!(《明太祖实录》卷11;【明】刘辰:《国初事迹》)

李文忠和史炳两人议定好后,就派人混入古朴岭,那是诸暨张士诚军队重兵驻营地,挂帅的是张士诚弟弟张士信,这可是个王八蛋将军,军队弄得乱哄哄。忽然间古朴岭的人们发现,大街小巷到处都有告示,告示中说:平章政事(相当于副宰相)邵荣领兵50 000,目前已出江西,右丞(比平章政事地位要低一点点)徐达也领兵50 000,现已进军徽州,他们相约在金华碰头,然后杀向诸暨城外敌军。张士信手下将士看了告示后议论纷纷:邵荣、徐达都是如雷贯耳的大将,我们待下去等他俩来了,还不是送死!大家说着说着,心里就慌了起来。(《明太祖实录》卷11;【明】刘辰:《国初事迹》)

再说诸暨城内守将胡德济和谢再兴得到这个情报后,在当天夜里就令人打开城门,大声喊杀,并将军鼓擂得震天响。睡梦中的张士信将士还不知道是怎么一回事,误以为邵荣、徐达率领的军队杀上门来了,顿时慌不择路,抱头鼠窜。自相踩蹦者,不计其数。天亮时,诸暨城外,横尸满野,可哪有什么朱元璋军队的鬼影子啊。这样等到邵荣军队赶到浙东时,那一路进军顺遂得没得说,加上邵荣又特别能打仗,一到处州,就将城池给拿下了。苗军叛乱首领李佑之缢死,贺仁德逃跑到了缙云,被当地的农民抓获,送给了邵荣。七月,邵荣回应天复命时将其带上,交给了朱元璋。朱元璋当即下令,处死贺仁德,至此,处州之乱完全平定。(【明】刘辰:《国初事迹》;《明太祖实录》卷11)

○ 朱元璋在忙什么?经济建设、增添"二奶"、监视军队领导、学察天文占卜

从祝宗、康泰之乱到蒋英、刘震之乱再到李佑之、贺仁德之乱,至正二十二年(1362)新年开启后的两个月内连续发生了3起影响较大的叛乱,无论从哪个角度来讲,都不能算作是偶发事件吧。那么为什么会连连发生叛乱?对于这样的问题当时似乎没人去追究责任,人家"第一领导"正在忙着呐!那么这段时间内朱元璋在忙什么?笔者汇总各种史料,发现那时的朱元璋正热衷于做四个方面的事情:

第一,进行经济建设,精确一点来说,就是想办法把老百姓管起来,不让他们乱跑,这样就有了稳固的赋役征发对象。据《明实录》的记载,朱元璋西征远行回来后就一直待在应天,没有外出,叛乱发生前后他似乎一直在忙于抓经济建设:在南京周围搞屯田,组织流亡百姓返回家园,开垦荒地,恢复生产;派人勘查田地、户口,建立赋税制度;令李善长等制定盐法、茶法和钱法等(《明太祖实录》卷9),目的就是

为他强烈意念中的帝国"一统"大业提供可持续性的物质支撑。

第二,满足个人感官的愉悦。对于朱元璋的私生活层面,尽管明代官书予以极度的粉饰,但是私人笔记或书籍中还是有所披露:从渡江到平定江西、浙东三地之乱,朱元璋在这6年中至少"娶"了3个美女为妾,一个就是攻占太平后与陈埜先交战时新娶的孙夫人(【明】钱谦益:《国初群雄事略·滁阳王》卷2引俞本《皇明纪事录》),另一个也姓孙,永乐时期出任北京刑部侍郎刘辰记载说:听人讲常州孙姓府判的女儿长得特别漂亮,朱元璋花了很多心思,托了好多人,最终将她弄到了手。(【明】刘辰:《国初事迹》)

差不多同时,朱元璋还听说老家有个胡姓寡妇非同一般。胡寡妇原本是濠州人,因为丈夫短命,使得她年纪轻轻就开始守寡。俗话说:寡妇门前是非多。这不,当时濠州有好多人就听说了胡寡妇的美艳,动足了脑筋想抱得美人归,可胡寡妇的母亲不同意啊。也不知怎么搞的,这事被已经远走他乡在南京城里做着日益膨胀的皇帝梦的朱元璋知道了,他可是人世间顶级"采花人",现在又是一方枭雄,要个把女人那是小菜一碟。于是朱元璋就托人去说媒,没想到胡寡妇母亲一口拒绝。不久胡寡妇及其母亲因避战乱逃离了老家濠州,随军到了淮安,成了寄寓在那里的"流民"。朱元璋听说以后二度派出媒妁说客上了淮安,这淮安地盘上的"父母官"平章赵君用可听朱元璋的话了,当媒妁说客来到淮安向赵君用说明来意时,赵大人二话没说,也不管胡寡妇母亲同意不同意,就动用官差将流寓在淮安的美艳胡寡妇及其母亲一同"送"到了应天朱元璋处,随即胡寡妇就被朱元璋占有,据说后来被立为妃。(【明】刘辰:《国初事迹》)

朱元璋渡江前已经拥有了正妻马氏和"新娶"的两个郭美眉,也就是说当时为朱某人提供性服务的已有3人,现在又增加了3人,这下他可忙了。

第三,调整和加强对各地军事要地的监视。美眉多了,自然要忙,不过再忙,对于自己的"主业"朱元璋还是极度上心的。从要饭的叫花子到今天称雄一方的霸主,朱元璋最清楚不过的道理是:有了枪杆子就能拥有一切!为了将枪杆子牢牢地掌控在老朱家,他沿用过去传统的养子制度,至少收了二三十个养子,如今这些养子逐渐长大了,也该叫他们做事了。战争年代最忙碌的事情莫过于军事攻守,养父为军事头领,养子们自然而然也就在军旅生涯中学到了许多,不过最佳的学习途径莫过于让他们到自己的军事据点上去历练历练。除此之外,收养养子还有个常人不大意识到的好处,那就是叫他们为养父去监督那些驻守一方的军事领导。当时朱元璋在各军事据点上几乎都安排了养子,"与将官同守",应天附近的镇江用周舍即沐英,宣州用道舍即何文辉,徽州用王驸马(原名不可考,但既然是朱元璋的女婿,那就不用担心了),严州用保儿即李文忠,婺州用徐司马,处州用柴舍即朱文刚、真童,衢州用金刚奴、也先,太平用朱文逊,等等(【明】刘辰:《国初事迹》;《明史·何文辉传》卷134)。有这么多的养子在为自己看着各地军事重镇,这下朱元璋可放心多了,"我太祖举义濠梁,得徐达、常遇春及廖、康、汤、耿等,举称名将已,足以辅翊圣君,攻克城池,勘定祸乱,而况兼用心腹之义子,与将同事,一时云集,分疆固守,反顾无虞,而一统规模可以预卜矣"(【明】刘辰:《国初事迹》)。将这段话说得简洁直白点,那就是说,按照当时的朱元璋政权架构的态势,君主专制集权的大一统帝国的再建只是个时间问题。可即便如此,朱元璋还是急不可待地要这个最终的结果。

第四,观象占卜,算计着未来可能要发生的事件。有句古话叫欲速则不达。或许由于造物弄人的缘故,朱元璋越是急着想要结果,结果越是迟迟不出现,且还一波三折:江州大捷后,进攻湖广受挫,祝宗、康泰叛乱,蒋英、刘震叛乱,李佑之、贺仁德叛乱……虽说后三者都被迅速地摆平了,但此时的朱元璋却特别想念一个人来,他就是军师刘基。刘基出山后,曾运用自己的"专业特长"为朱元璋算了几卦,应天之战能不能打赢?刘基一算,行!后来果然将陈友谅打得落花流水;至正二十二年远征湖广好不好?刘基说:"一去便得,然得不得,直到正月尽尽二月内可得。"果然在湖广进兵时遇到了陈友谅手下将领的诈降,后他们坚壁不出;刘基回老家处理母亲下葬事宜之前曾反复嘱咐:"陈友谅、张士诚目前一时半会儿不会有什么大举动,倒是浙东的苗兵和江西洪都新附降将要多留心!"四个月后果然这几个地方都一一出事了……前后几次占卜看相预言皆应验,刘基"神人"之美名越来越响。尽管当时还有秦从龙、陈遇和王冕等占卜大师,但在朱元璋的内心似乎更倾向于刘军师,甚至几乎将刘军师的预测作为自己重大行动的指南。(【明】刘基:《诚意伯文集·御名书》卷1)

其实从星象占卜研究角度来讲,朱元璋也不完全是个门外汉,曾经学过。那是当年亲征婺州经过兰溪时,大将胡大海推荐了一个精通此术的老和尚叫孟月庭,他就拜了这个月庭和尚为师,在婺州浙东行省署衙东建造了一个观星楼,夜夜登楼观察天象。最关键的还在于,他深得月庭大师的指授,这本身就是件很不一般的事情。因为天文占卜在古代被人们视为观察天机、天象的最佳通途,是掌握"天人合一"秘密的不二法宝,因此此类活动一般都由帝国皇家所专控,民间人士不得私习。而朱元璋想要夺取帝位,统一天下,这在当时人们看来就必须要"看懂"天象,但在民间草野懂天象的人少之又少,所以当月庭大师教授他天文占卜之学时,着实将他激动了一番,甚至还想叫月庭和尚还俗娶妻,可月庭和尚不干。朱元璋没法强求,

但没忘了在回应天时,将月庭和尚给带上,"待之甚厚"。(【明】刘辰:《国初事迹》)

这可能是朱元璋学习天文占卜拜的第一个老师,后来他身边的天文大师越来越多了。老师越多,学生应该学得更好。可问题是这个"学生"本身就没什么文化,没文化的人要读懂"天书",那就比登天还难,唯一可行的捷径就是让老师们给这个特殊学生多"看看"、多"算算"。而在这个看看、算算过程中,天文占卜学中的中国传统文化的模糊性、不确定性和多元性决定了各人的判词各不相同。据说当时刘基、铁冠道人张中与月庭和尚的"卜辞"有很多都不合,最为要命的是,天文占卜学不仅对于在位的统治者而且对于像朱元璋这类潜在的帝国统治者来说,都十分忌讳下人们学习和随意流播的,可就在这样大是大非问题上,月庭和尚却犯了大忌,被朱元璋发配到了和州去劳改,后来听说他在劳改地又口出狂言,诽谤"朱圣人",最终被"朱圣人"派遣的校尉给杖杀了。(【明】刘辰:《国初事迹》)

○ 老哥儿们、"老革命"邵荣发动的三山门未遂政变——1362.7

月庭和尚一死,剩下的就是"懂大局"、合口味的"老师"了,他们的一言一语常常引起那位特殊学生朱元璋的重视,尤其刘基的预言在至正二十二年新年过后没多久都一一应验,这就使得朱元璋对于天文观象和堪舆算卦越发痴迷,动辄让人上青田去向刘基请教,而刘基尽心尽力,有问必答。在那年的六七月大事预测中,刘基曾这样答复道:"六月、七月间举兵用事,不利先动。当候土木顺行、金星出现则可。"这几句话的意思是:出兵、打仗诸事都不宜率先发动,要静观事变,这样做事情才会吉利。尽管半文盲的朱元璋不一定全懂这些话中话,但大致还能明白意思,随后他算计起未来将会发生什么事,想了好多次,想了很多种可能,但总觉得各方面都已做得很妥帖了。那究竟是怎么一回事?既然刘军师明明白白地讲了六月、七月间有潜在的危险,那我还是小心为好吧!

七月初一,按照事先的安排,该是检阅军队的日子,检阅地就在应天城西的三山门外。

看到那虎虎生威的将士和气吞山河的军阵,朱元璋心中微启久违了的愉悦涟漪。突然间一阵大风吹来,用来装点"伟大领袖"检阅军队大场面的那面大旗"唰唰唰"地拍打起来,直打旗下的朱元璋耳光和身上。莫名其妙地挨了耳光,怎么说心里总是不舒服,原本就生性多疑的朱元璋这时又突然想起了军师刘基的预言与警告,随即就站了起来,以换衣为名提前离开,在亲军护卫下没进三山门,而从另一条道回了自己的吴国公府。

"第一领导"还没等军队检阅结束就走了,这意味着什么?当时有个领兵元帅叫宋国兴的顿时就吓坏了,随即向朱元璋自首并告发了惊天大案——邵荣、赵继祖谋反。

邵荣,对,就是那个刚刚平定了浙东处州之乱的大将,位居朱元璋一人之下,徐达、常遇春之上的平章政事邵荣。宋国兴首告:自己与邵荣、赵继祖等人密谋并作了布置,在三山门内埋下了伏兵,等今天朱元璋阅兵结束回府经过时进行行刺,没想到……听到这里,脸已经铁青的朱元璋不等宋国兴说完,就恶狠狠地下令:"立即逮捕邵、赵等谋逆之徒!"(《明太祖实录》卷11)

愤怒归愤怒,但一旦稍稍静心下来,朱元璋纳闷:像邵荣这样的高官——平章政事居然也要造反,这究竟是怎么一回事?百思不得其解。

再说邵荣与赵继祖被逮后,两人给锁在一根链条上。朱元璋让人送去了酒菜,并与老哥儿们边喝边聊,曾问邵荣:"我们都是一起在濠州起兵的,指望大业有成,共享富贵,你我也不失为一代君臣,你为什么背叛我要谋反呢?"邵荣说:"我等成年累月在外拼死拼活,攻城略地,多受劳苦,你倒好,为了你的一己私欲,将我们的妻儿老小质押在你的眼皮底下,弄得大家夫妻分离,骨肉不能团聚。迫不得已啊,我们才起来造反!"说到这里,伤心地哭了起来。朱元璋听了,也动情地掉了几滴"鳄鱼泪",不过"忽悠"大王的这一招在老战友、老兄弟们面前却并不很灵验,赵继祖当即对邵荣说道:"你要是早听我的话,就不会出现像今天这样猎狗死于床下了。事到如今,死就死了,还有什么说头的!"说完,端起酒碗一饮而尽。(【明】刘辰:《国初事迹》)

不知是良心发现,还是自己确实做了什么伤天害理的事情,事后的朱元璋只想永久囚禁邵荣和赵继祖。为此,他还召集诸将讨论,跟大家这样说道:"我没做什么对不起邵荣的事情,可他为什么要这样对待我呢?各位将军,你们看看,该怎么处理?"(《明太祖实录》卷11)

诸将沉默不语,此时的朱元璋多希望有人出来说几句顺心话!嗨,你还真别说,时称朱元璋政权"三杰"(即邵荣、徐达、常遇春)的末尾将领常遇春突然发言了:"邵荣等人的谋反要是得逞了,哪能留下我等性命,我们的妻子儿女都要被没为奴婢。上位(指称朱元璋)吉人天相,上苍保佑,也幸亏他们的阴谋没得逞,实际上这是老天在惩罚他们啊!现在您要是留下他们,这是违背天意的啊,也会给某些居心叵测者留下了日后仿效的对象!再退一步来说,纵使上位不忍心杀他们,我常遇春也誓死不与这样的人共生于天地之间!"朱元璋企盼的就是常遇春这般说辞,看来常将军不仅打仗快速,而且在政治上也能快速地与中央保持高度的一致,从此以后,人们不难看到,常遇春在朱元璋那里炙手可热。(《明太祖实录》卷11)

而朱元璋呢,即使到了这一步,也要做得"有情有义",因全国臣民的一致强烈要求,我朱元璋不得已才要杀邵荣与赵继祖啊!他边抹眼泪边与要谋害他的"恶逆"话别,然后下令行刑处决,并籍没了邵、赵两家的家产和妻小。(【明】刘辰:《国初事迹》;《明史·徐达传》125)

有关邵荣、赵继祖谋反事件及其处理的经过大致如此,但实际上问题还是没有解决:位居一人之下万人之上的高官邵荣到底为什么要造反呢?民间有个说法:朱元璋利用邵荣在外领兵打仗的机会,调戏并奸污了他家刚刚成年的女儿,一个含苞待放、花蕾一般的少女。邵荣知道后震怒,于是就发动了叛乱。有人认为这个故事流传于民间和私人笔记中,不足为信,那么试问历代官方记载的又有多少真正可信的?就如现代革命烈士张志新临刑前被惨无人道地割断了喉咙,当时的官方说法是,因为怕张志新"反革命分子"临刑前呼喊反革命口号。我们小时候都信了,但事实是,现在档案解密出来了,张志新是在临行前遭到了办她案子的"领导"的强奸,那人怕她说出真相,居然丧心病狂地干起这种法西斯才干得出的罪孽。其实这也没有什么新鲜的,600年前的朱元璋就是他们的祖师爷,难怪在出事后他跟诸将说了这样一番此地无银三百两的话:"吾不负邵荣,而荣所为如此,将何以处之?"(《明太祖实录》卷11)

既然自己不负邵荣,邵荣却反自己,依照"朱圣人"在大恩人郭子兴身后的做法:将郭家舅子一一除个干净,岂会不忍心去杀一个谋害自己的"叛逆者",如正像明代官史所说的那样,要么是当时朱元璋的脑袋被驴踢了,要么是我们后人弱智得读不懂明代官史背后的内容了。

○ 心腹做生意被当做间谍、女儿被作为慰问品送人,谢再兴被逼降敌

其实对于邵荣谋反的真实缘由,事后朱元璋还是略知一二的,军人么,大老粗,一般不会想得那么多,邵荣等长期在外作战,军纪要维系好,当然不能随便碰女人咯。以邵荣事件为鉴,朱元璋想起了"三杰"中的另外两人,徐达和常遇春,忽然间有一件事勾起了他沉睡已久的回忆:记不得具体时间了,徐达曾跟自己说过,部将谢再兴家的二闺女长得没得说的。对啊,右丞徐达将军不是看中了人家的闺女么,我怎么老没意识到呐。想到这些,朱元璋再也不敢"马虎"了,来个特事特办,下令下去,将谢再兴的女儿直接许配给徐达。至于谢姑娘的父亲即那位还在诸暨前线作战的谢再兴,凭我这个"第一人"的身份与地位,还不就是一句话就能把他给搞定了。于是,谢再兴夫妇俩含辛茹苦一手扯大的黄花闺女顿时成为了朱元璋犒劳手下大将的慰问品。(【明】刘辰:《国初事迹》;【明】钱谦益:《国初群雄事略·周张士

诚》卷7)差不多与此同时，还有一些连名字也没留下的平头百姓家的女孩也被"第一人"当做高级奖赏品，送给了常遇春，以慰问和奖励这位紧密与自己保持高度一致的快速反应将军(【明】王文禄：《龙兴慈记》)。女人么如衣服，这是朱元璋崇拜的偶像、平民皇帝刘邦子孙刘备的名言，想送人就随意送，管她是谁家的，只要不是我朱某人的骨肉就行，朱元璋就是这么心安理得地做事的。

可能令他万万没想到的是，这样的无本生意做多了，居然会引发一场叛乱。那是江西重镇洪都发生重大危机后的第三天，即至正二十三年四月初四，几乎与女婿徐达差不多岁数的"老丈人"诸暨守将谢再兴叛降张士诚。谢再兴是淮右旧将，早年跟随朱元璋闹革命，渡江后任中翼右副元帅，曾同元帅赵德胜、总管刘贞等一起率兵在宣州石埭县与西线红巾军打过仗，取得了一些军事战果。至正十九年(1359)与胡大海等人领兵攻占诸暨，任枢密院诸暨(后改名诸全)州分院院判，也就是说，他差不多是当时诸暨州地方上的最高军事行政长官。(《明太祖实录》卷7)

从现存极为有限的史料中，我们大致可以推断出，虽然谢再兴军事才能与战果比不上邵荣、徐达和常遇春等人，但他也算得上是朱元璋手下的一员重要干将，且为人很宽厚。也正因为如此，一不小心，他的部下就犯事了，"(谢)再兴用部将左总管、糜万户为腹心，二人常使人贩鬻于杭州。上(指朱元璋)知其阴泄机务，擒二人诛之"。(《明太祖实录》卷12)

这是明代留下的官方定论性的记载，说得直白一点，就是谢再兴心腹左总管和糜万户时常派人到张士诚地盘范围内的杭州等地去做生意。朱元璋派出的锦衣卫老前辈们偷偷地侦查到这些情况后，上报了上去，左、糜二人随即被逮且遭杀戮，罪名是暗中向张士诚泄露机密。换个角度来讲，左、糜被杀的罪名很勉强，同时代的刘辰在笔记中干脆就说，左、糜"尝以违禁物私往扬州(与《明实录》中记载略微有异)易卖，太祖恐泄国事"，即说朱元璋疑心病发作，害怕谢再兴部下到了敌占区去后会泄露秘密，以极端的小人之心来推测和杀害左、糜二人，谢再兴知道后当然会不开心了。可事情发展到此，还仅仅是开了个头，骨子里恶透了的朱元璋尚不满足，事后还叫人将左、糜两个死人人头挂到谢再兴的办公室去。当时正值江南初夏闷热季节，谢再兴的办公室及其周围地区到处都是死人人头的恶臭。(【明】刘辰：《国初事迹》；【明】钱谦益：《国初群雄事略·周张士诚》卷7)

即使到了这一步，朱元璋还不肯罢休，又下令叫谢再兴迅速回应天听命，实际上就是让谢再兴接受两个残酷的事实：第一，女儿已作为"朱圣人"的慰问品送给了徐达；第二，"遣参军李梦庚往节制军马，令(谢)再兴还听调遣。"谢再兴终于愤怒了：你朱重八太恶了吧，无端要搞死我！我的女儿嫁人连我这个做父亲的也不通知一声,这等同于你将她当做俘获的女奴,任意配给人;现在倒好,又派李梦庚来总管诸暨全方位军事事务,还有我的那两个心腹没犯什么事,你怎么能这样对待我的部下?!"谢再兴越想越气,终于在返回诸暨后,与知府栾凤等人一起发动政变,逮捕李梦庚、元帅王五、陈刚,然后带了诸暨全城军马北上绍兴,投降了张士诚。(【明】刘辰:《国初事迹》;【明】钱谦益:《国初群雄事略·周张士诚》卷7)

谢再兴被逼叛逃,当时在浙东前线执掌全局大权的李文忠尽管年轻,但十分稳重,没有像舅舅朱元璋那样极端偏激,只是派遣胡大海养子胡德济屯兵五指山,做一些军事防御,对于镇守余杭等地的谢再兴弟弟谢三、谢五等人也采取了十分冷静的策略。用今天官话来说,将这一切视为"人民内部矛盾"。可谁知朱元璋穷追不舍,不停地咆哮:"赶紧出兵,拿下叛贼!"后来李文忠兵围余杭,并把城池围得水泄不通,只等谢三、谢五出来投降。谢五在余杭城头上说:"只要保准不杀我们兄弟俩,我们就投降!"李文忠心想:这个要求很低啊,有什么不好答应的,于是当着数万将士的面指天发誓:"我是总兵官,在此发誓,保准不杀你们!"古时候人不像现代人那样唯物,指天发誓是十分严肃的誓言和保证。本来并没有什么反意的谢三、谢五看到李文忠这般真诚,就爽快地打开城门,投降了。

朱元璋听到谢三、谢五投降了,立即下令给李文忠,将谢家兄弟俩解送到应天。李文忠怕自己的誓言得不到实现,赶紧给舅舅朱元璋上奏,说:"我答应了人家不杀他们,人家才投降的。要是我们失信了,以后恐怕没人愿意投降我们了!"朱元璋看了外甥的上呈书信后依然怒不可遏地说道:"谢再兴是我亲家,他的长女嫁给了我大哥家的朱文正,二女嫁给了徐达,恩意甚厚,谁知他竟然反叛我,降了张士诚,情不可恕!"随即下令处死谢五等人。常言道:杀人也不过头点地,可残忍无比的恶魔朱元璋居然下令,将降将谢五等人给凌迟处死!(【明】刘辰:《国初事迹》;【明】钱谦益:《国初群雄事略·周张士诚》卷7;参见《明太祖实录》卷12)

○ 活用"功狗"与小母狗理论的"行家"

从至正二十二年(1362)二月到至正二十三年(1363)四月,一年多的时间里朱元璋政权内发生了5次叛乱或言政变,平均每两个多月就发生一次。这到底是为什么?在笔者看来:

第一,朱元璋处置不公。尽管叫花子出身的"伟大领袖"常常巧舌如簧,谎话连篇,忽悠,再忽悠,直至目的达到,但靠忽悠手法做事,只能糊弄人们一时,绝不可能做到永远。譬如,朱元璋常将自己打扮成公平、正义的化身,其实根本不可能、也没法做到。没法做到也就罢了,关键还在于朱元璋十分容不得带点"刺儿"的人,一有机会就要将那"刺儿"给除掉。搞人、整人,朱重八绝对是个好手。至正二十二年三月,江西洪都发生祝宗和康泰之乱,守将邓愈战败逃亡。按照当时朱元璋定的规矩:一旦发生军事争夺战,将士们就必须与城池共存亡,否则就依法严处。可由于他个人的偏爱,邓愈逃亡后并没有受到应有的惩处。与此情形相反,半年前的至正二十一年(1361)七月,陈友谅悍将张定边发动了对安庆的猛烈攻击,守将赵仲中抵挡不住,败逃回了应天,立即被朱元璋赐死。虽然他的军中官职由弟弟赵庸来接替,但有着自己独特思维的人或言"带刺儿"的人们就恐怕不一定会咽下这口气吧。(【明】钱谦益:《国初群雄事略·汉陈友谅》卷4)

第二,朱元璋从小家境贫寒,当过小和尚、要过饭,后来又"倒插门"……整个他的人生早期基本上都处于社会边缘状态,受尽了社会的歧视,个人的生存需求、生理需求和尊重需求(马斯洛的人类七种基本需求)等几乎无从谈起,因而造成了他内心的极度自卑。极度自卑的人一旦成功了常常会表现出极度的自尊、绝对的自我。这种绝对的自我体现在对待自己部将或女人不忠行为的处置上尤为明显。说白了,残忍成性的朱元璋压根儿就没把别人真正放在眼里:部下的,都是我的,谁要是不同意,挑战我的权威,哪怕是有一点点的不满,就有你好果子吃了。谢再兴就是这么一个例子,而邵荣更是一个典型。在朱元璋的内心深处,邵荣是我的部下将领,这是官场上好听一点的称呼,实际上还不就是我朱某人的一条走狗,用朱元璋时时比照的老同乡、流氓皇帝刘邦的直白话来说,就是一条"功狗"么。我朱元璋占有你邵荣的女儿,不就是弄条小母狗来乐乐,这是我看得起你,有什么稀奇的。同理,将谢再兴家大女儿娶到朱家,配给朱文正做媳妇,将二女儿做慰问品,送给徐达,这是"天生圣人""恩意甚厚"啊,你谢再兴不要不领情!

不过对于早年一起战斗过的老哥儿们、老兄弟邵荣、谢再兴等人来说,他们却不买这个账,什么天生龙种,还不是一个臭要饭的和尚出身,所以邵荣、谢再兴都敢反,他俩是挑战权威的悲剧英雄,而挑战权威是要有资本的,邵荣资本不够,只好英雄地"走"了;谢再兴资本也不够,只好投敌了,"朱圣人"随即杀了他的全家,谁叫你们来挑战我"朱圣人"的权威?!当然你邵荣拎得清,不再揭短,我朱元璋就留你全家活口,包括那只已经被我朱某人强行"性福"过的"小母狗"。对于这一点,与邵荣一起谋反的赵继祖看得更清楚,说得更透彻:"若早为之,不见今日猎狗在床下死,事已如此,泣何益?惟痛饮而醉。"(【明】刘辰:《国初事迹》)

第三,朱元璋个性偏激使得很多平常化问题迅速激化。在五次叛乱中,谢再兴的反叛实属无奈。朱元璋一而再再而三地逼迫谢再兴,简直没把人家部将当做人看待,谢家闺女在"朱圣人"的眼里也不过是与邵家少女同为小母狗吧了,配给徐达将军快乐快乐,这是他谢家十八辈子修来的"福分"!也是小母狗的造化!最为极端的做法是,魔鬼兽性的朱元璋还将左、糜两个死人人头挂到了谢再兴的办公室,这是激怒人家造反啊!十分可惜的是,我们后人看到的明代国史将这些"朱圣人"的"杰作"都给讳忌掉了。由此,笔者想到,历代所谓的正史又有多少是可靠的?回归正题,事实上从明初整个历史来看,朱元璋的这种偏激个性带来的祸害与灾难至此还仅仅是开了个头,随后发生的安丰救主、大都督亲侄儿朱文正"反叛"以及开国后大明历次政治运动都能很好地证明了"朱圣人"偏激个性里所隐含的致命缺陷。十分可惜的是,同时代他的政敌们恰恰没有抓住时机,发起击中命门的打击。

● "防火墙"倒塌了朱元璋"暗送秋波"与元顺帝"怀春""怀孕"

就实而言,当时的朱元璋日子并不好过,用内忧外患来形容的话一点也不过分,内忧就是前面讲过的五次叛乱,那外患呢?自龙湾之战后陈友谅像是一只被猎鹰追赶的兔子一样,一路狂奔,循着来时的老路,回到了家。这次一回去,他就在武昌的"老家"待了近一年的时间没有出来过,给人的感觉是,好像压根儿就没有这一路的"诸侯豪杰"似的;而东线那个经常被朱元璋欺负的张士诚也被打怕了,窝在苏州城不出来。那朱元璋的外患到底在哪里呐?

○ 北方红巾军败亡——朱元璋的"防火墙"倒塌了

北方,确切地说是北方那堵"防火墙"没了——大宋红巾军政权土崩瓦解。这怎么可能,不是前面讲过刘福通主力军挺进汴梁,随即将大宋小明王政权的都城迁到了那里,并派出了毛贵、李武、崔德等将领率领大批人马进行了声势浩大的北伐,威震元廷。是的,这一切都是真的。可就在这个过程中,北方红巾军犯了一些致命性错误。

首先,发展过快,占领的地盘过大,尽管也建立了地方政权,但都没有一套严密、完整的政治、经济与社会等方面的制度与措施相配套,因而占领的地盘很不稳定。除了东路北伐军占领的山东搞得比较好外,其他地方都是"数攻下城邑,元兵亦数从其后复之,不能守"。(《明史·韩林儿传》卷122)

其次,北方红巾军虽然组织了规模浩大的三路北伐,但事先刘福通并没有制定全盘、缜密的行动计划,北伐开始后又未能很好地进行各路协调作战,东、中、西三路人马各打各的,这就容易给敌人分割包围,各个击破。尤其是中路军与西路军流动作战,进展过快,缺乏应有的后援,所以后来都一一失败了。(《明史·韩林儿传》

再次,北方红巾军组织性、纪律性很差,"兵虽盛,威令不行",诸将在外作战,不听约束和指挥的比比皆是,弄到后来即使是总指挥刘福通也不能节制他们。更为恶劣的是,诸将之间一旦有什么不和的,常常兵戎相见,相互厮杀,这就从根本上毁损了自身的有生力量。(《明史·韩林儿传》卷122)

元帝国统治者正是利用了北方红巾军的这些致命弱点和严重失误,对他们发起了疯狂的反扑。

至正十八年、龙凤四年(1358)刘福通派出的东路军挺进河北,攻占清州、沧州,进据长芦镇。元顺帝大惊,急调察罕帖木儿北上,屯兵河北涿州。与此同时,中路军攻占晋宁、冀宁、大同,大同向东几十里路程便是元大都北京。察罕帖木儿听到这个消息顿时就急坏了,赶紧调集兵力,设卡太行山,成功地阻挡了北伐红巾军的中路军与东路军的会合。见此,这年五月,元顺帝任命勤王有功的察罕帖木儿为陕西行省右丞,兼陕西行台侍御史,同知河南行枢密院事,令其驻镇冀宁,"守御关陕、晋、冀,抚镇汉、沔、荆、襄,便宜行阃外事"(《元史·察罕帖木儿传》卷141)。概言之,元廷让察罕帖木儿负责中原及其相关数省的军事保卫,这样一来便挡住了北方大宋政权北伐军对大都北京地区的围攻。

而就在这短暂的势均力敌之际,一个意想不到的人物又开始活跃了。龙凤五年(1359)初,被朱元璋打怕了的张士诚乘着北方红巾军主力北上的空隙,派兵进攻淮南红巾军赵均用。赵均用抵挡不了,只好北走山东,投靠从河南受挫南撤的北伐东路军。因为东路军统帅毛贵原是他的老部下,所以赵均用去了后很自以为是,没多久就与毛贵吵翻了。吵就吵了,气度狭小的赵均用实在放不下,竟然袭杀了毛贵。毛贵部将续继祖听说后,从辽阳领兵返回益都,又杀了赵均用,"遂与其所部自相仇杀"。(【明】钱谦益:《国初群雄事略·宋小明王》卷1)经过这番内讧,北方红巾军遭受了巨大的损失。

北方红巾军窝里斗斗得正欢,凶恶的敌人察罕帖木儿一直在旁冷冷地看着。龙凤五年(1359)五月,他调集各路人马,对防守薄弱的北方红巾军政权都城汴梁发起了凶猛的围城攻击战。刘福通率领将士们拼死抵抗,但始终未能突破包围。八月,汴梁保卫战进行到了第四个月,察罕帖木儿派人侦查得知,城内弹尽粮绝,于是他就来了更猛的一招,命令各路将领"各分门而攻。至夜,将士鼓勇登城,斩关而入,遂拔之"。刘福通率领数百骑保护着小明王由东门冲出,逃往安丰,但小明王的妻子、母后等数万人以及5 000多名龙凤政权官员全给俘虏了,随后河南行省全境为察罕帖木儿控制。(《元史·察罕帖木儿传》卷141;【明】钱谦益:《国初群雄事

略·宋小明王》卷1)

河南行省内的北方红巾军失败后,山东境内的北伐东路军孤掌难鸣。至正二十一年、龙凤七年(1361)六月,察罕帖木儿又调集了各路人马,大举进攻山东。山东好多郡县被攻陷,东路军将领如花马王田丰、扫地王王士诚等相继降元,到八月时只剩下了陈猱头坚守的益都。面对十分恶劣的形势,陈猱头不屈不挠地坚持斗争,并策划已经投降元朝的田丰、王士诚等反水,刺杀了当时元廷镇压红巾军起义最为得力的将领察罕帖木儿。元顺帝获悉后下诏封察罕帖木儿养子(实际上是外甥)扩廓帖木儿(汉名王保保)为银青荣禄大夫、太尉、中书平章政事、知枢密院事,并令其"袭总其父兵",即继承养父军中之职,节制各路义军,加紧围攻益都红巾军。(《元史·察罕帖木儿传》卷141;【明】钱谦益:《国初群雄事略·宋小明王》卷1)至正二十二年(1362)十一月,北方红巾军在山东境内的最后据点益都被攻破,陈猱头等200多人被俘,且被押往大都,扩廓帖木儿"取田丰、王士诚之心以祭其父,余党皆就诛"。(《元史·察罕帖木儿传》卷141)

北方红巾军政权和主力军土崩瓦解了,这么多年来朱元璋之所以能够在南方地区发展得如此迅猛,一个十分重要的原因,那就是北方红巾军成了他的"防火墙",阻挡住了元朝主力军的"火力进攻",使他从容地发展势力。"天命有德,真人龙兴,定鼎建业,处汉、吴二强寇之间,东西扫荡,从容指挥。元之不能以匹马、只轮临江左者,以有宋为捍蔽也"。(【明】钱谦益:《国初群雄事略·宋小明王》卷1)可现在北方红巾军这道"防火墙"没了,那可怎么办呢?

○ 朱元璋"暗送秋波",元顺帝"怀春""怀孕",这下可怎么办?

说到朱元璋与他的北方"防火墙"之间的关系,前文已述,他们之间可不是一般的伙伴关系,而是上下级关系,犹如现在的分公司与总公司的关系。当北方红巾军"总公司"发生危机时,朱元璋的"分公司"理应主动前去救援,可事实上压根儿就没这事。作为一个绝对合格的政治家,过去他吸干了岳丈家所有的"有益养分",就连岳丈的"掌上明珠"也不放过,小姑娘年纪小,没关系,只要能做男女之事就行;至于岳丈留下的那些不仅"没什么用"而且还会时不时地出来捣乱的郭家血脉,则想着法子、巧妙地送他们一一上西天去。用一句现在时髦话来说,将资源用足、用好,做大做强。同理,对于北方红巾军政权,"天生圣人"(朱元璋自诩)也一直在利用,至于那种分公司与总公司的关系则随时都可以解除,北方"总公司"快支撑不下去了,自己分公司应该尽早做好打算、找好出路,这才是明智的选择。政治家就应该绝对灵活,世界上没有永恒的敌人,也没有永恒的朋友,朱元璋心里就这么想的。

早在至正十九年、龙凤五年（1359），察罕帖木儿攻占宋小明王政权都城汴梁时，朱元璋就预感到北方红巾军失败后，自己的"防火墙"没了，很可能就要与察罕帖木儿相互为邻了。想想自己东邻张士诚、西邻陈友谅，个个都成了敌人，一旦再与北边的察罕帖木儿不"处好"，那就得三面临敌，这可是十分危险的事情。想到这些，朱元璋就派了文臣杨宪等前往汴梁，主动向察罕帖木儿"示好"，至于自己原本是反元的，现在突然变得"友善"了，元朝人会不会嫌弃？只要看看当今元廷的处境就知道了。这时的元帝国政府自顾不暇，哪有挑肥拣瘦的机会啊，再说民间不是有化敌为友的说法么。至正二十一年、龙凤七年（1361），鉴于察罕帖木儿的声势越来越大，不仅控制住了河南，而且也差不多摆平了山东，朱元璋赶紧再次派遣手下人汪河等，前往北方求和"结援"。（《明太祖实录》卷12）

可过了些日子，见到北方还没有回音，朱元璋就琢磨起事情来，或许自己这样的求和方式"不妥"，应该找个跟元廷说得上话的人，这时一个人进入了他的脑海——方国珍。朱元璋打定主意，派上千户官王时，以买马为名，带了3 000两银子上浙江去找方国珍。方国珍早已几次投降了元朝，且每一次投降后元朝给他的官位都会升一升，看来昔日曾被自己吓得不轻的方国珍在元廷那里还是个"红人"，托他办事还说不准真能办成了。

而方国珍这个人也很贱，欺软怕硬，对于受人欺负的张士诚他敢打，对于元朝他大耍流氓和无赖手段，而对于"老江湖"朱元璋交办的事还真不敢马虎，因为这个"猪腰子脸"太凶了。想当年高邮大战中堂堂的反元英雄张士诚被他打得像只缩头乌龟，还有前些年他打到浙东来，那架势够吓人的，方国珍想起这些，心里就有种莫名的恐惧。忽然念叨，我帮这个"猪腰子脸"办了这事，反正自己也不会吃什么亏。他这么想着，随即派了一条海船，由姓吴的都事官陪同王时，一起北上元大都，"体探元朝及李察军、李思齐等军马事情"。（【明】刘辰：《国初事迹》；【明】钱谦益：《国初群雄事略·宋小明王》卷1）

频频示好、暗送秋波，对于朱元璋的真实用意，作为北邻的察罕帖木儿也是个"老江湖"了，他何尝不知！至正二十二年、龙凤八年（1362）六月，也就是在与平定浙东处州之乱差不多同时，朱元璋先前遣使北上主动献媚的事儿忽然有了回音，察罕帖木儿派了使臣来到应天南京，对朱元璋说："我已经把你的请求向朝廷作了上奏，朝廷决定授予您行省平章政事（相当于朱元璋渡江之初小明王授予的官衔）。"但比"老江湖"察罕帖木儿还要老辣的朱元璋看到自己先前派出的特使并没有随同这些北方使者一起回到应天，就开始怀疑起察罕帖木儿是在"打太极"，随即跟身边的臣僚说"予观察罕书，辞婉而媚，是欲啖我，我岂可以甘言诱哉？况徒以书来而不

返我使者,其情伪可见"。(《明太祖实录》卷11)

就在这时宁海儒士叶兑上书给朱元璋,说:"愚闻取天下者,必有一定之规模。韩信初见高祖,画楚、汉成败;孔明卧草庐,与先主论三分形势者是也。今之规模,宜北绝李察罕,南并张九四。抚温、台,取闽、越,定都建康,拓地江、广。进则越两淮以北征,退则画长江而自守。夫金陵,古称龙蟠虎踞,帝王之都。藉其兵力资财,以攻则克,以守则固,百察罕能如吾何哉?江之所备,莫急上流。今义师已克江州,足蔽全吴。况自滁、和至广陵,皆吾所有。非直守江,兼可守淮矣。张氏倾覆可坐而待,淮东诸郡亦将来归。北略中原,李氏可并也。今闻察罕妄自尊大,致书明公,如曹操之招孙权。窃以元运将终,人心不属,而察罕欲效操所为,事势不侔。宜如鲁肃计,鼎足江东,以观天下之衅,此其大纲也。"(《明史·叶兑传》卷135)

叶兑的上书说得简单些,就是告诉朱元璋:北方察罕帖木儿没什么了不得的,现在的形势犹如当年的三国初期,如果你朱元璋投降了察罕帖木儿,就等于投降给了当代的曹操;你要学的是鲁肃的做法,以江东为重心,图谋进一步的发展,重建大一统帝国。据说朱元璋接到上书后,极为赞赏叶兑的主张,"奇其言",想留下他,但叶兑却说什么也不干,朱元璋只好"赐银币袭衣"。恰恰这时,北方又传来消息:察罕帖木儿遇刺,养子扩廓帖木儿接替爵位后遭遇到了困顿与挫折。朱元璋立马改变了原先热衷降元的态度,对于前番来到应天的察罕帖木儿特使的劝降"未暇与较,姑置不答"。(《明太祖实录》卷11)

你不答,但你以前向人家频频暗送秋波,人家可怀春了,不,还不仅仅是怀春,而且是"怀了孕"了。大元朝廷似乎还特别认真地讨论了给当年的叫花子、如今的南方一霸封个什么官呢?最后决定授予朱元璋荣禄大夫、江西等处行中书省平章政事。这样的名称很拗口,我们给它通俗一点,元廷封朱元璋为江西行省副省长。既然是副省长,封官现场肯定要很风光的,携带元朝皇帝诏书的官员级别和主持授官仪式的档次都不能低,这几个条件要满足的话,元廷最终决定,派户部尚书张昶、郎中马合谋和奏差张琏等,带上皇帝御赐的御酒、八宝顶帽和宣命诏书等,通过海路,来到庆元方国珍处。方国珍原本就是朱元璋与元顺帝之间的"红娘",见到元廷使者的到来,他相当开心,心想终于做成一件双赢的"大好事",于是就赶紧派了检校燕敬到应天去通报给朱元璋。(《明太祖实录》卷11)

○ 无法启齿的政治家成功秘诀之一——"二皮脸"

再说这个叫燕敬的检校到了应天后,一直在等朱元璋的回话,这样才好回去复命。可左等没消息,右等没回音,最后实在等不及就回去了。当他将自己在应天长时间空等的事情说给主子听时,方国珍立马感觉到:坏了,办了一件吃力不讨好的事。这就好比是做红娘,让一对男女相亲,相得女方肚子里的孩子都有了,突然男方翻脸说:"我不知道你肚子里的孩子是谁的。"这个时候最为尴尬的莫过于"红娘"方国珍了,怎么办?元廷特使就在我这儿,退回去吧,元朝人要找我的麻烦;直接送张昶等上应天去吧?"猪腰子脸"突然翻脸,吃不了兜着走。这下如何是好?天晓得!一晃张昶等人在庆元住了一年多,最后方国珍想到了,将他们送到元朝福建平章燕只不花那里,燕只不花又把他们送到了江西铅山。当时左丞王溥听说了这事,派人向朱元璋做了汇报,朱元璋命令王溥把张昶等元廷特使招待好,同时派遣符玺郎刘绍先到广信去迎候。接到后,带到南京。张昶因为精通元朝典章制度,为朱元璋所看中,后被移花接木地保留了下来,另外两个元廷特使郎中马合谋和奏差张琏可倒了霉,让朱元璋押往南京雨花台给处决了。(《明太祖实录》卷 11;【明】刘辰:《国初事迹》)

前后二皮脸,过去几乎哭着吵着要跟人家好,现在又翻脸不认人,那么如此判如两人的朱元璋真的对北方有把握了?没有,因为就在这时,察罕帖木儿被刺,北方元朝义军总兵官由察罕帖木儿养子扩廓帖木儿继承,而这个新上台的扩廓帖木儿面临的形势很严峻,最为头疼的还不是南方的这些红巾军,而是中原地区为争夺地盘经常与自家养父大打出手的宿敌孛罗帖木儿。为了稳固自己的地位,他不得不对养父时期的某些做法作些改进,譬如,一上台就派了尹焕章由海路到应天来通好,送还了被其养父察罕帖木儿扣押的朱元璋求和特使,并赠送马匹。朱元璋更是积极示好,表示"自今以往,信使继踵,商贾不绝,无有彼此,是所愿也"。(《明太祖实录》卷 12)

虽然最后拒绝了元朝的招降,但朱元璋的这种首鼠两端的行为实在令人不齿。这或许也是政治家与平常人相异的"伟大之处",为了个人的目的,可以不择手段,可以不顾一切。等到自己成功了,历史就成了胜利者的历史,"光荣"的历史,"伟大"的历史。

● 陈友谅与朱元璋第二轮大交锋:洪都争夺战、鄱阳湖大战、武昌围城之战(1363~1364)

不过话得说回来,朱元璋的这种处理手段对于其事业的成功还是大有裨益的,稳定北邻,至少可以免除腹背受敌的隐患,腾出精力对付南方劲敌。事实证明,"朱圣人"的这番心机没白费。就在外患内忧一系列事情刚刚处理完毕之际,有个想不到的告急文书送到了应天——安丰危急,北方红巾军领袖刘福通请求朱元璋迅速率兵北上救主!

○ **朱元璋又接连犯下两大错误:安丰救主、庐州"恋战"——错!错!错!**

安丰在哪里?就在今天的安徽寿县一带,是当时东线或称北方红巾军剩下的仅有几个地盘中的一个。至正十九年、龙凤五年(1359)八月,从汴梁突围出去的刘福通保护着小明王退守安丰,自此安丰又成为奄奄一息的北方红巾军政权的临时首都(【明】钱谦益:《国初群雄事略·宋小明王》卷1)。至正二十三年、龙凤九年(1363)年初,元朝两大义军主力扩廓帖木儿与孛罗帖木儿为争夺地盘开始了相互间的厮杀。见此,自被朱元璋打得缩得像乌龟似的张士诚一下子又来劲了,不愧为盐贩子出身的,商品意识特别浓,最好花最小的成本能取得丰厚的回报。看到北方红巾军的衰败和扩廓帖木儿、孛罗帖木儿两只大狼狗相互撕咬,无暇南顾之机,张士诚反复地琢磨着,怎样从衰败的北方红巾军那里讨个便宜。只是他没有想到却因此做了件蠢事,因为北方红巾军是最先起义的,无论从理论上还是名义上它是红巾军系统的"主",如果与北方红巾军为敌,很容易招惹别的红巾军的仇恨,这样就将自己的敌人队伍给扩大了。再说如果你张士诚想开疆拓土的话,即使你正儿八经地打,可能不一定能打得过强悍的西边邻居朱元璋,但你可以智取啊,譬如偷袭。但不知张士诚怎么考虑的,他居然不去偷袭距离很近、战略地位又十分重要的应天南京,却在这时偏偏选择攻打安丰。为了拿下安丰,他铆足了劲儿,派了大将吕珍带领 10 万人马,绕道而行,又令弟弟张士信领兵继后。(【明】钱谦益:《国初群雄事略·宋小明王》卷1;【清】谷应泰:《明史纪事本末·太祖平吴》卷4;【清】夏燮:《明通鉴·前编》卷2;【清】毕沅:《续资治通鉴》卷217)

安丰告急!刘福通赶紧派人到应天向朱元璋报急求援。朱元璋听到北方红巾军危在旦夕,几乎不加考虑地表态:救!之所以这么爽快,或许是这时的朱元璋出于以下几个方面的考虑:第一,北方小明王政权尽管日薄西山,但它的存在多少能挡挡北方过来的敌人,再说真让张士诚攻占了安丰,自己就会东、北两边都与张士诚为邻,到那时情势更不妙;第二,自己尊小明王为主,官职还是小明王授予的,布告行移文书也以龙凤为年号,且军队还一直打着北方红巾军的旗号,这是当时地球人都知道的,如果不救,则有愧于忠义大节,日后还怎么去教育和要求手下将士与臣民?第三,打张士诚几乎每次都能赢,所以朱元璋一听说安丰求救,立即表现出极度的热忱;第四,朱元璋早期要过饭,正可谓出身江湖,江湖义气伴随了他的一生。

但此时已经回到应天的刘基却并不赞成,他说:"主公,你这样贸然派兵去救,真的是自找苦吃。假若救下了,他小明王是你的主子,打个比方说,你是媳妇,找个婆婆来管着你,这不是吃饱了没事撑着!再说,就算救下了,你能把小明王放在哪里呐?"(【明】刘辰:《国初事迹》)刘基的话是很有道理的。然而朱元璋却不听,说:"安丰一旦真的给攻破,张士诚的势力岂不强大了,我们不能不救!"于是他带了徐达、常遇春等得力将领,率领大军渡江北上,火速赶往安丰。

再说安丰,至正二十三年(1363)二月初被围告急;三月初,朱元璋大军抵达那里,可惜晚了一步,张士诚部将吕珍已经拿下了城池。刘福通没等到这一天就战死了。朱元璋命令手下人铆足劲,与吕珍军展开了大战,三战三捷。可就在胜利在望之际,庐州义军头领左君弼突然间出来横插一杠子,想帮助吕珍打垮朱元璋军,顺便捞点便宜,没想到反被打得落花流水,抱头鼠窜。朱元璋随即领兵进入安丰城,救下了小明王。而后他命令徐达、常遇春追赶左君弼,自己则带了部分队伍打算回应天去了。可走在半道上时,他突然想起刘基老先生说的话实在有道理啊,论岁数,小明王比自己还小;论地位,他可是我的主子,我现在将他带回应天,每天向他小"老人家"早请示、晚汇报,真是没事撑着找事做,弄个婆婆来管管;扔吧,救下来了还扔,还不如不救,想来想去,眼不见为净,干脆就将小明王放在滁州吧,让他"小老人家"就像俺义岳丈郭子兴当年那样享享清福。想到这里,他下令在滁州为小明王建造宫殿,将他养在那里,当然不会忘记:将他周围的宦官全给换上自己的心腹,实行严密的监视。说到底,小明王从此以后就成了朱元璋手中的傀儡。(《明太祖实录》卷12;【明】钱谦益:《国初群雄事略·宋小明王》卷1引俞本《皇明纪事录》)

安丰危机化解了,龙凤皇帝得救了,龙凤九年(1363)三月十四日小明王韩林儿为了表彰朱元璋救驾功勋,特颁制书,追封朱家祖孙三代,封赠朱元璋"曾祖考九四公资德大夫、江西等处行中书省右丞、上护军、司空、吴国公,曾祖妣侯氏吴国夫人;祖考初一公光禄大夫、江南等处行中书省平章政事、上柱国、司徒、吴国公,祖妣王氏吴国夫人;考五四公开府仪同三司、上柱国、录军国重事、中书右丞相、太尉、吴国公,妣陈氏吴国夫人"。(【明】钱谦益:《国初群雄事略·宋小明王》卷1引《龙凤事迹》;【明】郎瑛:《七修类稿·国事类·朱氏世德碑》卷7)中书右丞相、太尉、吴国公,这些头衔都是皇帝之下人臣的最高职位了,由此可见当时的朱元璋在大宋小明王政权中的地位了。

朱元璋安顿好小明王后回了应天,留下徐达、常遇春等率领的主力军去攻打安丰之战中出来捣乱的左君弼。左君弼原本也属于红巾军系统,但后来投靠了元朝。问题焦点还不在此,在那个有枪便是草头王的年代,哪个人都不会有长久的道德操守与政治立场,就连朱元璋也多次派出特使向元朝主动"献媚示爱",只不过我们今天看到的《明实录》中的相关内容被粉饰得很漂亮了。因此说朱元璋派徐达等人去攻打庐州左君弼,绝不是什么政治立场问题,而是报安丰之战中他出来捣乱的新仇。庐州,即今天安徽合肥。庐州城三面环水,进攻起来很不方便,所以徐达和常遇春到那里尽管使足了劲,但就是没能将庐州给拿下。

有一天,像乌龟一样一直缩在庐州城里不敢露脸的左君弼突然出现在城头上,好像是在叫人搭建吊桥。城外的徐达远远望见,就跟手下人说:"左君弼被我们追赶得像老鼠钻洞似地'消失'了好多天,今天怎么突然出现了。会不会今夜有什么行动?传令下去,各部门做好准备,防止今夜敌人劫营。"嗨,果然不出徐达所料,当天夜里,左君弼派人乘着人们熟睡时开始劫营,刚刚接近营地,没料到徐达军早已有所准备,将士们万弩俱发;劫营者什么好处也没捞到,反而死了不少人,但徐达与常遇春军也无法攻入庐州城内,双方就这么耗着,长达3个多月。(《明太祖实录》卷12)

以上便是明史上有名的"安丰救主"和"庐州恋战"。从农民运动来讲,朱元璋的这一应急义举实在是值得人们大书特书;但从个人军事与事业的发展角度来看,他却因此犯了个大忌或者说是严重的军事失误。为什么呢?

○ 85 天龙兴府(洪都)生死大争夺

虽说安丰之围是解了,朱元璋至少赢得了很大的政治资本,但为捞取这个政治资本而所冒的风险太大——应天城却因此空虚了一个半月,如果加上徐达、常遇春率领的主力军困顿在庐州城下3个多月的话,那朱元璋政权统治中心的军事空虚时间就要长达4～5月。这正是刘基最担心的事情。假如这个时候西线的陈友谅,伙同东线的张士诚乘虚而入;或者说不用双方部队的合攻,只派一支偏师包抄过来,那应天城就危矣! 也许整个中国历史却因此而改写。谁知,与朱元璋走的这两着险棋相比较,此时的陈友谅却走了一步愚蠢得无以复加的臭棋:我们不妨把历史的镜头拉到陈友谅的老巢,看看这位曾经不可一世的"大汉皇帝"在这段时间都在忙些什么?

陈友谅这段时间也没闲着,且忙得不可开交,正在武昌、九江一带拼命地打造战船,似乎是铆足了劲儿要报应天大战之仇。

◎ 陈友谅率领中世纪世界上最大水师舰队围攻龙兴府,错失进攻应天之良机

经过近一年的休整、造船、养兵蓄锐,陈友谅终于做好了反攻的准备。据说他

造的战舰实在庞大,有人干脆就称其舰船是中国古代最大战船。当时特制数百艘大型战舰,每舰高有数丈,分为上、中、下三层,每层之间说话都听不见,有人认为可能是防止军事上的失利所带来的军心混乱。更有每层上都设走马棚,最下面的一层建有板房,里面放了几十支大橹,每支橹都用铁皮包裹着,大概是生怕橹被箭射坏,而整个船只外涂红漆,十分扎眼。陈友谅的这支船队可以堪称当时世界上最大的水师舰队。其船到底大到什么地步？据史料记载:每艘大型舰船可容载3 000人,中型舰船可容载2 500人,小型舰船也可容载2 000人。不仅如此,陈友谅还采取"蓬合法",即"三丁抽一为军",也就是讲,凡是有三个成丁(男人)的家庭抽一丁来当兵,就此在湖广地区强征了大批的民夫百姓,组建大军,号称60万,然后率领他们浩浩荡荡地从长江中游,杀奔东边来。(【明】钱谦益:《国初群雄事略·汉陈友谅》卷4;《明太祖实录》卷12)

这个时候陈友谅如果乘风破浪、日夜兼程地往应天赶的话,徐达和常遇春率领的主力军还没法立即从庐州围城战中解脱出来,说不准就能将朱元璋打得措手不及。不知造化弄人还是人自扰,在这个弱肉强食的群雄争霸节骨眼上,这位"大汉国"皇帝居然又一次严重犯错了:不打应天府而去攻打龙兴府(朱元璋将其改名为洪都,也就是今天南昌),真让人费解啊！

有的学者认为,陈友谅此举的想法有四种可能:第一,从战略地形上考虑,也许他认为如果要消灭朱元璋,首先要将其周围的那些据点和爪牙除掉,以解除后顾之忧,遂先攻打南昌。第二,在陈友谅看来,南昌曾经是他们真刀真枪好不容易攻下来的,但后来却被那些窝囊废"献"给了朱元璋,这次发兵就是要收拾收拾那些投降的小人。第三,当时南昌又名龙兴府,顾名思义也就是真龙天子开基立业之地。陈友谅是个十分迷信的人,认为如果在攻打应天之前先攻下龙兴府,则预示他的一统天下大业就会成功。第四,他"昧于强弱之势,眩于先后之机"(【清】谷应泰:《明史纪事本末·太祖平吴》卷4),即错误地吸取了上次进攻应天的教训,先来吃小的,吃成了再吃大的。那么小的龙兴府,陈友谅能打下吗？

龙凤九年(1363)四月下旬,陈友谅统帅的大军到达龙兴府即洪都。根据上一次洪都之战的经验,陈军将士熟门熟路地来到了洪都西南方,想套用老方法,凭借自身船只"尾巴"翘得高的优势,直接从船艄攀附到城墙上,打开个入城的"缺口"。可没想到到达那里时一下子傻眼了。

原来这个洪都城位于赣江下游的赣北平原上,经由赣江向北穿过鄱阳湖可通达长江,因此说其军事地理位置十分重要。老龙兴府西南方就紧靠在赣江边上,上一次陈友谅军就是利用了该地理特征,乘着水涨船高而突入城内的。胡廷瑞主动归降后,朱元璋曾下令对龙兴府进行了改建,将城池的西南城墙作了往后的推移,这样一来离江空间就多达30步(古时的计量单位),东南城墙也向前拓展了2里多(《明太祖实录》卷10)。鉴于洪都位置的重要,祝宗、康泰之乱平定后,朱元璋认为:"以洪都重镇,屏翰西南,非骨肉重臣莫能守。"于是就任命亲侄儿朱文正为大都督府左都督,"节制中外诸军事",镇守江西,又命儒士郭子章、刘仲服等辅佐参谋(【明】刘辰:《国初事迹》)。到任后"(朱)文正增城浚池,招集山寨未附者,号令明肃,远近震慑"。(《明史·诸王三·靖江王守谦》卷118)

所以说陈友谅这次进攻朱元璋,以洪都作为突破口本身就有问题。这样一来,当他们来到洪都"故地重游"时,顿时就傻眼了,原本具有绝对优势的自身巨舰现在派不上用场,只好改用云梯攻城。殊不知数十万军队局促在30步范围内无论怎么也发挥不了大作用,但即使这样,陈友谅这次出来毕竟带了60万大军,而当时洪都守军满打满算也不会超过1万人,以1万守军来应对60万大军的进攻。由此可想,洪都保卫战的惨烈与艰难程度了。(【明】刘辰:《国初事迹》;【明】高岱:《鸿猷录·克陈友谅》卷3;【清】谷应泰:《明史纪事本末·太祖平汉》卷3)

◎ 朱文正采用"联产承包责任制"方式,率领将士们死守洪都城

再说当时具体负责洪都及江西等地军事方面的总指挥大都督朱文正,虽然是朱元璋侄儿,不过他能当上大都督倒不全是因为自己与朱元璋之间有着那种特殊血缘关系的缘故,"自渡江以来,克太平,破陈也先,营取建康,(朱文正)多有战功"(【明】刘辰:《国初事迹》)。换句话来说,朱文正在当时朱元璋政权中算得上是一员久经沙场的年轻"老将"了。面对60万陈友谅大军如黑云压城似地压过来,他镇静自若地指挥洪都城内的将士英勇抵抗,也不愧为安徽农民的祖先,他很快想到了很绝的一招:搞了个类似农村联产承包责任制式的作战模式,将洪都城的抚州门等四个主要城门分给邓愈、赵德胜等四个部将承包,让他们各自负责据守一座城门,而他自己居中间调度和节制各军,并率领2 000名精兵随机支援。嗨,600年前的这种联产承包责任制作战方式还真管用,纵使陈友谅下再大的力气,洪都城还是岿然不动,陈军将士拼死拼活拼了好长一段时间,却仍然只能在洪都城外打转。当然对于城内朱元璋军队将士来讲,那可是用宝贵的生命和不屈不挠的精神来谱写洪都保卫战的壮美一曲。

猛将赵德胜当时近40岁,但打起仗来却毫不含糊。在战斗中,以一当十,奋勇杀敌。据说赵德胜人长得很黑,可浑身有着使不完的劲,臂力尤其过人,舞起兵器来没人敢上去对阵,人称"黑赵"。可这样一位威猛无比的优秀将领却最终"中流矢

死"。(《明太祖实录》卷12)在倒下之前,他将身上中的箭拔了出来,那箭头已经深入腰腹足有五六公分之深,只听得他长叹道:"吾自壮岁从军,伤矢石屡矣,无重此者。丈夫死不恨,恨不能扫清中原耳!"言毕而绝,时年39岁。(《明史·赵德胜传》卷133)

还有徐明、邓愈等一批英勇的将士,不屈地坚守着这座英雄的城市。

但是,陈友谅的将士实在是太多了,打退了又上来,洪都随时都有沦陷的危险。尽管后来朱文正也亲自上阵了,但洪都城的将士却还是越打越少。这怎么办呢?唯一的办法就是赶紧派人突围出去,给应天城内的朱元璋报信,请求紧急救援。

◎ 张子明讨救兵反倒成了满身是箭的"刺猬"

朱文正派的这个求援特使叫张子明,是个领兵千户。鉴于洪都城早已被里三层外三层地围得水泄不通,张子明只得利用黑夜乘着小渔舟从水关口偷偷地潜出,看到到处都是陈友谅的将士与耳目,他昼伏夜行,走走停停,大约花了半个月的时间才赶到应天南京,那时已经是六月份。当张子民将洪都城的危急形势作了简单介绍后,朱元璋便问起了对方陈友谅的兵势,张子明说:"汉军虽然兵力甚多,但战死了也不少。现在江水逐渐小了,江水一小,汉军那些巨舰作战就会不灵,且听说他们的粮饷也不多了。现在只要发一支援军过去,准能打败他们!"可这时朱元璋的主力军还在庐州,由徐达、常遇春率领屯扎于城下,打算消灭了左君弼后再班师应天,所以说根本无军可援洪都。于是"大忽悠"只好跟张子明说:"你回去跟我侄儿朱文正讲,再坚守一个月,我当亲自来解洪都之围。"(【明】童承叙:《平汉录》;《明史·张子明传》卷133)

"大忽悠"朱元璋真会忽悠,无军可援了就叫侄儿再坚守一个月,说的全是废话。张子明听明白了,讨救兵无望,那怎么办呢?只有回去再说了。可当他走到湖口时却被汉军逮个正着。陈友谅知道他是被派往应天去讨救兵的,心里琢磨着如何利用这个没讨到救兵的倒霉蛋,使对方的军队迅速地土崩瓦解,从而一举攻入城去。

再说张子明被俘虏后,并没有受到半点皮肉之苦。陈友谅还好酒好菜地招待着,要他归降。张子明"答应"了,但陈友谅还要求他:"待到了洪都城外,向城内大喊,救兵不来了,你们快点投降吧!"并保证日后绝不会亏待他。张子明连声地应允说好。陈友谅当即喜上眉梢,事不宜迟,马上带着他上洪都城外前线阵地,正准备下令……没想到张子明张嘴便喊:"弟兄们!好好地守城!咱们的救兵很快就要到了!"话音刚落,说时迟那时快,万箭齐发,顿时张子明全身插满了箭,几乎一点空隙也没有。洪都城墙上守城的兄弟们看到全身插满了箭宛如刺猬却又巍然不倒的张子明，纷纷流下眼泪，男儿有泪不轻弹啊！这下他们化悲愤为力量，双方的交战由此进入了白热化。(《明太祖实录》卷12；《明史·张子明传》卷133。注：《明史》说张子明被汉军用槊杀死，《明实录》笼统说"杀之"，明代笔记较多说射杀)

○ 鄱阳湖大战——中世纪规模最大的水上战争——1363.7~8

张子明走后，朱元璋终于幡然醒悟！想起先前刘基的忠告，觉得实在有道理，于是迅速调回在庐州前线拼死作战的徐达、常遇春统帅的主力大军，并传令应天各军事部门做好出征准备。

◎ 康郎山之战 & 朱元璋第一次遇险和韩成代死

龙凤九年(1363)的七月初六，朱元璋带领右丞徐达、参知政事常遇春、帐前亲军指挥使冯国胜、同知枢密院事廖永忠、俞通海等著名将领各率将士，总计20万舟师，会聚龙江，行祭纛旗，然后浩浩荡荡地出发，逆流而上，向着前方江西进发。当时陪侍朱元璋的儒士有刘基、陶安、朱升和夏煜等也一同随军出征。(《明太祖实录》卷12；【清】夏燮：《明通鉴·前编》卷2)

舟师行驶了9天，过了安庆的小孤山，江流湍急，一阵大风刮来，帐前亲军指挥使冯国胜乘坐的船只把控不住，一下子给弄翻了。众人竭力抢救，事实上也并无大碍，但迷信十足的朱元璋却觉得很不吉利，命令冯国胜立即返回应天，不用上前线了。

出行的第10天即七月十六日，朱元璋队伍来到了长江与鄱阳湖交界处的湖口。湖口在鄱阳湖的东北岸，而先前派张子明到应天求救的朱文正镇守的洪都正位于鄱阳湖西南方的平原上，也就是说要想到现场直接援救朱文正他们，还有一大段路要走。就在这时，朱元璋下令，立即停下，派指挥戴德率领一支军伍屯守在泾江口(安徽宿松)；另外派一支队伍驻扎在南湖嘴(湖口西北)，这样一来就将陈友谅的归路给切断了；另外再派人去调集信州守军守住武阳渡(江西南昌东)，防止陈友谅向西逃跑。(《明太祖实录》卷12)

从这样的军事战术布置来看，朱元璋来了一招"围魏救赵"或言"关门打狗"，确实要比陈友谅棋高一筹。陈友谅东进时只顾"头"，不顾"尾"，自己从武昌过来，鄱阳湖湖口等是必经之路，却居然没有设兵把守，这就等于将机会让给了敌人。

再说此时在洪都城下已经"逗留"了85天的陈友谅，听说朱元璋大军前来救助了，瞧着眼前这座城池一时半会儿又拿不下来，心里变得更加焦躁不安了，万一"猪腰子脸"从后方包抄过来，自己的军队就会在洪都城外处于腹背受敌的尴尬状态，弄不好还会全军覆没。这可如何是好？想来想去，只有一条路可走，那就是赶紧撤军！

陈友谅带的是水师，走的是水路，从洪都城下撤军最为便捷的方法就是沿着来时的水路，先东撤到鄱阳湖里，然后再回到长江里。可当他们从洪都撤退且开始东向行军时，鄱阳湖里迎面而来的恰好是自己的宿敌朱元璋军。而此时朱元璋正以逸待劳，给广大将士们做战前动员："两军相斗勇者胜，陈友谅久围洪都，今闻我师至，而退兵迎战，其势必死斗。诸公当尽力，有进无退，剪灭此虏，正在今日！"（《明太祖实录》卷12）

七月二十日，两军相遇康郎山（即今鄱阳湖内康山），当时陈友谅的汉军大约有60万，船大且处于上流。望见黑压压的军阵，朱元璋心里清楚，就自己带的这些军队哪能抵挡得对方，但战场上主帅千万不能怯阵，战斗更重要的是士气，而士气就来自于主帅的鼓励或言"忽悠"。想到这里，他就跟诸将说："你们别看陈友谅人多势众，船只也比咱们强，但实际上这些大船相互连着不利于作战啊，进也不方便，退则更困难，我看我们就能打败他们。"随后下令，将水师分为11队，每队配以火器、弓弩，按序排列，在接近陈友谅船只时一起先发火器，再射弓箭，等到够得着敌舰时再爬上去，展开短兵相接的格斗。（《明太祖实录》卷12）

第二天也就是二十一日，徐达、常遇春、廖永忠等各自率领军队冲入敌阵，展开激烈的拼搏。一时间，"呼声动天地，矢锋雨集，炮声雷，波涛起立，飞火照耀，百里之内，水色尽赤"（【明】童承叙：《平汉录》）。徐达身先士卒，奋勇杀敌，仅他一人就杀了1 500个敌人（战乱中不知这数字是如何统计出来的，笔者怀疑明朝官方在吹牛），还缴获了一条陈军战舰。俞通海接着跟上，利用顺风发射火炮，焚毁敌舟20多艘，杀死或溺死敌人无数。

可陈友谅军中的火炮也不是吃素的，他们立马进行对射，好多好多朱元璋的船只被轰得粉身碎骨，元帅宋贵和陈兆先等相继阵亡。徐达正在搏斗格杀时，乘坐的战船突然起火了，且火势迅速地蔓延开来，这下他可忙坏了，一边救火，一边还要杀敌。朱元璋见状，急忙命令援军赶赴过去救援。徐达乘着援军到来的有利时机，从内往外杀，援军从外往内杀，这下终于将敌兵给杀退了。而就在这期间，陈友谅骁将、太尉张定边经过观察后，终于发现了朱元璋乘坐的指挥船——"白海"船，随即他迅速地靠拢过来。朱元璋一看大势不好，赶紧溜吧，可哪知"白海"船搁浅了，动弹不得。（《明太祖实录》卷12）好家伙，这下可以逮住"猪腰子脸"了！听到张定边的"惊人发现"后，陈友谅命令船舰从四面八方靠拢过去，形势十分危急。

这时有个指挥叫韩成的急匆匆地来到了朱元璋的指挥舱内，噗通一声跪了下来，叩了一个响头，然后声泪俱下地说道："主公，我跟随您这么多年，您对我恩重如山，我无以回报。现在您有难，该是我尽忠的时候了，您就让我来代您指挥一阵吧！"据说当时朱元璋很犹豫，说是不忍心在这么危险的时刻让手下代替自己，说白了就是替死。而人称这个韩成长相酷似朱元璋，也就是"猪腰子脸"，只要他坐在指挥船上，肯定能吸引敌人的注意力，这样就给主公朱元璋创造了逃生的机会。朱元璋当场被感动得热泪盈眶，想想也没有别的办法可以让自己脱险了，只好含泪将袍服冠冕跟韩成换了。再说易装之后的韩成站在船头上，一会儿挥动左臂，一会儿挥动右臂，假模假样地指挥起军队来了，过了一阵，看看自己周围的汉军越来越多，最终他投河自尽了。（【明】郎瑛：《七修类稿上·国事类》卷13；【明】吕毖：《明朝小史·洪武纪》卷1）

张定边将士目睹了这一幕，还真以为是朱元璋死了，开心地齐声高呼，攻势顿时松懈下来。这时常遇春刚好赶来救主，见到张定边，拉开弓箭便射。中箭后的张定边立马开始撤退，而就在这个时候俞通海率领水师将士也赶到了，真是无巧不成书，一直被搁浅的朱元璋乘坐的船只恰巧遇到一个大浪，船舰终于能启动了。众将保护着朱元璋，边战边退。而廖永忠则率领一路水师，拼命追赶张定边，乱箭齐发，陈军将士死伤一大片，就连主将张定边也身中了百箭，最后捡了条小命，溜回了大本营。

再说逃离险境的朱元璋忽然发现猛将常遇春不见了，叫人赶紧回去找找。手下人说："主公，不用找了，常将军刚刚救您时一不小心将自己的船舰也给搁浅了。"朱元璋下令立即回头去救。可搁浅的大船没有大水，来再多的人也没有用啊。正在大家一筹莫展时，从上流漂流下来的败退战船又恰巧撞上了常遇春的船只，一下子将它撞出了浅滩，这样一来反倒使得常遇春也脱险了。不过此时天色已经昏暗，战斗了一天的双方将士都精疲力竭了，只得鸣金收兵，欲想分出输赢，只能等待明日再战了。（《明太祖实录》卷12；【明】钱谦益：《牧斋初学集·太祖实录辨正》卷101；【明】朱善：《皇明文衡·安定侯程忠愍公神道碑》卷72）

◎ 徐达回守应天　张志雄、丁普郎英雄鄱阳湖

虽然明代流传下来的官史上说，朱元璋军将士如何勇敢，杀敌无数。但从朱元璋、徐达和常遇春等核心人物的屡屡遇险和宋贵、陈兆先等高级将领相继战死的情势来判断，鄱阳湖大战的前几天是陈友谅军占了绝对的优势。正因为如此，当夜幕降临时，心急火燎的朱元璋召集诸将开会，再次申明军纪，并以生死利害关系劝说

将士誓死作战。可愁人的事情还不至于这眼前的,朱元璋"拳拳以根本(指南京,本书作者注)为虑"(【明】高岱:《鸿猷录·克张士诚》卷4),想起此次出征时草草就出发,应天城内虽然留下了颇有能耐的李善长主持日常工作,加上一个走了一半路程被退回去的冯国胜,一个善于行政,对于军事并不娴熟,另一个威望不足。要是这时候平江城里的那个盐贩子来偷袭的话,后果不堪设想。想到这里,朱"圣人"几乎是一身的冷汗,当即下令徐达连夜赶回应天,以防后方大本营被人偷袭。

在做好这等准备后,朱元璋又迎来了吉凶未卜的新的一天,即七月二十二日。这一天朱元璋一大早就让人吹起了号角,集中队伍,布阵对敌。不一会儿,陈友谅军队来了,双方立即又展开了殊死的厮杀。由于陈友谅的船舰造得十分高大,连在一起就能摆成一个巨阵方形,像一座巍峨的高山堵在朱元璋军将士的面前;而朱元璋船只偏小,显得势单力薄,很不利,但将士们并不气馁,相反表现出视死如归的英雄气概。院判张志雄原是陈友谅的老部下,那天他乘坐的船只一开始就遇上了倒霉事,桅杆断了,在水域里碰到这样的事情就等于是束手待毙了。陈军将士一见到过去的"老哥儿们"如等窘迫,立马将船只围拢过来,将张志雄围死在里头,然后几十条长枪乱扎起来,张志雄拼命抵抗,最终实在是无力还击了,自刎身亡。(《明史·赵德胜传附南昌康郎山两庙忠臣传》卷133)

丁普郎,原先也是陈友谅的部下,后来成为了朱元璋底下的一员杀敌猛将,陈友谅终于尝到自己种下的苦果了。在发动第二次政变中,他使用极为卑鄙的手段将西线红巾军中德高望重的大将赵普胜给杀害了,这种不仁不义的丑恶行径为当时军中很多将领所不齿。其中就包括赵普胜的好兄弟——丁普郎。丁普郎与赵普胜情同手足,有福同享,有难同当。赵普胜被暗害后,丁普郎便怀着对陈友谅的刻骨仇恨,乘着陈军在龙湾、安庆等一系列军事惨败之机,率部下投靠了朱元璋,并立下誓言:有朝一日,一定要为赵普胜报仇!

今天终于等到了为哥儿们报仇的机会了,丁普郎抱着视死如归的态度,豁出命来跟陈友谅拼个鱼死网破。只见得他身中10多处枪伤,却还在没命地砍啊、杀啊,据说在杀死了多名陈友谅大将后,突然间他的头被人一刀给砍了下来,但手里的武器还在不停地挥动着,且身体久久不倒。见此,陈友谅的部下都给吓坏了,心里直犯嘀咕:我的妈呀,这到底是人还是鬼神啊!?由此可见,丁普郎至死心中还有一团仇恨的火在熊熊地燃烧着。除此之外,还有余昶、陈弼、徐公辅等一批优秀将士都是在那天战死的,他们谱写了鄱阳湖大战极为悲壮的篇章。(《明史·赵德胜传附南昌康郎山两庙忠臣传》卷133;《明太祖实录》卷12)

◎ 朱元璋军血战鄱阳湖的"止血药"——火攻

尽管朱元璋军将士作战相当勇敢,但还是没能抵挡住陈友谅军的强大攻势。看到自己的队伍不断退却,朱元璋来火了,将几个领头的队长给杀了,可没想到军队还继续往后缩,一连杀了10多个队长都不管用。这时部将郭兴(又名郭子兴)跟朱元璋说:"主公,不是我们将士不听命令,而是敌我船只大小太过于悬殊,陈友谅的大船高达几丈,而我们的小舟就漂在水面上,一旦'冲锋'起来,即使大家都得仰着头,但还是见不到敌人在哪儿,你说我们怎么个'冲'法?现在惟一的办法是用火攻了!"朱元璋当即采纳建议,命令常遇春等人调用了7条渔船,装满了芦苇等易燃品,再放上火药,船上还用稻草扎成一个个"稻草人",给它们穿上甲胄,"手"里绑上兵器,然后再叫敢死队成员扶住"稻草人"。这7条船的后边都系上一只小小的小船,用来点火后逃跑用的。

一切都准备妥当了,只等待有利的风向了。那日下午申时即下午3点到5点,先前还和风万里的天气,突然间风向转变,东北风大起。陈友谅军一下子由上风转为了下风。朱元璋看到火候到了,下令敢死队出发。7条装满火药的船只如离了弦的箭,直冲陈友谅的大船,没过多久,火苗四处燃起,大风呼呼地吹着,顷刻间火势弥天漫地,庞大威猛的陈友谅军战船乱作一团,数百只船舰被大火吞噬,只见得"烟焰涨天,湖水尽赤,死者大半",陈友谅的弟弟陈友仁、陈友贵及其平章陈普略等都被一一烧死。朱元璋见此情形,立即指挥将士们追杀敌军,当天仅被杀的敌人就有2 000多。尤其是那个外号叫"五王"的陈友仁,非常了得,尽管只有一只眼,但骁勇善战,与张定边等人一起,被陈友谅视为左膀右臂,让人没想到的是,他在这场大火中也被活活烧死了,陈友谅"为之丧气"。(《明太祖实录》卷12)

◎ 借粮1万石　朱元璋第二次遇险和刘基救主　陈、朱两军对峙的开始

以上是明代官方的说法,但从鄱阳湖大战的第四天即火攻后的第二天战场实际形势来看,陈友谅的汉军依然十分凶猛,不仅没有退却,反而步步紧逼,好似在作最后的一赌。朱元璋乘坐的"白海"船一露面就遭到了陈军将士的围攻,形势很不利。尽管将士们都拼死作战,但一天下来,双方还是没能决出胜负来。就在这时,儒士朱升向朱元璋进言道:"主公,陈友谅倾国而来,可能他的家底全用上了,人是多了,可粮饷需求也多啊。你想他60万大军每日光军饷消耗也够他受的了,我估计他现在可能开始缺粮了。我军既然已在南湖嘴布下了军队,绝了他的归路,只要他粮饷发生危机了,我们再发起总攻,不可能摧不垮他的。"朱元璋听后叹了口气,

然后说:"先生的主意很不错,可惜我军的粮食也没多少了。"朱升听说是这样的情况,赶紧献计:"离这里100里左右有建昌、子昌、天保和刘椿四户大户人家,家里有的是粮食,主公应该赶紧派人去向他们借,免得让陈友谅给抢先了。"朱元璋一听,觉得朱老先生的主意不错,立即派人出去办理,共弄到粮食10 000石。(【明】朱升:《朱枫林集·翼运绩略》卷9)

那天夜里朱元璋一人坐着,回忆起近日发生在眼前的一幕幕,突然间想到:自己在大白天老被陈友谅军给盯上的原因,就是乘坐的那条指挥船是白色的,特别显眼。想到这里,他马上吩咐手下人通知相关人员,连夜突击,按照自己坐的指挥船的模样,将将士们乘坐的所有船只的桅杆和船身全部漆成白色,这样一来,上了战场,陈军将士就不容易辨别出哪一条船才是指挥船了。

在做好上述准备工作后,朱元璋又满怀信心地投入了第二天即七月二十四的战斗。这天战斗还是十分激烈,尤其是上午9点到11点近午时刻,上演了令人唏嘘不已的惊险一幕:陈友谅正坐在他的高档楼船船舱中观察着敌阵,忽然看到了一条白色大船上有人在手舞足蹈地比划着什么。不用说,那肯定是朱元璋了,于是吩咐手下人让将士们将炮口调向白船,准备轰击。而此时正在出神入化地指挥作战的朱元璋却对死神的临近全然不知,恰巧刘基也在观察战阵,忽然发现陈军炮口在转向主公朱元璋了,说时迟那时快,他立即跳到那白船上,拉了朱元璋就走。当两人刚刚跳到另外一只小船上时,陈友谅的炮弹已经击中了那只白船,把它打得稀巴烂。看到眼前惊险的一幕,朱元璋倒抽了一口冷气。再说此时的陈友谅看到朱元璋坐的白船被打得粉碎,当即欣喜若狂,但过了一会儿发现"老冤家"没死,正坐在另一条船上指挥着,不觉得大惊失色。(《明史·刘基传》卷128)

这时俞通海、廖永忠、张兴祖、赵庸等将领率领6艘小型战船闯入了陈军船队,陈军巨舰想联合起来驱赶他们,可一会儿时间怎么找也找不到他们了。再说朱元璋与手下人凝视着远方许久,也见不到自家的船只,心想:坏了,又给陈军打沉了。正当大家绝望之际,6艘小型战船犹如游龙一般从陈军巨舰尾部缓缓绕出,这下可把朱元璋军将士给乐坏了,顿时大家勇气倍增,纷纷全力奋击。据说当时杀声震天响,鄱阳湖中浪涛弄得几丈高,就连太阳也差一点给遮没了。这时陈友谅临时抽丁而来的"蓬合"军士气低落到了极点,本身他们又没有经过好好地训练,好多人连兵器都不会用,不会用兵器就往湖里扔,顿时旗鼓器仗漂得满湖面都是,陈军大溃。幸好这时悍将张定边及时出来收拾残局,他边战边退,保护着陈友谅一直退到了鞋山(今鄱阳湖中的大孤山,位于湖口南),原本打算从这里经由湖口逃入长江,没想到已让朱元璋又占了先,只好敛舟固守。(《明太祖实录》卷12)

你陈友谅免战，人家朱元璋可来劲了，派人数次上前挑战，陈友谅都置之不理。既然无法今日做个了断，那就在敌军近距离范围内先扎下营盘再说吧，于是朱元璋带领将士们来到距离陈军军营5里左右的柴棚临时扎营。一扎下营，朱元璋还不死心，又派人到陈军附近去挑战，可陈友谅如王八吃了秤砣似地铁了心不上当。这样一来，好多将领出来向朱元璋提议，士兵们都累了，反正现在仗也打不成，不如撤军休整一番。朱元璋说："这怎么行，两军相持，谁先退谁倒霉。"可水师将领俞通海却不同意这样观点，不过他说话比较委婉："主公，这里湖水较浅，不利于作战，不如我们将船只开往可控的上游去。"这时刘基也在暗中劝说，移师湖口，择日再战，朱元璋终于松动了，当晚将军队驻扎到了鄱阳湖东岸边上的左蠡（今江西都昌）。陈友谅见到敌方移营了，顿时心里也松了一口气，移泊鄱阳湖西岸渚矶（江西星子南）。就这样，面对着面，双方远距离相互对视着。（《明太祖实录》卷12）

◎ 斗智又斗勇：朱陈两军相持鄱阳湖半个月

朱、陈两军在鄱阳湖里相持对峙了3天，陈友谅有点耐不住了，向手下部将征询对策。右金吾将军提议：要想摆脱目前的僵局，最好是焚舟登陆，往西南方向去，进入湖南，图谋东山再起；可左金吾将军却认为，战争打到了这一步，就差那么一点点就可决出胜负了，为什么还要撤退？陈友谅听听两人讲得都有道理，但最终还是决定采纳右金吾将军。左金吾将军看到自己的建议没被采纳，怕陈友谅怪罪他尽出馊主意，干脆来个脚底下抹油——溜了，投奔了朱元璋。右金吾将军听说左金吾将军投降了，感觉自身阵营力量大减，跟着陈友谅已没什么出息了，也偷偷地跑到朱元璋这边来了。这样一来，陈友谅的兵力更加削弱了，他想想原来那么强大的军事力量尚未取胜，更何况现在这个样，算了，还是登陆跑吧！就在这时，手下有人来报：朱元璋派人送来一封信。陈友谅赶紧将信拆开，只见上面写着："方今取天下之势，同讨夷狄以安中国是为上策，结怨中国而后夷狄是为无策。曩者公犯池州，吾不以为嫌，生还俘虏，将欲与公为约从之举，各安一方，以俟天命，此吾之本心也。公失此计，乃先与我为仇，我是以破公，江州遂蹂，蕲黄、汉沔之地因举，龙兴十一郡奋为我有。今又不悔，复启兵端，既困于洪都，两败于康山，杀其弟侄，残其兵将，损数万之命，无尺寸之功，此逆天理、悖人心之所致也！公乘尾大不掉之舟，顿兵敝甲，与吾相待，以公平日之狂暴，正当亲决一战，何徐徐随后？若听吾指挥者，无乃非丈夫乎？公早决之。"（《明太祖实录》卷12）

没等读完信，已如斗牛场上红眼公牛的陈友谅立即将朱元璋的来信撕得粉碎，并下令将其信使扣押起来，把战俘们一一押上来，让手下大嗓门的扯开了嗓子，每杀一俘虏就喊几句劝降话,想以此来震慑朱元璋军将士。结果适得其反,大家都对他的杀俘行为深恶痛绝。不过这时的陈友谅也明白,发火归发火,现在还不能跟朱元璋硬拼,只能寻找时机,争取赶回武昌去,日后再来报这个仇!

见到陈友谅如此谨慎,朱元璋则来得更加小心,不仅不杀陈军俘虏,将他们全给放了,有伤的治伤,甚至赐予药物,再遣送他们回家,而且还假模假样地在军中祭奠起战斗中死难的陈友谅兄弟和他军中将领,弄得人人都说朱元璋仗义,有人情味。陈军战俘们一旦回去了,就自然而然地给朱元璋充当义务宣传员,这下陈友谅军的军心动摇得可厉害了。

双方相持了半个多月,陈友谅局促在鄱阳湖船舰上无法外出;而一直在不远处死死看住他的朱元璋则利用这样间隙,一边派兵攻占"大汉国"控制的蕲州、兴国等地,一边亲自坐镇湖口,封死鄱阳湖进入长江的通道,等待陈友谅不战自降。(《明太祖实录》卷12)

时间一天天地过去,陈友谅开始吃不消了,最头疼的是军中粮食快要没了。怎么办?有人给他出主意,到鄱阳湖周围地区去抢啊!陈友谅听后觉得这个点子不错,当即派了500艘船只上鄱阳湖东岸的都昌等地抢劫了一通。就在满载而归时,不曾想到被洪都城拉锯战中的老对手朱文正给发现了。这"小杆子"大都督可绝了,命令手下人偷偷地追赶过来,把陈军抢来的粮食一把火给烧个精光。(《明太祖实录》卷12)

◎ 汉军突围:由湖口改为泾江口　朱元璋第三次遇险和陈友谅败亡

日益穷蹙的陈友谅听到消息后顿感五雷轰顶,上天无路入地无门,继续困在鄱阳湖里只有死路一条。在这万般无奈的情势下,八月二十六日他率领百余艘楼船开始冒死突围,想通过南湖嘴进入长江,再退回武昌去。前文说过,在鄱阳湖大战之前,朱元璋就在南湖嘴一带设兵防守,所以当陈友谅行军到湖口时就遭到了朱元璋舟师的猛烈打击,双方战斗异常激烈。从上午8点左右一直打到下午6点左右,虽然谁也没有赢了对方,但对于想要突围的陈友谅军来说显然是不利的,或至少说从湖口逃生肯定是走不成了,只得改向泾江口。可到了泾江口,战斗则更加惨烈,据说朱元璋当时冒着雨点般的流矢亲自坐在胡床上指挥作战,喊杀震天动地。就在这时随军老书生朱升偷偷出来观察战势,忽然发现主子朱元璋坐的那胡床光秃秃的,没什么遮挡,十分危险。他顾不得多说,一把将朱元璋推进了船舱,刚进船舱,一支飞箭射中了胡床,好险啊!(【明】朱升:《朱枫林集·翼运绩略》卷9)奇妙的历史镜头同样出现在敌方,就在这个时候,陈友谅正趴在船窗上笑着张望,眼疾手快的朱元璋舅子郭英拉弓搭箭,"嗖"的一声,飞箭直穿陈友谅的右眼,箭心直达脑颅,44岁的大汉皇帝当场就一命呜呼。(《明太祖实录》卷13;《明史·陈友谅传》卷123,【明】郎瑛:《七修类稿·郭四箭》卷24,但也有人说不是郭英射的)

大汉皇帝死了,底下将士们哪有什么斗志了,太子善儿、平章姚天祥、陈荣、参政鲁某、枢密使李才、"小舍命"、王副枢、贾金院及指挥以下,共计有50 000人马投降了朱元璋。但太尉张定边却对陈友谅十分忠心,一边下令手下人拼死抵抗,一边抓紧时间,料理陈友谅后事,将其尸体及其儿子陈理用小船偷偷运出,连夜逃回武昌,随后立陈理为大汉皇帝,改元"德寿"。(《明太祖实录》卷13)

至此,惊天动地的鄱阳湖大战以陈友谅的惨败而降下帷幕。鄱阳湖大战前后经过了40天,双方共投入了大约80万的兵力(朱元璋20万,陈友谅60万),因此人们常说它是中国甚至是世界中世纪史上规模最大的一次水上战争。交战双方的死伤人数都很大,但并无精确的死亡数字。据有关资料上讲,鄱阳湖大战到了后来湖面上到处都漂着死尸,鄱阳湖水都被双方战士的鲜血染红了。有些书上甚至讲到:几十年后鄱阳湖周边的人们都不敢下去捞鱼摸虾,因为一不留意还会碰到死人的尸骨。(李亚平著:《帝国政界往事·大明王朝纪事》,北京出版社2005年10月版;另据著名明史专家黄云眉先生的考证:"鄱阳湖之战,《实录》及诸书过于夸饰,不足尽信。"——黄云眉:《明史考证》第1册,P10,中华书局1979年9月第1版)

○ 朱元璋3次亲征"大汉国" 武昌围城战与陈理投降——1364年

张定边带着陈理逃走时,朱元璋军诸多将士建议,迅速追打,直捣陈友谅老巢武昌。可朱元璋并不赞成,他认为若乘胜追击,"覆巢之下,有完卵乎"?更何况兵法有言:"穷寇莫追!"追急了,"彼必死斗,杀伤必多"。(《明太祖实录》卷14)其实朱元璋只说了一个原因,还有一个原因就是他"心忧建康,恐张士诚乘虚入寇"(【明】高岱:《鸿猷录·克陈友谅》卷3)。因此在鄱阳湖大战结束时,只派了一支小股部队继续追踪张定边,而他自己则率领将领们直接回了应天。想起这惊心动魄的40天鄱阳湖大决战,朱元璋唏嘘不已,百感交集,跟随身的军师刘基曾这样说道:"我不当有安丰之行。使陈友谅乘我之出,京师空虚,顺流而下,捣我建康,我进无所成,退无所归。友谅不攻建康而围南昌,此计之下者,不亡何待!"(【明】刘辰:《国初事迹》)

说实在的,这次大战朱元璋打是打赢了,但也打得精疲力竭,该是休整一番了。大约经过半个月的休养生息,到了九月十六日,朱元璋再次集结队伍,统帅常遇春、康茂才、廖永忠和胡廷瑞等将领,带领一大批将士,开始第二次亲征"大汉国"。十月初,朱元璋水陆大军到达武昌城下,鉴于相隔了半月之余,大汉国肯定经过了一番调整,硬攻绝非是上策,朱元璋决定采取围而不攻的策略,命令常遇春等在武昌城4个主要城门外竖立木栅,建起围城工事,又在长江里将一艘艘船舰连起来,组成长寨,断绝武昌城的进出通道。与此同时,又派出部分将士去攻打"大汉国"的汉阳、德安等州郡。"大汉国"最近可惨了,死了"爹娘老子"陈友谅,各地臣民成了"没爹没娘"的"孩子",这些"孩子"很听话,来了个新的"大救星",大家纷纷来投奔。因此,武昌城周围几乎不费什么力气,就让朱元璋给占领了。(《明太祖实录》卷13)

再说武昌城自十月初被围后,陈理与张定边一直坚持不降。一晃两个月过去了,年关即将到来,作为一方领袖的朱元璋惦记着应天城里的那些事,他决定先回去一趟,于是下令由常遇春任武昌前线军事总指挥,然后语重心长地告诉常将军:"张定边与陈理现在就好比是笼子里的狐狸,关久了自然而然会驯服的。我不在时,他们要是出来进攻、挑衅,不要去理睬他们,你们只要坚守好营栅,我就不信他们会不投降!"说完他就回了应天。(《明太祖实录》卷13)

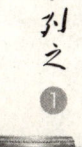

朱元璋回应天呆了近两个月,处理了一些政事后,发现武昌还没有传来捷报,不免又开始有些着急了。二月初一,在做了一些简单准备后,他开始了第三次亲征"大汉国"。半个月后的二月十七日,到达武昌,忽然有人来报:洪山附近发现一股部队正在陆陆续续往这边过来。朱元璋赶紧问常遇春:怎么一回事?常遇春说:"据我军谍报人员侦察到的情报来讲,数天前的一个晚上,陈理与太尉张定边利用月黑风高的夜间,派人从观音阁那头城墙处吊着绳子逃出武昌城,前往岳州,向那里的守将丞相张必先求援,估计现在洪山一带的那部分部队就是张必先的。"听到这里,朱元璋立即命令常遇春带上5 000精兵前往洪山去迎战。

常遇春向来以快速闻名,洪山附近的部队还没有集结好,忽然遭受意想不到的打击,顿时队伍里哗啦全散了,主将张必先也糊里糊涂地当了俘虏,被逮到了朱元璋面前。朱元璋随即展开了对他的劝降工作,张必先是个爽快人,一下子就答应了,这事影响很大。张必先在陈友谅政权中很有地位,且骁勇善战,人称"泼张",本来张定边与陈理指望他从外围进攻,打垮朱元璋军,从而解救武昌城。现在倒好,连"泼张"也给俘虏了,而且这个"泼张"还充当起朱元璋的义务说客,只见他站在武昌城下,扯开了嗓门喊着:"主公(指陈理)、太尉(指张定边),我张必先今天落到这步田地,看来我们的事情是成不了。太尉老兄,你们还是应该为自己多考虑考虑,赶紧投降了也好!"张定边听到张必先的喊话,当场给气晕过去,事后仍坚持不降。(《明太祖实录》卷14)

怎么办？朱元璋叫人观察四周的地形地貌。忽然有人来报，说："这武昌城外东南方向有座高冠山，要是能登上高冠山，武昌城内的一草一木尽收眼底。"听到这里，朱元璋随口便喊："谁能夺下此山？"只见傅友德一个箭步上前作揖："主公，末将不才，愿意效力！"朱元璋说："好啊，那就辛苦你啦！"只见傅友德蹬腿上马，带了100来个兄弟飞也似地往着高冠山方向去了。不到半个时辰，有人回来报告说："高冠山已拿下！"朱元璋立即来到山巅，俯视武昌城，看到城里一片萧条。5个月了，怎么会不萧条呢？再不拿下武昌城，不知还会有多少草民要受罪啊！想到这里，他将陈友谅的降臣罗复仁叫来，让他到武昌城里去好好劝劝。罗复仁说："主公仁爱百姓，我们都知道，只是陈友谅的遗孤陈理最好能保全。主公您答应了，我老罗就不会食言，也算对得起以前的主子，死也无憾啊！"朱元璋听后大笑说："我倒以为什么呐，原来就这个要求，我答应您老罗。其实你也看到了，不是我军队没这个实力打下武昌，实在是不忍心伤害无辜的生灵，在武昌城下驻扎了这么久，就是想让陈理与张定边自愿归降。现在你可以放心去，我绝对恪守我们之间的诺言！"（《明太祖实录》卷14）

只见罗复仁颤颤巍巍地来到了武昌城下，一把眼泪一把鼻涕，呜呜地边哭边说着，武昌城头的卫兵见此报告了陈理。陈理一听是老爸的老臣，爷爷级别的"老罗"，赶紧让他进来。此时此刻，一老一少，"君臣"相见，抱头痛哭，哭累了坐下来休息一下。老罗说起了朱元璋，说起了他的劝降优惠政策及其诺言，陈理最终被说动了，答应投降。

而后便举行受降仪式，只见陈理衔璧袒肉，带了太尉张定边等走出武昌城，来到朱元璋军门前，跪在地上。朱元璋十分"仁慈"地上前扶起陈理，接受了投降。历时6个月的武昌围城战至此结束。（《明太祖实录》卷14）

○ 南京总统府所在地汉府街地名是怎么来的？

之后朱元璋将陈理带到了应天，封他为汉王，大概是因为他父亲陈友谅自称"大汉皇帝"而降了一格吧。据说朱元璋还给了陈理一个府邸，让他住在如今南京长江路边上的汉府街。这样看来，待他可真不薄啊！然而史书记载说，陈理因所封"汉王"地位低微而心怀怨言，结果后来连汉王也没有当成，而是被发配到了朝鲜去。那么这件事情是否可信呢？

我们不妨思考一下，琢磨一下。

翻阅史料，我们综合各种因素大概可以这样认为，有的书上讲，陈友谅30多岁都没有碰过女人，在他遇到倪文俊的小老婆之后，两人结婚也好姘居也好，反正生了个小孩。从那时到陈友谅死,也不过 10 年光景。换句话来说,之后被带到应天来的陈理,当时还只是个 10 岁左右的娃娃。一个娃娃被封了王,他能有什么怨言呢?我想是不会有的。10 岁的孩子顶多也就懂得吃、懂得玩吧。这样想来,无非是朱元璋为了剪除可能的潜在后患——对敌人的遗孤信不过,所以找了个借口,说他心怀怨言,这样才有冠冕堂皇的理由将他发配到朝鲜去。

但《明实录》和《明史》是这么说的:陈理最初被朱元璋带到应天封的不是什么汉王,而是侯,叫归德侯。(《明太祖实录》卷 14)洪武五年,陈理与另一个农民起义领袖明玉珍儿子归义侯明升一同被迁往高丽(即今天的朝鲜),并赐高丽王的服饰冠冕,大概是叫他们当"客家"朝鲜王。这就是历史上第一任汉王的命运。

除了这第一任汉王,明朝历史上还曾有过两个"汉王",然而这三个汉王就像无形当中中了咒语一般,他们的命运都不佳。

第二个汉王就是朱元璋的第十四个儿子,封了没有多长时间就改封为肃庄王,有学者专家考证说,他在应天并未建造过王府。

第三个汉王就是明成祖朱棣的二儿子朱高煦,这可不是个省油的灯!可他却正儿八经地在应天开府的,建了自己的花园、宅子,规模还挺大。今天我们看到在汉府街煦园一带的建筑,据说不少就是那时候保留下来的,就连"煦园"的名字也是因为朱高煦建造而得来的。宣德元年朱高煦因发动叛乱被逮,让侄儿皇帝朱瞻基放在铁板上火蒸,最终给活活蒸死了。(【清】谷应泰:《明史纪事本末·高煦之叛》卷 27)

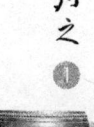

南京汉府街明代汉王的命运大致如此,不过当过汉王的陈理后来总算还得了个善终,迁徙到朝鲜,客死异国。但实际上当年陈理投降时,"大汉国"尚未彻底完蛋,潭州的陈友谅哥哥陈友才和左丞王忠信以及赣州、江陵与韶州等地的守将张秉彝等人,仍然迟迟不肯归降。朱元璋派遣徐达、常遇春、邓愈和杨璟等将领分路进讨,直到 1365 年正月,韶州、南雄的守将张秉彝、孙荣祖等"各籍其兵粮来降"为止(《明太祖实录》卷 14~15),陈友谅的"大汉国"地盘才全归朱元璋所有。

● "大一统"帝国再建之雏形——南京吴王政权

打败了陈友谅,灭了"大汉国",湖广、江西地区尽归朱元璋掌控,长江中游地区实现了统一,朱元璋在重建"大一统"帝国的过程中又成功地跨上了一个台阶。就在这时,应天城里以李善长、徐达为首的文官武将纷纷上表劝进,请求朱元璋登基称帝,但遭到了拒绝。朱元璋之所以拒绝,不是因为他不想做皇帝,有人说,我们中国人个个都想当皇帝,我看也差不多。但当皇帝要讲究天时地利人和等诸多条件,而事实上自从南略定远那时起,在冯国用兄弟、李善长、陶安等一系列文人儒士的影响下,朱元璋的帝王梦正在不断地做大做强,什么虎踞龙盘,什么"高筑墙、广积粮、缓称王",说白了就是当年的朱重八现在要做"大一统"帝国历史上的第二个平民皇帝。虽然攻灭了陈友谅,统一了长江中游地区,但北方还有残元,东部还有张士诚,东南还有方国珍和陈友定,等等。综合起来看,"火候"还没到,朱元璋摸准了,于是跟大家说:"戎马未息,疮痍未苏,天命难必,人心未定,若遽称尊号,诚所未遑。"那么到什么时候可以称帝了呢?他接着解释:"等到天下大抵平定时,我再称帝也不迟啊!"(《明太祖实录》卷14)

  称帝这样惊天动地的事情暂缓,但并不意味自己的政权建设和统治秩序一切照旧,事实上完全可以以实验性的形式对未来大一统帝国的管理秩序作个大致建构,一来为下一阶段的统一进程做个准备;二来对于近些年来做出巨大贡献的文官武将作个适当的职位晋升,不能以老一套将就着,弄得大伙儿都没积极性;三来自己被封为吴国公也有些年头了,也不能老称"公",就连平江城里的那个称王的盐贩子都不如,那我接下来还怎么能去讨伐他?所以最终朱元璋来了个折中的做法,于龙凤十年(1364)正月在应天城称吴王,建百司官属,置中书省,以左、右相国为正一品,平章政事为从一品,左、右丞为正二品,参知政事为从二品,左、右司郎中为正五品,员外郎为正六品,都事、检校为正七品,照磨、管勾为从七品;参议府参议为正三品,参军、断事官为从三品,断事、经历为正七品,知事为正八品,都镇抚司都镇抚为正五品,考功所考功郎为正七品。任命李善长为右相国(明代以前尚右,所以右相国职位要高于左相国)、徐达为左相国,常遇春、俞通海为平章政事(相当于副相国),汪广洋为右郎中,张昶为左司都事,等等。(《明太祖实录》卷14)

  看了上述这般建制,熟悉中国历代典章制度的读者朋友肯定会觉得:朱元璋的这般中央官职设置已非昔日的行省机构同日而语了,简直就是一个地区性统一帝国的雏形。不过朱元璋的聪明就在于他当时不称帝,而称王,且这个王还是小明王的一个臣属,就连发布公文与命令也没忘了将那个在滁州供养着的小明王放在前头:"皇帝圣旨,吴王令旨",表示他仍尊奉龙凤为正朔(【明】祝允明:《九朝野记》卷1;【明】陶安:《陶学士文集》卷5),这样做至少有三大好处:第一,尽可能减少受人攻击的把柄,与朱升提议的"缓称王"精神暗合;第二,"尊奉"小明王,将他捏在自己的手里,可以"挟天子以令诸侯"。现在还需要就把你小明王放在滁州养着、供着,将来不需要时就可以随心所欲地处置——废了或暗中搞掉都可以,事实上后来朱元璋称帝前夕就派人到滁州去"接"小明王,手下人巧妙地帮他解决好了问题(详见

《大明一统》);第三,北方红巾军失败了,西线红巾军也没了,好多老红巾军将士心里确实不太好受。不是明教讲的:天下大乱,马上就要"明王出世,弥勒下凡"么?谁是明王?不就是小明王么!他"老人家"被朱元璋安排得有吃有穿,生活悠闲得像弥勒佛一般。这就充分表明了朱元璋政权依然是红巾军系统的,这样可以抚慰军中占据了很大比例的红巾军战士,让他们为自己的帝王事业拼命。所以说从这样角度来看,朱元璋确实做得比陈友谅要聪明得多,也比张士诚要强得多。

以上这些都是准中央级别的行政、军事机构的设置。事实上在军事机构设置方面,1361年三月朱元璋就已经做过一次改制,将枢密院改为了大都督府,任命自家侄儿枢密院同佥朱文正为大都督,节制中外诸军事。(《明太祖实录》卷9)

打败陈友谅后他主要针对各翼统军元帅府以下的军制进行了统一性改革。朱元璋军队在前期战争中沿用了元代或龙凤政权的做法,在枢密分院下设各翼统军元帅府,1364年三月起,"悉罢诸翼而设卫",当时设有武德、龙骧、豹韬、飞熊、威武、广武、兴武、英武、鹰扬、骁骑、神武、雄武、凤翔、天策、振武、宣武、羽林十七卫亲军指挥使司(《明太祖实录》卷14);并开始推行部伍法,规定:"今诸将有称枢密、平章、元帅、总管、万户者,名不称实,甚无谓。其核诸将所部,有兵五千者为指挥、满千者为千户、百人为百户、五十人为总旗、十人为小旗"。(《明太祖实录》卷14)由于朱元璋崇尚火德,遂"以火德王色尚赤,将士战袄、战裙、壮帽、旗帜皆用红色。头目马用大黑领答军、大黑矗头,以壮军容"。(【明】刘辰:《国初事迹》)

在进行中央军政机构构建的同时,朱元璋还着手开始地方行政机构的建设。朱元璋政权地方行政机构最初是沿用了元代的做法,设立行省、府、州、县等地方建置。就从行省角度来讲,龙凤四年(1358)设立的浙东行省是朱元璋政权建立的第一个地方性省级行政机构,龙凤十二年(1366)废置,改立为浙江等处行中书省;龙凤八年(1362),设立第二个地方性省级行政机构——江西等处行中书省(《明太祖实录》卷10);龙凤十年(1364)二月消灭"大汉国"后设立湖广等处行中书省(《明太祖实录》卷14);龙凤十年(1364)七月攻克庐州后,设立江淮等处行中书省。(《明太祖实录》卷16)

从地盘的迅速扩大到地方政权的增多,改称吴王后的朱元璋应天集团对于各级官员的需求缺额还是相当大的。为了解决好这个问题,除了继续礼聘文人学士外,朱元璋还号召人们荐举。荐举是其一贯使用的用人途径,为确保自己不断取胜,朱元璋在进行统一战争过程中常常礼贤下士,优待降人和文臣儒士——这跟他立国后的做法判若两人。"先是上(指朱元璋)聘诸名儒集建康(即应天南京),与论经史及咨以时事,甚见尊宠"。1363年在南京吴国公府边上盖起了礼贤馆,礼贤馆里云集了一批全国一流的知识分子,如刘基、章溢、宋濂、苏伯衡、陶安、王祎、许元、王天锡等(《明太祖实录》卷12)。不过朱元璋并不以此满足,还不断地下令,让大家荐举,甚至在吴元年时传谕中书省告示各地,实行科举,分设文武两举。不过这样的理想官僚人才选拔制度得以真正实行还在全国大致统一后。

以上种种举措表明:消灭陈友谅军事集团后,在重建"大一统"帝国过程中,以应天为中心的朱元璋集团又跨出了很重要的一步,即为下一个阶段的统一行动做好了充分的准备。

先翦羽翼再取苏城　三部曲东灭张士诚(1365～1367)

● 无声的战争与不自信的张士诚改称吴王

按照先前与刘基商议制定的统一全国的策略:先西后东或称先陈后张,先南后北。龙凤十年(1364)开始,在西线陈友谅势力被翦灭的情势下,朱元璋将统一战争的进攻目标作了根本性的转向——东灭张士诚。

○ 对形势的正确把握与无声的"外交"战争

那年四月朱元璋在与孔克仁等侍臣谈论前代成败之事时这般说道:"当今天下,拥有相当实力的军事集团势力屈指可数,在北方的河北有孛罗帖木儿,河南有扩廓帖木儿,关中有李思齐、张良弼;在南方就我和东邻张士诚了。尽管张士诚十分狡猾,派了不少间谍上我们这边来侦查,但他管理能力很差,以我方数十万的兵力固守疆土,修明军政,同时委派将帅伺机而行,我想东灭张士诚应该不在话下!"(《明太祖实录》卷14)

从这段谈话中我们不难发现,当时朱元璋已经将东灭张士诚提到了议事日程上来了,但他同时又注意到北方几个邻居,尤其是紧邻自己的中原割据实力派扩廓帖木儿,朱元璋对其处置十分谨慎和"友好"。扩廓帖木儿与孛罗帖木儿是当时北方地区两个最大的割据势力,与元廷有着错综复杂的关系,为了争抢地盘和扩大各自的势力,两者经常大打出手。在朱元璋消灭陈友谅时,扩廓帖木儿占据了上风,至正二十五年(1365)九月出任元廷左丞相,但因为得罪了朝廷的权贵势力,只做了两个月的丞相工作,他被迫辞职,外出治军。当时元顺帝封他为河南王,让他统领全国兵马,平定南方之乱。这样一来扩廓帖木儿就回到了河南,驻军彰德(即近代大奸贼袁世凯老家河南彰德），飞檄各处诸侯，声言要会集各路兵马进行南征。可关中地区的军阀李思齐、张良弼等却根本不予理睬，这下可惹恼了扩廓帖木儿，他带兵西进关中，征讨李思齐等。元末军阀混战闹剧愈演愈烈，元顺帝诏令南征之事早就成为了一纸空文。(【元】权衡：《庚申外史》卷下；《元史·察罕帖木儿传》卷141；《元史·扩廓帖木儿传》卷141；《元史·顺帝九》卷46)

中原乱成一锅粥，这就大大便利了朱元璋南方统一运动的开展。为了防止东灭张士诚军事行动过程中可能出现腹背受敌的尴尬局面，从龙凤十年(1364)正月起，"大忽悠"朱元璋继续推行先前的交好北方策略，频频遣使北上，主动"示爱"，大打"太极"。龙凤十年年底在给扩廓帖木儿的信中，他对其养父察罕帖木儿大加赞赏，并十分同情地说道：令尊的不幸遇害使得一时豪杰莫不悼惜。接着就歌颂起扩廓帖木儿本人，称赞他"孝切于衷、勇发于义，鼓率愤旅，雪仇耻，以成父志"，实乃察罕帖木儿不死英魂之再现。然后再说到察罕帖木儿宿敌孛罗帖木儿如何之不好，称其为"古今大恶"，你扩廓帖木儿继承父志，要想战胜宿敌孛罗帖木儿的话，如果需要我，只要派一个使者到我这里说一声便是了。孛罗帖木儿为乱臣贼子，人人得而诛之，又何必分彼此？当今天下为豪杰相遇之际，理当开心见诚，共济时艰！(《明太祖实录》卷15)

扩廓帖木儿本是汉族人，对于传统文化中的"怀柔"之术岂会不懂，更何况早就听说朱元璋是何等样的人了。要真是豪杰相遇之际坦诚相见，那你干吗西进征讨已经毫无威胁且奄奄一息的"大汉国"呢？干吗去欺负东邻张士诚呢？据说此人还算说得过去，投降我大元王朝后也算尽过职，可不像你朱元璋光说别人，自己一点表示都没有。扩廓帖木儿不傻，看懂了忽悠高手的心思，不仅不予回信，而且还将朱元璋的"和平"使者汪河等人给扣了起来。

第二年七月，鉴于几次派出的"示爱"信使都被扣的情势，朱元璋再次给扩廓帖木儿写了封情真意切的"求和"信，信中大致这样说：我以往派出的几位和平信使北上后都没能回来，阁下在与孛罗帖木儿进行军事交火而又胜负未决的情形下，派出了知院郭云、同金任亮等率兵来攻略我湖广的景陵和沔阳，这些地方虽为大元故地，但落入他人之手(指西线红巾军)已经很久了，我是从他人之手而不是从元朝那里获得这些地方的。其潜台词是，你在挑事，我可忍了！接着又从扩廓帖木儿的心事入手说事："阁下如果真想挟天子令诸侯、创业于中原，那就跟我朱元璋说一声，和睦我们之间的江淮边境！最近阁下派竹昌、忻都等攻略我江淮之地，这可不好。听说张思道、李思齐等都想联合起来对付阁下，又有传闻贵军军中尚有人图谋不轨，阁下正值多虑之秋啊！今特地派人再来告诉阁下您一声，希望您早做准备，也

盼我方以往信使早日能回,这样也不失双方之和气!"(《明太祖实录》卷15)

真真假假,假假真真,朱元璋的几封"示爱"信写得相当有水平,从当时的史实来看,大致他7次致书扩廓帖木儿求和(【清】夏燮:《明通鉴·前编》卷4)。尽管扩廓帖木儿都没有回信,但至少说,他也没有采取大规模的军事行动南进征讨,这就为朱元璋统一南方创造了极为有利的条件。

对北邻的"忽悠"实际上还是起到了作用。与此同时朱元璋又想到了西邻,西邻原来是陈友谅,现在陈友谅灭亡了,西部新邻变成了四川的明玉珍。明玉珍在元末各地割据头领中属于比较迟重的,他之所以走上独立的道路,跟他的忠君观念大相关联。徐寿辉被杀后,弑君凶手、乱臣贼子陈友谅当了"大汉国"皇帝,明玉珍无论如何也不能接受这个事实,于是就乘势独立。朱元璋对此十分清楚,在主动交好明玉珍时,竭力跟明玉珍套近乎,昔日讨好元朝和元朝军阀的应天吴王顿时变脸成反元大英雄、反元同盟军中的一员主将。我们不妨来看看朱元璋的这信是怎么写的:"胡人,本处沙塞,今反居中原,是冠履倒置。足下应时而起,居国上流,区区有长江之险,相为唇齿,协心同力,并复中原。事定之日,各守疆宇,特遣使通好。惟足下图之。"(【明】钱谦益:《国初群雄事略·夏明玉珍》卷5引《明氏实录》)朱元璋竭力掩饰真实意图,将自己打扮成"江湖同道"中人。在元末割据势力当中,明玉珍算得上是个老实人,所以稍稍被忽悠一下,就起作用了。他在回信中说:"夏主皇帝奉书吴王足下。迩者,夷狄运衰,中原气盛,天必降生豪杰,驱逐胡虏,以为生民主,是乃天意之有在也。第以中原人物,解此者少,尚为彼用,殊为可恨。足下应运而兴,目视赤子之涂炭,想亦不忍也。区区人马二十万,北出汉中,东下荆、楚,期尽残虏,以安黎庶。特遣使奉复通好,不敢后约,惟高明亮之。"(【明】钱谦益:《国初群雄事略·夏明玉珍》卷5引《明氏实录》)

从这样的回信中不难看出,在元末群雄中明玉珍的政治权术档次要低一点,人家一忽悠,他就上钩。所以从信使手中接过大夏主的回信后,朱元璋就开怀大笑,进攻张士诚可以放心干!

就在朱元璋发动无声战争的同时,老对手、老冤家张士诚在干些什么?

○ 不自信的张士诚向元朝要官和改称吴王

张士诚这些年表面上看上去似乎还算风光,但其实内心很苦、也很累。至正十七年(1357)八月,在遭受朱元璋和方国珍的双重打击下,通过前江南行台御史中丞蛮子海牙向元朝书面请降,江浙左丞相达识帖睦迩承制令参知政事周伯琦等至平江即苏州招抚。当时张士诚提出的投降条件是要元朝封他个王,可至正十九年

(1359)元朝"批复"下来时,只封他为太尉(《元史·顺帝八》卷45)。太尉属于"三公"行列,一般情况下属于虚衔,距离王还有一大截,张士诚当然很不满意了。但从本质上来讲,他这个人还算老实,至正十九年(1359)接受元廷送来御酒、龙衣以后,就开始尽一个臣子的本分:向元朝输送粮食。由于"开河变钞"引发出的元末农民大起义,使得大元帝国"南粮北运"漕运工程骤然停止,进而造成了大都北京严重的粮荒,就此元朝出面:张士诚负责出粮,方国珍负责运粮。可张、方两人互相猜忌,张士诚害怕将粮食交出后,方国珍私吞了不说,反倒钉一耙说张士诚根本没出粮,而方国珍害怕张士诚扣了他的船只,并乘虚而入进攻他的领地。你防着我,我防着你,什么事也就别想做成了。这时元朝江浙行省左丞达识帖睦迩出面调停、斡旋,最终张士诚交出粮食:至正二十年为11万石(《元史·顺帝八》卷45);至正二十一年依然为11万石;至正二十二年为13万石;至正二十三年还是13万石(《元史·顺帝九》卷46),就在这一年二月张士诚还帮助元朝攻占大宋农民政权的最后一个据点安丰;七月协助元朝江浙行省左丞达识帖睦迩除掉危害一方的苗军元帅杨完者。

按理说当时的张士诚对元朝的贡献还是挺大的,元朝官方理应在他原来的太尉职位基础上再往上给他升升,达识帖睦迩将这个情况上报上去,可元廷硬是不答应。这下可惹怒了张士诚,"(张)士诚假元名爵,实不用其命"(《明太祖实录》卷25),"城池府库甲兵钱谷皆自据如故"(《元史·达识帖睦迩传》卷140)。非但如此,那年北方红巾军三路北伐时,他还派人乘机扩展地盘,将势力范围扩展到了山东济宁和淮西的濠州等地,"亦遣其将李济据之"。(【明】吴宽:《皇朝平吴录》上)

拥有这么大的"功劳",张士诚心中底气似乎更足了,"乃令其部属自颂功德,求王爵"(【明】吴宽:《皇朝平吴录》上)。江浙左丞相达识帖睦迩再次替张士诚上请,可元廷还是根本不予理睬。在向元朝反复请封王爵无果的形势下,至正二十三年(1363)九月,张士诚在隆平府自立为吴王(【明】钱谦益:《国初群雄事略·周张士诚》卷7)。为了与后来朱元璋称的吴王相区别,人们往往将以应天为中心的朱元璋政权称为"西吴",将隆平府的张士诚政权称为"东吴"。可这东吴王实在背运,自己求封王爵老不成,就来个自娱自乐的自称王。可还没开心多久,那个老让他看得比天还高的元廷突然派来了特使户部侍郎博罗帖木儿,要求张士诚做好臣子(元太尉)的本分——漕运粮食上大都。不提便罢,一提到大元朝廷,东吴王张士诚的气就不打一处来,"以违其封王之请,遂不与,海运始绝",他又开始反元了。(《元史·达识帖睦迩传》卷140;【明】吴宽:《皇朝平吴录》上)

○ 张士诚降元——左右都不是人

从至正十四年自称诚王，到后来接受元朝的太尉官职，再到至正二十三年又改称吴王，张士诚这一路走来，可谓是反元、降元、再反元。实际上张士诚还是过去的张士诚，地盘差不多还是原来的地盘，但因此惹下了好多麻烦：

第一，降元行为实际上等于公开地跟整个红巾军叫上了板！元朝灭亡已成定局，张士诚没有审时度势，却主动投怀送抱，这就将全国的反元斗争势力置身于自己的对立面。

第二，张士诚先前反元，接着降元，降元了又感觉不满意，再反元，给人感觉：他是个反复无常的小人，从而失去了江湖人士的期望与信赖，就连他的老乡大文学家施耐庵也对他失望。张士诚几次邀请施耐庵，人家施老先生就是不愿意，怕玷污了名声而躲得远远的。

第三，政治上的公开反复最不利的是给了敌对力量攻击的口实，朱元璋经常骂张士诚为小人，世人也认同这种说法。但实际上张士诚自降元以后，跟元朝之间的"合作"很不尽如人意，本想讨个王做做的也没讨成，叫元朝江浙地方官吏帮着去讨，人家"黄金家族"的子孙们压根儿就没正眼看过他，弄得他左右都不是人，郁闷啊！

● 张士诚集团的腐化与英雄气短

更糟糕的是张士诚作为东吴集团的首脑，在那个弱肉强食的年代里，理应保持着清醒的头脑，胸怀远志，不断进取，励精图治；可此位老兄却是得过且过，甚至还带头腐败。

从现有的史料来看，张士诚的腐败堕落可能跟他弟弟张士德的被俘与遭难大相关联。

○ 张士诚集团的腐败：美女、享受、权力一个都不能少

如果我们要对张士诚的人生轨迹做个数学上描述的话，那么从高邮大战结束到龙凤二年(1356)攻占苏松地区，这几年可以说是张士诚的人生处于抛物线的顶点了。自1356年遇到了克星、凶悍的邻居朱元璋后，他开始像变了个人似的。尤其在常州争夺战中三弟张士德的被俘对他影响很大，"(张)士德，枭鸷有谋，士诚陷诸郡，士德力为多，既被禽(通'擒')，士诚气沮"(《明太祖实录》卷4)。似乎从这一

年开始,他就失去了往日的凌云壮志,其事业也逐渐地走上衰微之路。

在张士诚集团中可以堪用的谋士和大将不多,能文又善武的张士德可算得上是个顶尖人物了。可那么强势的英雄好汉三弟尚且落得这么个结局,想当初我们十八个兄弟起来造反图个什么?不就是荣华富贵么,现在都有了。但要大富大贵、做个元朝"王爷"什么的,人家元顺帝"不批准",人家朱元璋不同意。嗨,算了,得过且过,不要去招惹是非了,尤其是西边那个凶悍讨厌的饿不死的叫花子,那可碰不得啊。所以,应天之战他没作反应,鄱阳湖大战跟他也没关系,这些都是陈友谅那个渔民不知天高地厚自己招惹的,我诚王,不,现在改称为吴王,还是守好我的一亩三分地——苏松杭嘉湖,小富即安么,也懒得去动什么刀枪,就在宫廷里闭门不出,过着纸醉金迷的生活不是挺好的么。张家小弟张士信对于大哥的心思还是挺懂的,跟手下几个宫廷谋士与将领们酝酿了一番,找了几个绝色美女供哥哥享用。人生就一回,能享受干吗不享受?!

元末浙西地区奢靡成风,通过枪杆子做到了人上人的张士诚兄弟"骄侈淫泆,懈于政事"(《明太祖实录》卷25)。在元末群雄中,张士诚并不是个霸道的人,他沉默寡言,言行迟重,"似有器量,而实无远图"(《明史·张士诚传》卷123)。用今天话来说,表面看上去他很稳重,不急躁、也不武断,是个下人们很喜欢的"好领导"。这样的"好领导"要是在和平年代里还说不定能步步高升,但在那个群魔狂舞的岁月里,他却为人欺了,尤其是手下的那些奸吏们。

前面说过元朝以吏治国,吏可能是轿夫、可能是车把手,也可能是粗通文墨的秘书,用朱元璋的话来说:这等人心术不正,什么坏事都做得出来——坏事做不出来,自己怎么能上去?上级领导怎么会喜欢呢?可张士诚偏偏良莠不分,"权为文吏所窃"。除此之外,张氏兄弟都有"好士"的名声,开设弘文馆,搜罗故元文人与旧吏充斥机构,"士之至者,不问贤与不肖,辄重赠遗,舆马居室,无不充足",就是说凡是读书人、文化人来投奔,不问好坏,不分贤愚,东吴王都要赠金送银,或赐以豪宅、车马,弄得天底下贪图物质利益的那些读书人都纷纷涌向了苏州,但真正的贤能之士却又得不到重用,好的建议更是得不到接受和采纳。(《明太祖实录》卷25)

有个昆山文人叫郭翼的,看到张士诚不思进取,很为着急,他上书进言:"明公风驰电掣地来到我们江南,一夜之间数十个城池望风请降,这是为何?不就是江南人民苦于元朝暴政已久了。过去那些官吏贪暴残酷,不顾百姓死活,也不会考虑国家的安危,所以民心离散是理所当然的事情。你说这样的城池还能守得久吗?如今明公如能反其道而行之,不断进取,帝王霸业还是有望能实现的;倘若贪图安逸,自戏逸乐,在这个四方豪杰并起、群雄纷争的年代里,即使你想闭门自守,恐怕也难免国势日蹙。更何况我们江南地区向来为诸雄必争之地,不是你想保就能保得住的!"(【明】刘凤:《续吴先贤赞·文学》卷9)张士诚不仅听不进郭翼的金玉良言,反而恼羞成怒地要杀他。

江南名士杨维桢,张士诚久闻其大名,一直想请他出山来装点一下自己的门面。可杨维桢早就耳闻张氏兄弟的腐败与堕落,才不愿意趟这浑水呐。但张士诚一次次地派人上门厚币礼请,弄得杨维桢不得不出来应付一下。他来到姑苏时,刚好元朝招降张士诚,遣人赐送御酒。张士诚将其赏与杨维桢共饮,杨当即赋诗一首:"江南岁岁烽烟起,海上年年御酒来。如此烽烟如此酒,老夫怀抱几时开。"(【明】钱谦益:《国初群雄事略·周张士诚》卷7引《张氏事迹》)张士诚听完后默然无语许久,最终还是没有强留杨维桢。杨维桢之所以执意要离开,据说他曾给张士诚"把过脉",说他犯了"六冲":"动民力以摇邦本,用吏术以括田租,铨放私人不承制,出纳国廪不上输,受降人不疑,任忠臣而复贰。"并指出:"六者之中,有其一二,可以丧邦,阁下不可以不省也……身犯六畏,衅阙多端,不有内变,必有外祸,不待智者而后知也。阁下狃于小安而无长虑,此东南豪杰又何望乎!"(【元】贝琼:《清江贝先生文集·铁崖先生传》卷2)

杨维桢诟病张士诚统治集团可谓十分到位。既然有这样集团领导核心,底下就好不到哪里去了,甚至还会更糟糕。

潘元绍是张士诚的女婿,此人十分好色,又酗酒嗜杀。自娶了张士诚的宝贝女儿后尚嫌满足不了,干脆一口气又娶了数十个美女,日日淫乐。其中有个姓苏的才情美女醉酒后不小心得罪了潘元绍,没想到这位潘驸马不仅将她给杀了,而且还将其人头装入金盘里,作为菜肴上桌招待客人。此等恶棍最终让朱元璋诛杀在南京台城,人头被扔入厕所内。杨维桢有诗:"昨夜金床喜,喜荐美人体。今日金盘愁,愁荐美人头。明朝使君在何处?涸中人溺血骷髅。君不见,东山宴上琵琶骨,夜夜鬼语啼筼筜。"(【明】钱谦益:《国初群雄事略·周张士诚》卷7引铁崖《乐府》)

比起潘元绍,张士诚的四弟张士信拥有的美姬美妾更是多达数百号人,人人珠光宝气。平时一空下来张丞相就与她们寻欢作乐,间隙又去后花园游园一番,而游园又是极其奢侈。采莲舟谁都知道应该由普通木材就可打造了,但苦孩子出身的张士信却下令,要用名贵的沉香檀木制造。再说说吃的,这位张丞相宴会一次就得花费上千石米。而"诸公自谓化家为国,以底小康,大起第宅,饰园池,蓄声伎,购图画,唯酒色耽乐是从。"(【明】长谷真逸:《农田余话》卷上;【明】钱谦益:《国初群雄事略·周张士诚》卷7)

糟糕的是,这样腐败无能之人居然出任一国的主要领导。自三弟张士德"走"

后，张士诚就将国家的大小事情全部托给了四弟，封他为丞相。这个丞相老弟可比不上他的两个兄长了，尽管也是苦孩子出身，但压根儿就是"公子哥儿"，谁要是顺着他，他就提拔谁，立马使你荣华富贵；谁要出来规谏，小心脑袋搬家。他"疏间旧将，夺其兵柄，由是上下乖疑，不肯用命"；一旦任命将领，将领们居然可以躺在家里不去赴命，张士信不得不要用官爵和美宅良田作为要挟的条件。而真正上了前线打仗的将领即使丧师失地，张丞相也不会怪罪，因为他自己就是一个常败将军。

张士信是个离不开女人的人，轮到出外领兵打仗时，他要将美女们带在身边，开战前要欣赏美人们的美体——叫美女们跳类似于今天的脱衣舞，以壮壮自己的勇气和雄气，平时最喜欢的如蹴鞠（类似于今天的足球）一类游戏活动在军中照常进行。因此史书说："（张）士信愚妄，不识大体，人颇嗤之。"有这样的一个"千夫指"出任一国的总理，这个国家不完蛋才怪呐。（《明太祖实录》卷25）

最为要命的是诚王府与丞相府每天穿梭在眼皮底下的，还有三个不学无术只会拍马屁的小人："黄（敬夫）、菜（蔡彦夫）、叶（德新）。"这三个人一天到晚嘴巴像涂了蜜一样，给张士诚兄弟灌足了迷魂汤。说什么天下太平，说什么诚王功德无量，哪有人敢来冒犯；而对下呢，他们则胡作非为。当时老百姓中广泛流传着这样一首民谣："丞相做事业，专用黄菜（蔡）叶。一朝西风起，干瘪！"（《明太祖实录》卷25；【明】刘辰：《国初事迹》；《明史·五行志》卷30）

○ 反元英雄的颓废与东吴政权衰亡之兆

不过，如果将张士诚及其东吴集团全说成是酒囊饭袋和奸佞群小之徒，似乎也失之偏颇，好歹人家张九四可不是什么天生的"贵二代"和"官二代"，而是由"苦二代"通过自我奋斗上来的，没有一点铁血精神也就成就不了一方诸侯。自打朱元璋来到应天、东进镇江起，本来两个都是苦大仇深的"穷二代"就此交上了手，尽管张士诚屡屡受到欺负和打击，但他并没有彻底屈服。至正十八年（1358）开始，朱元璋在攻占长兴、常州、江阴等江南军事要地的基础上，发动了对宜兴、诸暨、杭州、绍兴的进攻，而就在这些关键性军事争夺中，张士诚也不全是一败涂地，尤其是杭州和绍兴的保卫战还多少彰显出一方豪杰的英雄本色。不过话得说回来，东吴集团败亡的不祥之兆也在这个时候显露出来了：

第一，政治集团的全方位腐败。正如前些年人称"平民宰相"的朱镕基所说的：上梁不正下梁歪，中梁不正倒下来。虽说东吴集团的人都不怎么坏，远没有朱元璋那么凶残、阴险、恶毒，但识大体、懂大局的正人君子却实在少之又少，大多陶醉在歌舞升平的梦幻之中，几乎再现了南宋奢靡衰败的亡国之景："山外青山楼外楼，西湖歌舞几时休;暖风熏得游人醉,直把杭州作汴州。"

第二,苦孩子出身的张士诚在苏州称王时,也曾想干好一些"政治工程""亲民工程"和"惠民工程",譬如为了有效抵御朱元璋的军事进攻,他曾下令修筑杭州城,但又疏于管理自己属下的"公务员",结果造成"督事长吏复藉之酷敛,鞭朴棰楚,无有停时,死者相望"。最终工程是完成了,可费用也大得吓人,"凡费数十百万"。(【元】姚桐寿:《乐郊私语》)

在浙西地区张士诚还不合时宜地疏浚白茆港,白茆港今又名白茆塘,总长为90里,宽为36丈,在今天苏州市辖的常熟境内,当时征发了军士和民夫10万人进行修浚。这是一项应该在和平年代进行的"惠民工程"却被提前开启了,张士诚征调了"吴中一十二郡良家儿"前去劳作。为了赶进度,官方督民甚急,民夫苦不堪言,"层冰凿凿堕血指,北风猎猎吹单衣。父母不得见,儿寒妻啼饥。巡烽入夜急,羽檄流星驰。纵劳里正裹粮食,长年苦役家亦瘝"。可令人啼笑不得的是,这么赶急的一项基本建设到张士诚政权垮台时,还没有修浚完成,当时有民谣:"好条白茆塘,只是开不全,若还开得全,好与西师歇战船(指朱元璋灭东吴)。"(【明】钱谦益:《国初群雄事略·周张士诚》卷7)本旨"亲民""惠民"工程最终成了害民工程,这就叫好人办坏事,在当时激化了官民矛盾。而从历史长远来看,白茆塘至今还为苏州境内的百姓所使用,由此说来苏州人民没忘张士诚还是有几分缘由的。

第三,张士诚集团的战略眼光和军事胆识也是很有问题的。陈友谅两次发动对朱元璋的大规模进攻,正是联手剿灭或单独军事偷袭老冤家的好时机,张士诚却因不愿意进行军事冒险而一次次地错过;剩下的就是发挥他自小就培养起来的底层商人的小聪明,做些"小买卖",占点小便宜,乘人之危或不备,攻占对他自身并无多大意义的安丰和山东济宁。在江南地区他发动对长兴和诸暨的争夺战,尤其是后两者耗费了他近10年的功夫与精力,而这10年恰恰是老冤家朱元璋消灭一个又一个的臆想与现实的敌人、逐渐发展壮大的关键时期。等到收拾完了西线陈友谅后,留给东线张士诚的只能是凶残又野心勃勃的老冤家上门来索命了。

● 三部曲东灭张士诚　大体统一中国南方

老冤家要来索命,再强横,他毕竟不同于陈友谅那个笨蛋。想当年自己想当皇帝,陈友谅毫无理由、也不做任何声明就把自己的主子徐寿辉给干掉了。朱元璋可会做人了,也很会说话,他想打你,首先让人感觉你是一个十分可恶的人渣;他想杀你,首先会让人知道你是一个该受千刀万剐之人;即使他全无理,也会说得头头是道,否则怎么会空手套白狼,智取驴牌寨,否则怎么会"帮助"巢湖水师最终却把人家忽悠到自己的手里……攻灭了陈友谅,该是收拾张士诚了,理由很"充分",就长兴和诸暨等地争夺战中"以(张)士诚兵屡犯其境,卒欲取之"。(【明】吴宽:《皇朝平吴录》上)

而当时张士诚的势力地盘也不算小:南至绍兴,与方国珍接境;北有通、泰、高邮、淮安、徐、宿、濠、泗;又北至济宁,与山东相邻。(《明太祖实录》卷18;【明】钱谦益:《国初群雄事略·周张士诚》卷8)

对此,龙凤十一年(1365)十月,朱元璋制定的灭吴策略方针为"先取通、泰诸郡县,翦士诚羽翼,然后专取浙西"(《明太祖实录》卷18)。具体步骤为:第一,翦其羽翼,攻取淮东即相当于现在的苏北;第二,断其两臂,攻取湖州和杭州;第三,攻其腹心,围取平江即苏州城。

○ 第一步:翦其羽翼,攻取淮东(即今日苏北等地)

十月十四即大军出发前三天,朱元璋下达讨伐张士诚令:"王者征伐,应天顺人,所以平祸乱而安生民也!张士诚假元之命,叛服不常,天将假手于我,是用行师以致天讨。况士诚启衅多端,袭我安丰,寇我诸全,连兵构祸,罪不可逭。今命大军致讨,止于罪首!在彼军民,无恐无畏,毋妄逃窜,毋废农业!已敕(告诫)大将军约束官军,毋致掳掠,违者以军律论罪!布告中外,体予至怀。"(《明太祖实录》卷18)

这一段令旨主要讲了两个方面内容:首先,朱元璋把自己打扮成正义的化身,上天的代言人;将自己的军队说成是王者之师,正义之师,征讨的是叛服无常的小人,这是讨伐张士诚的第一个理由。第二个理由是张士诚屡兴边衅,袭击我方安丰,骚扰我诸全(即诸暨),至于自己去打了别人,抢了别人的城池,甚至强占了别人的老婆(史载:武昌攻破后陈友谅的美妾阇氏被强制送入应天的吴王宫),这些在农民运动"英明的伟大领袖"看来都是英雄豪壮之举,即使有点瑕疵也可权作小数点后面之数字,忽略不计。其次是强调军纪。

在做好舆论宣传与发动的基础上,加紧进行战前军事准备。十月十七日,朱元璋命令中书左相国徐达、平章常遇春、胡廷瑞、同知枢密院冯国胜、左丞华高等,率马步舟师,水陆并进,规取淮东泰州等处,正式打响统一运动中又一大关键性的战争——东灭张士诚。(《明太祖实录》卷18)

◎ 攻克张士诚事业起始地泰州

徐达率领大军出发后的第五天来到了泰州,为方便后续的水师,徐大将军当即下令浚通河道。苏北当地的张士诚军见到西吴军的这等架势，完全明白其目的，想乘其立足未稳之际予以迎头痛击，可没想到自己的水平太臭，偷鸡不成反而蚀把米，3 000匹军马，200多艘船只全让西吴军给掠去了，并眼睁睁地看着徐达驻军海安坝上，但就是不敢上前交手。

徐达领兵进攻泰州的消息传到隆平府，张士诚顿感头疼，就靠自己淮东即苏北的军队恐怕很难吃得住，于是下令急调淮北军队前来援救泰州。可又让人大跌眼镜的是，本来指望着来救援的淮北军走到泰州新城时让徐达军给打垮了，这下张士诚可气恼了。怎样来解除泰州危机呢？他想到了先前经常使用的"围魏救赵"之计，随即命令手下人率领舟师400艘开进长江，驻扎在江阴东面的范蔡港（今张家港市境内），另外出动小舟游弋于孤山（即现在江阴顾山）水域，做出一副要进攻江阴的架势。(《明太祖实录》卷18)

当时江阴西吴水寨守将康茂才见到后很不理解，张士诚到底要干什么？看样子是要进攻江阴，江阴要是被偷袭或攻下了的话，镇江与应天就会告急。这事还挺不好处理的，于是他赶紧派人上应天去向朱元璋作汇报。朱元璋听后立即派人上泰州去告诉徐达：张士诚已派出部分水师出没于江阴附近水域，做出想进攻、逆流而上的态势。我估计他是虚晃一枪，造成江阴这边形势吃紧，让你分出兵力前来救援，这样他在泰州及其附近的军事势力便可乘虚反攻，击败你们在那里的军队，最终不就解了泰州之围？(《明太祖实录》卷18)

为了谨慎起见，朱元璋还亲自跑到江阴康茂才水寨去，通过观察，证实了自己的判断。随即他命令徐达不要做过多的行动，除了叫廖永忠率领小部分水师增援江阴外，其余大部队继续留在泰州前线作战。

经过这样一布置，本来就不想冒险进攻江阴的张士诚见到无机可乘，也就将计划束之高阁了。可怜泰州守军就像没了爹娘的孩子，任人捶打和凌辱。闰十月，在徐达、常遇春军的猛烈进攻下，泰州被攻克，东吴军将领严再兴、夏思忠、张士俊等94人，兵士5 000人，战马160余匹，船只40余艘全被俘获。徐达派了一个姓屠的千户押送5 000多号战俘上了应天。朱元璋听说张士诚对待手下将士比较宽厚，怕这5 000多号人（实际上远不止，妇女、儿童未计入内）在应天城不安分，会惹出什么祸端来，当即下令将他们集体发往湖广行省的潭州、辰州等地去。(《明太祖实录》卷18)

◎ 攻克张士诚事业腾升之地高邮

再说苏北战场，泰州被攻克后，徐达派了黄旗千户刘杰带领部分兵马去进攻兴化。张士诚守将李清出城迎战，交了几次手，看看打不过，就退回城里去，坚守不出。再说此时徐达也亲率兵马去攻打张士诚事业的腾升之地高邮。由于高邮在张士诚政权中有着非同寻常的地位，因此攻克它是件不容易的事。徐达领军在高邮城下转悠了几天，也没找到下手的机会。有人将此密报给了应天城里的朱元璋，朱元璋派人告诉徐达：现在深入敌境，你作为大将，应该懂得持重，进师攻取，宜加审察；如果一旦不能策应诸将，后果不堪设想。因此建议你马上退回去，驻守泰州，让同知冯国胜率所部节制高邮诸军，说白了就是由冯国胜来负责攻打高邮，你就全方位负责统筹，顺便图取淮安、濠州和泗州等。(《明太祖实录》卷18)

朱元璋的慎重是很有道理的，徐达马上接受。没多久，江南陆续传来警报：张士诚派兵攻打宜兴、安吉和江阴等地。徐达接到朱元璋的调兵令，立即率兵渡江救援，留下冯国胜围取高邮，常遇春驻守海安，遣别将守卫泰州。可能是命运真的开张士诚的玩笑吧，宜兴、安吉和江阴三地的进攻没有一个打赢，听说冯国胜在进攻自己"龙兴之地"高邮，他心里特别急，派了左丞徐义由海路入淮援救高邮。没想到平时看上去十分忠诚的徐义走到太仓时就不走了，在那里溜达了三个月，埋怨张士诚让他上高邮去送死。就这样，高邮成为苏北第二个"没爹没娘的孩子"了。(《明太祖实录》卷18)

当时高邮守将俞同佥看看救援无望，想想也只有靠自己了。冯国胜攻城甚急，俞同佥派人跟他说："你不用那么着急，我们泰州地区都被你们占了，高邮迟早还不就是你们的了。这样吧，我将城内做些准备，某月某日你们来接管吧！"冯国胜听了很高兴，觉得不用打了，看来张士诚的将士都被我们吓破了胆，于是决定派当年发动洪都之乱后被免罪的胡廷瑞外甥康泰等数百人先入城接管。约定接管的那一天，俞同佥早早地来到了高邮城的城楼上，看到冯国胜军中走出一大拨子人马，走向城门口，眼见最后一个人进了城门，他立即下令收起吊桥，关闭城门。这下可好了，数百号西吴军将士一下子全成了俞同佥的刀下之鬼。朱元璋听到高邮前线受骗的信息后甚为愤怒，急召冯国胜回应天，打了他几十大板，然后又命令他步行回前线。龙凤十二年(1366)三月又羞又怒的冯国胜一瘸一拐地回到了高邮，这下他可发了疯似地猛冲猛攻。刚好徐达在宜兴救援战取胜后也赶来助战，两军合成一股劲，"四门齐上，一鼓而破之"，俞同佥被俘。(【明】刘辰：《国初事迹》)

高邮之战后，徐达军乘胜对淮安等地发起了攻击。淮安守将右丞梅思祖、副枢密唐英、萧成开城投降，朱元璋一下子得了粮食40 000石，将士10 000多人，战马1 500匹，民众4 000余户，官员500余人。到该月底为止，兴化、宿州、邳州、安丰和濠州等都被一一攻克，整个淮东地区纳入了西吴集团的统治范围，标志着朱元璋东

灭张士诚第一阶段已圆满地画上了句号。(《明太祖实录》卷20)

○ 第二步：断其两臂，攻取杭嘉湖

攻取淮东或言苏北，从整个东灭张士诚战略上来讲还是属于外围阶段，用朱元璋的原话就是翦其羽翼，而随后步骤就是要攻克东吴政权的主干浙西地区。为了争取民众的支持，朱元璋在龙凤十二年(1366)五月发布了著名的《平周榜》或名《谕周榜文》，其文如下：

"皇帝圣旨，吴王令旨，总兵官准中书省咨，敬奉令旨，予闻伐罪救民，王者之师，考之往古，世代昭然。轩辕氏诛蚩尤，殷汤征葛伯，文王伐崇侯，三圣人之起兵也，非富天下，本为救民。近观有元之末，主居深宫，臣操威福，官以贿成，罪以情免，台宪举亲而劾雠，有司差贫而优富。庙堂不以为虑，方添冗官，又改钞法，役数十万民湮塞黄河，死者枕藉于道，哀苦声闻于天。不幸小民，误中妖术，不解偈言之妄诞，酷信弥勒之真有，冀其治世以苏困苦，聚为烧香之党，根据汝、颍，蔓延河、洛。妖言既行，凶谋遂逞，焚荡城郭，杀戮士夫，荼毒生灵，无端万状。元以天下兵马钱粮大势而讨之，屡无功效，愈见猖獗。然事终不能济世安民，是以有志之士旁观熟虑，乘势而起，或假元氏为名，或托乡军为号，或以孤兵自立，皆欲自为，由是天下土崩瓦解。

予本濠梁之民，初列行伍，渐至提兵，灼见妖言不能成事，又度胡运难与立功，遂引兵渡江。赖天地祖宗之灵及将相之力，一鼓而有江左，再战而定浙东。陈氏称号，据我上游，爰兴问罪之师。彭蠡交兵，元恶授首，父子兄弟面缚舆衬，既待以不死，又封以列爵，将相皆置于朝班，民庶各安于田里，荆襄湖广尽入版图，虽德化未及，而政令颇修。

惟兹姑苏张士诚，为民则私贩盐货，行劫于江湖，兵兴则首聚凶徒，负固于海岛，其罪一也；又恐海隅一区，难抗天下全势，诈降于元，坑其参政赵琏，囚其待制孙撝，其罪二也；厥后掩袭浙西，兵不满万数，地不足千里，僭号改元，其罪三也；初寇我边，一战生擒其亲弟，再犯浙省，扬矛直捣其近郊，首尾畏缩，又乃诈降于元，其罪四也；阳受元朝之名，阴行假王之令，挟制达丞相，谋害杨左丞，其罪五也；占据江浙，钱粮十年不贡，其罪六也；知元纲已坠，公然害其江浙丞相达失帖木儿(即《明史》上的'达识帖睦迩')、南台大夫普化帖木儿，其罪七也；恃其地险食足，诱我叛将，掠我边民，其罪八也。凡此八罪，又甚于蚩尤、葛伯、崇侯，虽黄帝、汤、文与之同世，亦所不容，理宜征讨，以靖(拯)天下，以济斯民。爰命中书左相国徐达总率马步舟师，(水陆)分道并进，攻取浙西诸处城池。已行戒饬军将，征讨所至，歼厥渠魁，胁从罔治,备有条章。

凡有逋逃臣民,被陷军士,悔悟来归,咸宥其罪。其尔张氏臣寮,果能明识天时,或全城附顺,或弃刃投降,名爵赏赐,予所不吝。凡尔百姓,果能安业不动,即我良民,旧有田产房舍,仍前为主,依额纳粮,以供军储,余无科取,使汝等永保乡里,以全室家,此兴师之故也。敢有千百相聚、抗拒王师者,即当移师剿灭,迁徙宗族于五溪、两广,永离乡土,以御边戎。"(【明】祝允明:《前闻记》;【明】吕毖:《明朝小史·洪武纪》卷1;【明】吴宽:《皇朝平吴录》中;【明】王世贞:《弇山堂别集·诏令杂考》卷85。注:各史料记载个别之处略异)

在《平周榜》里的开头,朱元璋痛斥了元末帝国统治的黑暗,阐述了官逼民反的质朴理论,但随后话锋一转,竭力诋毁弥勒教和红巾军大起义,好像他自己是凭空出世的大救星、大圣人。这就是过去人们争论不休的朱元璋有没有蜕化变质的"关节点",也是一些所谓"正统史学研究者"一向奉为圭臬的朱元璋背叛农民革命的有利证据。坦率而言,权威高势能者打出的旗号漂亮不漂亮并不太重要,关键要看他干了什么,是不是对老百姓有利,所以我们大可不必为一个没有多少意义的口号去争得不可开交。不过这篇榜文倒是折射出了一个重要信息:那就是起自于红巾军或称香军的叫花子现在变成了一方强势统治者,随着日后统一进程的加快和大一统帝国的重建,昔日用于反抗现世统治的理论都将要成为不可触及的禁区。

在《平周榜》第二段中朱元璋向人们介绍了自己的前天、昨天和今天,提出了元朝天运大限之说,告诉人们:改朝换代的时刻到了,弥勒教徒、白莲教徒都难以成事,唯独他是全国人民未来的"大救星",老百姓要是支持他上台,那么日后便能翻身过上好日子。之所以这么肯定地说,是因为他朱重八得到了"天地祖宗之灵"和"将相之力",尤其前者将中国传统的"天人感应"之说给偷偷地用上了。谁能不信?否则西吴政权为什么会越来越强大?!(【明】王世贞:《弇山堂别集·诏令杂考》卷85)

以如此天地之间神灵感应引发出一个潜在的话题:那就是朱重八是天神的代表,讨伐谁也是代天而行。否则金陵怎么会改名为应天的?否则怎么会取得一个接着一个的革命胜利?转入第三段(榜文正题)讨伐张士诚也就成了"正义"之举了。他列举了张士诚的八大罪状:什么杀害元朝官员,什么侵犯我西吴的领土疆域,反正现在谁的枪杆子硬谁就是真理的化身。最让人纳闷的有三者:其一,张士诚聚众反元被列为首宗大罪,他朱元璋反元成为天神的化身,这是中国历朝历代权威高势能者惯用的强盗逻辑。你不服,我有枪杆子叫你服。否则怎么会有枪杆子里出"真理"之说呢?

其二，将张士诚在苏州称王时"兵不满万数，地不足千里"(《平周榜》中列举的"罪二")也作为一大罪状，想来让人不得不晕。以朱元璋的逻辑：只有达到了他定的标准才可以称王。但要知道他那个西吴王也是自封的，小明王只不过事后"补认"了一下，而在元朝官方那里压根儿就不承认这个"山寨王"，不知道是叫花子出身的文化水平有限呢，还是真的觉得游方僧要比盐贩子天生就高几个档次？

其三，连张士诚年轻时当过私盐贩子也成为一大罪状(上述《平周榜》中的"罪一")，想来也让人百思不得其解。一个人出身在某种特殊的或低贱的家庭或自身年轻时从事过某种特别的职业，居然都被说成是一种罪过。我们的传统政治文化中就有这么一种奇怪的逻辑：当一股政治力量及其领袖要去讨伐或进攻他们的敌对政治势力时，往往将对方的十八代祖宗都给骂上。三国时的陈琳曾经为袁绍起草了一篇讨伐曹操的檄文，好多人都说它好，我可能水平有限，除了觉得它文学水平高以外，看不到它的政治文化价值到底几何？将曹操的"不端"行为和"滔天"罪行揭露一下也就够了，干吗要说人家是"阉竖"之家出身，一个人出身低贱并不是什么罪孽。现在朱元璋在《平周榜》里居然如法炮制，数落张士诚私盐贩子出身，反元成了一大罪行。以此逻辑，那么试想你朱元璋要饭岂不有碍于观瞻、影响市容整治和破坏安定团结的大好局面？

正因为《平周榜》满纸谎言，所以明朝建立后官方的文书中就不再予以收录(留下了岂不羞煞人)，大不了权当当年朱重八在政治野兽场角斗时亟须的应急之作。政治家的话向来不能信！不过这个朱重八，不，大名朱元璋还不仅仅是个政治家，而且是个实干家，他当然不会停留在嘴巴上过过瘾，发布一个什么《平周榜》，喊几句口号，还要细致入微地问及徐达、常遇春等大将讨伐张士诚的具体战斗方案。快速将军常遇春回答说："驱逐枭鹰，必定先将它们的巢穴给翻倒；驱赶老鼠，必定先用烟或火去熏老鼠的窝。此次出征应该先直捣隆平府，隆平府被攻下了，张士诚的其他地方军事势力也会自动归降。"朱元璋听后大不以为然，甚至认为如果先攻隆平府，万一张士诚用什么绝招，那就很难取胜了。进而他分析道：张士诚与手下的张天骐、潘原明等原本是一起贩运私盐起家的，且都是些强悍之徒，一旦张士诚有难，他们必定奋力相救。四周援兵汇合，打下隆平府可就难了。尤其这样，倒不如先攻湖州的张天骐和杭州的潘原明等，即使他们之间相互救援，也疲于奔命，我们加紧进攻，不日就可将他们——歼灭。这样一来，隆平府不就成了一座孤城了，打下它可就容易多了。应该说朱元璋的分析是很有见地的，可常遇春听不进，执意要先攻隆平府。朱元璋的脸马上晴转多云，跟他论起了战前谋略责任追究，说："若先攻打湖州而最终使整体战局失利，我负责任；若先攻打隆平府而失利，那我绝不饶

恕你!"话说到这个分上,常遇春终于不敢多说什么了。(《明太祖实录》卷21)

而朱元璋呢,似乎将话说得太满了吧?不,朱元璋不愧为朱元璋,他将徐达、常遇春等核心人物偷偷地叫在一起,讲出了自己打算实施的一出反间计:"最近我观察了从陈友谅军中投降过来的一个部将叫熊天瑞的,他似乎心神不宁,估计我军一旦出发去攻打张士诚,他就会叛逃投敌,你们就如此这般……"面授计策后,龙凤十二年(1366)八月初四,大将军徐达、副将军常遇春统帅20万西吴大军浩浩荡荡地从应天出发,东灭张士诚、统一江南的战争开始了。走前,朱元璋反复告诫将士们:"城下之日,毋杀掠,毋毁庐舍,毋发丘垄。士诚母葬平江城外,毋侵毁。"(《明史·太祖本纪一》卷1)

再说西吴大军由龙江开拔后,一路上大张旗鼓地宣传要去攻打隆平府的张士诚。这时候,那个叫熊天瑞的陈友谅降将乘着大家"不注意",偷偷地从西吴军中溜了出去,然后马不停蹄地跑到了隆平府,将朱元璋军要进攻隆平府的消息提前告诉了张士诚。而此时徐达、常遇春派出的部分先锋部队已经进入了太湖,与张士诚部队交上火,隆平府东边的昆山等地首先被朱元璋军攻占。张士诚一看形势不好,真以为西吴军要来进攻大本营了,立即调集兵力保卫隆平府。(《明太祖实录》卷21)

谁知张士诚军在东太湖边严阵以待了很久,就是见不到大股的西吴军。而恰恰这个时候徐达、常遇春率领的西吴大军已神不觉鬼不知地抵达了南太湖边上的湖州城外三里桥。八月二十五日,眼见敌军到了家门口的湖州张士诚守将张天骐,分兵三路,出城迎敌。徐达马上将队伍也分三路予以出击,快速将军常遇春在南路首先发起了攻击且取得了大捷,其他几路张士诚军听说后不敢再战,迅速退回城中。徐达乘势指挥军队立即包围了湖州城,湖州危矣!

张士诚赶紧派遣司徒李伯升率领部分军队前来支持张天骐。援军到了湖州近郊时发现形势十分严峻,整个湖州城都被徐达军围住了,怎么进城救援?有人告诉李伯升:湖州城东有一条荻塘又名荻港的小河直抵城中,但一般外人都不知道。李伯升立即下令乘坐船只由荻塘进入湖州城。这样一来,城是进了,可外面徐达军围得依然是死死的,照这样下去,迟早是要完蛋的,该怎么办?城内的张天骐、李伯升在着急,数十里外隆平府内的张士诚可谓更急。湖州、杭州是他的左臂右膀,一旦失去了,自己就等于一个废人,赶紧派了平章朱暹、王晟、同金戴茂、吕珍、院判李茂及第五子人称"五太子"张虬等率兵6万兵马,号为"30万",火速赶往湖州救援。(《明太祖实录》卷21)

朱暹、吕珍等率领的援军到达湖州城东的旧馆,构筑5个营寨,等候徐达军"光临"。徐达、常遇春和从常州赶来支援的汤和等分兵在东阡镇南姑嫂桥连扎10个营垒,将湖州城外的旧馆援军给挡在了外头,随后又派兵上乌镇去,乘着黑夜偷袭了旧馆吕珍的外围援军。乌镇守将张士诚女婿潘元绍玩女人是个高手,可打起仗来实在差劲,半夜三更听到有人来攻营,吓得弃甲远遁。在外围基本搞定后,徐达下令将湖州城外的小河小渠全给填满,这样一来,进入湖州城的水上暗通粮道给堵上了,城内由此开始慌乱起来。这时隆平府的张士诚更是坐不住了,亲自率领兵马赶赴湖州,在城郊的皂林之野遭遇了徐达军队,这位张姓东吴王哪是徐达的对手,一交手便败,当场就有3 000多号将士被俘。(《明太祖实录》卷21)

忙乎了这么一大阵子,损兵折将不说,救援也泡汤了,留下的是湖州、旧馆两个孤立无援的据点。更糟糕的是,这时候的老冤家朱元璋另派李文忠带领一支水师进取浙北东部,迅速攻占了富阳、余杭等,最后兵围杭州。而与此同时,湖州与旧馆之间升山的张士诚军也开始遭受徐达、常遇春的猛烈打击。张士诚的"五太子"张虹实在受不了这口气,从旧馆出兵迎战徐达,结果也被打得惨败。吕珍、张虹等眼看无望了,只好率领60 000旧馆援军投降了徐达。(《明太祖实录》卷21)徐达将吕珍等人带到了湖州城下,叫他们劝降李伯升。十一月初六,张天骐、李伯升出城投降,湖州为徐达军占领。大约10天后,李文忠进逼杭州,杭州张士诚守将潘原明投降,20 000多名将士和210 000石粮食будут俘获。随后,南浔、吴江、绍兴、嘉兴、海宁等地相继归降(《明太祖实录》卷21;【明】高岱:《鸿猷录·克张士诚》卷4;【清】谷应泰:《明史纪事本末·太祖平吴》卷4)。至此为止,隆平府外围的杭嘉湖地区全归给了朱元璋,东灭张士诚的第二步军事行动宣告完成。

○ 第三步:攻其腹心,围取隆平(即苏州)

龙凤十二年(1366)十一月底开始,朱元璋军队陆陆续续到达隆平府。明初几乎所有的名将此时都出现在隆平府的几个大门口,围剿张士诚。徐达守葑门,常遇春守虎丘,郭兴守娄门,华云龙守胥门,汤和守阊门,康茂才守北门,王弼守盘门,张温守西门,耿炳文守城东北,仇成守城西南,何文辉守城西北,等等(《明太祖实录》卷21)。这种攻城法据说还是龙凤八年时宁海儒士叶兑教给朱元璋的,叫锁城法。具体做法是:围绕城池,在其外面筑起一圈长长的围城,命令将士们在各个城门外扎营驻守,断绝城池内外的一切联系,甚至不妨设官分治所属州县,垦荒种田,收粮征税,供养军队。时间一长,该城池就不战而降(【明】高岱:《鸿猷录·布衣叶公兑传》卷116)。现在隆平府被围得铁桶似的就是运用了这种锁城法。方法是不错,但什么时候能攻下呢?徐达他们想尽了办法,甚至想到了架"木塔",木塔搭了三层,足与隆平府里的佛塔一样高。站在这个木塔上可以鸟瞰隆平府,故其又名"敌楼"。徐达他们再在木塔或称敌楼的每一层安放弓弩、火铳,架上襄阳炮,向城里发炮轰击,但就是军队没法攻入城去。(《明太祖实录》卷21)

与此同时,朱元璋手下另一位名将俞通海率领水师一路东进,攻取太仓,张士诚守将陈仁献城投降。随后,昆山、崇明、嘉定、松江等地"闻风即降"。(【明】高岱:《鸿猷录·克张士诚》卷4)

◎ 张士诚的两次突围与火烧齐云楼

与其相比,隆平府却依然纹丝不动。从龙凤十二年(1366)八月朱元璋军队开始进攻隆平府东边外围起,一直到第二年即吴元年(1367)九月,在这一年多的时间里,张士诚始终坚守不降。不过这种旷日持久的对垒,对于被困城内的人来说面临最大的问题就是粮草供给。在被围困的后期,隆平府(苏州)这个一直被人们美誉为"天下粮仓"的地方居然发生了严重的饥荒,困窘到什么地步呢?真是让人不敢相信的是,城内的官兵、百姓只能靠吃草、吃老鼠来活命。后来老鼠也被捉得越来越少了,据说一只老鼠当时在城内都值一百钱。再到后来就连老鼠都捉不到了,将士们只好将脚下的靴子脱下来,把上面的革皮与草和着煮了吃。(【明】杨循吉:《吴中故语》)

就在城内叫苦一片,大周或称东吴政权被围困到山穷水尽的时候,张士诚却突然醍醐灌顶一般地觉醒了,恢复到了最初的那种勇闯天下的精神状态,于是这最后的决战仿佛又成了他人生的一个分水岭。他走出宫门,带领了苏州全城百姓和官兵奋起抗击朱元璋军。吴元年(1367)六月,张士诚集中优势兵力在胥门发起进攻,企图以此作为突围的突破口。不巧的是碰到了朱元璋军中最为凶猛的快速将军常遇春,可即使这样,张士诚将士还是打得相当不错,眼看常遇春就要吃不住,缺口即将打开了,令人万万没想到的是,张士信那颗"扫帚星"正在巡城,看到胥门激战,他立即大呼:"将士们辛苦啦,辛苦啦,大家休息一下!""哐,哐,哐!"鸣金收兵,本来可以的突围一下子全泡汤了,张士诚不败也败。

再说这个猪心猪肺猪脑子的张士信不仅没意识到自己犯下了弥天大罪,反而照常在隆平府的城墙头与参政谢节等坐在银椅里,品着不知从哪里弄来的美味,优哉游哉。忽然间从朱元璋军中飞过来了一个炮弹,不偏不倚,正好打在张士信的头上。哥哥下不了手,"老天爷"可能实在看不下去了,送他去见阎王。(《明太祖实录》卷24)

据说张士诚后来还组织过一次较大规模的突围,那是在万寿寺东街一带,他率领两三万官兵发起了从城内往外的猛烈冲锋,但同样也遭到了朱元璋军队的疯狂阻击。

弹尽粮绝,曲终人散,到了作出最后抉择的时候了。张士诚从从容容地回到了自己与妹妹们曾经日日耳鬓厮磨的后宫里头,为了避免遭受朱元璋军将士的蹂躏(朱元璋军攻下高邮时就曾大肆蹂躏高邮城内的妇女),跟妻妾们这样说道:"你们假如愿意随他们去,我任由你们;要是想干干净净地做人,那么就现在做个了断?!"妻子刘氏当即表示:"夫君不必担忧,臣妾一定不会对不起您的!"一时间,宫廷里哭声一片,美女们念叨这些年诚王对她们好的情分上,纷纷说,愿意一起殉难!张士诚叫来养子张辰保,在齐云楼堆了一堆的木薪,然后让美姬们上楼与他一起自尽——命养子在楼下放火焚烧。但好多书上说,他当时打算一个人上吊自尽的。(《明太祖实录》卷25;《明史·张士诚传》卷123)

目前有关张士诚与他的宫女们的最后结局有几种不同的说法:一个版本说得很绝对,说他们统统烧死了。另一个版本是说他们并未全部被烧死,而是只烧死了一半,之后张士诚去上吊,却又没有死成,被奉命前来劝降的现在可是朱元璋部下的李伯升给解救了下来,进而当了朱元璋的俘虏。(《明太祖实录》卷25;【明】钱谦益:《国初群雄事略·周张士诚》卷8;【清】谷应泰:《明史纪事本末·太祖平吴》卷4)

◎"另类英雄"的宁死不屈与南京朝天宫的大香炉

张士诚自从被俘虏那一刻起就闭目不说话,在被带往应天的路上仍然不言不语。到了应天后不仅不吃不喝,还天天躺着不起来——用现在话来讲就是绝食抗议。后来被抬到了中书省,由李善长负责审问。然而,在审问的过程中,张士诚却表现得相当有气概。李善长刚想开口问他:"你坚守了这么多年……"话还没有说完,张士诚突然打断他:"你不要狗仗人势,一副得意的样子,说不准你……"李善长忍不住也破口大骂,审问顿时变成了双方的漫骂。后来朱元璋亲自出来审问:"如今兵败被俘,你有何感想?"张士诚答曰:"有什么可说的,天日照尔不照我而已。"朱元璋恼恨不已,下令将其处死。据说张士诚是被乱棒打死的,死时体无完肤,惨不忍睹。他死后,被葬在了南京竺桥附近一个叫大香炉的地方。至今这个地名依然在使用。为什么叫这个名字呢?因为张士诚死后,朱元璋觉得尚不解恨,恨他至死仍桀骜不驯,于是便在他的葬身之地压了很多的大石板、大香炉等沉重的东西,这么做的寓意就在于,不让张士诚的邪气有机会冒出来。这就是南京大香炉地名的由来(【明】钱谦益:《国初群雄事略·周张士诚》卷8引俞本《皇明纪事录》)。但也有书上说:张士诚后来是自缢而死的(《明太祖实录》卷25;《明史·张士诚传》卷

123);还有的书上说他是被赐弓弦自尽的。(【明】徐祯卿:《翦胜野闻》;【清】查继佐:《罪惟录》)

张士诚死后,东吴政权的属地通州与无锡也相继归降,至此张氏政权彻底覆灭。

朱元璋在灭了张士诚以后,把张士诚改名的隆平府再改名为苏州府(原来元朝时称为平江路),将张士诚及其部将家眷和杭嘉湖苏松等地的官吏家眷等共计20余万人押往应天监控起来(《明太祖实录》卷25)。至此,长江中下游地区或言南中国大体统一在朱元璋政权底下。

● 600年前谜案:苏州人为何不忘张士诚?朱元璋为何重赋江南?

张士诚虽然最终失败了,但他曾经是个不畏强暴的反元英雄。这颗元末政治舞台上的闪耀的明星,虽然最后成为一颗流星,但历史却永远记住了他。尽管朱元璋在攻克苏州以后,肆意毁灭诚王宫,想把他从苏州人民的记忆中永远地抹去,只当这个苏北盐贩子从来也没来过苏州,甚至到此一游也没有。但是苏州的老百姓却不买朱元璋的账,反而更加怀念起这位有情有义的诚王。每逢七月三十这一天,苏州老百姓就要烧一种"九四香",托名烧地藏香,点地灯祭奠,据说就是为了纪念张士诚。张士诚的小名叫做张九四,而七月三十正是他的生日(【清】袁景澜:《吴郡岁华纪丽·七月晦日地灯》卷7;【民国】柴萼:《梵天庐丛录》)。这样看来,苏州老百姓对张士诚还真是念念不忘啊!

○ 苏州人为什么会对张士诚念念不忘?

第一个原因,张士诚在苏州称王期间,轻徭薄赋,不过分盘剥与欺压老百姓。这与后来朱元璋开创的大明帝国重赋于江南、重赋于苏松形成鲜明的反差,洪武之后五六百年的历史中,苏松地区人民胸口上一直压着大一统帝国的1/2甚至有时会高达2/3的沉重的经济重石。就从这一点来讲,怎么不让老百姓怀念张士诚呢?

第二个原因,张士诚在苏州城被攻破之前,想自我了断,曾下令放火烧毁自己的府邸,但特别嘱咐底下人,千万不要烧毁其他的房屋和建筑,要保住老百姓的生命财产。苏州百姓知道后自然万分感激,尊称他为"张王""诚王"。这样一个诚王,在自己的性命危在旦夕之际,还能时刻将老百姓的生命、财产放在心上,能不让人惦记吗?(【明】杨循吉:《吴中故语》;【明】徐祯卿:《翦胜野闻》;【明】祝允明:《九朝

野记》卷1)

第三个原因,张士诚在临被俘之前,曾下令把征收赋税和佥派徭役的土地册与户口簿全部烧毁,使得朱元璋进入苏州后成了聋子和瞎子。由于没有留下征收赋税和佥派徭役的簿册,朱元璋只好从头再来,这样苏州的百姓们可少纳了不少时间的赋税。大家当然会感激有情有义的诚王张士诚了。

虽然只是一本本土地册和户口簿被毁,可就是这一本本土地册和户口簿造成了历史上持续争论了600多年的一个疑案:明清两代苏(州)松(江)地区沉重的赋税到底缘何?这与朱元璋、张士诚的恩怨究竟有何关系呢?

○ 600年的疑案:苏松重赋是朱元璋政治报复江南人民?

我们不妨从政治和经济两个方面来看看苏松地区重赋的原因到底是什么。

先来说说政治原因。历史上很多学者认为,苏松地区之所以重赋,就是因为朱元璋实在太恨苏州地区老百姓对张士诚的念念不忘,恨他们不识时务,由此就加重该地区的赋税,实施报复。

其中还有一段传闻,说苏州被攻陷以后,苏州居民被迁到南京来。有一位苏州老太太用苏州话对他们家的老伴说:"老头子,你看看现在南京的这个老头儿对老百姓凶得不得了,哪像我们的诚王那么好啊!"(注:苏州老太太说的南京城里的这个老头子指的是朱元璋)据说,恰巧朱元璋微服私访,听到了这段话,恨得牙根都痒痒的,越想越恼火,甚至产生一种冲动,要将苏松地区的百姓全部杀光。李善长和刘基出来劝阻:"陛下,此事万万不可,否则的话,您将会成为千古罪人!"据说朱元璋最终并没有当真杀光苏松百姓,但是为了一解心中之怨恨,就加重了苏松地区的赋税。至于这个重赋重到了怎样的地步?有的书上说,明初开始江南苏松地区的赋税要比大一统帝国的其他地区重十几倍甚至几十倍。(《明史·食货志二》卷78)

重赋这是不争的事实,江浙人民的重赋之苦只有江浙人自己知道。不过将朱元璋开始的重赋归结于他一次微服私访,这似乎不大说得过去。就拿前面那个传闻故事来说,纵然是朱元璋私访民间"偷听"到苏州老太太的牢骚,但这里有个严重的文化常识性的缺陷问题。大家都知道,南京、镇江往南或往东南方向过去,就是我们通常所说的苏锡常杭嘉湖地区,这一带人通常所讲的是"吴方言"。一般来说,"吴方言"只有苏锡常杭嘉湖地区的人才能听懂和沟通,它与长江以北的语系完全不一回事。要知道朱元璋是淮河流域一带出身的,打下南京时他已经30来岁,灭掉东吴张士诚时已经40岁,40岁的人一般是处于语言接受的封闭状态,更何况南京人讲的不属于"吴方言",所以我认为朱元璋是听不懂苏州话的,上述传闻只能当作饭后的谈资而已。更有一个现实的依据,即使600年后南北方几度大交融了,有多少个北方人能听懂南方的"吴方言",我本人就是苏州人,来宁交往中经常"开国语",否则我周边的朋友们会听不懂,有人戏称我们苏州人说的是鸟语。碰巧的是我的朋友中有一位就是来自朱元璋家乡一带的,我们已经交往多年,但他根本听不懂"吴方言"。因此我进一步地确信上述有关朱元璋"偷听"苏州老太太家中说话纯属无稽之谈。

但我个人认为导致重赋江南的原因中政治因素一点没有似乎也不可能,理由是朱元璋在建立大明帝国前后几次将苏州的所谓"豪民"迁徙到南京或濠州一带,如:吴元年(1367)九月,打败张士诚后,朱元璋下令"凡获其官属平章李行素、徐义、左丞饶介、参政马玉麟、谢节、王原恭、董绶、陈恭、同金高礼、内史陈基、右丞潘元绍等所部将校,杭湖、嘉兴、松江等府官史、家属,及外郡流寓之人,凡二十余万,并元室神保大王黑汉等,皆送建康"(《明太祖实录》卷25);吴元年冬十月"徙苏州富民实濠州"(《明太祖实录》卷26)洪武七年(1374),"徙江南富民十四万田濠州,以(李)善长总理之"(《明史·李善长传》卷127;《明史·俞通源传》卷133)。这就足以说明他对这一带的人至少说是没好感或者说带有敌视的眼光。故《明史》中的相关论断还是颇有道理的:"初,太祖定天下官、民田赋,凡官田亩税五升三合五勺,民田减二升,重租田八升五合五勺,没官田一斗二升。惟苏、松、嘉、湖,怒其为张士诚守,乃籍诸豪族及富民田以为官田,按私租簿为税额。而司农卿杨宪又以浙西地膏腴,增其赋,亩加二倍。故浙西官、民田视他方倍蓰,亩税有二三石者。大抵苏最重,松、嘉、湖次之,常、杭又次之。"(《明史·食货志二》卷78)

除了政治因素以外,经济因素是一个更重要的方面。苏松地区之所以后来成为大一统帝国经济重赋的主要承担者,这跟宋元时期完成的大一统帝国的经济重心转移有关。秦汉时期,中国的经济重心在北方——关中和中原地区,而从唐末开始,中国经济重心逐渐南移。南宋时的版图连唐朝的一半都不到,但是,南宋的财政收入却是唐朝的2~3倍。这是怎么一回事呢? 主要是因为南宋时南方经济得到了进一步的开发与提高,其实际水平已经远远超过了北方。除此之外,还有一个重要方面就是南宋时期海外贸易十分发达。

总之,宋元以后,中国的经济重心和中心毫无争议地转移到南方了。这其中跟环境的变化也是密切相关的。秦汉以后,我国的西北地区逐渐地走向沙漠化。一般我们的观念中,河西走廊向来是环境恶劣,沙漠一片,戈壁乱石。但是假若你花点工夫去深入探究的话就会发现,其实历史上的原貌并非如此。大概在上世纪70

年代,我国的考古工作者就发现了河西走廊一带曾经繁盛的城市古迹。比如汉武帝时期的"朔方"三郡,司马迁的《史记》中就有记载,朔方郡是汉代北方一个相当发达的城市,不单如此,还是一个"生态城市"。但随着汉武帝中晚年汉匈战火的蔓延,随着汉族跟少数民族之间冲突的加剧,这个地方逐渐开始了沙漠化,再也见不到往日的繁荣,这不能不说是一大历史的遗憾。往后中原大地经常性地成为战争的灾难区,随之而来这一地区的经济逐渐走向萧条。由此大一统帝国的经济重心就不可避免地发生了南移,而南移后的经济重心主要位于长江中下游——江南地区的苏松和杭嘉湖,这就是史书中所说:"天下财赋出于东南。"(【明】丘浚:《大学衍义补·备规制 都邑之建》卷85)

如此看来,重赋于江南既有历史的必然也有经济重心的转移两方面的因素,并非仅仅是朱元璋政治报复的结果。

苏松重赋是朱元璋政治报复张士诚治下的江南人民也罢,是中国历史经济发展的无奈选择也罢,不论何种,有一点不容置疑,那就是朱元璋在统一江南后获得了巨大的经济支撑,更有东灭张士诚后,朱元璋政权的军民上下斗志高扬,统一全国的事宜自然而然地被提到了议事日程上来了。

吴元年(1367)九月,平吴之师回到应天,朱元璋在戟门召集右相国李善长、左相国徐达、平章常遇春、都督冯宗异、平章汤和、胡廷瑞、右丞廖永忠、左丞华高、都督康茂才、都督副使张兴祖、梅思祖、参政薛显、赵庸、曹良臣及各卫指挥千、百户等,进行论功行赏,封李善长为宣国公,徐达为信国公,常遇春为鄂国公;赐予徐达彩缎表里十一匹,常遇春十匹,胡廷瑞、冯宗异各九匹,汤和、曹良臣各八匹,廖永忠、华高、康茂才各七匹,薛显、赵庸、张兴祖、梅思祖各六匹,指挥人五匹,千户人四匹,百户人三匹;军人米一石、盐十斤。朱元璋现场告谕大家:"今论功行赏,以报劳绩……然江南既平。"但大家"毋狃于暂安而忘永逸,毋足于近功而昧远图,大业垂成,更须努力"!"当北定中原,以一天下!"(《明太祖实录》卷25)

从上述训谕中不难看出,从政治家、军事家和战略家的角度朱元璋告诉人们:江南已平,南方大体统一,虽然浙江尚有方国珍、福建尚有陈友定、两广尚有何真、四川尚有明玉珍和云南尚有元朝梁王政权,但他们都偏于一隅,不足为敌,底下最为紧要的就是"北定中原"——换成后来他在《北伐宣言》里所说的,那就是:"驱逐胡虏,恢复中华",这才是当务之急。如果这个问题解决了,重建大一统帝国之历史重任也就差不多完成了,而在传统中国社会中"大一统"帝国的重建,往往也是君主专制帝国的再造。历史在此交汇重叠,朱元璋建都南京,开创大明,重建大一统帝国的统一运动进入一个新阶段。

大明帝国皇帝世系表

（18 帝，1368—1645 年，共计 277 年）

	①明太祖	朱元璋	洪武三十一年	戊申	1368 年
懿文太子 朱 标	③明太宗（明成祖）	朱 棣	永乐二十二年	癸未	1403 年
②明惠帝 朱允炆 建文四年 己卯 1399 年	④明仁宗	朱高炽	洪熙一年	乙巳	1425 年
	⑤明宣宗	朱瞻基	宣德十年	丙午	1426 年
⑥明英宗 朱祁镇 正统十四年 丙辰 1436 年 →	⑦明代宗	朱祁钰	景泰八年	庚午	1450 年
	⑧明英宗	朱祁镇	天顺八年	丁丑	1457 年
	⑨明宪宗	朱见深	成化二十三年	乙酉	1465 年
	⑩明孝宗	朱祐樘	弘治十八年	戊申	1488 年
⑪明武宗 朱厚照 正德十六年 丙寅 1506 年 →	⑫明世宗	朱厚熜	嘉靖四十五年	壬午	1522 年
	⑬明穆宗	朱载垕	隆庆六年	丁卯	1567 年
	⑭明神宗	朱翊钧	万历四十八年	癸酉	1573 年
	⑮明光宗	朱常洛	泰昌一年	庚申	1620 年
⑯明熹宗 朱由校 天启七年 辛酉 1621 年 →	⑰明思宗	朱由检	崇祯十七年	戊辰	1628 年
	⑱明安宗	朱由崧	弘光一年	乙酉	1645 年

注释：

①明朝第二位皇帝是朱元璋的皇太孙朱允炆，建文四年时，他不仅被"好"叔叔朱棣从皇位上撵走，而且还被"革除"了建文年号，改为洪武三十五年。

②明朝开国于南京，从正宗角度来讲，很难说迁都是朱元璋的遗愿。因此，大明的覆灭应该以国本南京的沦陷作为标志，弘光帝又是大明皇帝的子孙，他称帝于南京，应该被列入大明帝国皇帝世系表中。

③上表中↓、↘表示皇位父子或祖孙相传，→表示皇位兄弟相传。

④明安宗朱由崧是老福王朱常洵的庶长子，明神宗万历皇帝朱翊钧之孙，也是明熹宗朱由校、明思宗朱由检的堂兄弟。

《大明风云》系列之 ❶ 乱世枭雄

后　记

　　2013年12月平安夜的钟声敲响时,我的10卷本《大明帝国》竣工了,想来这400多个不眠的夜晚,真可谓感慨万千。在这个浮华的年代里,就一个人靠着夜以继日地拼命干,想来定会让象牙塔里带了一大帮子弟子的大师们笑弯了腰,更可能会让亦官亦民的××会长们暗暗地叫上"呆子"的称号……是啊,十多年了,在我们的社会里什么都要做大做强,什么都要提速快行,什么都要搞课题会战工程,而我却是孤独的"夜行人"和迟缓的老黄牛,无论如何都无法跟上这个时代的节拍。好在已到知天命的年龄,什么事都能看得淡淡的,更何谈什么学会、研究会的什么长之诱惑了。秉承吾师潘群先生独立独行的精神,读百家之书,虽无法做到"究天人之际,通古今之变",但至少能"成一家之言",管他春夏与秋冬。

　　不管世事,陶醉于自我的天地里,烦恼自然就少了,但不等于没有。自将10卷《大明帝国》书稿递交后,我一直在反问自己道:"有何不妥?"在重读了出版社发来的排版稿后,我忽然间发现其内还有诸多的问题没有彻底讲清楚或无法展开。譬如,尽管我专辟章节论述了大明定都南京、建设南京的过程及其历史影响,从一般意义角度而言,似乎很为周全,但细细想想,对于已经消失了的南京明故宫和明都京城之文化解读还没有完全到位。理性而言,南京明皇宫与南京都城在中国历史文化进程中所占的地位尤为特别,如果要用最为简洁的词语来概括的话,我看没有比"继往开来"这个成语更合适了。"继往"就是在吸收唐宋以来都城建筑文化精华的基础上,将中国传统的堪舆术与星象术巧妙地结合在一起,使其达到前所未有的完美境界,用明初朱元璋开国时反复强调的指示精神来说,就是"参酌唐宋"和"恢复中华",即在继承先人传统的基础上整合和规划南京明皇宫和大明都城建设,于最核心部分构建了象征紫微垣的宫城,宫城之外为象征太微的皇城,皇城之外为象征天市的京城,环环相套,中国传统文化中的"法天象地"、"天人合一"思想在南京明皇宫和大明都城建设布局中得到了充分的体现;"开来"就是指明初南京明皇宫与都城建设规制深刻影响了后来的明清皇城与都城建设布局。

　　同样的例子还有南京明孝陵、凤阳明皇陵、盱眙明祖陵,等等。

对于诸多的不尽如人意之处，最好的办法就是在原书稿基础上直接添加和补充，但问题又随之而来了。原书稿规模已大，《洪武帝卷》100多万字，分成了3册，每册都是厚厚一大本，如果再要"补全"，那就势必要另辟一册。这样对于图书销售会带来更多的不便。思虑再三，只好暂时先以原书稿的规模出版，等以后有合适的机会再作重新规划和布局。

可没想到的是，我的苦衷在今年新书上市后不久让广大的读者和东南大学出版社的朋友一下子给解决了。本来按照图书规模而言，3卷本100多万字的《朱元璋卷》应该是很难销的，但让人始料未及的是，它上市没多久就销售告罄。在纸质图书销售不景气的今天，能有这样的结果，真是莫大的欣慰。更让人兴奋的是，东南大学出版社的谷宁主任、马伟先生在上请江建中社长、张新建总编等社领导后决定，在原10卷《大明帝国》基础上，让我重新修订，分册出版。当时我正在研究与撰写大明正统、景泰两朝的历史，听到这样喜人的消息后，立即放下手中的事情，开始对原10卷《大明帝国》逐一作了梳理，调整章节，增补更有文化含金量的内容，使原《大明帝国》变得更为系统化，考虑到新书内容已有很多的变化，为了与以前出版的相区别，本想取名为《明朝大历史》，但考虑到这是普及性极强的读物，最后与马伟先生合计，取名为《大明风云》。

经过数月的不眠之夜，《大明风云》前8卷终于可以交稿了。回想过往的日日夜夜，看到眼前的这番收获，我要衷心感谢的是中共南京市委宣传部叶皓部长、徐宁部长、曹劲松副部长，南京广电集团谢小平主任，中共南京市委宣传部网控中心的龚冬梅主任，中央电视台池建新总监，安徽电视台禹成明副台长，原南京电视台陈正荣副台长、新闻综合频道傅萌总监，原江苏教育电视台张宜迁主任、薄其芳主任，东南大学出版社江建中社长、张新建总编，东南大学马克思主义学院袁久红院长、袁健红副书记，南京市政协副主席余明博士，南京阅江楼风景区管理委员会韩剑峰主任，新华报业集团邹尚主任，南京明孝陵博物馆张鹏斗馆长，南京静海寺纪念馆原馆长田践女士，南京阅江楼邱健乐主任，南京市社科院李程骅副院长与社科联陈正奎院长、严建强主任、顾兆禄主任，南京市新闻出版局蔡健处长，南京市档案局徐康英副局长、夏蓓处长，江苏省社科联吴颖文主任，福建宁德市政协主席郑民生先生、宁德市委宣传部吴泽金主任、蕉城区统战部杨良辉部长等领导的关怀（特别注明：本人不懂官衔大小，随意排列而已，不到之处，敬请谅解）；感谢中央电视台裴丽蓉编导、徐盈盈编导、戚锰编导，江苏电视台公共频道贾威编导、袁锦生编导，江苏教育电视台苍粟编导、夏恬编导、赵志辉编导，安徽电视台公共频道制片人张环主任、制片人叶成群、舒晓峰编导、唐轶编导、海外中心吴卓编导、韩德良编导、张曦伯编导、李静编导、刘小慧编导、美女主持人任良韵,南京广电集团王健小姐,南京电视台主持人周学先生、编导刘云峰先生、李健先生、柏新民先生、卞昌荣先生,南京电视台十八频道主持人、我的电视节目老搭档吴晓平先生,江苏广播电视总台吕凤华女士、陆正国先生、新华报业集团黄燕萍女士、吴昌红女士、王宏伟先生,《现代快报》刘磊先生,《金陵晚报》郑璐璐主任、于峰先生,金陵图书馆袁文倩主任和郁希老师,南京静海寺纪念馆钟跻荣老师,东南大学出版社刘庆楚分社长、谷宁主任、彭克勇主任、丁瑞华女士、马伟先生、杨澍先生、丁志星女士、张万莹女士,南京明孝陵向阳鸣主任、王广勇主任和姚筱佳小姐,江苏省侨办《华人时刊》原执行副主编张群先生,江苏省郑和研究会秘书长郑自海先生和郑宽涛先生,北京师范大学教育学院孙邦华教授,南京大学王成老师和周群主任,南京理工大学人文学院李崇新副教授,南京财经大学霍训根主任,江苏经贸学院胡强主任和吴之洪教授,南京总统府展览部刘刚部长,南京出版社卢海鸣社长,南京城墙办朱明娥女士,南京图书馆施吟小姐,福建宁德三也农业开发有限公司董事长池致春先生,原徐州汉画像石馆馆长武利华先生,无锡动漫协会会长张庆明先生,南京城市记忆民间记录团负责人高松先生和篆刻专家潘方尔先生以及倪培翔先生等朋友给我的帮助与关怀。(至于出版界朋友对我的帮助,那实在太多了,怕挂一漏万,干脆就一个也不谢了)

当然还要感谢吾师王家范老师、刘学照老师、黄丽镛老师、王福庆老师、杨增麒老师等曾经对我的谆谆教诲与帮助,也衷心祝愿诸位师长健康长寿!

除了国内的师友,我还要感谢 United Nations(联合国)Chinese Language Programme 何勇博士、美国 Columbia University(哥伦比亚大学)王成志主任、美国 Stanford University(斯坦福大学)Visiting Scholar Helen P. Youn、Stanford University(斯坦福大学)的 Hoover Institution Library & Archives(胡佛研究院图书馆及档案馆)主任 Thu-Phuong Lisa H. Nguyen 女士和 Brandon Burke 先生、美国纽约美中泰国际文化发展中心总裁、著名旅美艺术家李依凌女士、美国(CHN)总监 Robert KO(柯伊文)先生、泰国国际书画院院长李国栋、日本关西学院法人代表阪仓笃秀教授、世界报业协会总干事马英女士和澳门基金会理事吴志良博士、澳门《中西文化研究》杂志的黄雁鸿女士等海外师长与友人对我的关心与帮助。

在此我要特别感谢美国 University of Pittsburgh(匹兹堡大学)名誉教授、海外著名国学大家许倬云先生。许先生年逾古稀,身体又不好,但他经常通过 E-mail 关心与肯定我的研究与写作,令我十分感动;特别感谢老一辈著名明史专家、山东大学教授黄云眉先生的大作《明史考证》对我的启迪以及他的海内外儿孙们对我的抬爱;特别感谢我的学业导师南京大学潘群先生和师母黄玲女士严父慈母般的关爱;特别感谢慈祥的师长、我的老乡原江苏省委宣传部常务副部长王建邦先生对我的关怀与帮助。

  我还要感谢的是我的忠实"粉丝"与读者朋友,这些朋友中很多人可能我都未曾见过他们的面,譬如安徽六安有个年轻朋友曾给我写来了热情洋溢的信函;还有我不知其地址、只知其 QQ 号的郭先生,等等。他们不断地给我来信,帮助我、鼓励我。但由于我是个"单干户",无当今时兴的"小秘"代劳,因而对于广大读者与电视观众朋友的来信,无法做到一一回复,在此致以万分的歉意,也恭请大家海涵!

  顺便说明一下:本著依然采用史料出处随后注的方法,做到说史绝不胡说、戏说,而是有根有据。本书稿原有所有史料全文,后考虑到篇幅太厚和一般读者可能阅读有困难,最终决定将大段古文作了删除,大多只保留现代文。也承蒙东南大学出版社朋友尤其谷宁主任、马伟先生和张万莹女士的关爱,本系列丛书拥有现在这个规模。如读者朋友想核对原文作进一步研究,可根据书中标出的史料出处一查便是。最后要说的是,下列同志参与了本书的图片收集、资料整理、文稿起草等工作,他们是马宇阳、毛素琴、雷扣宝、王鲁兴、王军辉、韩玉华、林成琴、熊子奕、周艳梅、舒金佳、雷晟等人。

马渭源
于南京大明帝国黄册库畔
2014 年 11 月 16 日
电子邮箱:mwynj@sina.com